2026
브랜드 만족 1위 3연속 수석합격 배출

박문각 공무원
예상문제

천기누설 혜선팍 문제훈련 시리즈

"기출(또 나옴) + 역공국어 연구소의 예상문제" 300문제 수록

가장 독해 실력이 폭발적으로 상승할 천기누설 문풀 시리즈!

합격자들이 가장 극찬하는 천기누설 혜선팍 문풀 시리즈!

놀라운 시간 단축, 문제 푸는 정확도 향상으로 안정적인 고득점으로 합격까지!

박혜선 편저

박혜선 국어
천기누설 혜선팍 독해 시즌 1

PREFACE

이 책에 들어가기 전에

수석합격 3연속 배출의 신화!
최단기 합격의 절대 공식!
합격자들의 최고 추천 커리!
또 나오는 기출 + 신유형까지 반영한 천기누설 독해 시즌 1!

안녕하세요~^^ 여러분들의 단기 합격을 책임지는 혜선 쌤입니다.
출제 기조 변화가 정식적으로 반영된 2025년 국가직, 지방직 시험이 처음으로 치러졌습니다.

다들 처음 출제기조가 반영이 되어 긴장을 했으나
역공 국어에서 예상했던 대로 20문제 중 16문제(문법+독해 결합형 2-3문제 포함, 공문서 문장 고쳐쓰기 포함)가 출제되었습니다.
논리 3문제까지 포함하면 시간이 필요한 문제는 총 19문제로 늘어나게 됩니다.

따라서 이제부터 우리는 각 유형마다 시간을 단축할 수 있는 방법을 강구해야 합니다.
단, 시간 단축뿐만 아니라 정확도까지 뽑아낼 수 있어야
합격의 필요조건인 국어 점수 고득점을 얻어낼 수 있습니다.

그런데 국어는 우리말이다 보니 굳이 독해 연습을 하지 않아도, 국어 공부를 따로 하지 않아도
고득점할 수 있다고 생각하는 수험생이 많습니다.

하지만 실제 시험을 보고 나면 이렇게 생각했던 수험생들은 뼈저리게 후회를 한 후
그 다음 연도부터는 국어강의를 찾아 듣기 시작합니다.

그 이유는 첫째, 독해를 정확하게 빠르게 풀 수 있는 방법이 분명 있는데
본인만 그것을 공부하지 않은 채로 시험장에 들어갔기 때문입니다.
모두가 독해 전략을 공부하지 않고 들어간다면 같은 조건하에서 공부하는 것이라 비슷한 점수를 받겠지만
공무원 시험은 상대 평가이기 때문에 문제별 독해 전략을 공부하고 들어간 수험생과 공부하지 않고 들어간 수험생의 점수는 차이가 날수밖에 없습니다.

둘째, 국어 강의를 듣지 않으면 나도 모르게 수십 년간 쌓여 있던 잘못된 독해 습관을 고칠 수 없습니다.
사실 독해에서 가장 지양해야 할 것이 무의식이 지배한 독해입니다.
강의 없이 혼자 독해를 훈련하게 되면 나도 모르게 원래 가지고 있던 무의식적인 나쁜 습관을 답습하게 될 수밖에 없습니다. 그러니 아무리 독해 문제를 풀고 동형 모의고사를 양치기로 풀어도 점수가 올라가지 않는 것이지요

특히 공시 국어 독해에는 반드시 왕도가 있습니다.
우리는 그 왕도를 잘 알려줄 수 있는, 독해력이 화려하지는 않더라도
답을 이끌어낼 수 있게 하는 쉽고 재미 있는 강의를 찾아야 합니다.

장황하지 않지만 간결하고 쉽게 유형별 3단 독해 전략을 배우고
이를 수업 시간 내에 스스로 적용할 수 있게 하는 강의!
✮ 아예 문제를 푸는 것부터 문제를 마무리할 때까지의 모든 과정을 독해 전문가 혜선 쌤과
함께할 수 있도록 천기누설 독해 시리즈를 모두 업그레이드하였습니다. ✮

> 2026 대비 천기누설 혜선팍 독해 시즌1에서는
> 기출에서 나왔던 독해 소재가 또 나오는 추세이므로
> '다시 출제될 수 있는 기존 기출'만 콤팩트하게 살펴 보고
> 역공국어 연구팀이 정성스럽게 출제한 예상 문제까지 알차게 닮았습니다.
>
> 국가직에서는 기존 기출의 5개년 안쪽에 나왔었던
> "언어의 본질, 파생어, 20세기 이후의 독자층, 표기 문자에 따른 소설의 종류와 특성, 정상과학과 과학 혁명"이
> 독해 소재로 출제 되었습니다.
>
> 지방직에서는 "이광수의 「무정」, 언어와 사고와의 관계, 인공지능"이 독해 소재로 출제되었습니다.

기출들이 반복되어 나오는 특성을 반영하고 역공국어 연구팀에서 개발한 최고 퀄리티의 독해 문제를 철저하게
훈련시켜 꼭 독해를 빠르게 정확하게 풀 수 있는 능력을 신장시켜 느낄 예정이니!
혜선 쌤을 믿고 따라와주세요~^^

우리는 독해 비중이 90프로를 차지하는 이 시험을 23-25분이 되는 시간 안에
아주 정확하게, 그리고 아주 신속하게 풀어야 합니다.
생각보다 독해에도 빠르게 풀 수 있는 '야매 꼼수 팁'이 존재합니다.
유형별로 눈동자가 어떤 순서로 움직여야 하는지,
유형별로 발문·제시문·선지를 어떻게 다르게 읽어야 하는지를 암기하실 수 있게
혜선 쌤과 처음부터 끝까지 달려 보아요!!

PREFACE

이 책에 들어가기 전에

범접할 수 없는 수석 합격 신화, 최고 적중률로 만점 릴레이

🔍 합격자들이 극찬하는 천기누설 혜선팍 독해를 필수 수강해야 하는 첫 번째 이유

亦功 천기누설 혜선팍 독해 PIN POINT로 배우는 유형별 빨리 푸는 전략 정복하기!

2026년에 출제될 수 있는 모든 유형에 대해 빠르게 풀 수 있는 전략을 야매꼼수로 단계별로 알려드립니다.
특히, 새로운 출제기조를 모두 다룸으로써
과도기적인 내년의 시험을 완벽하게 대비할 수 있게 합니다.

🔍 합격자들이 극찬하는 천기누설 혜선팍 독해를 필수 수강해야 하는 두 번째 이유

독해 이론이지만 외울 것은 최소화해서 외우게 하는 천기누설 혜선팍 독해 이론

독해 이론은 외울 것이 많이 없다지만 개념을 알아야 선지를 파악할 수 있는 유형들에 대해서는 독해 이론을 수록하였습니다.
특히 화법, [작문] 공문서 문장 고쳐 쓰기, [작문] 공문서 개요 작성, 지시어 추론 등
독해 이론을 알면 훨씬 쉽게 접근할 수 있는 것들을 최대한 압축하여 수록했습니다.

🔍 합격자들이 극찬하는 천기누설 혜선팍 독해를 필수 수강해야 하는 세 번째 이유

본격적으로 문제를 풀기 전에 워밍업! 콤단문 亦功 퀴즈

출제자들이 좋아하는 독해 이론을 잘 습득했는지 확인할 수 있는 퀴즈 섹션으로 어떤 포인트를 출제자들이 좋아하는지도 학습할 수 있습니다.
'O / X' 퀴즈나 단답식으로 되어 있어 부담을 최소화하여 해당 챕터의 내용을 학습할 수 있습니다.

🔍 합격자들이 극찬하는 천기누설 혜선팍 독해를 필수 수강해야 하는 네 번째 이유

어떤 책보다도 문제를 풍부하게 실었다! 亦功 기출 훈련, 亦功 문제 훈련

2024 버전의 문제들 중 2026년에도 살아남을 확률이 있는 중요한 기출 문제들을 풍부하게 실었습니다.
또 박혜선 연구소가 한 땀 한 땀 정성스럽게 만든 단원별 문제들로 유형별로 원 없이 훈련이 가능합니다.

🔍 합격자들이 극찬하는 천기누설 혜선팍 독해를 필수 수강해야 하는 다섯 번째 이유

시험 문제와 가장 비슷하다는 천기누설 혜선팍 독해 시즌2 전 단계 과정

천기누설 혜선팍 독해는 사실 가장 중요한 과정인 천기누설 혜선팍 독해 시즌2를 100% 잘 활용하여
만점까지 갈 수 있게 하는 전 단계 과정입니다.
천기누설 혜선팍 독해에서 독해 문제를 유형별로 완벽 독파하여 전 영역이 섞여 있는
'파이널 동형 모의'로 마지막 시험 준비를 완벽하게 끝낼 수 있게 합니다.

시중에 없던 혁신적인 천기누설 혜선팍 독해편을 통해 올해 또한 많은 亦功이들이 인생에서 잊지 못할 최고의 성과를 내길 기원합니다.
여러분들의 단기합격을 끝까지 기도하고 그때까지 최고의 지원을 아끼지 않겠습니다.

2025년 9월

박혜선 惠旋

합격자 최고 추천 천기누설 혜선팍 독해 편으로 단기 합격하는 방법!

꼭 문제는 공책(혹은 포스트잇)에 푸시길 바랍니다.
풀다가 애매한 선택지를 답 옆에 표시하여 오답할 때 함께 복습하시길 바랍니다.

❶ 혜선 쌤만의 전매특허!
1분 타이머를 혜선 쌤과 함께 재면서 문제를 푼다.
문제를 푸는 과정부터 혜선 쌤이 개입하여 무의식적인 나쁜 습관을 애초에 뿌리째 뽑아버린다.

❷ 혜선 쌤이 천기누설 혜선팍 독해 강의에서 풀어준 문제는
특히 당일에 바로 복습한다.
단, 독해 유형이기 때문에 제시문을 외우거나 답을 외우는 식의 복습은 지양해야 한다. 천기누설 혜선팍 독해의 복습은 독해 문제를 어떻게 접근하고 어떤 순서로 읽어내야 하는지가 중요하다. 혜선 쌤이 수업에서 추천하는 천기누설 혜선팍 독해 복습 방법으로 공부해야 한다.

❸ **나머지 문제는 10문제씩 푼 후 한꺼번에 채점. 오답한 후**
다음 10문제씩 풀고 똑같은 과정을 반복한다.

❹ **오답을 할 때에는 이 독해 유형 문제를 왜 틀렸는지, 내 사고 과정의 오류가**
어떤지 파악해야 한다.
그러다 보면 본인이 많이 틀리는 유형을 파악할 수 있고, 자주 일어나는 사고 오류를 파악하여 고칠 수 있다.

❺ **천기누설 혜선팍 독해는 회독을 할 필요는 없다.**
독해 문제 유형에 대한 학습에 초점을 두고 자신의 사고 과정 오류가 어떤지에 초점을 맞춰 이를 교정해야 한다.

이 책의 구성과 특징

대표 천기누설 개관

각 독해 유형의 챕터에 대해 개괄하는 섹션입니다. 빈출 정도와 중요도를 언급하여 亦功이들이 스스로 중요도 평정을 할 수 있게 합니다.

대표 천기누설 발문 체크

독해에서 가장 중요한 것은 발문! 발문을 보고 문제를 푸는 전략의 방향을 결정합니다. 역대 기출의 발문을 모아 학습합니다.

천기누설 독해 이론

독해 이론은 암기할 것이 적지만 암기가 아예 없다는 뜻은 아닙니다. 독해 이론을 최소화하되 필수적으로 암기해야 하는 독해 이론을 정리하였습니다.

천기누설 혜선팍 독해 PIN POINT

각 독해 유형을 빠르고 정확하게 풀 수 있는 혜선 쌤만의 야매 꼼수를 전수해 드리는 섹션입니다.

- **빨리 푸는 亦功 전략**
  독해 단계별로 발문을 어떻게 읽을지, 제시문은 어떻게 읽을지, 선지는 어떻게 읽을지 유형별로 세세하게 알려 드리는 섹션입니다.

- **신유형 2025 버전 1, 2**
  인사혁신처에서 1차, 2차 샘플에서 출제한 2025년 버전을 집중적으로 훈련할 수 있게 하는 섹션입니다.

천기누설 혜선팍 독해 시즌1

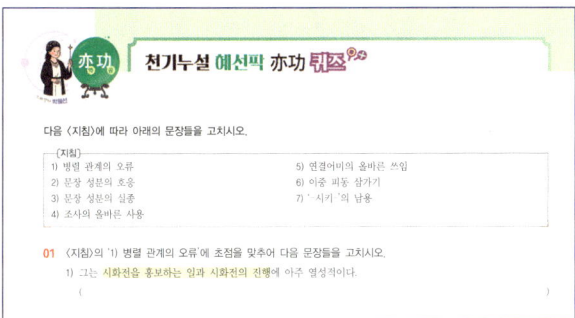

콤단문 亦功 퀴즈

암기한 공무서 문장 고쳐쓰기를 실제로 적용할 수 있는지 확인해 보는 퀴즈 섹션입니다. 가장 출제가 잘 될 수 있는 포인트를 퀴즈화하여 문제를 풀 수 있게 합니다.

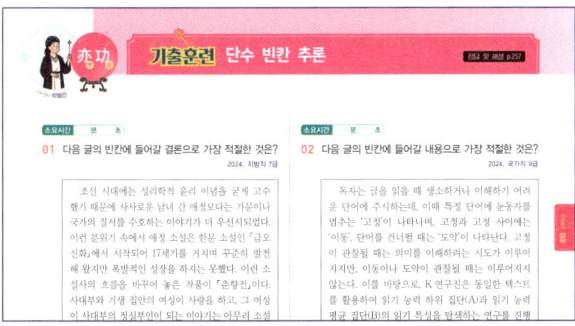

亦功 기출 훈련

해당 독해 유형의 역대 기출들을 모아 풍부하게 문제를 풀 수 있게 하는 섹션입니다.
기출에 나왔던 독해 소재가 또 나올 수 있으므로 꼭 풀어야 하는 섹션입니다.

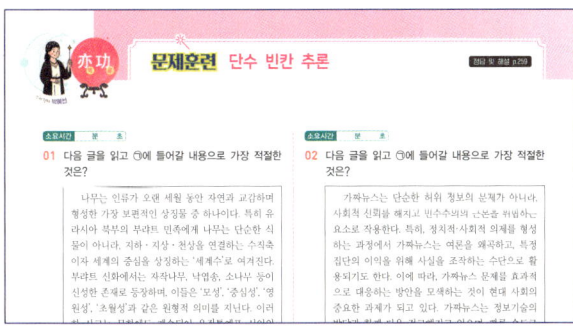

亦功 문제 훈련

박혜선 국어 연구소에서 한 땀 한 땀 정성스럽게 만들어 시험과 최고 유사한 문제들을 담은 단원별 문풀 섹션입니다. 2025년 출제 기조 변화와 가장 유사한 문제들을 출제하였습니다.

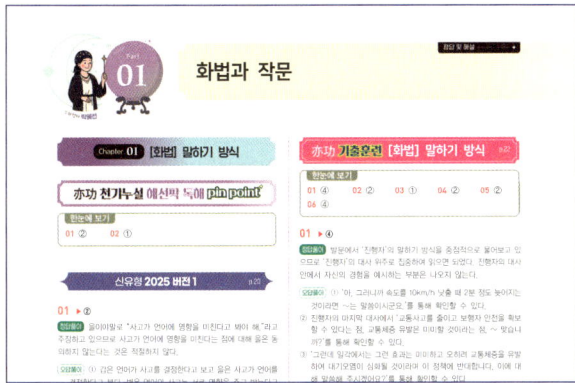

풍부한 정답 및 해설

풍부한 독해 문제들에 대한 해설을 자세하게 수록한 섹션입니다.

亦功 박혜선 국어 수강 후기

기출뿐만 아니라 혜선 쌤이 직접 만드신 양질의 문제로 완벽한 실전 대비 가능!

국어 독해 실전 예상문제집답게 문제가 충분하게 수록되어 있어 다른 독해 교재를 구입하지 않아도 동형보기 전까지 충분하다는 생각이 들었습니다. 천기누설 혜선팍 독해 구성을 살펴보면 기출훈련과 문제훈련으로 구성되어 있는데요. 기출 훈련에서 기출을 다시 한번 훈련할 수 있고 문제 훈련에서는 박혜선 선생님께서 직접 만들어 양질의 문제가 많아서 실전에 대비할 수 있었습니다. 해설에 대한 이야기를 안할 수가 없는데요 정답풀이뿐 아니라 오답풀이까지 상세하게 적혀있어서 숙제로 문제 풀고 채점하고 해설을 봤는데 이해가 잘됐습니다. 밤을 새고 아침에 수업 듣다 보니까 졸린데도 선생님의 노랫소리, 성악으로 정신이 번쩍 들어서 끝까지 수업을 들을 수 있었습니다. 발문체크와 빨리 푸는 전략을 설명해주셔서 빠르게 문제 푸는 방법을 체화시킬 수 있었습니다. 수업 중간마다 선생님의 썰로 흥미진진해서 수업 더욱 집중할 수 있었습니다. 문법을 재밌게 설명해주시고 기본서 때부터 계속 반복 설명해주셔서 문법뇌주름까지 생긴 거 같습니다. 동형이 너무 기대됩니다. 감사합니다.

곰돌이뿌웅

국어 점수는 혜선 쌤의 독해 강의를 듣기 전과 후로 나뉜다!

혜선 쌤 강의 특! 야매꼼수로 어려운 문제도 쉽게 풀 수 있는 꿀팁을 알려줍니다. 혜선 쌤 강의를 듣기 전과 들은 후의 문제 푸는 방법은 완전히 다르고 혜선 쌤의 문제 풀이법을 보면 정답을 빠르고 정확하게 맞힐 수 있게 됩니다. 제가 푼 문제 풀이 방법과 혜선 쌤의 문제 풀이 방법을 비교해가면서 어디에 밑줄을 그어야 하는지, 핵심 키워드를 찾는 방법을 배울 수 있어 좋습니다. 강화약화, 순서배열, 빈칸, 논리추론 등 어려운 문제도 혜선 쌤의 야매꼼수와 함께 쉽게 풀 수 있습니다. 공무원 국어 강의를 고민하고 있는 분들은 박문각 국어 박혜선 쌤을 강력 추천합니다! 교재 디자인부터 공부를 하고 싶게 만들어서 매 번 교재를 펼칠 때마다 기분 좋게 공부를 시작할 수 있었습니다. 그리고 혼자 공부해도 충분히 할 수 있는 자세한 해설이 포인트입니다. 물론 해설이 자세하지만, 저는 해설을 보기보다는 혜선 쌤 강의를 직접 보는게 더 공부하기 좋아 강의를 보며 공부했습니다. ㅎㅎ

무우링

신속하고 정확한 독해 풀이를 원하신다면 '야매꼼수팁'이 녹아있는 이 수업을 강력 추천!

2025년 시험은 20문제 중 18문제가 독해 유형으로 출제되기 때문에 독해에 대한 중요도가 확 높아졌는데, 혼자서 독해 문제를 풀었을 때는 시간을 정해놓고 푼 것이 아니기 때문에 오래오래 고민해서 답을 골랐으니 정답률이 높았고 그래서 더 독해를 안일하게 생각했던 것 같습니다. 그러나 막상 수업 때 시간을 재고 풀으니 시간에 쫓기게 되고 마음이 급해져 얼렁뚱땅 찍게 되며 틀린 문제가 점점 많아지는 것을 확인하고 나는 한국인이 맞는 것인가 하는 회의감이 들기도 했습니다. 이런 저의 고민을 말끔하게 없애준 것이 바로 '천기누설 혜선팍 독해' 수업입니다! '빨리 푸는 역공 전략'을 통해 유형별로 어떤 순서로 읽어야 하는지, 발문, 제시문, 선지를 어떻게 다르게 읽어야 하는지에 대해 배우고 적용해보니 확실히 문제 푸는 속도가 빨라져서 너무 신기했습니다. 독해 유형이 이렇게 다양한데 냅다 뛰어들어서 풀었으니 시간이 많이 걸릴만했다는 것을 이제 알게 되었고 '빨리 푸는 역공 전략'과 '야매꼼수팁'을 통해 빠르고 정확한 독해 풀이를 할 수 있게 되어 너무 좋은 수업이었던 것 같습니다.

노란담요

혜선 쌤만 믿고 국어 공부하면 절대 후회할 일 없이 고득점을 맞을 수 있겠다는 생각이 저절로 들 정도로 대만족입니다!!

천기누설 혜선팍 독해 책을 처음 펼쳐봤을 때, 문제의 구성 자체가 굉장히 알차다고 느꼈습니다. 혜선 쌤이 열심히 밤을 새서 만드신 문제들은 없는 게 없어서 보다 폭넓은 대비가 가능했습니다. 덕분에 시험장에서 뭘 마주쳐도 당황하지 않을 자신감을 장착했습니다ㅎㅎㅎ 천기누설 혜선팍 독해는 단순히 문제 푸는 기계처럼 푸는데 그치지 않고, 혜선 쌤만의 효율적인 풀이법을 제시한다는 점에서 큰 차별점이 있다고 생각합니다. 모두가 입모아 얘기하겠지만 혜선 쌤의 가장 큰 장점은 뭐니뭐니해도 [야매꼼수 스킬]이라고 생각합니다!!!! 문제를 푸는 시간을 진짜진짜 확실히 단축하고, 그렇다고 놓치는 내용 없이 중요한 핵심을 빠르게 파악하면서 해치울 수 있는점이 정말 마음에 듭니다(ㄴ첨가와 ㅎ축약 야매꼼수는 정말 최고라고 생각해요...♥ 문제 5초컷 가능, 논리추론 야매꼼수도 아마 혜선 쌤이 최초이지 않을까 생각합니다) 저 역시 이 야매꼼수들을 적극적으로 활용하면서 연습을 거듭했더니 국어 과목에서 시간에 쫓기는 걱정은 더 이상 하지 않게 되었습니다. 그뿐만 아니라 선생님은 항상 학생의 입장에서 수업을 진행하시는 점도 엄청난 장점이라고 생각합니다. 특히 선생님의 열정과 학생들을 향한 세심한 배려가 수업 내내 느껴졌습니다. 그냥 진도만 빨리 빼도 될 수 있는 부분을 이해했는지, 넘 어렵게 설명하지는 않는지 실시간 현강생들의 피드백을 받으시면서 강의 난이도를 조절하셔서 정말 충성충성 하고 있고 열심히 내년 시험까지 혜선 쌤만 믿고 따라가겠습니다!!

nan

국어가 제일 자신 있는 과목이 되었어요!!

일단 저는 공부에 흥미를 느껴 하는 편은 아닙니다. 고등학생 때도 그닥 특별히 재미있어 하는 과목도 없고 자신 있는 과목도 없어서 수능 올 4등급을 맞았던 사람입니다. 일단 공무원 준비를 시작하면서 걱정이 많았었어요. 혜선 쌤이 박문각 국어 1타시니까 일단 믿고 가자로 혜선 쌤 강의를 듣기 시작했습니다. 공부 시작한 지 약 3개월 쯤에 시험 삼아 본 지방직 사회복지직 9급에서 90점을 맞았습니다;; 물론 찍은 게 맞은 게 많겠지만 그 뒤로 계속 혜선 쌤 강의를 들으면서 국어가 젤 자신 있는 과목이 되었습니다! 국어는 일일모고에서도 최근 몇 달은 거의 90점 아니면 100점을 맞고 있습니다! 이번 천기누설 혜선팍 독해를 들으면서 혜선 쌤 천기누설 혜선팍 독해는 독해 유형별로 어떻게 풀어야 빠른 시간 안에 정확하게 풀어야 하는지 나와 있어서 혼자 독학하기에도 정말 좋은 교재라고 생각합니다! 강의를 들으면서도 어떻게 풀어야 하는지 역공이들이 이해하기 쉽게 가르쳐주시니까 혼자 풀어도 유형별로 푸는 방식이 자리 잡아가고 있는 게 느껴졌습니다. 덕분에 독해는 정말 고난도 아니면 거의 틀리지 않고 있는 거 같아요. 다들 국어는 혜선 쌤 선택하세요!!

마연이

CURRICULUM

亦功 박혜선 국어 커리큘럼

수석합격 릴레이 신화, '최단기 합격의 절대 공식'

박혜선 亦功국어 ♥ 2026년 만점 릴레이 커리큘럼 ♥

초시생을 위한 전체 커리큘럼

단계	강의 제목	수강 대상
1단계 (기초입문)	독해 신유형 공부(독해신공) 시작! 초보자들의 능력 up	국어가 많이 약한 공시생들 (필수는 아님. 수능 기준 6등급 이하 추천)
2단계 (올인원 필수 개념 완성)	만점 출좋포 만점 출좋포 문제 훈련	★★★ 초시생이라면 기본 이론 강의인 '만점 출좋포'부터 들으시면 됩니다. (재시생이지만 기본부터 닦고 싶다면 '만점 출좋포'부터 들으셔도 됩니다~^^)
3단계 (필수 기출 +예상문제 풀이)	논리추론 천기누설 혜선팍 논리 독해 천기누설 혜선팍 독해 시즌1, 2	'만점 출좋포' 완강 후 들으면 되는 각 영역 특화 기출+예상문제 풀이 강의
4단계 (모의고사, 압축 마무리)	족집게 적중 동형 모의고사 족집게 적중 노트	시험 직전 마지막 단계로 실전 동형 모의고사와 시험에 나올 적중 포인트들만 집중적으로 조지는 강의

Simple 그 자체, 재시생 을 위한 각 영역의 특화 커리큘럼

영역	강의명
신유형 **문법** 특화	야매꼼수 이론 특화 족집게 문법 40 포인트
신유형 **독해** 특화	이론+문제 풀이 천기누설 혜선팍 독해
신유형 **논리** 특화	이론+문제 풀이 천기누설 혜선팍 논리
신유형 **어휘** 특화	독해 어휘력 UP! 천기누설 혜선팍 세트형 독해+어휘

감을 놓치지 않게 하는 Daily 문제 풀이

♥ 1주일에 1회씩
신유형 집중 문제 풀이 — 만점 릴레이 적중 하프

♥ 1일에 1회씩
신유형 집중 문제 풀이 — 스파르타 매일 합격 모의고사

♥ 문법+독해 결합형
강화, 약화 추론 등
신유형 집중 독해 문풀 — 주독야독 시즌 1, 2, 3

메타인지 독해 숙제 관리

※ 하루에 1강씩 들으면 3주 안에 천기누설 혜선팍 독해를 완강할 수 있어요.

단원		학습 내용	회독(색칠)			세부 취약 파트 체크
PART 01 화법과 작문	Day 0	천기누설 혜선팍 독해 시즌1 사용법 OT (필수적으로 기억해야 하는, 해설 샘과의 약속)	☆ ☆ ☆ ☆			v _____ v _____
	Day 1	CH.01 [화법] 말하기 방식	☆ ☆ ☆ ☆			v _____ v _____
	Day 2	CH.02 [작문] 공문서 개요 작성	☆ ☆ ☆ ☆			v _____ v _____
	Day 3	CH.03 [작문] 내용 고쳐 쓰기	☆ ☆ ☆ ☆			v _____ v _____
	Day 4	CH.04 [작문] 공문서 문장 고쳐 쓰기	☆ ☆ ☆ ☆			v _____ v _____
PART 02 일반 추론	Day 5	CH.05 중심 내용 추론	☆ ☆ ☆ ☆			v _____ v _____
	Day 6	CH.06 내용 추론 긍정 발문	☆ ☆ ☆ ☆			v _____ v _____
	Day 7	CH.07 내용 추론 부정 발문	☆ ☆ ☆ ☆			v _____ v _____
PART 03 빈칸 추론	Day 8	CH.08 단수 빈칸 추론	☆ ☆ ☆ ☆			v _____ v _____
	Day 9	CH.09 복수 빈칸 추론	☆ ☆ ☆ ☆			v _____ v _____

단원		학습 내용	회독(색칠)	세부 취약 파트 체크
PART 04 순서 배열	Day 10	CH.10 순서 배열	☆ ☆ ☆ ☆	∨ _____ ∨ _____
PART 05 강화 약화	Day 11	CH.11 밑줄 강화, 약화	☆ ☆ ☆ ☆	∨ _____ ∨ _____
	Day 12	CH.12 일반 강화, 약화	☆ ☆ ☆ ☆	∨ _____ ∨ _____
	Day 13	CH.13 〈보기〉 강화, 약화	☆ ☆ ☆ ☆	∨ _____ ∨ _____
PART 06 세트형 독해+어휘	Day 14	CH.14 문맥적 의미 추론	☆ ☆ ☆ ☆	∨ _____ ∨ _____
	Day 15	CH.15 바꿔 쓸 수 있는 유사한 표현	☆ ☆ ☆ ☆	∨ _____ ∨ _____
PART 07 문학+독해 결합형	Day 16	CH.16 지시 대상 추론	☆ ☆ ☆ ☆	∨ _____ ∨ _____
	Day 17	CH.17 현대 문학, 고전 문학	☆ ☆ ☆ ☆	∨ _____ ∨ _____
PART 08 문법+독해 결합형	Day 18	CH.18 형태론, 통사론, 음운론	☆ ☆ ☆ ☆	∨ _____ ∨ _____
	Day 19	CH.19 이외의 문법 영역	☆ ☆ ☆ ☆	∨ _____ ∨ _____

이 책의 차례

Part 1 화법과 작문

Chapter 1 [화법] 말하기 방식 … 18

Chapter 2 [작문] 공문서 개요 작성 … 30

Chapter 3 [작문] 내용 고쳐 쓰기 … 40

Chapter 4 [작문] 공문서 문장 고쳐 쓰기 … 50

Part 2 일반 추론

Chapter 5 중심 내용 추론 … 68

Chapter 6 내용 추론 긍정 발문 … 78

Chapter 7 내용 추론 부정 발문 … 94

Part 3 빈칸 추론

Chapter 8 단수 빈칸 추론 … 110

Chapter 9 복수 빈칸 추론 … 120

Part 4 순서 배열

Chapter 10 순서 배열 … 132

Part 5 강화, 약화

Chapter 11 밑줄 강화 약화 … 146

Chapter 12 일반 강화, 약화 … 152

Chapter 13 〈보기〉 강화, 약화 … 159

Part 6 세트형 독해

Chapter 14 문맥적 의미 추론 ··· 170

Chapter 15 바꿔 쓸 수 있는 유사한 표현 ··· 184

Chapter 16 지시 대상 추론 ··· 190

Part 7 문학+독해 결합형

Chapter 17 현대 문학, 고전 문학 ··· 202

Part 8 문법+독해 결합형

Chapter 18 형태론, 통사론, 음운론 ··· 210

Chapter 19 이외의 문법 영역 ··· 218

정답 및 해설 ··· 226

- **Chapter 1** [화법] 말하기 방식

- **Chapter 2** [작문] 공문서 개요 작성

- **Chapter 3** [작문] 내용 고쳐 쓰기

- **Chapter 4** [작문] 공문서 문장 고쳐 쓰기

천기누설 혜선팍 독해 시즌1

Part 01

화법과 작문

Chapter 01 [화법] 말하기 방식

관련교재
㉮ 출좋포 독해·논리 p.24~30

☾ 대표 천+기+누+설 개관

화법의 말하기 방식 문제는 매년 매 직렬 출제되는 유형으로 1문제에서 많으면 2문제는 출제되므로 꼭 정복해야 하는 유형입니다.
다만 2025년 이후의 유형은 지엽적인 말하기 방식까지 물어봤던
2024년 이전의 출제 기조와 다른 출제 기조를 보여주고 있습니다.
첫 번째 유형은 발문이나 선지에 발화 주체가 나오지 않고 말하기 방식을 물어보는 것입니다.
두 번째 유형은 <보기>에 나오는 발화 주체들의 의견 대립 양상을 물어보는 것입니다.

☾ 대표 천+기+누+설 발문 체크

01 다음 대화를 분석한 내용으로 가장 적절한 것은?
02 갑~병의 주장을 분석한 내용으로 적절한 것만을 <보기>에서 모두 고르면?

천+기+누+설 독해이론 [화법] 말하기 방식

이 유형은 0순위 최빈출이라고 볼 수 있습니다.
2가지 유형으로 출제가 되나, 이 두 유형 모두 대화 참여자들의 의견 대립 양상을 확인하면
풀린다는 점에서 어렵지 않게 풀 수 있습니다.

TYPE 1 대본을 읽고 각 참여자들의 의견의 대립 양상과 말하기 방식을 파악하기

갑: 전염병이 창궐했을 때 마스크를 착용하는 것은 당연한 일인데, 그것을 거부하는 사람이 있다니 도대체 이해가 안 돼.
을: 마스크 착용을 거부하는 사람들을 무조건 비난하지 말고 먼저 왜 그러는지 정확하게 이유를 파악하는 것이 필요해.
병: 그 사람들은 개인의 자유가 가장 존중받아야 하는 기본권이라고 생각하기 때문일 거야.
갑: 개인의 자유로운 선택이 타인의 생명을 위협한다면 기본권이라 하더라도 제한하는 것이 보편적 상식 아닐까?
병: 맞아. 개인이 모여 공동체를 이루는데 나의 자유만을 고집하면 결국 사회는 극단적 이기주의에 빠져 붕괴하고 말 거야.

★ 중심 화제: 전염병 창궐 시의 마스크 착용
① 갑: 무조건 착용해야 한다.
② 을: 왜 착용하지 않으려고 하는지 이유를 파악해야 한다.
③ 병: 무조건 착용해야 한다.

TYPE 2 대본을 읽고 각 참여자들의 의견의 대립 양상만 파악하기

갑: 오늘날 사회는 계급 체계가 인간의 생활을 전적으로 규정하지 않는다. 실제로 많은 사람이 사회 이동을 경험하며, 전문직 자격증에 대한 접근성 또한 증가하였다. 인터넷은 상향 이동을 위한 새로운 통로를 제공하고 있다. 이에 따라서 전통적인 계급은 사라지고, 이제는 계급이 없는 보다 유동적인 사회질서가 새로 정착되었다.

을: 지난 30년 동안 양극화는 더 확대되었다. 부가 사회 최상위 계층에 집중되는 것에 대한 우려가 커지고 있다. 과거 계급 불평등은 경제 전반의 발전을 위해 치를 수밖에 없는 일시적 비용이었다고 한다. 하지만 경제 수준이 향상된 지금도 이 불평등은 해소되지 않고 있다. 오늘날 세계화와 시장 규제 완화로 인해 빈부 격차가 심화되고 계급 불평등이 더 고착되었다.

병: 오랫동안 지속되었던 계급의 전통적 영향력은 확실히 약해지고 있다. 하지만 현대사회에서 계급 체계는 여전히 경제적 불평등의 핵심으로 남아 있다. 사회 계급은 아직도 일생에 걸쳐 개인의 삶에 큰 영향을 미친다. 특정 계급의 구성원이라는 사실은 수명, 신체적 건강, 교육, 임금 등 다양한 불평등과 관련된다. 이는 계급의 종말이 사실상 실현될 수 없는 현실적이지 않은 주장이라는 점을 보여 준다.

★ 중심 화제: 계급
① 갑: 계급이 없다.
② 을: 계급이 있다.
③ 병: 계급이 있다.

∴ 갑과 을은 대립한다.
∴ 을과 병은 대립하지 않는다.
∴ 갑과 병은 대립한다.

신유형 2025 버전 1

발화 주체들의 의견 대립 양상 + 말하기 방식

빠리 푸는 亦功 전략

1단계
제시문을 읽을 때에는 '말하기 방식'에 초점을 두고 읽되 참여자들의 의견의 대립 양상 위주로 읽어 내기

2단계
선지를 2 파트로 나누어 판단하기
A와 B 모두 옳은지 파악하기

01 다음 대화를 분석한 내용으로 적절하지 않은 것은? 2025. 지방직 9급

갑: 언어는 인간의 지각과 사고, 세계관 등을 결정해. 인간 사고의 내용과 구조는 언어에 의해 형성되며, 이 때문에 동일한 언어를 쓰는 민족은 그 언어에 의해 형성된 공통의 세계관을 갖게 되지. 사고가 언어에 영향을 미치는 것이 아니라 실은 그 반대야.
을: 나는 동의할 수 없어. 언어는 인간의 사고를 표현하는 도구에 불과해서 사고가 언어에 영향을 미친다고 봐야 해. 따라서 사고의 차이가 언어의 차이를 낳지.
병: 그렇긴 하지. 사고의 깊이가 깊은 사람은 그렇지 않은 사람에 비해 구사하는 언어의 수준이 높아. 하지만 나는 언어가 사고에 영향을 미친다는 것도 동의해. 남미의 어떤 부족은 방향을 표현할 때 '왼쪽'이나 '오른쪽'이 아니라 '북서쪽'과 같이 절대 방위로 표현하는데, 이 언어를 쓰는 사람들의 공간 감각은 이 언어를 쓰지 않는 사람들보다 더 뛰어나다고 하거든.
갑: 언어가 다르면 세계를 다르게 인식해. 어떤 언어의 화자가 자기 언어의 색채어에 맞추어 색깔을 구별하는 것을 그 사례로 들 수 있어. 이런 점에서 언어가 없다면 인식하고 사고할 수 없다는 말도 성립해.
을: 언어가 미숙한 유아라든지 언어가 없는 동물들도 자신들이 직면한 문제에 대해 사고하고 판단하잖아. 이건 언어가 사고에 영향을 미치지 못한다는 증거이지.
병: 나는 언어와 사고의 관계가 어느 한쪽이 일방적으로 영향을 주는 게 아니라 서로 영향을 주고받으면서 발전한다고 생각해.

① 언어와 사고가 서로 영향을 주고받는 관계라는 점에 대해 갑과 을은 동의하지 않지만 병은 동의한다.
② 사고가 언어에 영향을 미친다는 점에 대해 갑은 동의하지만 을은 동의하지 않는다.
③ 언어가 다르면 세계를 다르게 인식한다는 점에 대해 갑과 병은 동의한다.
④ 사고의 차이가 언어의 차이를 낳는다는 점에 대해 을과 병은 동의한다.

신유형 2025 버전 2

발화 주체들의 의견의 대립 양상만 물어보는 유형

02 갑~병의 주장을 분석한 내용으로 적절한 것만을 〈보기〉에서 모두 고르면?

> 갑: 인간의 행복은 주로 내면의 평화와 심리적 상태에서 비롯된다. 외부 환경이나 물질적 조건보다도 궁극적으로 행복은 개인의 마음가짐과 내적 만족에서 오는 것이다. 같은 상황에서도 어떤 사람은 행복을 느끼고, 다른 사람은 불행을 느낄 수 있는 것은 개인의 내면적 태도와 생각이 행복을 결정하는 주요 요인이기 때문이다. 따라서 진정한 행복을 위해서는 내적인 성찰과 마음의 평화를 추구해야 한다.
>
> 을: 행복은 마음가짐에 크게 의존한다. 사람들은 물질적으로 풍요로워도 내면적으로 불안정하면 행복감을 느끼지 못할 수 있다. 반대로, 외적인 조건이 부족하더라도 긍정적이고 만족스러운 마음가짐을 가진 사람들은 행복을 느낄 수 있다. 행복을 추구하기 위해서는 외적인 조건에만 의존하기보다는 자신을 돌아보고 내면의 평화를 유지하는 것이 중요하다.
>
> 병: 인간은 경제적 안정, 건강, 사회적 지위와 같은 외부적인 조건들이 만족스러울 때 행복을 느낀다. 내면의 평화나 심리적 상태가 좋아도 기본적인 물질적 여건이 충족되지 않으면 지속적인 행복을 느끼기 어렵다. 예를 들어, 기본적인 생계가 보장되지 않는 상황에서 내면의 평화만으로 행복을 유지하는 것은 현실적이지 않다. 행복을 위해서는 물질적 조건의 개선이 필수적이다.

―〈보기〉―
ㄱ. 갑의 주장과 을의 주장은 대립하지 않는다.
ㄴ. 을의 주장과 병의 주장은 대립하지 않는다.
ㄷ. 병의 주장과 갑의 주장은 대립하지 않는다.

① ㄱ
② ㄴ
③ ㄱ, ㄷ
④ ㄴ, ㄷ

빨리 푸는 亦功 전략

1단계
〈보기〉를 보고 전체적인 느낌을 잡는다.

'대립한다 vs 대립하지 않는다'

'대립 = 반대'

2단계
1. 갑, 을이 주장하는 의견의 핵심을 읽고 대립 양상 판단하기

2. 병이 주장하는 의견의 핵심을 읽고 나머지 대립양상 판단하기

기출훈련 [화법] 말하기 방식

01 진행자의 말하기 방식에 대한 설명으로 적절하지 않은 것은?

2024. 국가직 9급

> 진 행 자: 우리 시에서도 다음 달부터 시내 도심부에서의 제한 속도를 조정하기로 했습니다. 이와 관련하여, 강□□ 교수님 모시고 말씀 듣겠습니다. 교수님, 안녕하세요?
> 강 교수: 네, 안녕하세요?
> 진 행 자: 바뀌는 제도의 내용을 좀 더 구체적으로 설명해 주시죠.
> 강 교수: 네, 시내 도심부 간선도로에서의 제한 속도를 기존의 70 km/h에서 60 km/h로 낮추는 정책입니다.
> 진 행 자: 시의회에서 이 정책 도입에 중요한 역할을 하신 것으로 아는데, 어떤 효과를 얻을 것이라고 주장하셨나요?
> 강 교수: 차량 간 교통사고 발생 가능성을 줄이고 보행자 안전을 확보할 수 있다고 했습니다.
> 진 행 자: 그런데 일각에서는 그런 효과는 미미하고 오히려 교통체증을 유발하여 대기오염이 심화될 것이라며 이 정책에 반대합니다. 이에 대해 말씀해 주시겠어요?
> 강 교수: 그렇지 않습니다. ○○시가 작년에 7개 구간을 대상으로 이 제도를 시험 적용해 보니, 차가 막히는 시간은 2분 정도밖에 증가하지 않았습니다. 그런데 중상 이상의 인명 사고는 26.2% 감소했습니다. 또 이산화질소와 미세먼지 같은 오염물질도 각각 28%, 21%가량 오히려 감소한다는 연구 결과가 있습니다.
> 진 행 자: 아, 그러니까 속도를 10 km/h 낮출 때 2분 정도 늦어지는 것이라면 인명 사고의 예방과 오염물질의 감소를 위해 충분히 감수할 만한 시간이라는 말씀이시군요.
> 강 교수: 네, 맞습니다.
> 진 행 자: 교통사고를 줄이고 보행자 안전을 확보할 수 있다는 점, 교통체증 유발은 미미할 것이라는 점, 오염물질 배출이 감소할 것이라는 점에서 이번의 제한 속도 조정 정책은 훌륭한 정책이라는 것이군요. 맞습니까?
> 강 교수: 네, 그렇게 정리할 수 있겠습니다.

① 상대방이 통계 수치를 제시한 의도를 자기 나름대로 풀어 설명한다.
② 상대방의 견해를 요약하며 자신이 이해한 바가 맞는지를 확인한다.
③ 상대방의 주장에 대한 이견을 소개하고 그에 대한 의견을 요청한다.
④ 상대방이 설명한 내용을 뒷받침할 수 있는 자신의 경험을 예시한다.

02 다음 대화를 분석한 내용으로 가장 적절한 것은?

2024. 국가직 9급

> 갑: 고대 노예제 사회나 중세 봉건 사회는 타고난 신분에 따라 사회적 지위가 결정되는 계급사회였지만, 현대 사회는 계급사회가 아니라고 많이들 말해. 그런데 과연 그런지 의문이야.
> 을: 현대 사회는 고대나 중세만큼은 아니지만 귀속지위가 성취지위를 결정하는 면이 없다고 할 수 없어. 빈부 격차에 따라 계급이 나뉘고 그에 따른 불평등이 엄연히 존재하잖아. '금수저', '흙수저'라는 유행어에서 볼 수 있듯 빈부 격차가 대물림되면서 개인의 계급이 결정되고 있어.
> 병: 현대 사회가 빈부 격차로 인해 계급이 나누어지는 것처럼 보인다고 해서 계급사회라고 단정할 수는 없어. 계급사회라고 말하려면 계급 체계 자체가 인간의 생활을 전적으로 규정할 수 있어야 하는데, 오늘날 각종 문화나 생활 방식 전체를 특정한 계급 논리만으로는 설명할 수 없어. 따라서 현대 사회를 계급사회로 보기는 어려워.
> 갑: 현대 사회의 문화가 다양하다는 것은 맞아. 하지만 인간 생활의 근간은 결국 경제 활동이고, 경제적 계급 논리로 현대 사회의 문화를 충분히 설명하고 규정할 수 있어. 또한 현대 사회에서 인간의 사회적 지위는 부모의 경제력과 지속되기 때문에 계급사회라고 말할 수 있어.

① 갑은 을의 주장 중 일부는 수용하고 일부는 반박한다.
② 을의 주장은 갑의 주장과 대립하지 않는다.
③ 갑과 병은 상이한 전제에서 유사한 결론을 도출하고 있다.
④ 병의 주장은 갑의 주장과는 대립하지 않지만 을의 주장과는 대립한다.

03 다음 대화에 나타난 말하기 방식을 설명한 것으로 적절하지 않은 것은?

2023. 국가직 9급

> 백 팀장: 이번 워크숍 장면을 사내 게시판에 올리는 게 좋겠어요. 워크숍 내용을 공유하면 좋을 것 같아서요.
> 고 대리: 전 반대합니다. 사내 게시판에 영상을 공개하는 것은 부담스러워요. 타 부서와 비교될 것 같기도 하고요.
> 임 대리: 저도 팀장님 말씀대로 정보를 공유한다는 취지는 좋다고 생각해요. 다만 다른 팀원들의 동의도 구해야 할 것 같고, 여러 면에서 우려되긴 하네요. 팀원들 의견을 먼저 들어 보고, 잘된 것만 시범적으로 한두 개 올리는 것이 어떨까요?

① 백 팀장은 팀원들에 대한 유대감을 드러내는 표현을 사용하며 자신의 바람을 전달하고 있다.
② 고 대리는 백 팀장의 제안에 반대하는 이유를 명시적으로 밝히며 백 팀장의 요청을 거절하고 있다.
③ 임 대리는 발언 초반에 백 팀장 발언의 취지에 공감하여 백 팀장의 체면을 세워 주고 있다.
④ 임 대리는 대화 참여자의 의견을 묻는 의문문을 사용하여 자신의 의견을 간접적으로 드러내고 있다.

04 다음 대화를 분석한 내용으로 적절하지 않은 것은?

2023. 지방직 9급

> 은지: 최근 국민 건강 문제와 관련해 '설탕세' 부과 여부가 논란인데, 나는 설탕세를 부과해야 한다고 생각해. 그러면 당 함유 식품의 소비가 감소하게 되고, 비만이나 당뇨병 등의 질병이 예방되니까 국민 건강 증진에 도움이 되기 때문이야.
> 운용: 설탕세를 부과하면 당 소비가 감소한다고 믿을 만한 근거가 있니?
> 은지: 세계보건기구 보고서를 보면 당이 포함된 음료에 설탕세를 부과하면 이에 비례해 소비가 감소한다고 나와 있어.
> 재윤: 그건 나도 알아. 그런데 설탕세 부과가 질병을 예방한다는 것은 타당하지 않아. 여러 연구 결과를 보면 당 섭취와 질병 발생은 유의미한 상관관계가 없어.

① 은지는 첫 번째 발언에서 화제를 제시하고 있다.
② 운용은 은지의 주장에 반대하고 있다.
③ 은지는 두 번째 발언에서 자신의 주장에 대한 근거를 제시하고 있다.
④ 재윤은 은지가 제시한 주장의 근거를 부정하고 있다.

05 다음 대화에 대한 설명으로 가장 적절한 것은?

2022. 지방직 9급

> A: 예은 씨. 오늘 회의 내용을 팀원들에게 공유해 주시면 좋겠네요.
> B: 네. 알겠습니다. 팀장님, 오늘 회의 내용을 요약 정리해서 메일로 공유하면 되겠지요?
> A: (고개를 끄덕이며) 맞습니다.
> B: 네. 그럼 회의 내용은 개조식으로 요약하고, 팀장님을 포함해서 전체 팀원에게 메일로 보내도록 하겠습니다.
> A: 예은 씨. 그런데 개조식으로 회의 내용을 요약하는 방식에는 문제가 있지 않을까요?
> B: (고개를 끄덕이며) 그렇겠네요. 개조식으로 요약할 경우 회의 내용이 과도하게 생략되어 이해가 어려울 수 있겠네요.

① A는 B에게 내용 요약 방식을 제안하고 있다.
② A와 B는 대화 중에 공감의 표지를 드러내며 상대방의 말을 듣고 있다.
③ B는 회의 내용 요약 방식에 대한 A의 문제 제기에 대해 자신이 다른 입장임을 드러내고 있다.
④ A는 개조식 요약 방식이 회의 내용을 과도하게 생략하여 이해에 어려움을 줄 수 있다고 명시하고 있다.

06 토론자들의 말하기 방식에 대한 설명으로 적절한 것은?

2019. 국가직 9급

사 회 자: 학교 폭력 문제가 나날이 심각해지고 있습니다. 이와 관련해 오늘은 '학교 폭력을 방관한 학생에게도 책임을 물어야 한다'를 주제로 토론을 해 보도록 하겠습니다. 먼저 찬성 측 말씀해 주시죠.

찬 성 측: 친구가 학교 폭력에 의해 희생되고 있는데도 자신에게 피해가 올까 두려워 아무런 조치를 취하지 않는 학생들이 많다고 합니다. 이러한 행동으로 인해 학교 폭력은 점점 확산되고 있습니다. 학교 폭력을 행하는 것을 목격했음에도 어떤 조치도 취하지 않은 것은 폭력에 대해 묵시적으로 동의한 것과 같습니다. 폭력을 직접 행사하는 행위뿐 아니라, 불의에 저항하지 않는 정의롭지 못한 행위에 대해서도 합당한 책임을 물어야 할 것입니다.

사 회 자: 다음으로 반대 측 의견 말씀해 주시죠.

반 대 측: 특정 학생에게 폭력을 직접 행사해서 피해를 준 사실이 명백할 때에만 책임을 물을 수 있을 것입니다. 또한 사건에 대한 개입과 방관은 개인의 자율적 의지에 달린 문제이므로 외부에서 규제할 성질의 문제가 아닙니다.

사 회 자: 그럼 이번에는 반대 측부터 찬성 측에 대해 반론해 주시지요.

반 대 측: 과연 누구까지를 학교 폭력의 방관자라고 규정지을 수 있을까요? 집에 가는 길에 우연히 폭력을 목격했을 경우, 자신의 친구로부터 폭력에 관련된 소문을 접했을 경우 등 방관자라고 규정하기에는 애매한 경우가 많습니다. 어떠한 행위를 처벌하려면 확고한 기준이 필요한데, 방관자의 범위부터 규정하기가 불명확하다고 볼 수 있습니다.

찬 성 측: 불의를 방관한 행위에 대해 사회가 책임을 묻지 않는다면 이후로도 사람들은 아무런 죄책감 없이 불의를 모른 체하고 방관할 것입니다. 결국 이는 사회 전체의 건전성과 도덕성을 떨어뜨릴 것이고, 정의에 근거한 시민의 고발정신까지 약화시킬 것입니다.

① 찬성 측은 친숙한 상황을 빗대어 자신의 견해를 펼치고 있다.
② 찬성 측은 자신의 경험을 제시하여 논지를 보충하고 있다.
③ 반대 측은 윤리적 방법으로 해결책을 제시하고 있다.
④ 반대 측은 논제에 의문을 제기하여 주장을 강화하고 있다.

문제훈련 [화법] 말하기 방식

01 다음 대화를 분석한 내용으로 적절하지 않은 것은?

> 갑: 공유 전자제품이 늘어나고 있다는 기사를 봤어. 전동킥보드처럼 이제는 노트북이나 카메라도 필요할 때만 빌려 쓰는 거야.
> 을: 물건을 소유하지 않고 공유한다는 건 좋은데, 제품이 쉽게 망가질 수 있지 않을까? 내 것이 아니다 보니 함부로 다룰 수도 있고 그러면 자원낭비가 되어서 환경오염의 문제성도 있고.
> 병: 나는 오히려 공유 경제가 자원 낭비를 줄일 수 있다고 봐. 모든 사람이 제품을 각자 살 필요 없이 필요한 만큼만 쓸 수 있으니까.
> 갑: 그런데 이런 서비스가 도시에만 집중되어 있어서 형평성 문제가 있을 것 같아. 지방에 사는 사람들은 이용하기 어렵잖아.
> 을: 맞아. 그리고 고가의 제품일수록 보증금도 비싸고 파손 시 배상 문제도 있어서 부담될 것 같아.
> 병: 그러면 정부나 지자체가 공공 서비스로 운영하면서 지역 격차도 줄이고 이용자 부담도 낮추는 건 어떨까?

① 갑과 을은 공유 전자 제품에 대해 의문을 제기하고 있다는 점에서 의견을 같이한다.
② 병은 을과는 달리 사회적 효용의 관점에서 현상의 긍정적 의의를 설명하고 있다.
③ 공유 경제로 인한 자원 낭비에 대해 을과 병은 의견이 대립된다.
④ 갑과 병은 공유 경제 서비스의 형평성 문제에 대해 의견이 대립된다.

02 다음 대화를 분석한 내용으로 적절한 것은?

> 갑: 요즘 지하철역에서 작은 공연이나 버스킹이 많이 열리고 있어. 출퇴근길에 음악을 들으며 힐링이 된다는 사람들도 많던데.
> 을: 나는 좀 걱정되는 게 있어. 공연이 있으면 사람들이 몰리면서 통행에 방해가 될 수 있잖아. 특히 출퇴근 시간대는 더 그렇고.
> 병: 그래서 지정된 공간에서만 공연하도록 하는 규정이 있는 걸로 알아. 하지만 그마저도 잘 지켜지지 않는 경우가 있어서 문제야.
> 갑: 그런데 너무 규제만 하면 문화예술 활동이 위축될 수 있지 않을까? 시민들의 문화생활을 풍성하게 해준다는 장점도 있으니까.
> 을: 맞아. 적절한 관리와 규제는 필요하지만, 예술가들의 표현의 자유도 보장해야 할 것 같아.
> 병: 그렇다면 공연 시간대와 장소를 합리적으로 조정하고, 예술가들과 시민들이 함께 참여하는 공연 문화를 만들어가는 게 좋겠어.

① 문제의 여러 측면을 검토하며 균형 있는 해결 방안을 모색하는 사람이 있다.
② 전문가의 견해를 인용하여 자신의 주장을 강화하는 사람이 있다.
③ 갑은 병의 의견을 반박하며 화제를 전환하고 있다.
④ 을과 병은 버스킹에 대해 관리를 해야 한다는 점에 대해 대립하고 있다.

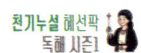

03 다음 대화를 분석한 내용으로 적절한 것은?

> 갑: 요즘 길거리 음식점들이 많이 사라지고 있다고 하더라. 예전에는 포장마차나 호프집이 많았는데 확실히 줄어든 것 같아.
> 을: 나는 배달 앱으로 음식을 시켜 먹는 게 편해져서 그런 것 같아. 굳이 밖에 나가서 먹을 필요가 없다고 느끼는 사람이 많잖아.
> 병: 맞아. 그리고 임대료도 많이 올라서 영세 상인들이 가게를 유지하기 힘들어졌다고 해.
> 갑: 그래서 최근에는 공유 주방이나 푸드트럭 같은 새로운 형태의 음식점이 늘어나고 있나 봐. 초기 비용도 적게 들고 운영도 유연하게 할 수 있더라고.
> 을: 비용 부담은 줄일 수 있겠지만, 동네 상권이 무너지면 지역 공동체 문화도 사라질 수 있지 않을까?
> 병: 그러면 지자체에서 상생 협력 구역을 지정해서 기존 상인들과 새로운 형태의 사업자들이 함께 어울릴 수 있게 하는 건 어떨까?

① 길거리 음식점이 사라지고 있다는 갑에게 을은 의문을 제기하고 있다.
② 갑과 을은 공유 주방이나 푸드트럭에 대해 의견을 같이한다.
③ 병은 길거리 음식점이 없어지는 이유로 경제적인 원인을 제시하고 있다.
④ 병은 지역 공동체 문화가 사라질 수 있다는 을과 대립한다.

04 갑~병의 주장을 분석한 내용으로 적절한 것만을 〈보기〉에서 모두 고르면?

> 갑: 지식의 가치는 실생활에 적용되어 유용한 결과를 가져오는지에 따라 결정된다. 어떤 아이디어가 참인지 거짓인지는 그것이 실제 상황에서 얼마나 효과적으로 기능하는지에 의해 판단된다. 따라서 진리는 인간의 관념이나 이성으로 얻어지는 것이 아니라 실생활에서 겪는 것들로 얻을 수 있다.
> 을: 모든 지식은 경험과 관찰을 통해서만 얻어질 수 있다. 인간의 지식은 감각적 경험에 의해 형성되며, 경험을 통해 검증될 수 없는 개념이나 원리는 신뢰할 수 없다. 따라서 진리는 관찰 가능한 경험을 통해 증명되는 것이며, 경험이 지식의 가장 중요한 근거이다.
> 병: 지식은 이성적 사고와 논리를 통해 얻어질 수 있으며, 인간의 사고는 경험에 의존하지 않고도 진리를 파악할 수 있다. 인간의 이성은 모든 지식의 근거이자 판단 기준이며, 경험보다는 논리적 연역과 사고 과정이 진리에 도달하는 방법으로 더욱 중요하다.

〔보기〕
ㄱ. 갑의 주장과 을의 주장은 대립한다.
ㄴ. 을의 주장과 병의 주장은 대립한다.
ㄷ. 병의 주장과 갑의 주장은 대립한다.

① ㄱ, ㄴ
② ㄱ, ㄷ
③ ㄴ, ㄷ
④ ㄱ, ㄴ, ㄷ

05 갑~병의 주장을 분석한 내용으로 적절한 것만을 〈보기〉에서 모두 고르면?

> 갑: 인간은 본성적으로 이기적이며, 자연 상태에서는 각자의 생존과 이익을 위해 투쟁한다. 이러한 혼란과 무질서를 벗어나기 위해서는 강력한 통치자가 필요하다. 사회 계약은 개인이 자신의 권리를 주권자에게 양도함으로써 사회 질서를 유지하는 것이다. 따라서 절대적인 권력을 가진 통치자가 사회의 안정을 보장할 수 있다.
> 을: 인간은 자연 상태에서 자유롭고 평등하며, 이성적이다. 그러나 재산의 보호와 분쟁의 해결을 위해 정부가 필요하다. 사회 계약은 개인들이 자신의 일부 권리를 정부에 위임하여 자연권을 보호받는 것이다. 정부는 국민의 동의에 의해 성립되며, 국민의 권리를 보호해야 한다. 만약 정부가 이 역할을 수행하지 못하면 국민은 정부를 교체할 권리가 있다.
> 병: 인간은 본래 선하며, 사회는 그들을 부패시킨다. 자연 상태에서는 모두가 평등하고 자유로우나, 사유 재산의 발생으로 불평등이 생겨났다. 사회 계약은 개인의 의지를 공동체의 일반 의지에 합치는 것이다. 이를 통해 개인의 자유를 보장하면서도 공동체의 이익을 추구할 수 있다. 따라서 주권은 국민 전체에게 있으며, 법은 일반 의지를 반영해야 한다.

〔보기〕
ㄱ. 갑의 주장과 을의 주장은 대립한다.
ㄴ. 을의 주장과 병의 주장은 대립한다.
ㄷ. 병의 주장과 갑의 주장은 대립한다.

① ㄱ, ㄴ
② ㄱ, ㄷ
③ ㄴ, ㄷ
④ ㄱ, ㄴ, ㄷ

06 갑~병의 주장을 분석한 내용으로 적절한 것만을 〈보기〉에서 모두 고르면?

> 갑: 청소년들의 소셜 미디어 사용을 제한해야 한다. 지나친 소셜 미디어 사용은 학업에 지장을 주고, 수면 부족과 집중력 저하를 유발한다. 또한, 사이버 괴롭힘과 개인정보 유출의 위험이 있기 때문에 소셜미디어는 청소년들의 정신 건강에도 부정적인 영향을 미칠 수 있다. 따라서 부모와 학교는 청소년들의 소셜 미디어 사용 시간을 엄격히 관리해야 한다.
> 을: 소셜 미디어는 청소년들에게 다양한 정보와 지식을 제공하며, 사회적 관계를 형성하고 유지하는 데 도움을 준다. 이를 통해 청소년들은 자신의 관심 분야를 탐색하고, 다양한 사람들과 교류하며, 글로벌한 시각을 기를 수 있다. 따라서 소셜 미디어 사용을 제한하기보다는 올바른 사용법을 교육하는 것이 중요하다.
> 병: 소셜 미디어는 장단점을 모두 가지고 있으므로, 청소년들이 스스로 책임감을 가지고 사용하도록 지도해야 한다. 부모와 학교는 사용 제한보다는 청소년들이 소셜 미디어의 부정적 영향에 대해 이해하고, 이를 예방할 수 있는 역량을 키우도록 지원해야 한다. 또한, 필요한 경우 상담과 지도를 통해 건강한 소셜 미디어 활용 방법을 제시해야 한다

〔보기〕
ㄱ. 갑의 주장과 을의 주장은 대립한다.
ㄴ. 을의 주장과 병의 주장은 대립하지 않는다.
ㄷ. 병의 주장과 갑의 주장은 대립하지 않는다.

① ㄱ, ㄴ
② ㄱ, ㄷ
③ ㄴ, ㄷ
④ ㄱ, ㄴ, ㄷ

MEMO

Chapter 02 [작문] 공문서 개요 작성

관련교재
📕 출좋포 독해·논리 p.32~41

◐ 대표 천+기+누+설 개관

작문이란 '학습자가 자기의 감상이나 생각을 글로써 표현하는 산문'을 의미합니다.
'[작문] 공문서 개요 작성'은 인사혁신처의 1차 샘플에만 출제가 되었으나
2025 국가직 9급, 지방직 9급에도 출제되었으므로 꼭 정복을 해야 하는 유형입니다.
개요 작성 문제는 반드시 혜선 쌤이 알려 드리는
"개요 작성과 관련된 배경 지식과 야매꼼수"를 명확하게 익히셔야 쉽게 푸실 수 있습니다.

◐ 대표 천+기+누+설 발문 체크

01 〈지침〉에 따라 〈개요〉를 작성할 때 ⊙~@에 들어갈 내용으로 적절하지 않은 것은?
02 〈개요〉의 빈칸에 들어갈 내용으로 적절하지 않은 것은?

천+기+누+설 독해이론 [작문] 공문서 개요 작성

개요란 간결하게 추려낸 주요 내용을 의미하는 것으로
주로 '처음(서론) – 중간(본론) – 끝(결론)'의 3단 구성의 구조로 나타난다.

제목: 문제 푸는 데 기준이 되므로 꼭 잘 보기 ★★★

(서론) Ⅰ. 개념 정의 및 문제 제기
     1. 개념 정의
     2. 문제 제기

(본론) Ⅱ. 문제점의 원인
     1. 원인 a
     2. 원인 b

(본론) Ⅲ. 해결 방안
     1. 원인 a를 해결할 수 있는 방안
     2. 원인 b를 해결할 수 있는 방안

(결론) Ⅳ. 기대 효과와 향후 과제
     1. 기대 효과
     2. 향후 과제

[지침]
- **서론**은 중심 소재의 개념 정의와 문제 제기를 1개의 장으로 작성할 것.
- **본론**은 제목에서 밝힌 내용을 2개의 장으로 구성하되, 각 장의 하위 항목끼리 대응되도록 작성할 것.
- **결론**은 기대 효과와 향후 과제를 1개의 장으로 작성할 것.

[개요]

제목: △△ 전자제품 관련 고객 불만 원인과 해결 방안

Ⅰ. 고객 불만 현황
   1. 개념 정의
   2. 전화 고객 서비스 대기 시간 과다 및 응답 지연

Ⅱ. 고객 불만 발생의 원인
   1. 배터리 공급 업체의 부품 품질 저하
   2. 콜센터 인력 부족 및 교육 미비

Ⅲ. 고객 불만 해결 방안
   1. 문제 발생 제품 전수 검사 후 배터리 무상 교체 또는 환불
   2. 콜센터 인력 확충 및 고객 응대 교육 강화

Ⅳ. 기대 효과와 향후 과제
   1. 신속한 문제 해결을 통한 고객 신뢰 회복 및 브랜드 이미지 강화
   2. 장기적으로 부품 품질 관리 강화 및 고객 서비스 인프라 개선

신유형 2025 버전

[작문] 개요 작성

빨리 푸는 亦功 전략

1단계
〈지침〉 첫 번째 보고
  ㉠ 보고
  ㉡ 보기

〈지침〉 두 번째 보고
  ㉢ 보고
  ㉣ 보기

2단계
〈지침〉에 드러난 내용이 잘 들어갔는지 확인하기

상위 항목이 하위 항목을 잘 포괄하는지 확인하기

문제점과 해결 방안이 1:1 대응하는지 보기

나에게 기본 상식이 잘 장착되었는지 확인하기

01 〈지침〉에 따라 〈개요〉를 작성할 때 (가)~(라)에 들어갈 내용으로 적절하지 않은 것은?

2025. 지방직 9급

〔지침〕
- 서론은 보고서 작성의 배경과 필요성을 포함할 것.
- 본론은 제목에서 밝힌 내용을 2개의 장으로 구성하되, 2장의 하위 항목이 3장의 하위 항목과 서로 대응하도록 할 것.
- 결론은 기대 효과와 향후 과제를 순서대로 제시할 것.

〔개요〕
- 제목: 국내 방송 산업의 친환경 제작 현황과 그 확산을 위한 정책 지원 방안
1장 서론
  1. 환경 위기에 대응하기 위한 해외 방송 산업의 정책 변화
  2. (가)
2장 국내 방송 산업의 친환경 제작 현황
  1. (나)
  2. 국내 친환경 방송 제작 관련 전문 인력 부재
3장 국내 방송 산업의 친환경 제작 확산을 위한 정책 지원 방안
  1. 국내 방송 산업의 특성을 반영한 친환경 제작 지침의 마련
  2. (다)
4장 결론
  1. (라)
  2. 현장 적용을 위한 정책 실행의 단계적 평가 및 개선

① (가): 국내 방송 산업의 친환경 제작 전략의 필요성
② (나): 국내 방송 산업 내 친환경 제작을 위한 지침 부재
③ (다): 국내 친환경 방송 제작 관련 전문 인력 채용의 제도화
④ (라): 친환경 방송 제작을 위한 세부 지침과 인력 채용 방안 제시

신유형 2025 버전

[작문_공문서] 개요 작성

02 〈지침〉에 따라 〈개요〉를 작성할 때 ㉠~㉢에 들어갈 내용으로 적절하지 않은 것은?

〔지침〕
- 서론은 현상의 발생 원인을 다각도로 제시하고 이것이 사회에 미치는 파장을 강조할 것.
- 본론은 청년층의 소비 위축과 원인을 다루고 그에 대응하는 해결 방안을 제시할 것.
- 결론은 기대 효과와 향후 과제를 순서대로 제시할 것.

〔개요〕
- 제목: 청년층의 소비 위축 현상과 사회경제적 대응 방안
- Ⅰ. 서론
  1. 청년층의 소비성향 하락의 복합적 원인
  2. ㉠
- Ⅱ. 청년층의 소비 위축과 원인
  1. ㉡
  2. 주거비 부담 증가로 인한 여가 소비 포기
- Ⅲ. 청년층의 소비 위축 극복 방안
  1. 국비지원 직업훈련, K-MOOC·평생교육 바우처 등 활용하기
  2. ㉢
- Ⅳ. 결론
  1. ㉣
  2. 청년층을 위한 정부의 여러 정책들 제정 촉구

① ㉠: 경제성장 둔화와 사회 전반의 불확실성 증대
② ㉡: 청년층의 소득 감소
③ ㉢: 실업급여·구직촉진수당 지급 대상 완화
④ ㉣: 청년층의 삶의 질 향상과 사회 안전성 제고

빠리 푸는 亦功 전략

1단계

〈지침〉 첫 번째 보고
㉠ 보고
㉡ 보기

〈지침〉 두 번째 보고
㉢ 보고
㉣ 보기

2단계

〈지침〉에 드러난 내용이 잘 들어갔는지 확인하기

상위 항목이 하위 항목을 잘 포괄하는지 확인하기

문제점과 해결 방안이 1:1 대응하는지 보기

나에게 기본 상식이 잘 장착되었는지 확인하기

기출훈련 [작문] 공문서 개요 작성

정답 및 해설 p.229

01 다음 개요의 (가)~(라)에 들어갈 말로 적절하지 않은 것은?

2024. 지방직 7급

제목: 소음 공해의 문제점 및 개선 방안
Ⅰ. (가)
Ⅱ. (나)
　1. 교통 소음
　2. 산업 소음
　3. 생활 소음
　4. 기타
Ⅲ. (다)
　1. 수면 장애로 인한 건강 악화
　2. 청력 손상 및 난청 유발
　3. 생활 및 학습 환경 조성 불가
　4. 사회적 갈등 야기
Ⅳ. 소음 공해의 개선 방안
　1. 개인 차원의 개선 방안
　2. 지역 사회 차원의 개선 방안
　3. (라)

① (가): 소음 공해의 개념과 심각성
② (나): 원인에 따른 소음 공해의 유형
③ (다): 소음 공해가 신체에 미치는 영향
④ (라): 정부 차원의 개선 방안

02 ㉠~㉣에 들어갈 말로 적절하지 않은 것은?

2021. 지방직 7급

제목: ○○ 청소기 관련 고객 만족도 제고 방안
Ⅰ. 고객 불만 현황
　1. ㉠
　2. 인터넷 고객 문의 접수 및 처리 지연
Ⅱ. ㉡
　1. 해외 공장에서 제작한 모터 품질 불량
　2. 인터넷 고객 지원 서비스 시스템의 잦은 오류
Ⅲ. ㉢
　1. 동종 제품 전량 회수 후 수리 또는 신제품으로 교환
　2. 고객 지원 서비스 시스템 최신화 및 관리 인력 충원
Ⅳ. ㉣
　1. 제품에 대한 고객 민원 해결 및 회사 이미지 제고
　2. 품질 결함 최소화를 위한 품질 관리 체계의 개선 방향

① ㉠: 소음 과다 및 흡입력 미흡
② ㉡: 고객 불만 발생의 원인
③ ㉢: 고객 지원 센터의 지원인력 부족
④ ㉣: 기대 효과와 향후 과제

03 ㉠~㉣에 들어갈 내용으로 적절하지 않은 것은?

2020. 지방직 7급

- 제목: 인터넷 범죄 증가의 원인
  1. 국가적 측면: ㉠ 때문에 인터넷 범죄를 처벌하는 관련 규정이 신속하게 제정되지 않는다.
  2. 개인적 측면
     (1) ㉡ 때문에 개인 컴퓨터의 백신 프로그램 설치가 미흡하다.
     (2) ㉢ 때문에 인터넷상에서 개인 신상 정보 취급이 소홀하게 다루어진다.
  3. 기술적 측면: ㉣ 때문에 컴퓨터 보안 프로그램 개발이 미흡하다.

① ㉠: 인터넷 범죄 처벌 규정의 제정 과정이 지나치게 복잡하기
② ㉡: 인터넷 사용 시 백신 프로그램을 중요하게 생각하지 않기
③ ㉢: 자신의 개인 정보는 범죄에 이용되지 않을 것이라고 안이하게 생각하기
④ ㉣: 컴퓨터 판매량을 늘리기 위한 인프라가 제대로 구축되어 있지 않기

문제훈련 [작문] 공문서 개요 작성

정답 및 해설 p.230

01 〈지침〉에 따라 〈개요〉를 작성할 때 ㉠~㉣에 들어갈 내용으로 적절하지 않은 것은?

〔지침〕
- 서론은 중심 소재의 개념 정의와 문제 제기를 1개의 장으로 작성할 것.
- 본론은 제목에서 밝힌 내용을 2개의 장으로 구성하되 각 장의 하위 항목끼리 대응되도록 작성할 것.
- 결론은 기대 효과와 향후 과제를 1개의 장으로 작성할 것.

〔개요〕
- 제목: 소득 불평등의 원인과 해결 방안
- Ⅰ. 서론
    1. 소득 불평등의 정의
    2. ㉠
- Ⅱ. 소득 불평등의 원인
    1. ㉡
    2. 교육 기회의 불평등
- Ⅲ. 소득 불평등 해결 방안
    1. 공정한 세제 정책 도입
    2. ㉢
- Ⅳ. 결론
    1. ㉣
    2. 포용적인 경제 성장 도모

① ㉠: 소득 불평등의 사회적 영향
② ㉡: 노동 시장의 불균형
③ ㉢: 도심 지역 학교에 대한 지원 집중
④ ㉣: 소득 재분배로 인한 불평등 감소

02 〈지침〉에 따라 〈개요〉를 작성할 때 ㉠~㉣에 들어갈 내용으로 적절하지 않은 것은?

〔지침〕
- 서론은 중심 소재의 개념 정의와 문제 제기를 1개의 장으로 작성할 것.
- 본론은 제목에서 밝힌 내용을 2개의 장으로 구성하되 각 장의 하위 항목끼리 대응되도록 작성할 것.
- 결론은 기대 효과와 향후 과제를 1개의 장으로 작성할 것.

〔개요〕
- 제목: 도시의 대기질 저하 원인과 개선 방법
- Ⅰ. 서론
    1. 대기질 저하의 정의
    2. ㉠
- Ⅱ. 대기질 저하의 원인
    1. ㉡
    2. 자동차 매연 배출 증가
- Ⅲ. 대기질 개선 방법
    1. 오염물질 배출 기준 강화
    2. ㉢
- Ⅳ. 결론
    1. ㉣
    2. 지속 가능한 도시 환경 조성

① ㉠: 시민 출퇴근 교통 불편 증가
② ㉡: 석유화학, 철강 등의 산업활동
③ ㉢: 친환경 자동차 구매 장려
④ ㉣: 시민 건강 개선과 생활의 질 향상

03 〈지침〉에 따라 〈개요〉를 작성할 때 ㉠~㉣에 들어갈 내용으로 적절하지 않은 것은?

〔지침〕
- 서론은 중심 주제의 배경을 설명하고 문제를 제기할 것.
- 본론은 두 가지 측면으로 주제를 분석하고 세부 내용을 구성할 것.
- 결론은 본론과의 호응을 고려하여 개인과 정부 차원의 향후 과제를 각각 제시할 것.

〔개요〕
- 제목: 직장 내 괴롭힘 문제와 개선 방안
Ⅰ. 서론
  1. 직장 내 괴롭힘의 정의와 사회적 논의 배경
  2. ㉠
Ⅱ. 직장 내 괴롭힘의 주요 원인과 영향
  1. 조직 문화와 권력 불균형
  2. ㉡
Ⅲ. 직장 내 괴롭힘 문제의 해결 방안
  1. 피해자 보호를 위한 법적 제도 마련
  2. ㉢
Ⅳ. 결론
  1. ㉣
  2. 직장 내 괴롭힘 금지법 제정 및 강화

① ㉠: 직장 내 괴롭힘의 심각성과 그로 인한 사회적 비용 증가
② ㉡: 업무 성과 중심의 비인간적 조직 운영
③ ㉢: 직장 내 갈등 중재 프로그램 도입
④ ㉣: 직장 내 익명 신고 시스템 도입

04 〈지침〉에 따라 〈개요〉를 작성할 때 ㉠~㉣에 들어갈 내용으로 적절하지 않은 것은?

〔지침〕
- 서론에서는 주제의 역사적 배경과 현대적 맥락을 설명할 것.
- 본론은 쟁점을 기술, 윤리, 사회적 관점으로 나누고 이에 대한 해결 방안을 설명할 것.
- 결론에서는 논의 내용을 요약하고, 전세계적 규제 측면을 고려한 방향성을 제시할 것.

〔개요〕
- 제목: 인간 유전자 편집 기술의 윤리적 쟁점과 규제 방안
Ⅰ. 서론
  1. 인간 유전자 편집 기술의 등장 배경과 역사적 맥락
  2. ㉠
Ⅱ. 인간 유전자 편집의 주요 쟁점
  1. 기술적 관점: 기술 오용으로 인한 예기치 않은 부작용
  2. 윤리적 관점: 생명의 고유성 침해와 가치 논란
  3. ㉡
Ⅲ. 인간 유전자 편집 기술의 실행 방안
  1. ㉢
  2. 공공 토론과 사회적 합의를 통한 제도적 실행
  3. 정부의 정책 제정을 통한 유전자 기술 독점 제한
Ⅳ. 결론
  1. 인간 유전자 편집 기술의 위험과 가능성 요약
  2. ㉣

① ㉠: 인간 유전자 편집 기술의 윤리적 문제와 과학적 기회
② ㉡: 사회적 관점: 특정 계층의 기술 독점 가능성
③ ㉢: 경제적 이익을 위시한 기술 상용화 노력
④ ㉣: 책임 있는 기술 사용을 위한 국제적 규제 체계 구축

05 〈지침〉에 따라 〈개요〉를 작성할 때 ㉠~㉣에 들어갈 내용으로 적절하지 않은 것은?

[지침]
- 서론에서는 주제와 관련된 용어의 정의와 문제점을 함께 제시할 것.
- 본론은 주제를 문제와 대응방안으로 나누어 체계적으로 논의할 것.
- 결론에서는 주제에 대한 개인적·사회적 실천 방향을 제시할 것.

[개요]
- 제목: 디지털 노마드 워커의 증가와 대응 방안
- Ⅰ. 서론
  1. 정보통신 기술을 활용해 시공간 제약 없이 일하는 새로운 근무 형태
  2. ㉠
- Ⅱ. 디지털 노마드 워커의 문제점
  1. 근로시간과 휴식시간의 경계 모호
  2. 업무 협업과 의사소통의 비효율성 증대
  3. ㉡
- Ⅲ. 디지털 노마드 워커 문제의 대응 방안
  1. 명확한 근무시간 관리 지침 수립
  2. ㉢
  3. 사회보험 및 복리후생 제도 개선
- Ⅳ. 결론
  1. ㉣
  2. 새로운 근무 형태에 맞는 제도적 기반 구축 필요

① ㉠: 디지털 노마드 워커의 자율성과 생산성 향상 가능성
② ㉡: 사회보험과 복리후생 제도의 사각지대 발생
③ ㉢: 실시간 협업 도구 도입과 효율적인 소통 체계 구축
④ ㉣: 명확한 시간 관리와 적극적인 의사소통 수행

06 〈지침〉에 따라 〈개요〉를 작성할 때 ㉠~㉣에 들어갈 내용으로 적절하지 않은 것은?

[지침]
- 서론은 주제의 정의와 그 중요성을 설명할 것.
- 본론은 세 개의 장으로 나누되 본론의 두 번째 장과 세 번째 장의 하위 항목이 호응하도록 구성할 것.
- 결론은 본론과 조화를 이루며 층간소음 문제 해결 시의 기대 효과와 향후 전망을 제시할 것.

[개요]
- 제목: 공동주택 층간소음 문제와 해결 방안
- Ⅰ. 서론
  1. 공동주택 층간소음의 정의
  2. ㉠
- Ⅱ. 층간소음 문제의 현황
  1. 층간소음으로 인한 이웃 간 갈등 사례
  2. ㉡
- Ⅲ. 층간소음 문제의 원인과 부작용
  1. 건축 구조적 문제로 인한 소음 발생
  2. 층간소음으로 인한 심리적 스트레스 증가
- Ⅳ. 층간소음 문제 해결 방안
  1. 소음 차단 건축기술 도입
  2. ㉢
- Ⅴ. 결론
  1. ㉣
  2. 층간소음 문제 해결을 위한 지속적인 관심 필요

① ㉠: 층간소음 문제로 인한 사회적 갈등 증가
② ㉡: 층간소음 이웃사이센터에 측정·상담 의뢰
③ ㉢: 층간소음 방지법 제정 및 시행으로 피해 완화
④ ㉣: 주거 환경 개선과 생활의 질적 향상

MEMO

Chapter 03 [작문] 내용 고쳐 쓰기

관련교재
◈ 출좋포 독해·논리 p.42~48

◯ 대표 천+기+누+설 개관

2025년 출제 기조 변화에 따라
1차 샘플과 2차 샘플, 2025 국가직, 지방직에 모두 출제된 유형입니다.
무조건 1문제는 반드시 나오며 소재가 어렵게 나올 경우에는 시간을 더 투자해야 할 수 있습니다.
내용 고쳐 쓰기 유형은 어법을 고치는 것이 아니라 문맥의 내용에 맞지 않는 부분을 고쳐 쓰는 유형입니다.
이 유형은 문제를 맞히는 것도 중요하지만 빠르게 푸는 것이 중요한 유형으로
혜선 쌤이 알려주는 야매꼼수를 알고 문제를 푼다면 효과적으로 시간을 절약할 수 있습니다.
밑줄 친 부분만 읽어서는 안 되며 답의 단서가 밑줄 앞뒤에 있음을 유념해야 합니다.

◯ 대표 천+기+누+설 발문 체크

01 다음 글의 ㉠~㉣ 중 어색한 곳을 찾아 가장 적절하게 수정한 것은?
02 ㉠~㉣을 문맥에 맞게 수정하는 방안으로 적절한 것은?
03 ㉠~㉣의 고쳐 쓰기로 적절하지 않은 것은?

천+기+누+설 독해이론 [작문] 내용 고쳐 쓰기

TYPE 1 내용 수정 긍정 발문 → ㉠~㉣ 중 틀린 것을 고르기

다음 글의 ㉠~㉣ 중 문맥상 어색한 곳을 수정한 것으로 가장 적절한 것은? 2025. 지방직 9급

　면역반응에는 '자연면역'과 '획득면역'이 있다. 먼저, 자연면역이란 외부 이물질에 대해 내 몸이 태어날 때부터 지니게 된 저항 능력을 가리킨다. 자연면역에서는 항원과 항체 사이의 ㉠<u>직접적인 일대일 반응 관계가 존재하지 않는다.</u>(O) 외부에서 들어온 특정 항원에만 반응하는 유일의 항체가 별도로 존재하지 않는다는 것이다. 자연면역은 세균과 같은 미생물 등을 외부 이물질로 인식하여 제거한다. 예컨대 코나 폐에는 점막조직이 발달해 있어 외부 이물질을 걸러 낸다. 세포 차원에서는 대식세포의 기능이 자연면역인데, 이 세포는 ㉡<u>외부 미생물이 어떤 종류인지에 관계없이 대상을 제거한다.</u>(O)
　특정 항원에만 반응하는 유일의 항체를 생성하는 면역반응을 획득면역이라고 한다. 획득면역에서는 자연면역과 달리 ㉢<u>항원의 종류와 무관하게 특정 항원에 대해 여러 종류의 항체가 반응한다.</u>(×) 일례로 B림프구의 세포 표면에는 특정 항원을 인식하고 그 특정 항원에 결합하는 부위가 있는데, 이를 '항원 수용체'라고 한다. ㉣<u>항원 수용체는 세포 표면에 형성되는 단백질의 일종으로, 항원에 의해 자극된다.</u>(O) 이 수용체가 림프구 세포로부터 떨어져 나와 혈액 안으로 들어간 단백질 단위를 항체라고 부른다.

① ㉠: 직접적인 일대일 반응 관계가 존재한다
② ㉡: 특정한 외부 미생물에 유일하게 반응하며 그 외의 대상은 제거하지 않는다
③ ㉢: <mark>특정 항체가 특정 항원에 대해서만 반응한다</mark>
④ ㉣: 항원 수용체는 세포 내부에 형성되는 단백질의 일종으로, 항체에 의해 자극된다

TYPE 2 내용 수정 부정 발문 → ㉠~㉣ 중 옳은 것을 고르기

㉠~㉣의 고쳐 쓰기로 적절하지 않은 것은? 2022. 지방직 9급

> 파놉티콘(panopticon)은 원형 평면의 중심에 감시탑을 설치해 놓고, 주변으로 빙 둘러서 죄수들의 방이 배치된 감시 시스템이다. 감시탑의 내부는 어둡게 되어 있는 반면 죄수들의 방은 밝아 교도관은 죄수를 볼 수 있지만, 죄수는 교도관을 바라볼 수 없다. 죄수가 잘못했을 때 교도관은 잘 보이는 곳에서 처벌을 가한다. 그렇게 수차례의 처벌이 있게 되면 죄수들은 실제로 교도관이 자리에 ㉠ 있을(×) 때조차도 언제 처벌을 받을지 모르는 공포감에 의해서 스스로를 감시하게 된다. 이렇게 권력자에 의한 정보 독점 아래 ㉡ 다수(○)가 통제된다는 점에서 파놉티콘의 디자인은 과거 사회 구조와 본질적으로 같았다.
>
> 현대사회는 다수가 소수의 권력자를 동시에 감시할 수 있는 시놉티콘(synopticon)의 시대가 되었다. 시놉티콘에 가장 크게 기여한 것은 인터넷의 ㉢ 동시성(×)이다. 권력자에 대한 비판을 신변 노출 없이 자유롭게 표현할 수 있게 되었기 때문이다. 정보화 시대가 오면서 언론과 통신이 발달했고, ㉣ 특정인이(×) 정보를 수용하고 생산하게 되었다. 그로 인해 사회에서 일어나는 일에 대한 비판적 인식 교류와 부정적 현실 고발 등 네티즌의 활동으로 권력자들을 감시하는 전환이 일어났다.

① ㉠을 '없을'로 고친다.
② ㉡을 '소수'로 고친다.
③ ㉢을 '익명성'으로 고친다.
④ ㉣을 '누구나가'로 고친다.

신유형 2025 버전

빨리 푸는 亦功 전략

1단계
발문을 보고
긍정 발문이면
틀린 내용이 답이 됨을
인지하고
바로 제시문 읽기

2단계
밑줄 친 ㉠~㉣이 맞는지
틀린지는 앞뒤의 단서를
통해 판단해야 함을 알기

3단계
틀린 내용을 발견하면
선지로 가서
잘 고쳤는지 확인하기

[작문] 내용 고쳐 쓰기 긍정 발문

01 다음 글의 ㉠~㉣ 중 어색한 곳을 찾아 가장 적절하게 수정한 것은?

2025. 인사혁신처 2차 샘플

빈곤관광은 관광객들이 슬럼 지역을 방문하여 그곳의 삶을 직접 체험하는 새로운 형태의 관광이다. 이러한 관광 형태는 일반적인 관광과 달리, 지역의 생활 환경과 현실을 체험하는 데 초점을 맞추고 있다. ㉠빈곤관광은 해당 지역 주민의 생활 조건을 개선하기 위해 필요하다는 점에서 긍정적으로 평가된다. 예를 들어, 일부 관광 수익이 지역 개발과 교육, 의료 지원에 사용될 경우, 빈곤 관광이 긍정적인 영향을 미칠 수 있다. 또한, 관광객이 직접 지역을 방문하면서 현지 문화와 관습에 대해 이해할 기회를 제공한다는 점에서 교육적 가치가 높다. 반면, 빈곤관광은 종종 지역사회의 자존심을 해치고 관광객의 소비 대상이 되기도 한다. 이는 지역 주민들에게 심리적 부담을 주며, 관광객과의 불평등한 관계를 강화할 수 있다. 빈곤 관광은 ㉡낙후된 지역의 자원을 독점적으로 활용하면서도 현지 주민의 자율성을 보장하는 방식으로 시행될 때에만 긍정적이다. 또 다른 문제로는 ㉢빈곤관광이 일시적인 관심과 자본 유입에 그칠 위험이 있으며, 장기적인 발전을 위한 대책이 부족할 수 있다는 점이다. 이러한 문제들이 복합적으로 작용하면서, 빈곤관광이 해당 지역에 미치는 긍정적 효과가 제한될 수 있다. 마지막으로, ㉣빈곤관광은 지역 주민들에게 경제적 혜택을 보장하기보다는 관광객의 관람 대상이 되게 하는 위험이 있다.

① ㉠ 빈곤관광은 방문자에게 자극적인 체험을 제공하기 위해 필요하다는 점
② ㉡ 낙후된 지역의 자원을 효율적으로 활용하면서도
③ ㉢ 빈곤관광이 지속적인 자본 투자를 필요로 하는 경향
④ ㉣ 빈곤관광은 지역 주민들에게 정서적 안정을 보장하기보다는

신유형 2025 버전

[작문] 내용 고쳐 쓰기 긍정 발문

02 다음 글의 ㉠~㉣ 중 어색한 곳을 찾아 가장 적절하게 수정한 것은?

> 인지발달에 대한 이론은 크게 두 가지 관점으로 나뉜다. 피아제의 구성주의는 ㉠아동이 능동적으로 환경과 상호작용하면서 독자적으로 지식을 구성해 나간다고 주장한다. 이들은 아동이 가진 도식이 동화와 조절을 통해 변화하면서 인지발달이 이루어진다고 보며, ㉡발달 단계가 개인과 문화에 따라 다르게 나타나며 순서도 달라진다고 설명한다. 예를 들어, 아동은 구체적 조작기에서 형식적 조작기로 발달하면서 추상적 사고가 가능해지는데, 이는 개인의 내적 성숙과 환경 탐색의 결과라는 것이다. 이 이론은 ㉢아동의 사회적 상호작용보다 개별적인 탐구 활동이 발달의 핵심이라는 점에서 교육적 의의가 크다는 평가를 받는다. 반면, 비고츠키의 사회문화이론은 ㉣아동의 인지발달이 성인이나 또래와의 사회적 상호작용을 통해 이루어진다고 주장한다. 이들은 근접발달영역 개념을 통해 아동이 타인의 도움으로 현재 수준 이상의 과제를 수행할 수 있다고 보며, 언어가 사고 발달의 핵심 도구라고 설명한다. 교실에서 교사의 비계설정이나 또래와의 협동학습이 학습 효과를 높일 수 있다는 것이다.

① ㉠: 아동이 수동적으로 외부 지식을 받아들이면서 발달이 진행된다
② ㉡: 발달 단계가 생물학적으로 정해진 순서에 따라 진행된다고
③ ㉢: 아동의 개별적 탐구보다 성인의 직접적 교수가 발달의 핵심이라는 점에서
④ ㉣: 아동이 인지발달이 오직 타고난 능력과 자발적 성숙에 의해서만 이루어진다고

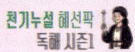

빨리 푸는 亦功 전략

1단계
발문을 보고
긍정 발문이면
틀린 내용이 답이 됨을
인지하고
바로 제시문 읽기

2단계
밑줄 친 ㉠~㉣이 맞는지
틀린지는 앞뒤의 단서를
통해 판단해야 함을 알기

3단계
틀린 내용을 발견하면
선지로 가서
잘 고쳤는지 확인하기

기출훈련 [작문] 내용 고쳐 쓰기

01 ㉠~㉣을 고쳐 쓴 것으로 적절하지 않은 것은?
2024. 지방직 9급

　얼마 전 나는 유명 축구 선수의 성공 과정을 담은 다큐멘터리 프로그램을 시청했다. 방송을 본 대부분의 사람들은 ㉠<u>괴로운 고난</u>을 이겨낸 그 선수의 노력과 집념에 감동을 받았을 것이다. ㉡<u>그러므로</u> 나는 그 선수의 가족과 훈련 트레이너 등 주변 사람들에게 더 큰 감명을 받았다.
　선수의 가족들은 선수가 전지훈련을 가거나 원정 경기를 할 때 묵묵히 뒤에서 응원하는 역할을 했고, 훈련 트레이너는 선수의 체력 증진은 물론 컨디션 조절 등에도 많은 역할을 하고 있었다. ㉢<u>나는 그런 훈련 트레이너가 되는 과정이 궁금해졌다.</u> 비록 사람들의 관심이 최고의 자리에 오른 그 선수에게로 향하는 것은 당연한 ㉣<u>일로</u>, 나는 그 가족과 훈련 트레이너의 도움이 주목받지 못하는 것 같아서 안타까웠다.

① ㉠은 의미가 중복되므로 '고난'으로 고친다.
② ㉡은 앞뒤 문장의 연결을 고려하여, '그러나'로 바꾼다.
③ ㉢은 글 전체의 흐름을 고려하여 삭제한다.
④ ㉣은 부사와의 호응을 고려하여, '일이라면'으로 수정한다.

02 ㉠~㉣을 문맥에 맞게 수정하는 방안으로 적절한 것은?
2024. 지방직 7급

　우리말 경어법에서 ㉠<u>어떤 인물을 높일지 말지를 결정하는 가장 큰 기준은 '나이'이다.</u> 그런데 나이가 경어법 사용의 중요한 기준이라는 것이 단순히 나이 차이에 따라 경어법을 사용한다는 것만을 의미하는 것은 아니다. 화자와 청자의 절대적인 나이도 경어법 사용에 영향을 미칠 수 있다. 가령, 어려서는 반말을 쓰던 사람들이 ㉡<u>어느 정도 나이를 먹은 이후에 서로 존댓말을 쓰기도 하는 것이다.</u>
　직장에서는 '직위'가 경어법 결정의 중요한 요인이 된다. 하급자는 상급자에게 존대어를 쓰는 것이 원칙이다. 직장에서 ㉢<u>직위와 나이가 갈등을 일으킬 때는 대개 직위가 더 큰 힘을 발휘한다.</u> 상급자도 자기보다 연장자인 하급자에게 나이에 맞는 대우를 해 주지만 그때의 정중함보다는 하급자가 자기보다 나이 어린 상급자를 대하는 정중함의 정도가 더 큰 것이 일반적이기 때문이다.
　나이나 직위와 같은 요인 외에도 '유대'도 우리말에서 경어법 결정의 요인이다. 서로 존댓말을 하다가 친해지면 반말하는 사이로 바뀌는 것이 그 예이다. 그러나 우리말에서는 나이, 직위 등과 같은 ㉣<u>권세의 영향력이 유대의 영향력보다 작다는 점이 서구어와 다르다.</u> 우리나라에서는 아무리 가까운 사이라도 상급자에게 반말을 허용하지 않는 것이다.

① ㉠: 어떤 인물을 높일지 말지를 결정하는 가장 큰 기준은 나이 차이이다
② ㉡: 어느 정도 나이를 먹은 이후에도 서로 반말을 쓰기도 하는 것이다
③ ㉢: 직위와 나이가 갈등을 일으킬 때는 대개 나이가 더 큰 힘을 발휘한다
④ ㉣: 권세의 영향력이 유대의 영향력보다 크다는 점이 서구어와 다르다

03 ㉠~㉣을 문맥에 맞게 수정하는 방안으로 적절한 것은?

2023. 국가직 9급

> 난독(難讀)을 해결하려면 정독을 해야 한다. 여기서 말하는 정독은 '뜻을 새겨 가며 자세히 읽음', 즉 '정교한 독서'라는 뜻으로 한자로는 '精讀'이다. '精讀'은 '바른 독서'를 의미하는 '正讀'과 ㉠<u>소리는 같지만 뜻이 다르다</u>. 무엇이 정교한 것일까? 모든 단어에 눈을 마주치면서 제대로 인식하는 것이다. 이와 같은 ㉡<u>정독(精讀)</u>의 결과로 생기는 어문 실력이 문해력이다. 문해력이 발달하면 결국 독서 속도가 빨라져, '빨리 읽기'인 속독(速讀)이 가능해진다. 빨리 읽기는 정독을 전제로 할 때 빛을 발한다. 짧은 시간에 같은 책을 제대로 여러 번 읽을 수 있기 때문이다. 그래서 문해력의 증가는 '정교하고 빠르게 읽기', 즉 ㉢<u>정속독(正速讀)</u>에서 일어나게 되어 있다. 정독이 생활화되면 자기도 모르게 정속독의 경지에 오르게 된다. 그런 경지에 오른 사람들은 뭐든지 확실히 읽고 빨리 이해한다. 자연스레 집중하고 여러 번 읽어도 빠르게 읽으므로 시간이 여유롭다. ㉣<u>정독이 빠진 속독</u>은 곧 빼먹고 읽는 습관, 즉 난독의 일종임을 잊지 말아야 한다.

① ㉠을 '다르게 읽지만 뜻이 같다'로 수정한다.
② ㉡을 '정독(正讀)'으로 수정한다.
③ ㉢을 '정속독(精速讀)'으로 수정한다.
④ ㉣을 '속독이 빠진 정독'으로 수정한다.

04 ㉠~㉣ 중 어색한 곳을 찾아 수정하는 방안으로 가장 적절한 것은?

2023. 국가직 9급

> 조선 후기에 서학으로 불린 천주학은 '학(學)'이라는 말에서도 짐작할 수 있듯이 ㉠<u>종교적인 관점에서보다 학문적인 관점에서</u> 받아들여졌다. 당시의 유학자 중 서학 수용에 적극적인 이들까지도 서학을 무조건 따르자고 ㉡<u>주장하지는 않았는데</u>, 서학은 신봉의 대상이 아니라 분석의 대상이었기 때문이다. 그들은 조선 사회를 바로잡고 발전시키기 위해 새로운 학문과 지식이 필요하다고 생각했지만, 외부에서 유입된 사유 체계에는 양명학이나 고증학 등도 있어서 서학이 ㉢<u>유일한 대안은 아니었다</u>. 그들은 서학을 검토하며 어떤 부분은 수용했지만, 반대로 어떤 부분은 ㉣<u>지향했다</u>.

① ㉠: '학문적인 관점에서보다 종교적인 관점에서'로 수정한다.
② ㉡: '주장하였는데'로 수정한다.
③ ㉢: '유일한 대안이었다'로 수정한다.
④ ㉣: '지양했다'로 수정한다.

문제훈련 [작문] 내용 고쳐 쓰기

01 다음 글의 ㉠~㉣ 중 어색한 곳을 찾아 가장 적절하게 수정한 것은?

> 인상주의는 19세기 후반 프랑스에서 시작된 미술 운동으로, 클로드 모네, 오귀스트 르누아르와 같은 화가들이 대표적이다. 인상주의자들은 자연 풍경이나 일상적인 장면을 묘사할 때, ㉠<u>대상의 고정된 형상보다 순간의 빛과 색의 변화를 포착하는 데 주목했다</u>. 이들은 빠르고 짧은 붓질과 밝은 색채를 사용해, 자연광이 사물에 미치는 미묘한 변화를 화폭에 담았다. 예를 들어, 모네의 연작인 '루앙 대성당'은 시간대와 날씨에 따라 변화하는 빛과 색을 묘사하며, 인상주의의 핵심인 순간성과 감각적 경험을 극대화했다. 그러나 인상주의는 ㉡<u>주제의 깊이가 부족하고, 일상성과 시각적 쾌락에만 치우쳤다</u>는 비판을 받기도 했다. 20세기 초 독일을 중심으로 발전한 표현주의는 인간의 내적 감정과 주관적 시각을 강조했다. 에드바르트 뭉크, 바실리 칸딘스키와 같은 화가들은 ㉢<u>외부 세계의 객관적 묘사보다는, 자신들의 내적 갈등과 정서를 표현했다</u>. 예컨대, 뭉크의 '절규'는 두려움과 불안이라는 인간의 보편적 감정을 왜곡된 형태와 비현실적인 색채로 극적으로 나타낸 작품이다. 표현주의는 내면의 진실을 탐구하고 사회적 현실을 비판하는 데 중점을 두었으나, ㉣<u>대중과의 적극적 소통을 추구하며 보편적 공감대를 형성했다</u>는 평가를 받기도 했다.

① ㉠: 대상의 본질과 영속적 가치를 탐구하며, 정적인 형태에 집중했다
② ㉡: 당시 사회의 깊은 문제의식을 반영하고 예술의 본질을 탐구했다는
③ ㉢: 내적 갈등 및 정서와 더불어 외부 세계를 객관적으로 묘사했다
④ ㉣: 지나치게 주관적이고 난해하다는 비판을

02 다음 글의 ㉠~㉣ 중 어색한 곳을 찾아 가장 적절하게 수정한 것은?

> 문화보편론은 모든 인간 사회가 ㉠<u>기본적으로 공통된 문화적 요소를 공유한다고 주장한다</u>. 이 관점에 따르면, 언어, 종교, 예술, 가족 구조와 같은 문화적 형식은 서로 다른 사회에서도 유사한 기능을 수행한다. 이에 따르면 모든 사회에는 가족 제도가 존재하며, 이를 통해 생존과 사회적 연속성이 유지된다. 보편론자들은 이러한 공통적 요소가 인간의 본능이나 생물학적 기초에서 비롯된다고 본다. ㉡<u>이들은 각 사회의 문화적 독립성을 강조하며</u>, 보편론이 다양한 문화를 수용하기 위한 기반으로 활용될 수 있다고 주장한다. 반면, 문화특수론은 각각의 문화가 독립적이고 고유하며, ㉢<u>특정한 맥락에서 형성된다고 주장한다</u>. 이 관점은 모든 문화를 동일한 기준으로 평가하는 것은 부적절하다고 주장한다. 예를 들어, 동일한 제스처가 서로 다른 사회에서 전혀 다른 의미를 가질 수 있다는 점을 지적하며, ㉣<u>각 문화는 해당 사회의 역사적, 지리적 배경 속에서 이해되어야 한다고 본다</u>. 문화특수론자들은 보편적 관점이 다양성을 간과하고, 문화적 편견을 강화할 수 있다고 비판한다.

① ㉠: 동일한 문화적 특성을 강제적으로 받아들인다고 주장한다
② ㉡: 이들은 인류의 연대와 협력을 강조하며
③ ㉢: 생물학적 본능에 따라 형성된다고 주장한다
④ ㉣: 각 문화는 해당 사회의 경제적 지표를 통해 이해되어야 한다고 본다

03 다음 글의 ㉠~㉣ 중 어색한 곳을 찾아 가장 적절하게 수정한 것은?

역사를 해석하는 관점은 과거 사건의 본질과 그 과정에서 중요한 역할을 한 인물이나 집단에 따라 달라진다. 영웅사관은 ㉠<u>위대한 인물들의 행위와 결정을 중심으로 역사를 설명하는</u> 관점이다. 이 관점에서는 지도자나 혁명가와 같은 특별한 인물들이 역사의 흐름을 결정하며, 그들의 비범한 재능과 리더십이 사회 변화를 이끌었다고 본다. 예를 들어, 나폴레옹의 전쟁과 개혁, 링컨의 노예 해방 정책 등은 영웅사관의 대표적인 사례로 언급된다. 그러나 영웅사관은 ㉡<u>역사를 지나치게 복잡하게 해석하여 주요 사건의 본질을 흐린다는</u> 비판을 받는다. 반면, 민중사관은 ㉢<u>역사를 대중과 민중의 집합적 행동과 경험으로 설명하려는</u> 관점이다. 이들은 평범한 사람들이 역사의 주체이며, 집단적인 노력과 저항이 사회 변화를 이끈다고 본다. 민중사관에서는 농민 봉기, 노동 운동, 여성 운동과 같은 대중적 움직임이 중요한 분석 대상이 된다. 예컨대, 프랑스 혁명에서의 민중 봉기는 단순히 지도자의 결단이 아닌, 사회적 불만과 경제적 갈등이 결합된 민중의 힘으로 설명된다. 그러나 민중사관은 ㉣<u>대중의 행동이 항상 조직적이고 의식적이었다고 과대평가할 위험이 있다</u>는 비판도 존재한다.

① ㉠: 개인의 역할보다는 제도적 요인에 집중하여 역사를 분석하는
② ㉡: 대중의 역할을 간과하고, 역사를 소수의 인물 중심으로 단순화한다는
③ ㉢: 역사를 개인의 독립적 결정에 의해 좌우된다고 설명하려는
④ ㉣: 민중의 행동이 항상 비조직적이고 충동적이라는 점을 간과한다는

04 다음 글의 ㉠~㉣ 중 어색한 곳을 찾아 가장 적절하게 수정한 것은?

기억의 작동 원리에 대해서는 여러 이론이 제시되어 왔다. 쇠잔 이론에 따르면, ㉠<u>기억은 시간이 지남에 따라 자연스럽게 약화되며</u>, 이는 뇌의 신경 흔적이 점차 사라지기 때문이라고 설명한다. 이 이론은 기억의 소멸을 자연스러운 현상으로 보며, 특히 단기 기억의 손실을 설명하는 데 유용하다. ㉡<u>그러나 쇠잔 이론만으로는 오래된 기억이 선명하게 남아 있는 현상을 설명하기 어렵다는 한계가 있다.</u>
한편, 간섭 이론은 ㉢<u>새로운 정보가 이전 기억을 방해하거나 이전 기억이 새로운 학습을 방해하는</u> 현상에 주목한다. 이 이론은 기억의 손실이 단순한 시간의 경과 때문이 아니라, 다른 기억들과의 상호작용 때문에 발생한다고 본다. 예를 들어, 새로운 전화번호를 외우면 이전 전화번호를 잊게 되는 현상이 이에 해당한다. 간섭 이론은 기억 손실의 구체적 메커니즘을 설명하고, ㉣<u>이를 통해 노화에 따른 기억력 감퇴를 획기적으로 개선할 수 있는 방법을 발견했다</u>는 점에서 주목받고 있다. 최근 연구들은 두 이론이 각각 다른 맥락에서 기억의 손실을 설명할 수 있다고 보고 있다.

① ㉠: 기억은 시간이 지나도 자연스럽게 유지되며
② ㉡: 쇠잔 이론은 단기 기억과 장기 기억의 모든 현상을 완벽하게 설명할 수 있다
③ ㉢: 기억들 간의 상호작용이 기억 형성을 촉진하는 현상
④ ㉣: 이를 통해 기억력 향상을 위한 다양한 방안을 제시했다

05 다음 글의 ㉠~㉣ 중 어색한 곳을 찾아 가장 적절하게 수정한 것은?

기능주의는 ㉠<u>사회가 하나의 유기체처럼 작동한다고 보고</u>, 사회의 각 구성 요소는 전체의 안정성과 질서를 유지하기 위해 기능한다고 설명한다. 이 관점에서는 가족, 교육, 종교, 경제와 같은 사회 제도가 상호 의존하며 조화를 이루는 데 기여한다고 본다. 예를 들어, 교육 제도는 지식을 전달하는 동시에, 사회적 규범과 가치를 내재화시키는 기능을 수행한다. 그러나 기능주의는 ㉡<u>사회적 불평등이나 갈등을 과소평가한다는 비판을 받는다</u>. 사회 제도가 항상 안정성과 질서만을 목적으로 작동하지 않는다는 점에서 한계가 있다는 것이다. 반면, 갈등론은 사회가 다양한 집단 간의 권력과 자원의 경쟁으로 구성된다고 본다. 이 이론은 ㉢<u>계급 간의 대립은 오해에서 비롯된 것이며</u>, 지배 계층이 자신들의 이익을 유지하기 위해 권력 구조를 강화한다고 주장한다. 예컨대, 자본주의 사회에서 경제적 자본을 가진 엘리트 계층은 법, 정책, 문화 등을 활용해 불평등한 구조를 지속적으로 재생산한다. 갈등론은 사회 변화를 긍정적으로 평가하며, 사회적 갈등이 기존 구조를 해체하고 새로운 질서를 형성하는 데 중요한 역할을 한다고 강조한다. 그러나 갈등론은 ㉣<u>사회적 협력이나 통합의 가능성을 간과하고 지나치게 갈등에만 초점을 맞춘다는 비판을 받는다</u>.

① ㉠: 사회가 다양한 집단 간의 경쟁과 갈등으로 구성된다고 보고
② ㉡: 사회적 불평등과 갈등을 객관적으로 설명한다는 평가를 받는다
③ ㉢: 사회가 본질적으로 불평등하며
④ ㉣: 사회적 불평등을 유지하려는 노력을 과도하게 강조하고

06 다음 글의 ㉠~㉣ 중 어색한 곳을 찾아 가장 적절하게 수정한 것은?

나홀로 아파트는 서울의 주거 환경 변화와 도시 개발 과정에서 독특한 위치를 차지하고 있다. 이러한 아파트는 1990년대 후반부터 증가하기 시작했으며, 초기에는 소규모 개발로 도시 내 공간 활용의 효율성을 높이려는 의도가 있었다. 그러나 ㉠<u>나홀로 아파트는 계획적인 도시 개발의 부재로 인해 주변 환경과 조화를 이루지 못하는 경우가 많았다</u>. 2000년대 이후, 나홀로 아파트의 개발 양상에는 일부 변화가 나타났다. 특정 지역에서는 고급화된 설계와 효율적인 공간 활용이 이루어져, ㉡<u>지역 주민들의 삶의 질을 개선하는 긍정적인 사례도 보고되었다</u>. 그러나 여전히 대부분의 나홀로 아파트는 1~2인 가구를 대상으로 하는 소규모 주거 공간에 머무르고 있으며, 이를 둘러싼 도시 문제는 해결되지 않았다. 특히, ㉢<u>서울의 전반적인 주거 밀도를 낮추고 도시 경관을 아름답게 만드는 개발 방식</u>이 나홀로 아파트의 주요 한계로 지적되고 있다. 한편, 최근 10년간 나홀로 아파트는 1인 가구의 증가와 맞물려 꾸준히 수요가 증가하고 있다. 이에 따라, ㉣<u>일부 전문가들은 나홀로 아파트가 단순한 주거 공간을 넘어 지역 사회와의 연계를 강화하고 지속 가능한 도시 구조를 지원할 수 있는 방향으로 개선되어야 한다</u>고 주장하고 있다. 이러한 개선 노력에는 교통 인프라 확충, 주변 지역과의 조화로운 설계, 그리고 주민 참여를 통한 도시 계획 수립 등이 포함될 수 있다.

① ㉠: 나홀로 아파트는 계획적인 도시 개발의 성공 사례로 간주되며, 주변 지역과 완벽한 조화를 이루고 있다
② ㉡: 나홀로 아파트는 주민 생활에 전혀 영향을 미치지 않는 독립적인 요소로 평가되기 시작했다
③ ㉢: 서울의 전반적인 주거 밀도를 높이고 도시 경관을 해치는 개발 방식
④ ㉣: 일부 전문가들은 나홀로 아파트의 확산이 도시 공동체를 해체할 수 있다고 경고

MEMO

Chapter 04 [작문] 공문서 문장 고쳐 쓰기

관련교재
📘 출좋포 독해·논리 p.50~61

☾ 대표 천+기+누+설 개관

작문의 문장의 어법을 고쳐 쓰는 문제는 전통적으로 나오는 유형 중 하나였습니다.
2025년 출제 기조가 변화된 이후에도 문장 고쳐쓰기는
무조건 1문제는 나올 예정인 0순위 최빈출 유형에 해당됩니다.
특히, 실무 능력을 돋우는 2025의 새로운 경향을 반영하여
<공공언어 바로 쓰기 원칙>에 따른 공문서 문장 고쳐 쓰기라는 신유형의 문제가 반드시 나올 예정입니다.
따라서 1) 문장 고쳐 쓰기의 문법 이론을 암기하고 2) 이를 공문서에 적용할 수 있어야 합니다.

☾ 대표 천+기+누+설 발문 체크

01 〈공공언어 바로 쓰기 원칙〉에 따라 수정한 것으로 적절하지 않은 것은?
02 〈공공언어 바로 쓰기 원칙〉에 따라 〈공문서〉의 ㉠~㉢을 수정한 것으로 적절하지 않은 것은?

천+기+누+설 독해이론

1) 중복되는 표현을 삼갈 것.

2) 대등한 것끼리 접속할 때는 구조가 같은 표현을 사용할 것.

3) 문장 성분의 호응
 • 주어와 서술어를 호응시킬 것.

 • 목적어와 서술어를 호응시킬 것.

 • 부사어와 서술어를 호응시킬 것.

 • 수식어와 피수식어의 관계를 분명하게 표현할 것.

천·기·누·설 독해이론

4) 필요한 문장 성분이 생략되지 않도록 할 것

5) 중의적인 문장을 사용하지 않음.

6) 부적절한 피·사동 표현에 유의함.
   - 이중 피동

   - '-시키-'의 남용

7) 지나친 명사 나열을 피하고 적절한 조사와 어미를 활용하여 문장을 구성할 것.

8) 문맥에 맞는 정확한 어휘를 사용할 것.

9) 생소한 외래어나 외국어는 우리말로 다듬을 것.

10) 조사의 올바른 사용

11) 연결어미의 올바른 쓰임

천기누설 혜선팍 亦功 퀴즈

다음 〈지침〉에 따라 아래의 문장들을 고치시오.

─〔지침〕─
1) 병렬 관계의 오류
2) 문장 성분의 호응
3) 문장 성분의 실종
4) 조사의 올바른 사용
5) 연결어미의 올바른 쓰임
6) 이중 피동 삼가기
7) '-시키-'의 남용

01 〈지침〉의 '1) 병렬 관계의 오류'에 초점을 맞추어 다음 문장들을 고치시오.
1) 그는 시화전을 홍보하는 일과 시화전의 진행에 아주 열성적이다.
(   )

2) 수출 증대를 위해서는 이 제품의 장점과 단점을 보완해야 한다.
(   )

02 〈지침〉의 '2) 문장 성분의 호응'에 초점을 맞추어 다음 문장들을 고치시오.
1) 해안선에서 200미터 이내의 수역을 제외된 상태에서 논의를 진행하겠습니다.
(   )

2) 내 생각은 네가 먼저 사과하는 게 옳다고 생각한다.
(   )

3) 왜냐하면 한국이 빠른 속도로 경제적 발전을 이루었다는 것이다.
(   )

4) 아래에 제시된 두 가지 통계 자료를 살펴보면, 2000년대 이후 복지 정책에 상당히 큰 변화가 일어나고 있다.
(   )

정답

01 1) 그는 시화전을 홍보하는 일과 진행하는 일에 아주 열성적이다.
2) 수출 증대를 위해서는 이 제품의 장점을 살리고 단점을 보완해야 한다.
02 1) 해안선에서 200미터 이내의 수역을 제외한 상태에서 논의를 진행하겠습니다.
2) 내 생각은 네가 먼저 사과하는 게 옳다는 것이다.
3) 왜냐하면 한국이 빠른 속도로 경제적 발전을 이루었기 때문이다.
4) 아래에 제시된 두 가지 통계 자료를 살펴보면, 2000년대 이후 복지 정책에 상당히 큰 변화가 일어남을 알 수 있다.

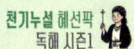

03 〈지침〉의 '3) 문장 성분의 실종'에 초점을 맞추어 다음 문장들을 고치시오.
  1) 그의 목표는 세계 최고의 축구 선수가 되는 것이었고, 그래서 단 하루도 연습을 쉬지 않았다.
  (   )

  2) 전철 내에서 뛰지 말고, 문에 기대거나 강제로 열려고 하지 마십시오.
  (   )

  3) 신은 인간을 사랑하기도 하지만 시련을 주기도 한다.
  (   )

04 〈지침〉의 '4) 조사의 올바른 사용'에 초점을 맞추어 다음 문장들을 고치시오.
  1) 철수는 잘못된 정책에 대하여 정부에게 항의를 했다.
  (   )

  2) 금융감독원은 금융 기관을 감독하는 주요 기관으로써 금감원의 주요 역할은 금융 시장의 안정성과 공정성을 유지하는 것입니다.
  (   )

05 〈지침〉의 '5) 연결어미의 올바른 쓰임'에 초점을 맞추어 다음 문장을 고치시오.
  도량형은 미터법 사용을 원칙으로 하며 각종 증빙 서류 등을 미터법 이외의 도량형으로 작성할 경우 미터법으로 환산한 수치를 병기함.
  (   )

06 〈지침〉의 '6) 이중 피동 삼가기'에 초점을 맞추어 다음 문장들을 고치시오.
  1) 다행히 비상문이 열려져 있어 인명 피해가 크지 않았습니다.
  (   )

  2) 저는 그 말씀에 그처럼 생각되어지지 않습니다.
  (   )

07 〈지침〉의 '7) -시키-의 남용'에 초점을 맞추어 다음 문장을 고치시오.
  실력 있는 강사진이 수강생 여러분을 직접 교육시켜 드립니다.
  (   )

> **정답**
> **03** 1) 그의 목표는 세계 최고의 축구 선수가 되는 것이었고, 그래서 그는 단 하루도 연습을 쉬지 않았다.
>   2) 전철 내에서 뛰지 말고, 문에 기대거나 문을 강제로 열려고 하지 마십시오.
>   3) 신은 인간을 사랑하기도 하지만 인간에게 시련을 주기도 한다.
> **04** 1) 철수는 잘못된 정책에 대하여 정부에 항의를 했다.
>   2) 금융감독원은 금융 기관을 감독하는 주요 기관으로서 금감원의 주요 역할은 금융 시장의 안정성과 공정성을 유지하는 것입니다.
> **05** 도량형은 미터법 사용을 원칙으로 하되 각종 증빙 서류 등을 미터법 이외의 도량형으로 작성할 경우 미터법으로 환산한 수치를 병기함.
> **06** 1) 다행히 비상문이 열려 있어 인명 피해가 크지 않았습니다. 2) 저는 그 말씀에 그처럼 생각되지 않습니다.
> **07** 실력 있는 강사진이 수강생 여러분을 직접 교육하여 드립니다.

천기누설 혜선팍 독해 pin point

정답 및 해설 p.234

신유형 2025 버전 1

[작문_공문서] <기안문>이 없는 문장 고쳐 쓰기

빨리 푸는 亦功 전략

1단계
제시문의 발문에 따라 내용보다는 '어법상' 수정할 것이 있는지 판단하기

2단계
<공공언어 바로 쓰기 원칙>에 초점을 맞춰 적절하지 않은 것을 고르기

3단계
<공공언어 바로 쓰기 원칙>의
㉠ 보고 ① 보고
㉡ 보고 ② 보면서
답을 찾기

01 <공공언어 바로 쓰기 원칙>에 따라 수정한 것으로 적절하지 않은 것은? 2025. 지방직 9급

―― <공공언어 바로 쓰기 원칙> ――

- 표현의 정확성
  ㉠ 의미에 맞는 정확한 단어 쓰기.
  ㉡ 부적절한 피·사동 표현에 유의함.
- 여러 뜻으로 해석되는 표현 삼가기
  ㉢ 하나의 뜻으로 해석되는 문장을 사용함.
- 대등한 것끼리 접속
  ㉣ '-고', '-(으)며', '와/과' 등으로 접속되는 말에는 구조가 같은 표현을 사용함.

① "납세자의 결정세액이 기납부세액보다 적은 경우 그 차이만큼 납세자에게 환급할 예정이다."를 ㉠에 따라 "납세자의 결정세액이 기납부세액보다 적은 경우 그 차이만큼 납세자에게 환수할 예정이다."로 수정한다.

② "경제 성장에 방해가 되는 요소를 배제시켜야 한다."를 ㉡에 따라 "경제 성장에 방해가 되는 요소를 배제해야 한다."로 수정한다.

③ "시의회는 관련 단체와 시민들을 초청하기로 결정하였다."를 ㉢에 따라 "시의회는 관련 단체와 협의하여 시민들을 초청하기로 결정하였다."로 수정한다.

④ "사업 전체 목표 수립과 세부 사업별 추진 전략을 제시한다."를 ㉣에 따라 "사업 전체 목표를 수립하고 세부 사업별 추진 전략을 제시한다."로 수정한다.

신유형 2025 버전 2

[작문_공문서] 〈기안문〉이 있는 문장 고쳐 쓰기

02 〈공문서 작성 지침〉에 따라 〈공문서〉의 ㉠~㉣을 수정한 것으로 적절하지 않은 것은?

―〈공문서 작성 지침〉―
- 문장 성분 간의 호응을 고려할 것.
- 문장이 이어질 때는 적절한 연결사를 사용할 것.
- 불필요한 표현을 사용하지 않도록 주의할 것.
- 필요한 문장 성분이 생략되지 않도록 할 것.

―〈공문서〉―
○○부

수신   전국 지방자치단체장
(경유)
제목   고향사랑 지정 기부제 시행 안내

　○○부는 고향사랑 지정 기부제를 6월 4일(화) 오전 9시부터 공식 시행한다고 밝혔습니다. 지정 기부란 ㉠<u>지방자치단체가 지역사회 문제, 취약계층을 지원하기 위해</u> 준비한 사업들 중에서 기부자 본인이 기부금이 사용되기를 원하는 사업을 지정하여 하는 기부입니다. 기존의 일반기부는 ㉡<u>기부자가 원하는 지자체에 기부하는 방식일 뿐만 아니라</u> 지정기부는 미리 준비된 지자체의 '사업'에 기부한다는 점에서 차이가 있습니다. 즉, 일반기부의 경우 시자체가 모은 기부금을 사용할 사업을 추후에 정하지만, 지정 기부는 ㉢<u>기부자가 미리 본인의 기부금이 사용될 사업과 지원대상을 알면서 기부하기에 만족감이 더욱 높아질 것</u>으로 기대됩니다. ㉣<u>지역사회에 실질적인 도움이 되기를</u> 기원합니다.

① ㉠: 지방자치단체가 지역사회 문제를 해결하고, 취약계층을 지원하기 위해
② ㉡: 기부자가 원하는 지자체에 기부하는 방식인 반면에
③ ㉢: 지정 기부를 선택한 기부자가 미리 본인의 기부금이 사용될 사업과 지원 대상을 알면서 기부
④ ㉣: 이 제도가 지역사회에 실질적인 도움이 되기

빨리 푸는 亦功 전략

1단계
제시문의 발문에 따라 내용보다는 '어법상' 수정할 것이 있는지 판단하기

2단계
〈공문서 작성 지침〉에 초점을 맞춰 적절하지 않은 것을 고르기

3단계
〈지침〉 보고 ㉠ 보고 ㉡ 보고 ㉢ 보고 ㉣ 보면서 답을 찾기

기출훈련 [작문] 공문서 문장 고쳐 쓰기

정답 및 해설 p.234

01 다음 글의 ㉠~㉣을 〈지침〉에 따라 수정하는 방안으로 적절하지 않은 것은?

2023. 지방직 7급

> 제목: ㉠ △△시에서 개최하는 "△△시 취업 박람회"
> 1. 목적: ㉡ 지역 브랜드 홍보와 향토 기업 내실화로 지역 경제 활성화 도모
> 2. 행사 개요
>   가. 일자: 2023. 11. 11.
>   나. 장소: △△시청 세종홀
>   다. 주요 행사: 구직자 상담 및 모의 면접, ㉢ △△시 취업 지원 센터 활동 보고
> 3. 신청 방식: ㉣ 온라인 신청서 접수

〔지침〕
- 제목을 중복된 표현 없이 간결하게 쓴다.
- 목적과 행사 개요를 행사의 주요 대상인 지역민과 지역 기업을 중심으로 작성한다.
- 신청할 수 있는 방식을 다양하게 제시한다.

① ㉠을 '△△시 취업 박람회 개최'로 수정한다.
② ㉡을 '지역민의 취업률 제고'로 수정한다.
③ ㉢을 '△△시 소재 기업의 일자리 홍보'로 수정한다.
④ ㉣을 '행사 10일 전까지 시청 누리집에 신청서 업로드'로 수정한다.

02 (가)~(라)를 고쳐 쓴 것으로 옳지 않은 것은?

2022. 국가직 9급

> (가) 오빠는 생김새가 나하고는 많이 틀려.
> (나) 좋은 결실이 맺어졌으면 하는 바람입니다.
> (다) 내가 오직 바라는 것은 네가 잘됐으면 좋겠어.
> (라) 신은 인간을 사랑하기도 하지만 시련을 주기도 한다.

① (가): 오빠는 생김새가 나하고는 많이 달라.
② (나): 좋은 결실을 맺었으면 하는 바램입니다.
③ (다): 내가 오직 바라는 것은 네가 잘됐으면 좋겠다는 거야.
④ (라): 신은 인간을 사랑하기도 하지만 인간에게 시련을 주기도 한다.

03 가장 자연스러운 문장은?

2021. 국가직 9급

① 날씨가 선선해지니 역시 책이 잘 읽힌다.
② 이렇게 어려운 책을 속독으로 읽는 것은 하늘의 별 따기이다.
③ 내가 이 일의 책임자가 되기보다는 직접 찾기로 의견을 모았다.
④ 그는 시화전을 홍보하는 일과 시화전의 진행에 아주 열성적이다.

04 다음 〈보기〉를 참고할 때 문장의 표현이 가장 올바른 것은?

2021. 국회직 8급

〔보기〕

우리는 언어생활에서 문법요소를 잘못 사용한 경우가 많다. 높임법에서 높이지 않을 대상을 높이는 경우, 시제 표현에서 시간을 나타내는 형태소를 잘못 쓴 경우, 피동 표현에서 이중 피동 형태를 사용한 경우, 사동 표현에서 불필요하게 사동 표현을 쓴 경우가 대표적이다.

① 선생님께서 너 오라고 하시는구나.
② 그 사람이 말도 없이 벌써 갔는 모양이다.
③ 성실한 사람이 있으면 나에게 소개시켜 줄래.
④ 저는 그 말씀에 그처럼 생각되어지지 않습니다.

05 우리말의 어법에 맞고, 의미가 정확한 문장은?

2021. 국회직 8급

① 지하철 공사가 이제 시작됐으니, 언제 개통될지는 불투명하다.
② 수출 증대를 위해서는 이 제품의 장점과 단점을 보완해야 한다.
③ 그 문제를 논의하자면 오후에는 팀원 전체가 모여 회의를 가질 겁니다.
④ 다행히 비상문이 열려져 있어 인명 피해가 크지 않았습니다.
⑤ 선배가 농담으로 한 말이 그에게 큰 상처를 입혔습니다.

06 (가)~(라)의 고쳐 쓰기 방안으로 적절하지 않은 것은?

2021. 지방직 9급

(가) 현재 우리 구청 조직도에는 기획실, 홍보실, 감사실, 행정국, 복지국, 안전국, 보건소가 있었다.
(나) 오늘은 우리 시청이 지양하는 '누구나 행복한 ○○시'를 실현하기 위한 추진 방안을 논의합니다.
(다) 지난달 수해로 인한 준비 기간이 짧았기 때문에 지역 축제는 예년보다 규모가 줄어들었다.
(라) 공과금을 기한 내에 지정 금융 기관에 납부하지 않으면 연체료를 내야 한다.

① (가): '있었다'는 문맥상 시제 표현이 적절하지 않으므로 '있다'로 고쳐 쓴다.
② (나): '지양'은 어떤 목표로 뜻이 쏠리어 향한다는 의미인 '지향'으로 고쳐 쓴다.
③ (다): '지난달 수해로 인한'은 '준비 기간'을 수식하는 절이 아니므로 '지난달 수해로 인하여'로 고쳐 쓴다.
④ (라): '납부'는 맥락상 금융 기관이 돈이나 물품 따위를 받아 거두어들인다는 '수납'으로 고쳐 쓴다.

07 ㉠~㉣의 고쳐 쓰기 방안으로 적절하지 않은 것은?

2020. 국가직 9급

> ㉠ 공사하는 기간 동안 안전사고가 일어나지 않도록 유의해 주십시오.
> ㉡ 오늘 오후에 팀 전체가 모여 회의를 갖겠습니다.
> ㉢ 비상문이 열려져 있어 신속하게 대피할 수 있었다.
> ㉣ 지난밤 검찰은 그를 뇌물 수수 혐의로 구속했다.

① ㉠: '기간'과 '동안'은 의미가 중복되므로 '공사하는 기간 동안'은 '공사하는 동안'으로 고쳐 쓴다.
② ㉡: '회의를 갖겠습니다'는 번역 투이므로 '회의하겠습니다'로 고쳐 쓴다.
③ ㉢: '열려져'는 '-리-'와 '-어지다'가 결합한 이중 피동 표현이므로 '열려'로 고쳐 쓴다.
④ ㉣: 동작의 대상에게 행위의 효력이 미친다는 의미를 제시해야 하므로 '구속했다'는 '구속시켰다'로 고쳐 쓴다.

08 다음 글의 ㉠~㉣에 대한 고쳐 쓰기 방안으로 적절하지 않은 것은?

2020. 지방직 9급

> 현재 리셋 증후군이 인터넷 중독의 한 유형으로 ㉠꼽혀지고 있다. 리셋 증후군 환자들은 현실에서 잘못을 하더라도 버튼만 누르면 해결될 수 있다고 생각해서 아무런 죄의식이나 책임감 없이 행동한다. ㉡'리셋 증후군'이라는 말은 1990년 일본에서 처음 생겨났는데, 국내에선 1990년대 말부터 쓰이기 시작했다. 리셋 증후군 환자들은 현실과 가상을 구분하지 못하여 게임에서 실행했던 일을 현실에서 저지르고 뒤늦게 후회하는 경우가 많다. 특히, 이러한 특성을 지닌 청소년들은 무슨 일이든지 쉽게 포기하고 책임감 없는 행동을 하며, 마음에 들지 않는 사람이 있으면 ㉢막다른 골목으로 몰 듯 관계를 쉽게 끊기도 한다.
> 리셋 증후군은 행동 양상이 명확히 나타나지 않는 편이라 쉽게 판별하기 어렵고 진단도 쉽지 않다. ㉣이와 같이 예방을 위해 지속적으로 주위 사람들과 대화를 나누고, 현실과 인터넷 공간을 구분하는 능력을 길러야 한다.

① 불필요한 이중 피동 표현으로 어법에 맞게 ㉠을 '꼽고'로 수정한다.
② 글의 맥락상 자연스럽지 않으므로 ㉡은 첫 번째 문장 뒤로 옮긴다.
③ 앞뒤 문맥을 고려할 때 ㉢은 '칼로 무를 자르듯'으로 수정한다.
④ 앞 문장과의 연결을 고려하여 ㉣을 '그러므로'로 수정한다.

09 어법에 어긋난 문장을 수정하고 설명한 예로 적절하지 않은 것은?
2019. 지방직 9급

① 유사한 내용의 제안이 접수되었을 때에는 먼저 접수된 것이 우선한다.
  → '접수되었을 때에는'은 사건이나 행위가 완료된 상황을 나타내므로 '접수될 때에는'으로 바꾼다.
② 안내서 및 과업 지시서 교부는 참가 신청자에게만 교부한다.
  → '과업 지시서 교부'와 서술어 '교부하다'는 의미상 중복되며 호응하지 않으므로 앞의 '교부'를 삭제한다.
③ 해안선에서 200미터 이내의 수역을 제외된 상태에서 논의를 진행하겠습니다.
  → 목적어 '수역을'과 서술어 '제외되다'는 호응하지 않으므로 '제외된'은 '제외한'으로 바꾼다.
④ 관련 도서는 해당 부서에 비치하고 관계자에게 열람한다.
  → 서술어 '열람하다'는 부사어 '관계자에게'와 호응하지 않으므로 '열람하게 한다.'와 같이 바꾼다.

10 다음 문장 중 어법에 가장 맞는 것은? 2019. 서울시 9급

① 금융 당국은 내년 금리가 올해보다 더 오를 것으로 내다보면서 대출 이자율이 2% 이상 오를 것으로 예측하였다.
② 작성 내용의 정정 또는 신청인의 서명이 없는 서류는 무효입니다.
③ 12월 중에 한-중 정상회담이 다시 한 번 열릴 것으로 보여집니다.
④ 그의 목표는 세계 최고의 축구 선수가 되는 것이었고, 그래서 단 하루도 연습을 쉬지 않았다.

11 어법에 어긋나는 문장을 수정하고 설명한 예로 옳지 않은 것은?
2018. 지방직 9급

① 전철 내에서 뛰지 말고, 문에 기대거나 강제로 열려고 하지 마십시오.
  → '열다'는 타동사이므로 '강제로'와 '열려고' 사이에 목적어 '문을'을 보충하여야 한다.
② ○○시에서 급증하는 생활용수를 안정적으로 공급하기 위하여 시행하는 사업임.
  → 생활용수에 대한 수요가 급증하는 것이지 생활용수가 급증하는 것이 아니므로, '급증하는 생활용수의 수요에 대응하여 생활용수를 안정적으로 공급하기 위하여'로 고쳐야 한다.
③ 사고 원인 파악과 재발 방지 대책을 조속히 마련하여
  → '사고 원인 파악을 마련하여'로 해석될 수 있으므로 앞의 명사구를 '사고 원인을 파악하고'로 고쳐 절과 절의 접속으로 바꾸어야 한다.
④ 도량형은 미터법 사용을 원칙으로 하되 각종 증빙 서류 등을 미터법 이외의 도량형으로 작성할 경우 미터법으로 환산한 수치를 병기함.
  → '하되'는 앞뒤 문장의 내용을 연결하는 어미로 적합하지 않으므로 '하며'로 고쳐야 한다.

12 문장 성분의 호응이 가장 자연스러운 것은?
2018. 국가직 7급

① 세종이 한글을 만든 것은 모든 한자 사용을 없애고자 한 의도였다.
② 우리는 균형 있는 식단 마련과 쾌적한 실내 분위기를 조성하는 노력을 꾸준히 해 왔다.
③ 우리 팀에서는 가능한 한 많은 관중이 동원될 수 있도록 모든 홍보 방안을 고려해 왔다.
④ 아래에 제시된 두 가지 통계 자료를 살펴보면, 2000년대 이후 복지 정책에 상당히 큰 변화가 일어나고 있다.

13 문장 성분의 호응이 가장 자연스러운 것은?

2018. 지방직 7급

① 대화명을 규정에 맞게 변경하지 않는 사람은 관리자가 카페 이용을 제한해야 한다.
② 그 일이 벌어졌을 때 아마 마음속으로라도 박수를 보내는 사람은 얼마나 되었을까.
③ 월드컵에서 보여 준 에너지를 바탕으로 국민 대통합과 국가 경쟁력을 제고해야 한다.
④ 행복의 조건으로서 물질적 기반 이외에 자질의 연마, 인격, 원만한 인간관계 등이 필요하다는 것이다.

14 문장 성분 간의 호응이 가장 옳은 것은?

2018. 서울시 9급

① 왜냐하면 한국이 빠른 속도로 경제적 발전을 이루었다는 것이다.
② 그 사람이 우리에게 중요한 까닭은 우리가 합격했다는 사실이다.
③ 내가 그 분을 처음 뵌 것은 호텔에서 내 친구하고 만나 이야기하고 있을 때였다.
④ 학계에서는 국어 문법에 관심과 조명을 해 나가고 근대 국어에도 관심을 보이기 시작했다.

15 어법에 맞는 문장은?

2017. 지방직 7급

① 그 어른은 웬간해서는 내색을 안 하시는 분이다.
② 일이 얽히고설켜서 풀기가 어렵다.
③ 불필요한 기능은 빠지고 필요한 기능만 살렸다.
④ 공사가 언제부터 시작되고 언제 개통될지 알 수 없다.

16 다음 중 문장의 표현이 가장 적절한 것은?

2017. 경찰 1차

① 공직자는 사회 현실과 사회적 책임을 다해야 할 것이다.
② 이 약은 예전부터 우리 집의 만병통치약으로 사용되어 왔다.
③ 인간은 환경을 지배하기도 하고 순응하기도 한다.
④ 그는 내키지 않는 일은 반드시 하지 않는다.

17 다음 중 어법에 가장 적절한 것은?

2017. 경찰 2차

① 때는 바야흐로 만물이 소생하는 봄이다.
② 인간은 자연에 복종하기도 하고, 지배하기도 한다.
③ 글을 잘 쓰려면 신문과 뉴스를 열심히 시청해야 한다.
④ 철이는 영선이에게 가방을 주었는데, 그 보답으로 철이에게 책을 선물하였다.

18 다음 중 어법에 맞는 문장은?

2017. 경찰 1차 여경

① 많은 사람들이 상처와 아픔을 겪었다.
② 내 생각은 너희들이 서로를 배려해야 한다.
③ 너는 사과를 먹든지 귤을 먹든지 결정해라.
④ 그는 역에서 아마 아직도 널 기다리고 있다.

19 ㉠~㉣을 고쳐 쓰기 위한 방안으로 적절하지 않은 것은?

2017. 국가직 7급

> 초등학교 앞에는 어린이 교통사고를 예방하기 위해 스쿨존이 지정되어 있다. 구청에서는 ㉠<u>도로 노면</u>에 노란색 띠줄을 표시하거나 ㉡<u>어린이 보호 또는 속도 제한 표지판을 설치하여 운전자가 주의하도록 하고 있다.</u> 그리고 많은 운전자들이 이를 지키지 않아 스쿨존에서 어린이 교통사고가 줄어들지 않고 있다. ㉢<u>어린이 교통사고는 맑은 날 많이 일어난다고 한다.</u> 어린이는 성인에 비해 판단력과 ㉣<u>예지력(豫知力)</u>이 떨어져서 위급한 사태에 대처하는 능력이 부족하다. 때문에 운전자들은 스쿨존에서 운전할 때는 더욱 주의해야 한다.

① ㉠: 의미가 중복되므로 '도로 노면'을 '노면'으로 수정한다.
② ㉡: 앞뒤 문장이 자연스럽게 연결되도록 '그리고'를 '그러나'로 수정한다.
③ ㉢: 중심 화제에서 벗어난 문장이므로 삭제한다.
④ ㉣: 문맥에 맞지 않으므로 '예지력(豫知力)'을 '추진력'으로 바꾼다.

20 다음 설명 중 문법적인 오류가 없는 문장은?

2016. 법원직

① 나는 어제 서울에 온 현규와 밥을 먹었다.
② 무엇보다도 중요한 것은 서류가 전부는 아닙니다.
③ 선생님께서는 제게 초심(初心)을 잊지 말라고 당부하셨습니다.
④ 궂은 날씨가 계속되면서, 오늘도 바람과 눈이 오는 지역이 있습니다.

21 가장 자연스러운 문장은?

2015. 국가직 7급

① 그는 이 문제에 대해 가능한 충실히 논의해 왔다.
② 이 물건은 후보 공천 시점에 보낸 것인지도 모른다.
③ 디지털 텔레비전 시대에는 고화질의 화면은 물론 다양한 정보도 손쉽게 얻을 수 있다.
④ 지금까지는 문제를 회피하기만 했지만 이제는 이와 같은 관례를 깨뜨릴 때도 되었다는 생각이다.

22 어법에 맞는 문장은?

2015. 지방직 7급

① 인간은 자연을 지배하기도 하고 복종하기도 한다.
② 북극의 빙하는 수십 년 내에 없어질 것으로 예측되어졌다.
③ 국가 경쟁력을 높이는 요소 중 하나는 인문학적 상상력이다.
④ 교육부는 새 교과서를 편찬함에 있어서 전인교육의 충실화에 두었다.

23 다음은 공공기관 홈페이지에서 볼 수 있는 글이다. 밑줄 친 부분을 고쳐 쓴 것으로 적절하지 않은 것은?
2014. 기상직 9급

① 이번 개편을 통해 부서 간 협조가 원활하도록 <u>조직이 짜여 있어</u> 이제 시민 여러분들이 보다 쉽게 건의를 할 수 있게 되었습니다. → 조직이 짜여져 있어
② 이 게시판은 인터넷을 통하여 국민의 생생한 현장의 목소리를 듣고 <u>이를 국정에 반영하고자 개설하였습니다.</u> → 이를 국정에 반영하고자 개설한 것입니다.
③ 저희 ○○○는 모든 국민의 삶의 질을 향상시키기 위하여 <u>다음과 같은 정책 과제를 중점 추진하겠습니다.</u> → 다음과 같은 정책 과제를 중점적으로 추진하겠습니다.
④ 저희는 제반 법률적·행정적 조치 기한을 충실하게 준수하되, <u>가능한 신속히 조사를 마치도록</u> 노력하겠습니다. → 가능한 한 신속히 조사를 마치도록

24 ㉠~㉣을 어법에 맞게 고친 것으로 적절하지 않은 것은?
2014. 지방직 9급

> 선생님, 그동안 안녕하셨어요? 선생님과 함께 생활했던 시간이 엊그제 같은데 벌써 졸업한 지 반 년이 지났습니다. 전 아직도 선생님과 함께했던 소중한 시간들을 잊지 못하고 있습니다. 선생님과 함께 ㉠<u>운동도, 도시락도 먹던</u> 기억이 고스란히 남아 있습니다. 그리고 종례 시간마다 해 주셨던 말씀은 제 인생에서 중요한 지침이 되고 있습니다. 특히 선생님께서 고3 때 아무리 어려운 상황에서도 ㉡<u>희망을 잃지 않았다는</u> 말은 당시 저에게 큰 도움이 되었습니다. 제가 대학에 들어 온 이후 취미를 갖게 되었는데, ㉢<u>기악부 동아리에서 악기를 연주하고 있다는 것입니다.</u> 고등학교 시절에는 공부에 쫓겨 엄두도 못 냈었는데 지금은 여유롭게 음악에 몰두할 수 있어서 좋습니다. 조만간 꼭 찾아뵐게요. ㉣<u>항상 건강 조심하십시오.</u>

① ㉠: '운동도 하고, 도시락도 먹던'으로 바꾸어 필요한 성분을 모두 갖춘다.
② ㉡: '희망을 잃지 않으셨다는 말씀은'으로 바꾸어 높임 표현을 바르게 한다.
③ ㉢: '그것은 기악부 동아리에서 악기를 연주하는 일입니다.'로 바꾸어 주어와 서술어가 호응을 이루도록 한다.
④ ㉣: '조심하다'는 명령형으로 쓰일 수 없으므로 해요체 '조심하세요'를 사용한다.

25 문장의 호응이 어색한 것은? 2014. 서울시 9급
① 절대로 이것은 사실이 아닙니다.
② 아직 학교에 도착하지 않았습니다.
③ 모름지기 교통법규를 지키는 일은 중요합니다.
④ 그다지 돈은 중요하지 않습니다.
⑤ 오직 모든 것을 하늘에 맡길 뿐입니다.

26 다음 중 자연스러운 문장은? 2014. 국회직 9급
① 담당 의사의 조언은 건강에 문제가 생길 수 있으므로 정기적으로 검사를 받아 보라고 권유했다.
② 오늘 점심에 빵과 우유를 하나씩 사서 마셨다.
③ 내 생각은 네가 먼저 사과하는 게 옳다고 생각한다.
④ 이번 조치는 고객의 건강과 쾌적한 여행 환경을 조성하기 위한 것이다.
⑤ 그는 책 읽는 것을 좋아해서 눈만 뜨면 도서관에 간다.

27 문장 성분의 연결이 자연스러운 것은? 2014. 국가직 7급
① 이 도시의 바람직한 모습은 이 지방의 행정, 문화, 교육 분야의 중심 기능을 담당해야 한다.
② 노사 간에 지속적인 대화를 시도하고 있으나, 불필요한 공방으로 인하여 기약 없이 지연되고 있다.
③ 예전에 한국인은 양만 따진다는 말이 있었으나, 이제는 양뿐 아니라 질을 아울러 따질 수 있게 되었다.
④ 해외여행이나 좋은 영화나 뮤지컬 등은 빼놓지 않고 관람하는 것이 이른바 골드 미스의 전형적인 생활양식이다.

28 어법상 가장 자연스러운 것은? 2014. 지방직 7급
① 내가 주장하고 싶은 점은 대중 스타를 맹목적으로 추종하는 것은 바람직하지 않다는 점을 강조하고 싶다.
② 실력 있는 강사진이 수강생 여러분을 직접 교육시켜 드립니다.
③ 이 제품을 사용하다가 궁금한 점이나 작동이 잘 안 될 때는 바로 연락을 주시기 바랍니다.
④ 성과란 것을 무조건 양적인 면만으로 따진다는 것도 문제가 없지는 않다.

29 다음 중 어법에 맞게 고친 문장으로 가장 적절하지 않은 것은? 2014. 경찰 2차
① 인간은 운명에 복종할 수도 있고, 지배할 수도 있다.
 → 인간은 운명에 복종도 하고 지배도 한다.
② 이 차는 사람이나 짐을 싣고 다닌다.
 → 이 차는 사람을 태우거나 짐을 싣고 다닌다.
③ 나는 철수에 선물을 주었다.
 → 나는 철수에게 선물을 주었다.
④ 나는 결코 이 일을 해야 해.
 → 나는 반드시 이 일을 해야 해.

문제훈련 [작문] 공문서 문장 고쳐 쓰기

정답 및 해설 p.240

01 〈공문서 작성 지침〉에 따라 〈공문서〉의 ㉠~㉣을 수정한 것으로 적절하지 않은 것은?

―〈공문서 작성 지침〉―
- 문맥에 적절한 어휘를 사용할 것.
- 주어와 서술어의 호응을 고려할 것.
- 한글 맞춤법에 맞는 표현을 사용할 것.
- 문장과 문장을 접속하는 연결어미를 적절하게 사용할 것.

―〈공문서〉―
○○부
제목 공공기관 지방 이전 계획의 차질 없는 이행 협조 요청

○○○○부는「국가균형발전 특별법」제18조에 따라 수립된「공공기관 지방 이전 계획」및「공공기관 지방 이전에 따른 혁신 도시 건설 및 지원에 관한 특별법」에 따라 수도권에 있는 157개 공공기관을 지방으로 ㉠이전하는 일을 추진하고 있습니다.
3. 그리고 최근 혁신 도시 건설 사업의 지연 및 중단 우려 등이 제기되고 있습니다만,「혁신 도시 관계 시도 부지사 회의」에서 확인된 바와 같이 ○○○○부는 ㉡혁신 도시 건설 및 공공기관 지방 이전 사업이 최초 계획대로 추진된다는 점을 다시 한번 명확히 밝힙니다.
4. 이와 관련하여, 해당 실국에서는 이전 ㉢목표 년도까지 지방 이전이 차질 없이 추진될 수 있도록 지방 이전 대상 산하 공공기관이 부지 매입비, 건축 설계비, 청사 신축비 등 ㉣지방 이전과 관련한 내년도 예산을 확보토록 조치하여 주시기 바라되, 이전 기관에 대한 지도·감독을 철저히 하는 등 후속 조치를 적극적으로 해 주시기 바랍니다.

① ㉠: 양도하는 일을 추진하고 있습니다.
② ㉡: 혁신 도시 건설 및 공공기관 지방 이전 사업을 최초 계획대로 추진한다
③ ㉢: 목표 연도
④ ㉣: 지방 이전과 관련한 내년도 예산을 확보토록 조치하여 주시기 바라며

02 〈공공언어 바로 쓰기 원칙〉에 따라 수정한 것으로 적절하지 않은 것은?

―〈공공언어 바로 쓰기 원칙〉―
- 올바른 문법 표현 사용하기
  - ㉠대등한 것끼리 접속할 때는 구조가 같은 표현을 사용할 것.
  - ㉡하나의 뜻으로 해석되는 문장을 사용함.
- 간결하게 문장을 표현할 것.
  - ㉢장황한 표현을 지양할 것.
- 적절한 어휘 사용하기
  - ㉣문맥에 적절한 어휘를 사용할 것.

① '한일 과거사를 극복하고 미래 지향적인 양국 간 관계 발전을 위한 전문가 양성 및 상호교류'를 ㉠에 따라 '한일 과거사 극복과 미래지향적인 양국 간 관계를 발전시키기 위한'으로 수정한다.
② '5킬로그램 상당의 금 보관함'을 ㉡에 따라 '금 5킬로그램 상당을 담은 금 보관함'으로 수정한다.
③ '재난 및 재해 대비조치에는 단 한 번의 미비가 있을 수 없다는 것을 명심하여 주시기 바랍니다.'를 ㉢에 따라 '재난 및 재해 대비에는 절대 허술함이 없어야 함을 거듭 강조합니다.'로 수정한다.
④ '가로변 쓰레기통을 결박하고, 현수막 등은 제거함.'을 ㉣에 따라 '가로변 쓰레기통을 고정하고, 현수막 등은 제거함.'로 수정한다.

03 〈공문서 작성 지침〉에 따라 〈공문서〉의 ㉠~㉣을 수정한 것으로 적절하지 않은 것은?

―〈공문서 작성 지침〉―

- 중복되는 어휘가 없게 할 것.
- 대등한 것끼리 접속할 때는 구조가 같은 표현을 사용할 것.
- 문맥에 적절한 어휘를 사용할 것.
- 지나친 명사구의 나열을 삼갈 것.

―〈공문서〉―

○○부

제목
정기 대관 신청 승인 및 계약 ㉠안내 알림
―――――――――――――――――――
1. 우리 박물관에서는 지역민들에게 현대미술에 대한 ㉡다양한 지식과 정보 제공을 위하여 '박물관에서 만나는 현대미술'을 주제로 박물관 대학을 운영하고 있습니다.
2. 귀하께서 우리 극장에 요청하신 20○○년도 정기 대관 신청을 승인하오니, ㉢붙임의 승인 조건을 숙지하신 후, 문서 접수 후 5일 이내에 우리 극장과 대관 계약을 체결하여 주시기 바랍니다.
3. ㉣위 호와 관련, 20○○년 공공 도서관 개관 시간 연장 문화 프로그램 계획 보고서를 붙임과 같이 제출합니다.

① ㉠: 알림
② ㉡: 다양한 지식과 정보를 제공하기 위하여
③ ㉢: 붙임의 승인 조건을 숙지하고 문서를 접수하신 뒤
④ ㉣: 위 호와 관련하여, 20○○년 공공 도서관의 개관 시간 연장에 따른 문화 프로그램 계획 보고서

04 〈공공언어의 요건〉에 따라 수정한 것으로 적절하지 않은 것은?

―〈공공언어의 요건〉―

- 표기의 정확성
  - 띄어쓰기를 정확하게 하였는가?
- 표현의 정확성
  - 번역투의 표현을 피하였는가? ……… ㉠
  - 올바른 사동, 피동 표현을 썼는가? ……… ㉡
  - 어휘를 적합하게 선택하였는가? ……… ㉢
  - 문장을 문법에 맞게 표현하였는가? ……… ㉣
  - 단락 구성을 짜임새 있게 하였는가?

① '이 설문조사 결과는 청소년 언어 개선책을 시급히 마련해야 한다는 점을 말해 주고 있다.'를 ㉠에 따라 '청소년 언어 개선책을 시급히 마련해야 한다는 점을 이 설문조사 결과에서 알 수 있다.'로 수정한다.
② '양 정상은 한미 동맹의 미래지향적 발전 방향을 구체화시켜 나가기로 합의'를 ㉡에 따라 '양 정상은 한미 동맹의 미래지향적 발전 방향을 구체화하여 나가기로 합의'로 수정한다.
③ '문화 프로그램 신청 인원이 많으면, 문화 관련 업무 담당자 우선 선정 예정'을 ㉢에 따라 '문화 프로그램 접수 인원이 많으면, 문화 관련 업무 담당자 우선 선징 에징'으로 수정한다.
④ '신종 플루 전염병 위기 단계를 경계에서 최고 단계인 심각으로 격상(11. 3.)됨에 따라'를 ㉣에 따라 '신종 플루 전염병 위기 단계를 경계에서 최고 단계인 심각으로 격상(11. 3.)함에 따라'로 수정한다.

05 〈공공언어 바로 쓰기 원칙〉에 따라 수정한 것으로 적절하지 않은 것은?

― 〈공공언어 바로 쓰기 원칙〉 ―
- 올바른 문법 표현 사용하기
  - ㉠ 올바른 주동, 사동 표현을 사용함.
  - ㉡ 하나의 뜻으로 해석되는 문장을 사용함.
- 문장 성분의 호응을 잘 지키기
  - ㉢ 주어와 서술어의 관계를 명확하게 표현함.
- 외국어 번역 투 삼가기
  - ㉣ 영어, 일본어 번역 투 삼감.

① '이미 잘 알려진 대외적 이미지나 일반 대중에게 인지하기 쉬운 언어 유희적 표현을 사용하여'를 ㉠에 따라 '잘 알려진 대외적 이미지나 일반 대중에게 인지시키기 쉬운 언어 유희적 표현을 사용하여'로 수정한다.
② '녹색 성장으로 변화되는 모습과 기대 효과를 분석하는 등의 일을 할 계획이다.'를 ㉡에 따라 '녹색 성장을 통한 변화되는 모습 및 기대 효과 분석 등을 실시할 계획이다.'로 수정한다.
③ '법무부는 여러분의 외국인 등록, 귀화 신청 등을 담당하는 정부 기관으로 잘 알고 계실 것입니다.'를 ㉢에 따라 '법무부는 여러분의 외국인 등록, 귀화 신청 처리 등을 담당하는 정부 기관입니다.'로 수정한다.
④ '의료 지원에 있어 본인 일부 부담제를 도입한다'를 ㉣에 따라 '의료 지원에 본인 일부 부담제를 도입한다'로 수정한다.

06 〈공문서 작성 지침〉에 따라 〈공문서〉의 ㉠~㉣을 수정한 것으로 적절하지 않은 것은?

― 〈공문서 작성 지침〉 ―
- 안긴문장의 필수 성분이 생략되었는지 고려할 것.
- 대등한 것끼리 접속할 때는 구조가 같은 표현을 사용할 것.
- 문맥에 맞는 올바른 조사를 사용할 것.
- 부사어와 서술어의 호응을 고려할 것.

― 〈공문서〉 ―
○○부
수신 전국 범죄통계 관련 기관
(경유)
제목 한국범죄분류 일반분류 제정 안내

　○○부는 국제범죄분류(ICCS)를 반영한 한국범죄분류의 일반분류 제정을 완료했다고 밝혔습니다. 이번 제정은 2015년 유엔통계위원회에서 국제범죄분류를 국제표준으로 채택한 후 9년 만입니다. 한국범죄분류는 국제표준을 기준으로 국내 형사사법체계의 ㉠<u>특수성을 개발한 통계 목적의 한국형 범죄분류체계입니다.</u>
　㉡<u>통계청은 국내에 국제 범죄 분류를 도입하고 국제 범죄 분류의 이행을 위해</u> 다년간 한국범죄분류의 개발연구를 추진하고, 법무부, 대검찰청, 경찰청 등 형사사법기관 및 관련 학계와도 긴밀한 협력을 이어온 결과, 한국범죄분류의 제정이라는 열매를 맺게 되었습니다.
　㉢<u>이번 분류는 국내 범죄명을 범죄행위에 따라 재분류한 형태로서,</u> 국내 범죄통계작성을 위해 통일된 기준을 제시했다는 점에서 의미가 큽니다. 한국범죄분류가 국내 범죄통계의 발전을 지원하여 '범죄로부터 안전한 사회 구현'에 이바지할 뿐 아니라 ㉣<u>우수사례가 될 것으로 전망됩니다.</u>

① ㉠: 특수성을 고려하여 개발한 통계 목적의 한국형 범죄분류체계입니다
② ㉡: 통계청은 국제 범죄 분류의 국내 도입과 이행을 위해
③ ㉢: 이번 분류는 국내 범죄명을 범죄행위에 따라 재분류한 형태로써
④ ㉣: 국제사회에서도 우수사례가 될 것으로 전망

Part

02

일반 추론

✦ Chapter 5 중심 내용 추론

✦ Chapter 6 내용 추론 긍정 발문

✦ Chapter 7 내용 추론 부정 발문

Chapter 05 중심 내용 추론

관련교재
출좋포 독해·논리 p.124~133

◑ 대표 천+기+누+설 개관

인사혁신처 1차 샘플에는 없었던 중심 내용 추론 문제가
인사혁신처 2차 샘플에 2문제, 2025 국가직 9급 1문제가 출제되었기 때문에
중심 내용 추론은 중요한 유형으로 떠오르게 되었습니다.
중심 내용은 글쓴이가 독자에게 가장 잘 전달하고자 하는 바를 의미합니다.
따라서 중심 내용 추론 문제는 '접속어, 지시어'를 중심으로 중요한 내용을 찾아가며 읽어야 합니다.
이 유형은 더더욱 오답 패턴을 외워야 소거가 쉬워지므로 오답 패턴을 익혀 두는 것이 중요합니다.

◑ 대표 천+기+누+설 발문 체크

01 다음 글의 중심 내용으로 가장 적절한 것은?
02 다음 글의 핵심 논지로 가장 적절한 것은?
03 다음 중 위 글의 제목으로 가장 적절한 것은?
04 다음 글의 주제로 가장 적절한 것은?

천+기+누+설 독해이론

◆ 중심 화제를 찾기
1. ❶_____를 내림
2. 따옴표 ❷_____

◆ 중심 화제의 중요 정보
1. 2문단 이상으로 된 긴 제시문의 경우에는 전체의 내용을 모두 포괄하는 제목으로 골라야 한다.
2. 특히 글 중간 혹은 마지막에 '그러나, 하지만, 그런데' 등의 접속어가 있는 경우에는
   중심 내용이 '그러나, 하지만, 그런데' 뒤에 있을 확률이 매우 커진다.
3. 중심 내용 추론을 풀기 위해 접속어들의 역할을 명확하게 알아야 한다.
   1) '그러나, 하지만'의 ❸_____ 접속 부사

   > 예 19세기의 미술은 입체적이고 사실적으로 대상을 묘사했다. 그러나 20세기의 미술은 평면적이고 추상적으로 대상을 묘사했다.

   2) '그런데, 한편'의 ❹_____ 접속 부사

   > 예 19세기의 미술은 입체적이고 사실적으로 대상을 묘사했다. 그런데 19세기 미술은 20세기에 들어서자 큰 변화를 겪게 되었다.

   3) '즉, 이처럼, 다시 말해'의 ❺_____ 접속 부사

   > 예 19세기 미술은 입체적이고 사실적으로 대상을 묘사했다. 즉, 대상을 최대한 현실과 같게 모방하였던 것이다.

   4) '따라서, 결국, 그러므로'의 ❻_____ 접속 부사

   > 예 떡볶이를 자주 먹던 혜선이는 급기야 순대도 먹기 시작했다. 따라서 혜선이는 현재처럼 통통해지게 되었다.

◆ 미언급의 오류
제시문에 나온 ❼_____하여 그럴듯한 내용을 만들기

◆ 일부 언급의 오류
❽_____ 문단에만 나온 내용을 중심 내용인 것처럼 위장하기

◆ 내용 불일치의 오류
제시문의 내용과 일치하지 않는 내용을 중심 내용인 것처럼 위장하기
① ❾_____의 오류
② ❿_____의 오류
③ ⓫_____의 오류

◆ 지나치게 ⓬_____이거나 ⓭_____인 내용을 중심 내용인 것처럼 위장하기

정답
◆ ❶정의 ❷' ' ◆ ❸역접 ❹내용 전환 ❺환언 ❻원인과 결과 ◆ ❼핵심어를 일부러 노출
◆ ❽특정 ❾주체, 객체 혼동 ❿극단 ⓫반대 ◆ ⓬일반적 ⓭구체적

천기누설 혜선팍 독해 pin point

신유형 2025 버전

중심 내용 추론

빨리 푸는 亦功 전략

1단계
중심 내용 추론 문제는 제시문 먼저 읽기

2단계
접속어나 지시어를 중심으로 중요한 내용이 무엇인지 파악하며 읽기

3단계
선지에서 중심 내용이 바로 보이면 그것을 고르면 되지만,

그게 아니라면 소거법을 통해 푸는 것이 제일 안전!

01 다음 글의 중심 내용으로 가장 적절한 것은?

> 공연장 설계에서 음향은 단순한 기술 요소가 아니라, 건축의 목적과 예술적 감동을 결정 짓는 핵심적 설계 대상이다. 특히 콘서트홀과 오페라하우스는 연주자와 청중 모두에게 최적의 청취 환경을 제공하기 위해 잔향, 반사음, 공간감, 음향적 친밀감 등 다양한 요소를 종합적으로 고려해야 한다. 콘서트홀은 음악 장르에 따라 공간의 잔향시간을 조절하거나 측면 반사음을 강화해 연주의 생동감을 높이며, 오페라하우스는 무대 위 성악가의 목소리와 피트 속 오케스트라의 연주가 균형을 이루도록 설계되어야 한다. 이러한 공간은 단순히 형태를 만드는 데 그치지 않고, 축소 모형 실험이나 컴퓨터 시뮬레이션 등을 통해 설계 전 과정에서 음향 성능을 예측하고 조정한다. 더 나아가 전기음향 설비에 의존하지 않고 자연음을 효과적으로 전달함으로써 에너지 소비를 줄이는 '지속 가능한 건축음향 설계'의 흐름도 중요한 논의로 떠오르고 있다. 결국 건축음향 설계는 과학적 분석과 예술적 감성을 결합해, 건물 그 자체를 하나의 악기로 완성해가는 과정이라 할 수 있다.

① 지속 가능한 건축음향 설계는 전기음향 설비 없이 자연음만으로 효과적인 음향 전달을 추구하는 새로운 설계 방향이다.
② 콘서트홀과 오페라하우스는 각각 다른 음향적 특성을 고려하여 최적의 청취 환경을 제공하도록 설계되어야 한다.
③ 건축음향 설계는 축소 모형 실험과 컴퓨터 시뮬레이션을 통해 설계 단계에서부터 음향 성능을 예측하고 조정하는 과정이다.
④ 공연장 설계에서 음향은 기술적 요소와 예술적 감성을 결합하여 건물을 하나의 악기로 완성하는 핵심적 설계 대상이다.

신유형 2025 버전

중심 내용 추론

02 다음 글의 핵심 논지로 가장 적절한 것은?

도시 공간의 변화와 고령화는 건축적 대응을 요구한다. 전자상거래의 확산과 정부의 규제로 인해 폐점하는 대형마트가 증가하고 있는 가운데, 도심 내 유휴공간으로 방치되는 경우가 많다. 반면 고령 인구의 증가로 인해 도심형 노인복지주택에 대한 수요는 꾸준히 증가하고 있다. 이러한 상황에서 대형마트를 노인복지주택으로 전환하는 방안은 두 문제를 동시에 해결할 수 있는 대안으로 주목받는다. 대형마트는 대체로 병원, 대중교통, 편의시설과 가까운 도심에 위치해 있으며, 건물의 연면적 또한 기존 노인복지주택과 유사하거나 더 크기 때문에 입지와 규모 면에서 전환이 유리하다. 다만, 주거 환경에서 중요한 요소인 자연 채광이 원래 상업시설로 설계된 대형마트에서는 확보되기 어렵다는 기술적 문제가 있다. 이에 연구자들은 주광 설계법칙과 아트리움 배치 원칙을 활용하여, 일조와 채광 문제를 해결할 수 있는 건물 형태를 제안하고 있다. 특히 다중 아트리움 배치, 층별 공간 계획, 외기에 접하는 면적 확장 등의 전략은 건물 전체에 자연채광을 고르게 확보함으로써 실제 주거로의 용도 전환 가능성을 높이는 데 기여할 수 있다. 이러한 접근은 단순한 공간 재활용을 넘어 도시 내 지속가능하고 복지 친화적인 건축 전략으로 평가될 수 있다.

① 아트리움 배치와 주광 설계법칙을 활용하면 상업시설을 주거시설로 전환할 때 발생하는 자연채광 문제를 효과적으로 해결할 수 있다.
② 대형마트는 도시 입지와 규모 면에서 노인복지주택 전환에 유리하지만, 자연채광 확보라는 기술적 과제를 해결해야 한다.
③ 폐점 대형마트의 노인복지주택 전환은 도심 유휴공간 활용과 고령화 대응이라는 두 문제를 동시에 해결하는 지속가능한 건축 전략이다.
④ 고령화 사회에서 노인복지주택 수요가 증가하고 있어, 도심 내 유휴 상업시설을 활용한 복지시설 확충이 필요하다.

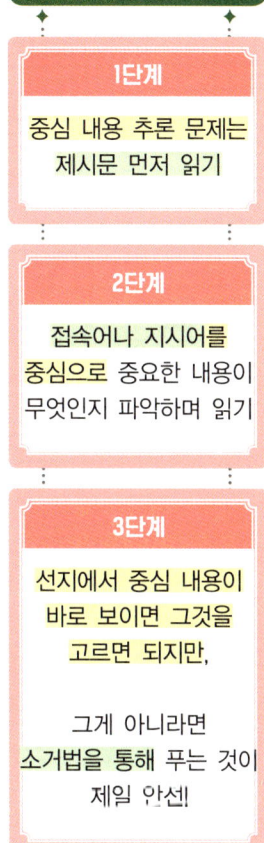

기출훈련 중심 내용 추론

01 다음 글의 중심 생각으로 가장 적절한 것은?
2024. 지방직 7급

　남성 이름의 경우, 한국 전쟁이 끝난 1950년대에는 첫 글자로 장수와 영화로움을 뜻하는 '영(永/榮)'이 선호되었다. 전후 어려운 환경 속에서, 오래도록 영화롭게 살기를 바라는 부모의 바람이 반영된 것으로 '영수, 영철' 등의 이름이 대표적인 예이다.
　경제 발전기에는 선호 글자에 변화가 있었다. 1980년대에는 '성(成/盛)'이 선호되었고 1990년대에는 '준(俊/埈)'이 많이 사용되었다. 그 시대의 부모들은 아들이 사회에서 성공을 거두고 높은 자리에 올라가기를 원하는 마음에서 '성훈, 성호, 준영, 준혁' 등의 이름을 지어 주었던 것이다.
　여성 이름의 경우에도 연대별로 이름 첫 글자에 대한 선호도가 달랐다. 1950년대에는 남성과 마찬가지로 '영(榮/泳)'이 선호되었다. 세상을 잘 헤쳐 나가면서 영화롭게 살기를 바라는 마음을 담아 '영숙, 영희' 등의 이름이 지어진 것이다. 1960년대에는 '미숙, 미영'과 같이 '미(美)'의 사용 빈도가 높았는데 여성의 외적인 아름다움에 높은 가치를 두기 시작한 사회적 상황이 반영된 것이다. 1980년대 여성 이름 가운데 높은 빈도를 차지한 이름은 '지혜'인데, 이는 문자 그대로 여성의 지혜나 지성을 높은 사회적 가치로 삼았음을 보여 주는 것이다.

① 경제 상황에 따라 이름에 대한 선호도가 달라진다.
② 이름을 통해 그 사람이 태어난 시기를 알 수 있다.
③ 이름으로 선호하는 글자에는 그 시대마다 중시하는 가치가 반영된다.
④ 성별에 따른 사회적 차별 현상이 이름으로 선호하는 글자에 드러난다.

02 다음 글의 중심 내용으로 가장 적절한 것은?
2024. 지방직 9급

　범죄소설이 지닌 이데올로기의 뿌리는 죽음에 대한 공포이다. 범죄소설의 탄생은 자본주의의 출현이라는 사회적 조건과 맞물려 있다. 자본주의가 출현하자 죽음을 대하는 태도가 근본적으로 변화했다. 원시사회에서는 죽음이 자연스러운 결과로 받아들여졌다. 죽음은 사람들이 스스로 준비해야 하는 것이면서, 가족과 사회로부터의 관심과 도움이 필요한 것이었다. 그러나 부르주아 사회에서는 인간이 소외되고, 소외된 인간은 노동을 하고 돈을 버는 데 없어서는 안 될 도구인 육체에 얽매이게 된다. 그에 따라 인간은 죽음에 강박관념을 갖게 되었다. 게다가 죽음은 불가피한 삶의 종결이 아니라 파국적 사고라는 견해를 갖게 된다. 죽음은 예기치 않은 사고라고, 강박적으로 바라보게 되면 폭력에 의한 죽음에 몰두하게 되고, 결국에는 살인과 범죄에 몰두하게 된다. 범죄소설에서 죽음은 인간의 운명이나 비극이 아니라 탐구의 대상이 되어버린다.

① 범죄소설은 자본주의의 출현 이후 죽음에 대한 달라진 태도에 기반을 두고 있다.
② 범죄소설은 부르주아 사회의 인간소외와 노동 문제를 다루는 문학 양식이다.
③ 범죄소설은 원시사회부터 이어져 온 죽음에 대한 보편적 공포로부터 생겨났다.
④ 범죄소설은 죽음을 예기치 못한 사고가 아닌 자연스럽고 불가피한 것으로 받아들인다.

03 다음은 〈보기〉에 제시된 글의 핵심 내용을 정리한 것이다. 가장 잘 이해한 것은?

2023. 군무원 7급

〈보기〉

'무엇인가', '어떠한 것인가'라는 물음에 대응하는 내용이 '질'이고 '어느 정도'라는 물음에 대응하는 내용이 '양'이다. '책상이란 무엇인가' 또는 '책상이 어떠한 것인가'를 알기 위해 사전에서 '책상'을 찾으면, "책을 읽거나 글을 쓰는 상"으로 나와 있다. 이것이 책상을 의자와 찬장 및 그 밖의 유사한 사물들과 구분해 주는 책상의 '질'이다. 예를 들어 "이 책상의 높이는 어느 정도인가?"라고 물으면 "70cm이다"라고 답한다. 이때 말한 '70cm'가 바로 '양'이다. 그런데 책상의 높이는 70cm가 60cm로 되거나 40cm로 된다고 하더라도 그것이 책상임에는 변함이 없다. 성인용 책상에서 아동용 책상으로, 의자 달린 책상에서 앉은뱅이 책상으로 바뀐다고 하더라도 그것이 '책을 읽거나 글을 쓰는 상'으로서의 기능은 수행할 수 있기 때문이다. 그러나 책상의 높이를 일정한 한도가 넘는 수준, 예컨대 70cm를 1cm로 낮추어 버리면 그 책상은 나무판에 가까운 것으로 변하여 책상의 기능을 수행할 수 없게 되어 더 이상 책상이라 할 수 없게 될 것이다.

① 양의 변화는 질의 변화를 초래하고 질의 변화는 양의 변화를 이끈다.
② 양의 변화가 누적되면 질의 변화가 일어나므로 양의 변화는 변화된 양만큼 질의 변화를 이끈다.
③ 양의 변화는 일정한 한도 내에서 질의 변화를 이끌지 못하지만 어느 한도를 넘으면 질의 변화를 초래한다.
④ 양의 변화든 질의 변화든 변화는 모두 본래의 상태로 환원되는 과정이기 때문에 두 변화는 본질적으로 동일하다.

04 다음 발화에 나타난 주장으로 가장 적절한 것은?

2020. 지방직 7급

신어(新語)에 대해 말할 때, 보통 유행어나 비속어, 은어와 같은 한정된 대상을 떠올리는 경우가 많습니다. 그런데 신어 연구의 대상은 특정한 범주의 언어, 소수 집단의 언어에 한정되지 않습니다. 어려운 전문 용어는 의사소통의 효율성이나 교육적 목적을 위해 순화된 신어로 대체할 필요가 있는데, 특히, 상당수의 전문 용어는 신어에 대한 정책적인 고려가 필요해 보입니다. 예를 들어 '좌창(痤瘡)'이라는 의학 용어를 대체한 '여드름'은 일상생활뿐만 아니라 전문 분야에서도 신어로 자리를 잡았습니다. 이와 같은 신어는 전문 용어의 순화에도 일정한 역할을 하고 있습니다. 이는 신어 연구가 단지 새로운 어휘와 몇 가지 주제를 나열하는 연구를 넘어서 한국어 조어론 전반에 대한 연구로 확장되어야 하는 이유이기도 합니다. 이러한 신어의 영역은 대중이 생산하는 '자연 발생적 신어'의 영역과 더불어 '인위적인 신어'의 영역으로 논의되어야 합니다.

① 신어에서 비속어나 은어가 빠져야 한다.
② 신어는 연구 대상과 영역을 확장해야 한다.
③ 자연 발생적인 신어에 대한 정책적 고려가 필요하다.
④ 신어는 의사소통의 효율성을 위해 그 범주를 특정해야 한다.

05 다음 글에서 결론적으로 주장하는 바로 가장 적절한 것은?

2019. 지방직 7급

사회 관계망 서비스(SNS)는 개인의 알 권리를 충족하거나 사회적 정의 실현을 위해 생각과 정보를 공유할 수 있도록 돕는다는 면에서 긍정적인 가치를 인정받는다. 그러나 도덕적 응징이라는 미명하에 개인의 신상 정보를 무차별적으로 공개하는 범법 행위가 확산되면서 심각한 사회 문제가 일고 있는 것이 사실이다. 법적 처벌이 어렵다면 도덕적으로 응징해서라도 죄를 물어야 한다는 누리꾼들의 요구가, '모욕죄'나 '사이버 명예 훼손죄' 등으로 처벌될 수 있는 범죄 행위 수준의 과도한 행동으로 이어지는 경우를 우려해야 하는 상황인 것이다.

특히 사회적 비난이 집중된 사건의 경우, 공익을 위한다는 생각으로 사건의 사실 여부를 제대로 확인하지도 않은 채 개인 신상 정보부터 무분별하게 유출하는 행위가 끊이지 않고 있어 문제의 심각성이 커지고 있다. 그로 인해 개인의 사생활 침해와 인격 훼손은 물론, 개인 정보가 범죄에 악용되는 부작용이 발생하고 있다. 따라서 사회 관계망 서비스를 이용하여 정보를 공유할 때에는, 개인의 사생활을 침해하거나 인격을 훼손하는 정보를 유출하는 것은 아닌지 각별한 주의를 기울일 필요가 있다.

① 정보 공유를 통해 사회 정의를 실현할 수 있다.
② 정보 유출로 공공의 이익이 훼손되는 경우는 없다.
③ 공유된 정보는 사실 관계를 확인할 수 있어야 한다.
④ 정보 공유 과정에서 개인의 인권이 침해당해서는 안 된다.

06 다음 글의 중심 내용으로 가장 적절한 것은?

2018. 국가직 9급

'언문'은 실용 범위에 제약이 있었는데, 이런 현실은 '언간'에도 적용된다. '언간' 사용의 제약은 무엇보다 이것을 주고받은 사람의 성별(性別)에서 뚜렷이 드러난다. 15세기 후반 이래로 숱한 언간이 현전하지만 남성 간에 주고받은 언간은 찾아보기 어렵다. 이는 남성 간에는 한문 간찰이 오간 때문이나 남성이 공적인 영역을 독점했던 당시의 현실을 감안하면 '언문'이 공식성을 인정받지 못했던 사실과 상통한다. 결국 조선시대에는 언간의 발신자나 수신자 어느 한쪽으로 반드시 여성이 관여하는 특징을 보인다고 할 수 있다.

이러한 사용자의 성별 특징으로 인하여 종래 '언간'은 '내간'으로 일컬어지기도 하였다. 그러나 이러한 명칭 때문에 내간이 부녀자만을 상대로 하거나 부녀자끼리만 주고받은 편지로 오해되어서는 안 된다. 16, 17세기의 것만 하더라도 수신자는 왕이나 사대부를 비롯하여 한글 해독 능력이 있는 하층민에 이르기까지 거의 전 계층의 남성이 될 수 있었기 때문이다. 한문 간찰이 사대부 계층 이상 남성만의 전유물이었다면 언간은 특정 계층에 관계없이 남녀 모두의 공유물이었다고 할 수 있다.

① '언문'과 마찬가지로 '언간'의 실용 범위에는 제약이 있었다.
② 사용자의 성별 특징으로 인해 '언간'은 '내간'으로 일컬어졌다.
③ 언간은 특정 계층과 성별에 관계없이 이용된 의사소통 수단이었다.
④ 조선시대에는 언간의 발신자나 수신자 어느 한쪽으로 반드시 여성이 관여하는 특징을 보인다.

문제훈련 중심 내용 추론

01 다음 글의 중심 내용으로 가장 적절한 것은?

최근 대기환경 정책은 단순한 농도나 배출량 관리에서 벗어나, 인체 건강 영향을 중심으로 하는 '환경 위해성 관리'로 패러다임을 전환하고 있다. 과거에는 초미세먼지나 오존 농도를 낮추는 기술적 접근에 초점이 맞춰졌다면, 이제는 이들이 인간에게 어떤 영향을 미치는지 사전에 진단하고 예방하는 통합 전략이 강조되고 있다. 미국 캘리포니아주의 사례처럼, 특정 지역의 아동 건강 데이터를 수집하고 대기오염물질 노출을 평가해 정책에 반영하는 방식은 이러한 전환의 대표적 예다.

우리나라 역시 이러한 전환이 적용되어야 하나, 여전히 인체 건강 영향에 대한 정량적 평가지표가 부족하고, 환경성 질환과의 연계도 미흡하다는 한계가 존재한다. 이에 따라 국내 대기환경 정책도 단순한 수치 목표를 넘어서, 질병관리청의 건강영향 평가와 연계된 과학적 기준을 포함하고, 생활 주변 위해요인을 종합적으로 관리하는 방향으로 나아가야 한다. 국민의 건강기본권을 실질적으로 회복하기 위해서는 환경 위해성에 대한 정교한 분석과 정책의 사회적 수용성을 함께 고려한 새로운 전략 수립이 필요하다.

① 미국 캘리포니아주는 아동 건강 데이터를 활용한 대기오염물질 노출 평가를 통해 환경 위해성 관리의 성공적 모델을 제시하고 있다.
② 대기환경 정책이 기술적 농도 관리에서 인체 건강 영향 중심의 환경 위해성 관리로 전환되고 있으며, 국내 정책도 이러한 방향으로의 개선이 필요하다.
③ 국내 대기 환경 정책은 환경성 질환과의 연계가 미흡하고 정량적 평가지표가 부족하다.
④ 환경 위해성에 대한 분석과 정책의 사회적 수용성을 종합적으로 고려하는 이유는 국민의 건강기본권을 보장하는 것이 제일 중요하기 때문이다.

02 다음 글의 중심 내용으로 가장 적절한 것은?

최근 생명과학에서는 수학을 기반으로 생명현상을 정량화하고 가상 실험을 통해 질병을 예측하거나 치료법을 설계하는 수리생물학이 빠르게 발전하고 있다. 우리 몸은 100조 개 이상의 세포로 구성되고, 각 세포는 수많은 분자로 이루어져 있다. 이러한 복잡한 체계를 인간의 직관만으로 이해하는 것은 불가능에 가깝기에, 행렬이나 미분방정식이 분석의 핵심이 된다. 종양을 수십 가지 특성으로 수치화한 후 행렬 형태로 데이터를 구성할 수 있다. 또한 정상 세포와 병균 세포의 상호작용을 미분방정식으로 모델링함으로써 어떤 약물이 감염을 억제하는 데 효과적인지 가상 실험으로 예측할 수 있다. 이러한 수리 모델링은 생체 시계 조절, 자폐 스펙트럼 진단, 신약 개발 등 다양한 분야에 확장되고 있으며, 기존 실험에 비해 비용과 시간을 획기적으로 절감할 수 있다는 장점이 있다. 이처럼 복잡한 생명현상에 대한 이해와 의료 기술의 발전은 수학적 접근법 없이는 달성하기 어려운 수준에 이르렀다고 볼 수 있다.

① 생명의 복잡성으로 인해 직관과 분석의 상호작용이 있어야 생체 시스템을 이해할 수 있다.
② 미분방정식과 행렬 등 수학적 모델링 기법은 질병 진단부터 신약 개발까지 생명과학 전반에서 핵심적 역할을 수행한다.
③ 복잡한 생명현상에 대한 이해와 의료 기술의 발전은 수학적 접근이 없이도 높은 수준으로 발달될 수 있다.
④ 수학이 생명과학의 실용적 도구로 활용되면서 기존 실험 방법을 대체하는 가상 실험 기법이 각광받고 있다.

03 다음 글의 중심 내용으로 가장 적절한 것은?

> 유럽연합은 국제법적 협력체를 초월한 초국가적 조직으로 평가된다. 초국가성의 특징은 각 회원국이 일부 주권을 자발적으로 양도하고, 공동의 이익을 위해 독립된 법적 질서를 형성하는 데 있다. 이는 개별 국가의 법률보다 연합법이 우선 적용되도록 함으로써 실질적인 통합의 기반을 제공한다. 유럽사법재판소는 한 판결을 통해 유럽연합법의 자율성을 명확히 하고, 연합법이 회원국의 법률에 우선한다는 점을 강조했다. 후속 판결에서는 회원국의 헌법을 포함한 모든 국내법보다 연합법이 상위에 있음을 확인하였다. 이로써 유럽연합의 법적 질서는 단순한 국가 간 협정을 넘어 회원국 시민들에게 직접적인 권리와 의무를 부여하는 독립적 법체계로 자리매김하였다. 그러나 이러한 초국가성은 회원국 간의 긴밀한 협력과 신뢰를 전제로 한다. 각 회원국은 주요 결정 시 만장일치 동의를 요구하거나 자국의 기본적 헌정 정체성을 유지하면서도 유럽연합의 법적 체계를 수용해야 한다. 이는 초국가성이 회원국의 주권과 독립성을 일정 부분 제한하지만, 동시에 국제적 협력을 통해 보다 나은 결과를 도출하고자 하는 정치적 의지의 반영으로 해석할 수 있다.

① 유럽연합법은 회원국의 법률에 우선 적용되며, 모든 국내법과 동등한 법적 효력을 가진다.
② 유럽사법재판소의 판결은 유럽연합법의 자율성을 보호하고, 회원국의 독립성을 보장한다.
③ 초국가성을 가진 회원국은 회원국의 주권 양도와 독립적 법질서를 형성한다.
④ 유럽연합의 초국가성은 회원국 간 협력과 신뢰를 전제로 하여 법적 통합과 국제적 협력을 도모한다.

04 다음 글의 중심 내용으로 가장 적절한 것은?

> 스페인과 영국은 아메리카 대륙에서 서로 다른 식민지 정책을 통해 각자의 목적을 추구했다. 스페인은 강력한 중앙집권적 통치 체제를 구축하여 아메리카의 자원을 수탈하고 기독교를 전파하는 데 중점을 두었다. 이 과정에서 원주민을 교화하고 통제하는 것이 주요 과제였다. 스페인의 식민지 정책은 교회와 군대의 힘을 이용하여 식민지를 일방적으로 통치하는 데 초점이 맞춰져 있었다. 이는 스페인 본국의 절대왕정 체제와 연관되어, 아메리카의 식민지들은 본국에 철저히 종속된 형태로 운영되었다. 이러한 정책으로 인해 스페인 식민지에서는 원주민의 문화와 사회 구조가 크게 훼손되었고, 자원의 대부분이 본국으로 유출되었다.
> 반면, 영국의 식민지 정책은 경제적 이익을 극대화하는 데에 더 중점을 두었다. 영국은 북아메리카 식민지에 비교적 자치권을 허용하며, 상업을 통해 식민지 경제를 발전시켰다. 영국의 정책은 상업과 무역을 통해 본국에 이익을 가져다주는 구조였으며, 이로 인해 아메리카 식민지들은 상업 중심의 자치 구조를 형성하게 되었다. 특히, 영국 식민지들은 본국의 직접적인 통제보다는 현지 자치의 형태로 운영되었고, 상업을 통한 경제적 자율성을 키워 나갔다. 이러한 자치적 성격은 이후 아메리카 식민지의 독립 의식에도 영향을 미쳤으며, 영국 본국과 식민지 간의 관계는 스페인과 식민지 간의 관계보다 유연하게 발전했다.

① 스페인은 원주민의 문화 보호와 자원 보존에 주력하였다.
② 스페인은 교회와 군대를 통해 중앙집권적 통치를 펼쳤고, 영국은 자치와 경제적 이익을 중시했다.
③ 영국은 모든 아메리카 식민지에 동일한 자치권을 부여하여 상업적 발전을 이끌었다.
④ 스페인과 영국의 식민지 정책은 본국의 통제 방식을 동일하게 따랐다.

05 다음 글의 핵심 논지로 가장 적절한 것은?

한국 정부는 데이터 경제 활성화를 위해 민간과의 협력을 강조하고 있다. 데이터 기반 혁신을 통해 산업의 다양한 분야에서 새로운 가치를 창출하고 국민의 생활을 개선하려는 정책들이 추진되고 있으며, 민관 협력의 중요성은 특히 공공데이터 개방 및 활용에서 더욱 부각되고 있다. 그러나 이러한 변화를 실현하기 위해서는 민간과 공공의 역할을 명확히 구분하고, 각 주체가 데이터 활용에서 차지하는 비중을 조정하는 과정이 필요하다. 또한, 민간 부문이 데이터를 적극적으로 활용할 수 있도록 법적, 제도적 장치가 뒷받침되어야 하며, 공공 부문은 데이터 활용을 위한 안전망과 인프라를 제공해야 한다. 현재의 데이터 경제는 과거의 경제 모델과는 달리 더 많은 정보와 기술적 혁신을 필요로 하며, 이는 데이터 활용을 통해 가치를 창출하는 데 필수적인 요소로 작용하고 있다. 정부는 민간의 혁신을 지원하는 동시에 사회적 책임을 다하는 방향으로 데이터 활용 정책을 개선해야 한다. 이를 통해 데이터 경제는 더욱 효율적이고 지속 가능한 경제 성장을 가능하게 할 것이다.

① 데이터 경제 활성화는 정부가 독립적으로 주도해야 하며, 민간 부문은 이를 지원하는 역할을 한다.
② 데이터 경제 활성화를 위해서는 민간과 공공의 역할을 명확히 구분하고, 법적 제도적 장치가 뒷받침되어야 한다.
③ 공공 부문은 민간 부문이 데이터를 활용할 수 있도록 지원하는 역할만을 담당해야 하며, 민간 부문은 독립적으로 데이터를 활용할 수 있다.
④ 정부는 데이터를 적극적으로 개방하여 민간 부문이 데이터를 활용할 수 있는 환경을 제공하고, 민간 부문은 정부의 역할에 의존해야 한다.

06 다음 글의 중심 내용으로 가장 적절한 것은?

자율주행차량의 개발은 교통 효율성과 안전성을 높이는 데 크게 기여할 것으로 기대되지만, 도덕적 딜레마와 윤리적 문제를 동반한다. 자율주행차량은 긴급 상황에서 인간의 생사에 영향을 미칠 수 있는 결정을 내려야 하며, 이러한 과정에서 윤리적 기준이 필요하다. 특히 자율주행차량의 '트롤리 딜레마' 문제는 여러 이해관계자가 충돌하는 복잡한 윤리적 판단을 요구한다. 예를 들어, 자율주행차량이 불가피하게 보행자와 충돌해야 하는 상황에서 누구를 구할 것인지에 대한 문제는 여전히 논란이 되고 있다.

도덕적 판단의 기준으로 공리주의적 접근이 제안되지만, 이는 각 개인의 생명을 동등하게 취급해야 한다는 원칙과 충돌할 수 있다. 또한, 자율주행차량의 설계는 윤리적 판단을 내릴 수 있는 알고리즘을 포함해야 하며, 이는 사회적 합의와 규범적 차원의 논의를 통해 이루어져야 한다. 연구자들은 이와 관련된 도덕적 판단 기준을 마련하기 위해 '도덕기계' 실험을 통해 전 세계적으로 수집된 데이터를 활용하고 있다. 그러나 이러한 접근은 문화적 차이와 인간의 편향된 윤리적 선호를 반영할 위험성을 내포하고 있어, 자율주행차량의 윤리적 판단 기준 설정은 여전히 해결해야 할 과제로 남아 있다.

① 자율주행차량은 인간의 생명과 관련된 모든 윤리적 문제를 해결하기 위해 공리주의를 기반으로 설계되어야 한다.
② 자율주행차량은 교통 효율성을 높이지만, 트롤리 딜레마와 같은 윤리적 문제는 아직 해결되지 않았다.
③ 도덕기계 실험은 자율주행차량이 직면한 윤리적 판단 기준을 마련하는 데 실질적인 기여를 하고 있다.
④ 자율주행차량의 도덕적 딜레마 문제는 다양한 문화적 차이와 인간의 편향을 고려한 윤리적 논의가 필요하다.

Chapter 06 내용 추론 긍정 발문

관련교재
기 출좋포 독해·논리 p.134~145

◎ 대표 천+기+누+설 개관

제시문의 내용을 추론하는 것으로 적절한 것을 고르는 문제는
항상 출제 0순위인 유형입니다.
인사혁신처 1차 샘플에는 2문제, 인사혁신처 2차 샘플에는 4문제
2025 국가직 9급에는 4문제, 지방직 9급에는 3문제가 나왔으니
꼭 정복해야 하는 유형임을 알 수 있습니다.
이 유형은 큼직큼직하게 푸는 것보다는 지엽적으로 풀어야 하는 유형이기 때문에
반드시 시간을 투자해야 하는 유형에 해당됩니다.
강의에 나오는 내용 추론 긍정 발문의 야매 꼼수를 토대로 시간 단축 팁을 얻어가시길 바랍니다~^^

◎ 대표 천+기+누+설 발문 체크

01 다음 글을 이해한 내용으로 가장 적절한 것은?
02 다음 글에서 추론한 내용으로 가장 적절한 것은?
03 다음 글에 서술된 '나이브 아트'에 대한 설명으로 적절한 것만을 〈보기〉에서 모두 고르면?

천+기+누+설 독해이론 | 출제자들이 좋아하는 오답 패턴

◆ ❶ _____ 의 오류

① 디지털 트윈을 활용함에 따라 글로벌 기업들의 고용률이 향상되었다. — 2023. 국가직 9급
  → 관련 시장이 확대되고 있다는 서술은 있지만, 고용률에 대한 언급은 없다.

① 한문은 한국어 문장보다 문장성분이 복잡하다. — 2023. 지방직 9급
  → 한자는 문맥에 따라 같은 글자가 다른 문장성분으로 사용될 수 있다고 나와 있지만 이것이 한국어 문장보다 문장성분이 복잡함을 의미하는 것은 아니다.

◆ ❷ _____ 의 오류

④ 체온조절을 위한 열 획득 방식보다 체온의 안정성을 유지하는 방식이 동물을 분류하는 더 적합한 기준이 된다.
— 2025. 국가직 9급
  → '체온조절을 위한 열 획득 방식'과 '체온의 안정성을 유지하는 방식'이 모두 언급이 되고는 있으나 어떤 것이 더 적합한 기준이 되는지는 언급이 된 적이 없다.

◆ ❸ _____의 오류

② 디지털 트윈의 데이터 모델은 현실 세계의 각종 실험 모델보다 경제성이 낮다. – 2023 국가직 9급
  → 현실 세계의 각종 실험 모델은 디지털 트윈의 데이터 모델보다

◆ ❹ _____의 오류

② 통각 신경은 다른 감각 신경에 비해서 매우 가늘기 때문에, 신호의 전달이 빠르다. – 2024 지방직 9급
                                                        → 느리다

② 루아르강 하구로부터 크림반도와 조지아를 잇는 선은 이탈리아보다 남쪽에 있을 것이다. – 2021 지방직 9급
                                                        → 북쪽

◆ ❺ _____ 오류

'항상', '모두', '다' / '오직', '뿐', '만' / 단정적 서술어
① 유엔에서 근무하는 외교관들은 유엔의 공용어를 다 구사하지 않으면 안 된다. – 2021 지방직 9급
  → 유엔에서 근무하는 외교관들은 유엔의 공용어를 다 구사하지 않아도 되었다.
① 고급 포도주는 모두 너무 덥지도 춥지도 않은 곳에서 재배된 포도로 만들어졌다. – 2021 지방직 9급
  → 백포도주는 뜨거운 여름 날씨가 지속하는 곳에서 명품이 만들어진다고 했으므로 적절하지 않다.
③ 이집트의 이상주의적 미술에서는 평범한 사람들은 그리지 않고 고귀한 존재들만 표현하였다. – 2025 국가직 9급
  → 고귀한 존재들뿐만 아니라 평범한 사람들도 그렸다고 했으므로 적절하지 않다.
④ 보잉의 조종사는 자동조종시스템을 사용하지 않고 항공기를 조종한다. – 2023 지방직 9급
  → 보잉의 조종사가 시스템에 지나치게 의존하지 않는다는 것이지 아예 사용하지 않는다는 말은 아니었다.

◆ ❻ _____의 오류

③ 루카치는 각기 다른 기준에 따라 그리스 세계를 세 시대로 구분하였다. – 2023 국가직 9급
         → 총체성
① 최초의 IQ 검사는 학습 능력이 우수한 아이를 고르기 위해 시행되었다. – 2023 지방직 9급
  → IQ 검사의 도입 목적은 지적장애아 및 학습부진아를 가려내기 위한 기준으로 시행되었음을 1문단에서 서술하였다.

◆ ❼ _____ 혼동(❽ _____ 혼동)의 오류 (대조 구문 多)

④ 디지털 트윈은 현실 세계의 이용자에게 새로운 문화적 경험을 제공하는 데 목적이 있다. – 2023 국가직 9급
  → 메타버스
② 조선 시대의 지식인들은 조선에서 창작한 한문소설을 저급한 오락물로 여겼다. – 2025 국가직 9급
                    → 한글 소설

◆ ❾ _____의 오류

① '0' 개념은 13세기에 유럽에서 발명되었다. – 2025 인사혁신처 2차 샘플
  → 2문단의 "'0' 개념은 13세기가 되어서야 유럽으로 들어왔으니,"를 통해 '0' 개념은 13세기에 유럽에서 발명되었다는 것은 적절하지 않음을 알 수 있다. '0' 개념이 들어온 것이지 유럽에서 처음 만들어진 것은 아니기 때문이다.

> 정답
> ❶ 극단 ❷ 기준 ❸ 주체 ❹ 객체 ❺ 시기 ❻ 기준 ❼ 주체 ❽ 객체 ❾ 시기

천기누설 혜선팍 독해 pin point

신유형 2025 버전

내용 추론 긍정 발문

빠르 푸는 亦功 전략

1단계
선지의 길이 확인하기
너무 길면 제시문으로 가기

짧으면 선지를 읽되 선지에서 전체적인 느낌 파악하기

2단계
제시문을 혜선 쌤이 수업에서 알려준 야매꼼수 방식으로 읽기

3단계
제시문을 읽을 때 선지의 초점어가 나타나면 더욱 집중해서 읽고 선지의 참 거짓을 판별하기

01 다음 글을 이해한 내용으로 가장 적절한 것은? 2025. 지방직 9급

김삿갓으로 알려진 김병연의 집안은 그의 할아버지인 김익순이 죄를 짓고 사형당하기 전까지 괜찮은 편이었다. 김병연의 5대조 할아버지 김시태가 경종 초에 신임사화에 연루되었지만, 영조가 즉위한 뒤 그것이 조작된 것임이 밝혀지고 명예가 회복되었다. 김익순은 김시태의 후광을 입어 여러 관직에 나아갔다. 1811년 그가 선천 부사로 재직 중일 때 홍경래의 난이 일어났다. 이때 그는 반란군에게 항복했을 뿐만 아니라, 반란이 수습될 무렵에는 반란군 장수의 목을 베어 왔다는 거짓 보고까지 했다. 김익순의 이러한 행적이 드러나 결국 그는 모든 재산이 몰수되고 사형을 당했다. 이후 김병연은 대역죄로 사형당한 인물의 후손이라는 오명을 쓰고 살아갈 수밖에 없었다. 그가 당대의 주류 세력과 관계를 맺지 못한 것도 이 때문이었다. 그는 20세 전후로 부모가 모두 숨지자 자신의 신세를 한탄하며 세상을 떠돌게 되었다.

① 김시태의 후손은 아무도 관직에 나아가지 못했다.
② 김익순은 김시태의 죄상이 드러나 재산이 몰수되었다.
③ 김병연은 자신의 조상이 신임사화에 연루되어 세상을 떠돌게 되었다.
④ 김병연은 대역죄인의 후손이어서 당대 주류 세력과 관계를 맺을 수 없었다.

신유형 2025 버전

내용 추론 긍정 발문

02 다음 글에서 추론할 수 있는 것은? 2021. 지방직 9급

포도주는 유럽 문명을 대표하는 술이자 동시에 음료수다. 우리는 대개 포도주를 취하기 위해 마시는 술로만 생각하기 쉬우나 유럽에서는 물 대신 마시는 '음료수'로서의 역할이 크다. 유럽의 많은 지역에서는 물이 워낙 안 좋아서 맨 물을 그냥 마시면 위험하기 때문에 제조 과정에서 안전성이 보장된 포도주나 맥주를 마시는 것이다. 이런 용도로 일상적으로 마시는 식사용 포도주로는 당연히 고급 포도주와는 다른 저렴한 포도주가 쓰이며, 술이 약한 사람들은 여기에 물을 섞어서 마시기도 한다.

소비의 확대와 함께, 포도주의 생산을 다른 지역으로 확산시키려는 노력도 계속되어 왔다. 포도주 생산의 확산에서 가장 큰 문제는 포도 재배가 추운 북쪽 지역으로 확대되기 힘들다는 점이다. 자연 상태에서는 포도가 자라는 북방 한계가 이탈리아 정도에서 멈춰야 했지만, 중세 유럽에서 수도원마다 온갖 노력을 기울인 결과 포도 재배가 상당히 북쪽까지 올라갔다. 대체로 대서양의 루아르강 하구로부터 크림반도와 조지아를 잇는 선이 상업적으로 포도를 재배할 수 있는 북방한계선이다.

적정한 기온은 포도주 생산 가능 여부뿐 아니라 생산된 포도주의 질을 결정하는 중요한 요인이다. 너무 추운 지역이나 너무 더운 지역에서는 포도주의 품질이 떨어질 수밖에 없다. 추운 지역에서는 포도에 당분이 너무 적어서 그것으로 포도주를 담그면 신맛이 강하게 된다. 반면 너무 더운 지역에서는 섬세한 맛이 부족해서 '흐물거리는' 포도주가 생산된다(그 대신 이를 잘 활용하면 포르토나 셰리처럼 도수를 높인 고급 포도주를 만들 수 있다). 그러므로 고급 포도주 주요 생산지는 보르도나 부르고뉴처럼 너무 덥지도 않고 너무 춥지도 않은 곳이다. 다만 달콤한 백포도주의 경우는 샤토 디켐(Château d'Yquem)처럼 뜨거운 여름 날씨가 지속하는 곳에서 명품이 만들어진다.

포도주의 수요는 전 유럽적인 데 비해 생산은 이처럼 지리적으로 제한됐기 때문에 포도주는 일찍부터 원거리 무역 품목이 됐고, 언제나 고가품 취급을 받았다. 그런데 한 가지 기억해야 할 점은 이렇게 수출되는 고급 포도주는 오래된 포도주가 아니라 바로 그해에 만든 술이라는 점이다. 우리는 포도주는 오래될수록 좋아진다고 믿는 경향이 있지만, 대부분의 백포도주 혹은 중급 이하 적포도주는 시간이 지날수록 오히려 품질이 떨어진다. 시간이 흐를수록 품질이 개선되는 것은 일부 고급 적포도주에만 한정된 이야기이며, 그나마 포도주를 병에 담아 코르크 마개를 끼워 보관한 이후의 일이다.

① 고급 포도주는 모두 너무 덥지도 춥지도 않은 곳에서 재배된 포도로 만들어졌다.
② 루아르강 하구로부터 크림반도와 조지아를 잇는 선은 이탈리아보다 남쪽에 있을 것이다.
③ 유럽에서 일상적으로 마시는 식사용 포도주는 저렴한 포도주거나 고급 포도주에 물을 섞은 것이다.
④ 병에 담겨 코르크 마개를 끼운 고급 백포도주는 보관 기간에 비례하여 품질이 개선되지는 않을 것이다.

빨리 푸는 亦功 전략

1단계
선지의 길이 확인하기
너무 길면 제시문으로 가기

짧으면 선지를 읽되 선지에서 전체적인 느낌 파악하기

2단계
제시문을 혜선 쌤이 수업에서 알려준 야매꼼수 방식으로 읽기

3단계
제시문을 읽을 때 선지의 초점어가 나타나면 더욱 집중해서 읽고 선지의 참 거짓을 판별하기

기출훈련 내용 추론 긍정 발문

정답 및 해설 p.247

01 다음 글에서 추론한 내용으로 가장 적절한 것은?

2023. 국가직 9급

> 공포의 상태와 불안의 상태를 구분하는 것은 쉽지 않다. 왜냐하면 두 감정을 함께 느끼거나 한 감정이 다른 감정을 유발할 때가 많기 때문이다. 가령, 무시무시한 전염병을 목도하고 공포에 빠진 사람은 자신도 언젠가 그 병에 걸릴지 모른다는 불안 상태에 빠지게 된다. 이처럼 두 감정은 서로 밀접하게 얽혀 있다는 점에서 혼동하기 쉽다. 하지만 두 감정을 야기한 원인을 따져 보면 두 감정을 명확하게 구분할 수 있다. 공포는 실재하는 객관적 위협에 의해 야기된 상태를 의미하고, 불안은 현재 발생하지 않았으며 미래에 일어날지 모르는 불명확한 위협에 의해 야기된 상태를 의미한다. 공포와 불안의 감정은 둘 다 자아와 관련되어 있지만 여기에서도 차이를 찾을 수 있다. 공포를 느끼는 것은 '나 자신'이 위험한 상황에 놓여 있다는 사실을 아는 것이고, 불안의 경험은 '나 자신'이 위해를 입을까 봐 걱정하는 것이다.

① 자신이 처한 위험한 상황을 정확히 인식하는 경우에는 공포감에 비해 불안감이 더 크다.
② 전기·가스 사고가 날까 두려워 외출하지 못하는 사람은 불안한 상태에 있는 것이다.
③ 시험에 불합격할 수 있다는 생각에 사로잡힌 사람은 공포감에 빠져 있는 것이다.
④ 과거에 큰 교통사고를 경험한 사람은 공포감은 크지만 불안감은 작다.

02 다음 글을 이해한 내용으로 가장 적절한 것은?

2023. 국가직 9급

> 루카치는 그리스 세계를 신과 인간의 결합 정도를 가리키는 '총체성' 개념을 기준으로 세 시대로 구분하였다. 첫 번째 시대에서 후대로 갈수록 총체성의 정도는 낮아진다. 첫째는 총체성이 완전히 구현되어 있는 '서사시의 시대'이다. 호메로스의 『일리아드』와 『오디세이아』에서는 신과 인간의 세계가 하나로 얽혀 있다. 인간들이 그리스와 트로이 두 패로 나뉘어 전쟁을 벌일 때 신들도 인간의 모습을 하고 두 패로 나뉘어 전쟁에 참여했다. 둘째는 '비극의 시대'이다. 소포클레스나 에우리피데스의 비극에서는 총체성이 흔들려 신과 인간의 세계가 분리된다. 하지만 두 세계가 완전히 분리되지는 않고 신탁이라는 약한 통로로 이어져 있다. 비극에서 신은 인간의 행위에 직접 개입하지 않고 신탁을 통해서 자신의 뜻을 그저 전달하는 존재로 바뀐다. 셋째는 플라톤으로 대표되는 '철학의 시대'이다. 이 시대는 이미 계몽된 세계여서 신탁 같은 것은 신뢰할 수 없게 되었다. 신과 인간의 세계가 완전히 분리됨으로써 신의 세계는 인격적 성격을 상실하여 '이데아'라는 추상성의 세계로 바뀐다. 신의 세계와 인간의 세계는 그 사이에 어떤 통로도 존재할 수 없는, 절대적으로 분리된 세계가 되었다.

① 계몽사상은 서사시의 시대에서 철학의 시대로의 전환을 이끌었다.
② 플라톤의 이데아는 신탁이 사라진 시대의 비극적 세계를 표현한다.
③ 루카치는 각기 다른 기준에 따라 그리스 세계를 세 시대로 구분하였다.
④ 에우리피데스의 비극에 비해 『오디세이아』에서는 신과 인간의 결합 정도가 높다.

03 다음 글을 이해한 내용으로 가장 적절한 것은?

2023. 지방직 9급

『삼국사기』는 본기 28권, 지 9권, 표 3권, 열전 10권의 체제로 되어 있다. 이 중 열전은 전체 분량의 5분의 1을 차지하며, 수록된 인물은 86명으로, 신라인이 가장 많고, 백제인이 가장 적다. 수록 인물의 배치에는 원칙이 있는데, 앞부분에는 명장, 명신, 학자 등을 수록했고, 다음으로 관직에 있지는 않았으나 기릴 만한 사람을 실었다.

반신(叛臣)의 경우 열전의 끝부분에 배치되어 있다. 이들을 수록한 까닭은 왕을 죽인 부정적 행적을 드러내어 반면교사로 삼는 데에 있었으나, 그 목적에 부합하지 않는 내용이 있어 흥미롭다. 가령 고구려의 연개소문은 반신이지만, 당나라에 당당히 대적한 민족적 영웅의 모습도 포함되어 있다. 흔히 『삼국사기』에 대해, 신라 정통론에 기반해 있으며, 유교적 사관에 따라 당시의 지배 질서를 공고히 하고자 했다고 평가한다. 하지만 연개소문의 사례에서 볼 수 있듯 『삼국사기』는 기존 평가와 달리 다면적이고 중층적인 역사 텍스트라고 할 수 있다.

① 『삼국사기』 열전에 고구려인과 백제인도 수록되었다는 점은 이 책이 신라 정통론을 계승하지 않았다는 것을 보여준다.
② 『삼국사기』 열전에 수록된 반신 중에는 이 책에 대한 기존 평가를 다르게 할 수 있는 사례가 있다.
③ 『삼국사기』 열전에는 기릴 만한 업적이 있더라도 관직에 오르지 못한 사람은 수록되지 않았다.
④ 『삼국사기』의 체제 중에서 열전이 가장 많은 권수를 차지한다.

04 글쓴이의 견해에 부합하는 것은?

2022. 국가직 9급

문화란 공동체의 구성원들이 공유하는 생각과 행동 양식의 총체라고 할 수 있다. 문화를 연구하는 사람들의 주된 관심사는 특정 생각과 행동 양식이 하나의 공동체 안에서 전파되는 기제이다.

이에 대한 견해 중 하나는 문화를 생각의 전염이라는 각도에서 바라보는 것이다. 예컨대, 리처드 도킨스는 '밈(meme)'이라는 개념을 통해 생각의 전염 과정을 설명하고자 했다. 그에 따르면 문화는 복수의 밈으로 이루어져 있는데, 유전자에 저장된 생명체의 주요 정보가 번식을 통해 복제되어 개체군 내에서 확산되듯이, 밈 역시 유전자와 마찬가지로 공동체 내에서 복제를 통해 확산된다.

그러나 문화 전파의 기제를 설명하는 이론으로는 밈 이론보다 의사소통 이론이 더 적절해 보인다. 일례로, 요크셔 지역에 내려오는 독특한 푸딩 요리법은 누군가가 푸딩 만드는 것을 지켜본 후 그것을 그대로 따라 하는 방식으로 전파되었다기보다는 요크셔 푸딩 요리법에 대한 부모와 친척, 친구들의 설명을 통해 입에서 입으로 전파되고 공유되었을 가능성이 크다.

생명체의 경우와 달리 문화는 완벽하게 동일한 형태로 전파되지 않는다. 전파된 문화와 그것을 수용한 결과는 큰 틀에서는 비슷하더라도 세부적으로는 다를 수밖에 없다. 다시 말해 요크셔 지방의 푸딩 요리법은 다른 지방의 푸딩 요리법과 변별되는 특색을 지니는 동시에 요크셔 지방 내부에서도 가정이나 개인에 따라 약간씩의 차이를 보인다. 이는 푸딩 요리법의 수신자가 발신자가 전해 준 정보에다 자신의 생각을 덧붙였기 때문인데, 복제의 관점에서 문화의 전파를 설명하는 이론으로는 이와 같은 현상을 설명하기 어렵다. 반면, 의사소통 이론으로는 설명 가능하다. 이에 따르면 사람들은 자신이 들은 이야기를 남에게 전달할 때 들은 이야기에다 자신의 생각을 더해서 그 이야기를 전달하기 때문이다.

① 문화의 전파 기제는 밈 이론보다는 의사소통 이론으로 설명하는 것이 적절하다.
② 의사소통 이론에 따르면 문화의 수용 과정에는 수용 주체의 주관이 개입하지 않는다.
③ 의사소통 이론에 따르면 특정 공동체의 문화는 다른 공동체로 복제를 통해 전파될 수 있다.
④ 요크셔 푸딩 요리법이 요크셔 지방의 가정이나 개인에 따라 세부적인 차이를 보이는 현상은 밈 이론에 의해 설명할 수 있다.

05 다음 글에서 추론할 수 있는 것만을 〈보기〉에서 모두 고르면?

2022. 지방직 9급

컴퓨터에는 자유의지가 있을까? 나아가 컴퓨터에 도덕적 의무를 귀속시킬 수 있을까? 컴퓨터는 다양한 전기회로로 구성되어 있고, 물리법칙, 프로그래밍 방식, 하드웨어의 속성 등에 따라 필연적으로 특정한 초기 상태로부터 다음 상태로 넘어간다. 마찬가지로 두 번째 상태에서 세 번째 상태로 이동하고, 이러한 과정이 계속해서 이어진다. 즉 컴퓨터는 결정론적 법칙의 지배를 받는 시스템이라는 것이다. 그럼 이러한 시스템에는 자유의지가 있을까?

결정론적 법칙의 지배를 받는 시스템의 중요한 특징은 주어진 조건에 따라 결과가 하나로 고정된다는 점이다. 다시 말해, 이러한 시스템에는 항상 하나의 선택지만 있을 뿐이다. 그런 뜻에서 결정론적 지배를 받는다는 것과 자유의지를 가진다는 것은 양립할 수 없음이 분명하다. 어떤 선택을 할 때 그것과 다른 선택을 할 수도 있다는 것은 자유의지의 필요조건이기 때문이다. 결국 결정론적 법칙의 지배를 받는 시스템은 자유의지를 가지지 않는다. 또한 자유의지를 가지지 않는 시스템에 도덕적 의무를 귀속시킬 수 없음은 당연하다.

〈보기〉
ㄱ. 컴퓨터는 자유의지를 가지지 않으며 도덕적 의무의 귀속 대상일 수도 없다.
ㄴ. 도덕적 의무를 귀속시킬 수 있는 시스템은 결정론적 법칙의 지배를 받지 않는다.
ㄷ. 어떤 선택을 할 때 그것과 다른 선택을 할 수 없는 시스템은 자유의지를 가지지 않는다.

① ㄱ, ㄴ
② ㄱ, ㄷ
③ ㄴ, ㄷ
④ ㄱ, ㄴ, ㄷ

06 다음 글에 대한 이해로 가장 적절한 것은?

2020. 국가직 7급

자유지상주의자에게 있어서 사회는 개인의 자유가 극대화될 때 정의롭다. 그런데 자유에 대한 자유지상주의자의 입장을 명확하게 이해하기 위해서는 '제약으로부터의 자유'인 '프리덤(freedom)'과 '강제로부터의 자유'인 '리버티(liberty)'가 동의어가 아니라는 것을 알아야 한다. 프리덤이 강제를 비롯한 모든 제약의 전적인 부재라면, 리버티는 특정한 종류의 구속인 강제의 부재로 이해될 수 있다. 일반적으로 강제는 물리적 힘을 직접적으로 행사하거나 피해를 주겠다고 위협하는 형태로 나타난다.

프리덤과 리버티가 동의어일 수 없는 이유는 다음 사례에서 잘 드러난다. 일부 국가의 어떤 시민은 특정 도시에서 생활하고 일하기 위해서 정부의 허가를 받아야 한다. 이때 정부는 법률에 복종하지 않을 경우 피해를 주겠다고 위협하거나 직접적인 물리력을 행사해 해당 시민의 자유를 제한할 수 있다. 이와 달리 A국 시민은 거주지 이전의 허가가 필요 없어서 국가로부터의 어떠한 물리적 저지나 위협도 받지 않는다고 하자. 그렇다고 해서 모든 A국 시민이 원하는 곳에 실제로 이사 갈 수 있는 것은 아니다. 일부 시민은 이사 갈 수 있을 만큼의 돈이 없거나, 이사 가려는 곳에서 원하는 직업을 찾지 못할 수도 있다. 결과적으로 이런 경우는 그들이 원하는 바를 충분히 실현할 자유가 제한되는 것이다. 따라서 어떤 개인이 누릴 수 있는 자유는 국가로부터의 강제와 무관하게 다른 많은 방식으로 제한될 수 있다.

자유지상주의자들이 자유를 극대화해야 한다고 말할 때, 이들이 두 가지 자유를 모두 극대화해야 한다고 주장하는 것은 아니다. 자유지상주의자들은 강제를 극소화하는 것, 특히 정부의 강제적인 간섭을 최소화하는 것을 통해 얻는 자유에 초점을 맞추고 있다.

① 자유지상주의자들은 '제약으로부터의 자유'를 최대한 확보할 때 정의로운 사회가 된다고 주장한다.
② A국 시민들은 다양한 법률이나 제도를 통해 국가로부터 거주지 이전에 관한 '프리덤'을 보장받고 있다.
③ '리버티'에 대한 제한은 직접적인 물리적 힘보다 피해를 주겠다는 위협을 통해 이루어지는 경우가 더 많다.
④ 개인의 행동에 대해 정부 허가가 필요하다면, 그 개인의 '강제로부터의 자유'가 제한되는 것이라고 볼 수 있다.

07 다음 글을 통해 추론할 수 있는 것만을 〈보기〉에서 모두 고르면?

2020. 국가직 7급

'공정하다'는 말은 여러 가지 맥락에서 사용된다. 우리는 종종 어떤 법적 판단에 대해 공정성을 묻기도 하고, 스포츠 경기에서 심판의 판단에 대해서도 공정성을 묻는다. 공정성이 성립하기 위해서는 적어도 두 가지 조건을 충족해야 한다. 첫 번째는 판단의 결과가 가능한 결과들 중 일부분으로 특별히 치우쳐서는 안 된다는 것이다. 이런 조건은 '공평성'이라고 불린다. 두 번째 조건은 '독립성'으로, 이는 관련된 판단들이 외적인 것에 의해서 영향을 받지 않아야 한다는 것을 의미한다.

공정성의 두 조건은 동전 던지기 게임을 사례로 설명할 수 있다. 게임의 규칙은 동전을 던져 뒷면이 나온 사람이 승리하는 것이라고 해 보자. 이 게임이 공평하다는 것은 동전 던지기를 충분히 여러 번 진행했을 때의 가능한 결과, 즉 앞면과 뒷면이 나오는 횟수가 거의 같다는 것을 말한다. 공평성이 성립하지 않는다면 이 게임의 공정성이 성립하지 않는다는 것은 당연하다.

그러면 독립성이 공정성의 조건이 되는 이유는 무엇일까. 동전 던지기 게임이 독립적이라는 것은 동전 던지기의 결과가 동전 자체가 가진 특성 이외의 특별한 장치에 의해서 조작되지 않는다는 것을 말한다. 만일 게임에 사용된 동전이 특별한 외부 장치에 의해 조작되어서 앞면이 두 번 나온 뒤에는 항상 뒷면이 나온다고 가정해 보자. 이때 두 번 연속으로 앞면이 나온 뒤에 게임에 참여하고, 그렇지 않은 경우에는 게임에 참여하지 않는 전략을 채택한 사람은 언제나 패배하지 않을 수 있다. 이와 같이 동전이 외부 장치에 의해 조작될 경우에는 항상 게임에서 패배하지 않을 수 있는 전략을 만들어 낼 수 있다. 언제나 패배하지 않을 수 있는 전략을 만들어 낼 수 있는 게임은 공정하지 않은 게임이다. 이런 점을 생각할 때, 독립적이지 않은 것은 공정하지 않다고 할 수 있다.

〈보기〉

ㄱ. 패배하지 않을 수 있는 전략을 만들어 낼 수 없는 동전 던지기 게임은 독립적이다.
ㄴ. 앞면이 나온 바로 다음에는 반드시 뒷면이 나오고, 뒷면이 나온 바로 다음에는 반드시 앞면이 나오도록 장치가 된 동전 던지기 게임은 공평하지 않다.
ㄷ. 동전 자체의 무게중심이 한쪽으로 쏠려 있어 앞면이 나올 확률과 뒷면이 나올 확률의 차이가 클 때, 그 동전을 이용한 동전 던지기 게임은 공정하지 않다.

① ㄱ, ㄴ
② ㄱ, ㄷ
③ ㄴ, ㄷ
④ ㄱ, ㄴ, ㄷ

08 다음 글에서 추론한 것으로 가장 적절한 것은?

2020. 지방직 7급

현재 약 7,000개의 언어가 있지만, 그 본질은 다르지 않다. 인간이 언어를 가지게 된 것이 대략 6만 년 전인데, 그동안 많은 언어가 분기하고 사멸하였다. 오늘날의 모든 언어는 나름대로 특별한 역사를 갖는다. 언어는 살아 있는 생명체와 같아서 지금 이 시간에도 변화는 계속되고 있다. 개별 언어들은 발음과 규칙, 그리고 의미의 세밀한 변화를 현재 진행형으로 겪고 있다. 또한 '피진(pidgin)'과 같이 의사소통의 편의를 위해 급조된 언어도 있는데, 이 언어를 사용하는 집단의 후대는 자연스럽게 '크리올(creole)'과 같은 새로운 언어를 탄생시키기도 한다. 피진과 크리올은 비교적 근래에 형성된 것이므로 그 변화의 역사적 과정을 살필 수 있다. 이를 통해 고대의 언어들이 명멸하는 과정도 이와 유사했을 것이라고 짐작할 수 있다.

언어 중에는 영어와 같이 국제적으로 세력을 얻어 글로벌 시대에 의사소통의 가교 역할을 하는 언어도 있다. 이러한 언어들을 '링구아 프랑카(lingua franca)'라고 부른다. 과거에 서양에서는 그리스나 라틴어가, 동양에서는 한자가 그 역할을 수행하기도 했다. 그러나 지금과 같은 글로벌 사회에서는 미디어나 교통수단의 발달에 힘입어 현재의 국제 통용어로 사용되는 영어가 과거의 국제 통용어들보다 훨씬 많은 힘을 발휘하고 있다.

① 교류와 소통이 증가하면 언어의 분기와 사멸의 속도가 빨라질 것이다.
② 그리스어나 라틴어는 서양의 다른 언어보다 발음, 규칙, 의미가 쉽게 변하지 않는다.
③ 국제사회에서 영향력이 강한 나라가 등장하면 그 나라의 언어가 링구아 프랑카가 될 수 있다.
④ '어리다'의 의미가 '어리석다'에서 '나이가 적다'로 변화한 것은 피진에서 크리올로 변화한 사례이다.

09 다음 글쓴이의 입장에 부합하는 것은? 2019. 지방직 9급

효(孝)가 개인과 가족, 곧 일차적인 인간관계에서 일어나는 행위를 규정한 것이라면, 충(忠)은 가족이 아닌 사람들과의 관계, 곧 이차적인 인간관계에서 일어나는 사회적 행위를 규정한 것이었다. 그런데 언제부터인가 우리는 효를 순응적 가치관을 주입하는 봉건 가부장제 사회의 유습이라고 오해하는가 하면, 충과 효를 동일시하는 오류를 저지르는 경향이 많아졌다. 다음을 보자.

"부모에게 효도하고 형제를 사랑하는 사람은 윗사람의 명령을 거역하는 경우가 드물다. 또 윗사람의 명령을 어기지 않는 사람은 난동을 일으키는 경우도 드물다. 군자는 근본에 힘쓴다. 근본이 확립되면 도가 생기기 때문이다. 효도와 우애는 인(仁)의 근본이다."

위 구절에 담긴 입장을 기준으로 보면 효는 윗사람에 대한 절대 복종으로 연결된다. 곧 종족 윤리의 기본이 되는 연장자에 대한 예우는 물론이고 신분 사회의 엄격한 상하 관계까지 포괄적으로 인정하는 것이다. 하지만 이 구절만을 근거로 효를 복종의 윤리라고 보는 것은 성급한 판단이다. 왜냐하면 원래부터 효란 가족 윤리 또는 종족 윤리로서 사회 윤리였던 충보다 우선시되었을 뿐만 아니라, 유교의 기본 입장은 설사 부모의 명령이라 하더라도 옳고 그름을 가리지 않는 맹목적인 복종은 그 자체가 불효라고 보았기 때문이다.

유교에서는 부모와 자식의 관계가 자연에 의해서 결정된다고 한다. 이 때문에 부모와 자식의 관계는 인위적으로 끊을 수 없다고 본다. 이에 비해 임금과 신하의 관계는 공동의 목표를 위한 관계로서 의리에 의해서 맺어진 관계로 본다. 의리가 맞지 않는다면 언제라도 끊을 수 있다고 생각하는 것이다.

① 효는 봉건 가부장제 사회에서 비롯한 일차적 인간관계이다.
② 효는 부모와 자식 간의 관계이므로 조건 없는 신뢰에 기초한 덕목이다.
③ 윗사람에 대한 복종을 절대시하지 않는 것이 유교적 윤리의 한 바탕이다.
④ 충의 도리를 다함으로써 효의 도리에 도달할 수 있다는 것이 인의 이치다.

10 다음 글의 내용과 일치하는 것은? 2019. 국가직 7급

엄마가 아이에게 하는 "지금 뭐 하니?"라는 말의 의미는 상황에 따라 달라질 수 있다. 아이가 컴퓨터로 학교 숙제를 하고 있다면 엄마의 말은 단순한 질문이 될 수 있지만, 게임에 열중하고 있다면 질책이 될 수 있다. 여러 가지 상황을 가정하면 엄마의 말은 더 다양한 의미로 이해될 수도 있다. 예를 들어 엄마도 컴퓨터를 좀 쓰자는 제안의 기능을 수행할 수도 있고, 심부름을 해 달라는 요청의 기능을 수행할 수도 있고, 식사 시간이 되었으니 밥을 먹으러 나오라는 명령의 기능을 수행할 수도 있다. 이처럼 같은 말도 상황에 따라 의미가 다르게 해석되기 때문에 우리가 주고받는 말은 일정한 상황을 전제하지 않고서는 제대로 이해되지 않는다. 상황에 따른 의미의 해석이 제대로 이루어지지 않으면 여러 가지 오해와 갈등이 생기기 십상이다.

① 같은 의미라도 어감의 차이는 생길 수 있다.
② 같은 말이라도 억양에 따라 의미가 다를 수 있다.
③ 같은 발화라도 상황에 따라 기능이 다를 수 있다.
④ 발화 의미를 해석할 때에는 문자 텍스트 그 자체를 우선시해야 한다.

11 다음 글에서 알 수 있는 것은? 2018. 국가직 7급

우리가 들은 특정 소리는 머릿속에 존재하는 어휘 목록 속에서 어떻게 의도된 단어에 접속하여 그 의미만을 활성화할 수 있는 것일까? 즉 우리가 어떤 단어를 들었을 때, 그 단어와 다른 모든 단어들이 구별되는 과정을 거치지 않고서도 어떻게 해당 단어의 의미가 정확하게 활성화될 수 있을까? 마슬렌-윌슨(Marslen-Wilson)은 어떤 단어를 듣고 인식하는 데 필요한 조건에 관련된 실험을 진행했다. 그는 실험을 통해 앞부분이 같은 다른 단어들과 구별되는 지점까지 들어야 비로소 어떤 단어가 인식된다는 것을 알아냈다. 예를 들어 'slander'는 /d/를 들었을 때 비로소 앞부분이 같은 다른 단어들과 확실하게 구별되며, 이 지점에 도달하기 전까지는 'slant'와 구별되지 않는다. 여기서 청각 체계로 들어온 소리가 머릿속 어휘 목록의 해당 항목에 접속할 뿐만 아니라 그것을 활성화한다는 점이 중요하다. 이러한 과정은 금고를 열기 위한 숫자 조합의 원리와 유사하다. 숫자 조합 자물쇠의 회전판을 올바른 순서로 회전시킬 때, 모든 숫자를 끝까지 회전시키지 않고도 맞아떨어질 수 있다. 이와 유사하게, 특정 소리 연속체를 요구하는 신경 회로들은 진행 중인(하지만 아직 완전히 진행되지 않은) 소리의 연속체로 인해 활성화될 수 있다. 그에 따르면 /slan/은 'slander'와 'slant'에 관련되는 신경 회로들 전부를 활성화할 것이다.

① 머릿속에 저장된 단어들에, 청각 체계로 들어온 음성 신호가 접속하여 의미가 활성화된다.
② 'slander'와 'slant'의 의미를 서로 구별하기 위해서는 각 단어의 발음을 끝까지 들어야 한다.
③ 어떤 단어를 머릿속 어휘 목록에서 선택하여 발화하는 과정은 숫자 조합 자물쇠의 원리로 설명할 수 있다.
④ 특정 단어와 관련되는 신경 회로는 그 단어와 소리가 유사한 다른 단어들이 구별될 때까지 활성화되지 않는다.

12 밑줄 친 말에 대한 설명으로 적합한 것은?

2017. 지방직 9급

하나의 패러다임의 형성은 당초에는 불완전하며, 다만 이후 연구의 방향을 제시하고 소수 특정 부분의 성공적인 결과를 약속할 수 있을 뿐이다. 그러나 패러다임의 정착은 연구의 정밀화, 집중화 등을 통하여 자기 지식을 확장해 가며 차츰 폭 넓은 이론 체계를 구축한다.

이처럼 과학자들이 패러다임을 기반으로 하여 연구를 진척시키는 것을 쿤은 '정상 과학'이라고 부른다. 기초적인 전제가 확립되었으므로 과학자들은 이 시기에 상당히 심오한 문제의 작은 영역들에 집중함으로써, 그렇지 않았더라면 상상조차 못했을 자연의 어느 부분을 깊이 있게 탐구하게 된다. 그에 따라 각종 실험 장치들도 정밀해지고 다양해지며, 문제를 해결해 가는 특정 기법과 규칙들이 만들어진다. 연구는 이제 혼란으로서의 다양성이 아니라, 이론과 자연 현상을 일치시켜 가는 지식의 확장으로서의 다양성을 이루게 된다.

그러나 정상 과학은 완성된 과학이 아니다. 과학적 사고방식과 관습, 기법 등이 하나의 기반으로 통일돼 있다는 것일 뿐 해결해야 할 과제는 무수하다. 패러다임이란 과학자들 사이의 세계관의 통일이지 세계에 대한 해석의 끝은 아닌 것이다.

그렇다면 <u>정상 과학의 시기</u>에는 어떤 연구가 어떻게 이루어지는가? 정상 과학의 시기에는 이미 이론의 핵심 부분들은 정립돼 있다. 따라서 과학자들의 연구는 근본적인 새로움을 좇아가지는 않으며, 다만 연구의 세부 내용이 좀 더 깊어지거나 넓어질 뿐이다. 이러한 시기에 과학자들의 열정과 헌신성은 무엇으로 유지될 수 있을까? 연구가 고작 예측된 결과를 좇아갈 뿐이고, 예측된 결과가 나오지 않으면 실패라고 규정되는 상태에서 과학의 발전은 어떻게 이루어지는가?

쿤은 이 물음에 대하여 '수수께끼 풀이'라는 대답을 준비한다. 어떤 현상의 결과가 충분히 예측된다 할지라도 정작 그 예측이 달성되는 세세한 과정은 대개 의문 속에 있게 마련이다. 자연 현상의 전 과정을 우리가 일목요연하게 알고 있는 것은 아니기 때문이다. 이론으로서의 예측 결과와 실제의 현상을 일치시켜 보기 위해서는 여러 복합적인 기기적, 개념적, 수학적인 방법이 필요하다. 이것이 수수께끼 풀이이다.

① 여러 가지 상반된 시각의 학설이 등장하여 이론이 다양해지고 풍성해진다.
② 과학적 패러다임의 정착으로 이론의 핵심 부분들이 정립되어 있다.
③ 이 시기의 패러다임의 형성은 처음에는 불완전하나 후속 연구를 통해 세계를 완전히 해석할 수 있는 과학으로 발전된다.
④ 예측된 결과만을 좇을 수밖에 없기 때문에 과학자들의 열정과 헌신성이 낮아진다.

13 다음 글에 대한 이해로 적절한 것은? 2018. 지방직 7급

> 이산화탄소와 온실효과가 처음부터 자연에 해가 되었던 것은 아니었다. 오히려 온실효과는 지구의 환경을 생태계에 적합하도록 해 주었다. 만약 자연적인 온실효과가 없다면 지구 표면에서 복사된 열이 모두 외계로 방출되어 지구의 온도는 지금보다 평균 3, 4도 정도 낮아져서 생물들이 살아갈 수 없게 될 것이다. 그런데 화석연료의 사용이 늘어나면서 대기 중에 이산화탄소가 너무나 많아져서 지구 온난화 현상이 생기는 것이 문제이다.
>
> 특히 이산화탄소는 공기 중에 50～200년이나 체류하기 때문에 그 효과가 크다. 이산화탄소 외에도 온실효과를 일으키는 기체로는 프레온, 아산화질소, 메탄, 수증기 등이 있다. 프레온은 전자 제품을 생산할 때 세척제 혹은 냉장고의 냉매로 쓰인다. 아산화질소와 메탄은 공장과 자동차의 배기가스에서 생긴다. 수증기도 지구 온난화에 영향을 미치기는 하지만 그 양은 자연 생태계가 조절하고 있어서 별 문제가 되지는 않는다.

① 프레온, 아산화질소, 메탄 등의 기체는 지구 온난화에 직접적인 영향이 없다.
② 자연적인 온실효과 때문에 지구 표면에서 복사된 열이 모두 외계로 방출된다.
③ 이산화단소는 공기 중에 체류하는 기간이 길어서 지구 온난화 방지에 도움을 준다.
④ 수증기도 이산화탄소처럼 온실효과를 나타내지만 지구 온난화에 미치는 영향은 작다.

문제훈련 내용 추론 긍정 발문

01 다음 글에서 추론한 내용으로 가장 적절한 것은?

　최저임금제를 둘러싼 논쟁은 노동자 보호와 경제적 영향 사이의 균형점을 찾는 문제라고 할 수 있다. 최저임금제에 찬성하는 사람들은 시장에만 맡길 경우 저임금 노동자들이 낮은 임금을 받아 빈곤과 불평등이 심화될 수 있다고 본다. 최저임금 설정으로 노동자 소득이 증가하면 소비 확대와 내수 경제 활성화로 이어질 수 있으며, 임금 경쟁의 공정성 확보와 노동자 착취 방지 효과도 기대할 수 있다. 다만 지나치게 높은 최저임금은 기업의 인건비 부담을 가중시켜 고용 축소나 자동화를 초래할 수 있다는 점도 고려해야 한다.
　반면 최저임금제에 반대하는 사람들은 인위적 임금 조정이 기업의 인건비 부담을 증가시켜 고용 감소로 이어질 수 있다고 지적한다. 특히 영세기업과 자영업자의 경영 악화, 저숙련 노동자 채용 기피, 자동화와 해외 아웃소싱 확대 등의 부작용이 나타날 수 있다는 것이다. 실제로 일부 국가에서는 최저임금 인상 후 청년층과 저숙련 노동자의 실업률이 상승하는 사례도 있었다.
　이처럼 최저임금제는 노동자 권익 보호와 경제적 효율성이라는 두 가치 사이에서 균형을 모색해야 하는 과제를 안고 있다. 노동자의 기본적 삶의 질을 보장하면서도 기업과 시장의 역동성을 저해하지 않는 적정 수준의 최저임금을 설정하고, 다양한 보완 정책을 병행하는 지혜가 필요할 것이다.

① 최저임금이 설정되면 모든 노동자의 임금 수준이 상승하여 빈곤과 불평등 문제가 해결된다.
② 최저임금제는 기업의 경쟁력을 저하시켜 장기적으로 모든 국가의 경제 성장에 부정적인 영향을 미친다.
③ 최저임금제 반대론자들은 노동자의 권익 보호 필요성을 전혀 고려하지 않는다.
④ 최저임금제는 노동자 보호와 경제적 효율성 사이에서 균형을 모색해야 한다.

02 다음 글에서 추론한 내용으로 가장 적절한 것은?

　감정이 생리적 반응에 선행하는지, 아니면 신체 반응과 동시에 일어나는지에 대해 제임스-랑게 이론과 캐논-바드 이론은 상반된 입장을 보인다. 제임스-랑게 이론에 따르면, 감정은 신체적 변화를 경험한 후에 비로소 의식적으로 인식된다. 즉, 위협적인 상황에서 심장 박동이 빨라지고 근육이 긴장하는 등의 생리적 반응이 먼저 일어나고, 이를 해석한 결과로 두려움을 느낀다는 것이다. 이 이론은 '우리는 슬프기 때문에 우는 것이 아니라, 울기 때문에 슬픔을 느낀다'는 주장으로 요약될 수 있다. 제임스-랑게 이론은 감정이 신체 상태와 밀접히 연관되어 있음을 시사하지만, 특정 생리 반응이 항상 특정 감정으로 이어진다고 단정 짓기는 어렵다는 한계가 있다.
　캐논-바드 이론은 감정과 신체적 반응이 뇌의 시상에 의해 동시에 촉발된다고 본다. 이 관점에서는 위협적 상황에 직면했을 때, 심장 박동의 증가와 두려움을 동시에 경험하게 된다. 캐논-바드 이론은 유사한 생리적 반응이 다양한 감정에 수반될 수 있다는 점을 들어 제임스-랑게 이론의 한계를 지적하였다. 이들은 감정이 단순히 신체 반응의 결과물이 아니라, 시상에서의 동시다발적인 처리 과정을 통해 생성된다고 주장했다. 즉, 외부 자극에 대한 정보가 시상에 도달하면, 시상은 이를 대뇌 피질과 교감 신경계에 동시에 전달하여 감정적 경험과 생리적 각성을 동시에 일으킨다는 것이다.

① 제임스-랑게 이론에 따르면, 감정은 신체적 변화를 경험한 후에 인식된다.
② 캐논-바드 이론은 감정이 신체적 반응을 유발한 후에 발생한다고 본다.
③ 제임스-랑게 이론에 따르면, 특정 생리적 반응은 항상 동일한 감정을 유발한다.
④ 캐논-바드 이론은 감정이 오직 신체적 반응과 무관하게 형성된다고 주장한다.

03 다음 글에서 추론한 내용으로 가장 적절한 것은?

법의 본질에 대한 자연법론과 실증주의 법학의 견해차는 법철학의 주요 쟁점 중 하나이다. 자연법론은 법이 보편적 도덕 원칙에 기초해야 한다고 보는 반면, 실증주의 법학은 법을 국가의 공식적 제정 규범으로 정의한다.

자연법론자들은 법의 궁극적 목적이 정의 실현에 있다고 본다. 이들은 인권과 같은 보편적 가치가 법의 기반이 되어야 하며, 도덕성이 결여된 법은 진정한 의미의 법이 아니라고 주장한다. 예컨대 노예제나 인종차별을 합법화한 법률은 자연법의 관점에서 정당성을 인정받기 어렵다. 자연법론은 법이 추구해야 할 이상적 가치를 제시한다는 점에서 의의가 있지만, 법의 도덕적 기준이 상대적일 수 있다는 점에서 한계가 있다. 서로 다른 문화권이나 시대에 따라 법의 도덕적 정당성에 대한 견해가 달라질 수 있기 때문이다.

반면 법실증주의는 법의 객관성과 안정성을 중시한다. 존 오스틴 등은 법이 주권자의 명령과 강제력에 의해 성립한다고 보았다. 이 관점에서 세금 부과나 행정 규칙 같은 실정법은 도덕적 가치와 무관하게 효력을 갖는다. 법실증주의는 법체계의 실질적 작동에 주목하며, 법의 예측 가능성과 법적 안정성을 확보하는 데 기여한다. 그러나 부당한 법에 대한 비판의 여지가 적다는 단점이 있다. 극단적인 경우 독재 정권의 명령이라도 합법의 형식을 갖추면 법으로 인정될 수 있다는 모순에 빠질 위험이 있다.

① 자연법론에서는 보편적 도덕 원칙을 법의 충분조건이 된다고 보았다.
② 법실증주의는 자연법론과는 달리 도덕적 가치를 법의 필요조건으로 보지 않는다.
③ 법실증주의에 따르면, 도덕적 정당성이 결여된 법은 법으로 인정될 수 없다.
④ 자연법론은 법의 객관성과 안정성을 중시하며, 법이 강제력을 가질 때만 의미가 있다고 본다.

04 다음 글에서 추론한 내용으로 가장 적절한 것은?

인공지능 시대, 그 잘못된 판단의 책임은 누구에게 있는가? 개발자와 이용자 사이의 이 미묘한 경계는 법적, 윤리적 고민을 요구한다. 기술의 급속한 발전으로 인공지능은 더는 단순한 도구가 아니라 독자적인 의사결정 주체로 인식되기 시작했다.

개발자 책임론은 인공지능의 오류가 근본적으로 개발 과정에서 비롯된다고 본다. 알고리즘과 데이터 학습의 설계자인 개발자야말로 시스템의 근본적인 한계와 잠재적 위험을 인지하고 대비해야 한다는 것이다. 자율주행차의 사고나 의료 AI의 잘못된 진단은 그 시스템을 만든 개발자의 책임으로 돌려야 한다는 주장이 설득력을 얻고 있다.

반면 이용자 책임론은 인공지능을 단순한 도구로 이해한다. AI는 여전히 인간이 통제하고 관리해야 할 대상이며, 최종적인 판단과 결정은 이용자의 몫이라고 본다. 자율주행차 운전자의 부주의나 AI 법률 상담 프로그램을 무비판적으로 수용하는 전문가의 실수는 이용자 본인에게 책임이 있다는 것이다.

그러나 고도로 복잡해지는 AI 시스템 앞에서 이 두 관점 사이의 균형점을 찾기란 쉽지 않다. 기술의 발전 속도만큼 빠르게 변화하는 법적, 윤리적 기준은 계속해서 새로운 해석을 요구하고 있다. 결국 인공지능 시대의 책임 소재는 기술, 법, 윤리가 끊임없이 대화하며 함께 만들어가야 할 과제인 것이다.

① 개발자 책임론은 AI 시스템이 단순한 도구이며, 궁극적인 책임은 이용자에게 있다고 본다.
② 이용자 책임론은 AI가 인간의 통제를 벗어난 독립적인 판단 주체라고 주장한다.
③ AI의 책임 소재에 대한 논의는 기존 법적 틀로 충분히 해결될 수 있으며, 추가적인 윤리적 고려는 불필요하다.
④ 인공지능 시대의 책임 소재는 기술, 법, 윤리가 함께 논의하며 해결해야 할 과제이다.

05 다음 글에서 추론한 내용으로 가장 적절한 것은?

> 정신질환의 원인을 설명하는 데 있어 생물학적 요인과 환경적 요인은 상반된 관점을 제시한다. 생물학적 입장은 정신질환이 주로 뇌의 신경학적 이상에서 비롯된다고 보는 반면, 환경적 입장은 개인을 둘러싼 환경과 심리적 경험이 정신질환의 발병에 결정적인 역할을 한다고 본다.
> 생물학적 관점에서 보면, 유전적 소인, 신경전달물질의 불균형, 신경회로의 이상 등이 정신질환의 주요 원인으로 꼽힌다. 우울증 환자에게서 관찰되는 세로토닌이나 도파민의 부조화, 조현병 환자의 도파민 시스템 과활성 등이 대표적인 예이다. 이러한 맥락에서 정신질환 치료는 약물이나 뇌 자극 등 신경생리학적 개입이 중심이 된다. 그러나 이 접근법은 환경적 영향을 간과하고 정신질환을 지나치게 의학적으로 해석한다는 비판을 받기도 한다.
> 환경적 관점은 개인의 성장 배경과 심리사회적 경험이 정신 건강에 미치는 영향을 강조한다. 아동기 트라우마, 만성적인 스트레스, 가족 갈등, 경제적 어려움 등이 정신질환의 발병과 밀접한 연관이 있다는 것이다. 외상 후 스트레스 장애(PTSD)가 극심한 스트레스 경험 후에 나타나고, 우울증과 불안장애가 사회적 고립이나 경제적 불안정과 연결되어 있다는 점이 이를 뒷받침한다. 하지만 이러한 환경적 관점도 실상으로는 생물학적 요인과 관련이 있을 수 있으므로 통합적인 접근이 필요하다.

① 정신질환의 치료는 주로 생물학적 개입을 통해서 가능하므로 신경생리학적 개입에 집중해야 한다.
② 환경적 요인은 정신질환을 유발하는 가장 근본적인 원인이며, 생물학적 요인은 부차적인 역할을 한다.
③ 생물학적 관점에서는 정신질환이 심리적 요인에 의해 발생한다고 본다.
④ 정신질환의 원인은 생물학적 요인과 환경적 요인의 복합적인 상호작용으로 이해해야 한다.

06 다음 글을 이해한 내용으로 가장 적절한 것은?

> 로크는 분배 불평등을 교정할 제도적 장치를 인정하지 않았다. 그는 인간이 노동력을 제공하면 특정 사물을 자신의 소유물로 만들 수 있다고 보았으며 개인은 노동을 제공한 대가를 공정하게 받을 수 있다고 주장하였다. 또한 인간이 속한 세계는 특정인에 의해 소유되지 않은 상태이므로 개인은 타인에게 해를 끼치지 않는 선에서 점유되지 않은 몫의 권리를 획득할 수 있다고 보았다. 로크는 이렇듯 개인이 공정하게 사유 재산을 확보할 경우 자유로운 자본시장이 만들어질 것이라고 주장하였다.
> 하지만 노직은 로크의 주장은 후대 사람들을 충분히 고려하지 않은 것이라고 비판하였다. 앞 세대가 이미 세계를 점유한 후라면 후세대가 점유할 몫은 남아있지 않을 수 있다고 비판한 것이다. 또한 노직은 로크가 제시한 소유권 개념도 문제가 있다고 보았다. 노동을 투입하여 자본을 점유할 수 있다는 주장은 어느 정도의 노동력이 투입되었을 때 소유권을 획득할 수 있는지 정해지지 않기 때문에 모호한 주장이라고 본 것이다. 그래서 현실에서는 노동력을 투입한 만큼 공정하게 분배받는 상황은 보장될 수 없다는 것이 노직의 주장이다.

① 로크는 시장에서 공정함을, 노직은 공정함이 없을 수도 있음을 전제한다.
② 로크는 분배 불평등을 교정하기 위해 제도적 장치가 필요하다고 주장하였다.
③ 노직은 노동이 사유 재산을 획득하는 수단이 될 가능성이 있다고 보았다.
④ 로크는 노직의 주장이 정당화될 수 없는 이유는 후세대에 대한 고려의 부족에 있다고 보았다.

MEMO

Chapter 07 내용 추론 부정 발문

관련교재
기 출좋포 독해·논리 p.146~156

☾ 대표 천+기+누+설 개관

제시문의 내용을 추론하는 것으로 적절하지 않은 것을 고르는 문제는
항상 출제 0순위인 유형입니다.
인사혁신처 1차 샘플에는 2문제, 인사혁신처 2차 샘플에는 1문제,
2025 국가직에서는 1문제, 지방직에서는 2문제가 출제되었으니
꼭 정복해야 하는 유형임을 알 수 있습니다.
이 유형은 큼직큼직하게 푸는 것보다는 지엽적으로 풀어야 하는 유형이기 때문에
반드시 시간을 투자해야 하는 유형에 해당됩니다.

☾ 대표 천+기+누+설 발문 체크

01 다음 글을 이해한 내용으로 적절하지 않은 것은?
02 다음 글에서 추론한 내용으로 적절하지 않은 것은?
03 다음 글의 내용과 부합하지 않는 것은?
04 다음 글에서 알 수 있는 내용이 아닌 것은?

천+기+누+설 독해이론 ── 출제자들이 좋아하는 오답 패턴

◆ ❶ _____ 의 오류

① 디지털 트윈을 활용함에 따라 글로벌 기업들의 고용률이 향상되었다. - 2023. 국가직 9급
  → 관련 시장이 확대되고 있다는 서술은 있지만, 고용률에 대한 언급은 없다.

① 한문은 한국어 문장보다 문장성분이 복잡하다. - 2023. 지방직 9급
  → 한자는 문맥에 따라 같은 글자가 다른 문장성분으로 사용될 수 있다고 나와 있지만 이것이 한국어 문장보다 문장성분이 복잡함을 의미하는 것은 아니다.

◆ ❷ _____ 의 오류

④ 체온조절을 위한 열 획득 방식보다 체온의 안정성을 유지하는 방식이 동물을 분류하는 더 적합한 기준이 된다.
- 2025. 국가직 9급
  → '체온조절을 위한 열 획득 방식'과 '체온의 안정성을 유지하는 방식'이 모두 언급이 되고는 있으나 어떤 것이 더 적합한 기준이 되는지는 언급이 된 적이 없다.

❸ ③_____의 오류

② 디지털 트윈의 데이터 모델은 현실 세계의 각종 실험 모델보다 경제성이 낮다. – 2023 국가직 9급
→ 현실 세계의 각종 실험 모델은 디지털 트윈의 데이터 모델보다

❹ ④_____의 오류

② 통각 신경은 다른 감각 신경에 비해서 매우 가늘기 때문에, 신호의 전달이 빠르다. – 2024 지방직 9급
　　　　　　　　　　　　　　　　　　　　　　　　　　　　　　→ 느리다

② 루아르강 하구로부터 크림반도와 조지아를 잇는 선은 이탈리아보다 남쪽에 있을 것이다. – 2021 지방직 9급
　　　　　　　　　　　　　　　　　　　　　　　　　　　　→ 북쪽

❺ ⑤_____ 오류

'항상', '모두', '다' / '오직', '뿐', '만' / 단정적 서술어

① 유엔에서 근무하는 외교관들은 유엔의 공용어를 다 구사하지 않으면 안 된다. – 2021 지방직 9급
→ 유엔에서 근무하는 외교관들은 유엔의 공용어를 다 구사하지 않아도 되었다.

① 고급 포도주는 모두 너무 덥지도 춥지도 않은 곳에서 재배된 포도로 만들어졌다. – 2021 지방직 9급
→ 백포도주는 뜨거운 여름 날씨가 지속하는 곳에서 명품이 만들어진다고 했으므로 적절하지 않다.

③ 이집트의 이상주의적 미술에서는 평범한 사람들은 그리지 않고 고귀한 존재들만 표현하였다. – 2025 국가직 9급
→ 고귀한 존재들뿐만 아니라 평범한 사람들도 그렸다고 했으므로 적절하지 않다.

④ 보잉의 조종사는 자동조종시스템을 사용하지 않고 항공기를 조종한다. – 2023 지방직 9급
→ 보잉의 조종사가 시스템에 지나치게 의존하지 않는다는 것이지 아예 사용하지 않는다는 말은 아니었다.

❻ ⑥_____의 오류

③ 루카치는 각기 다른 기준에 따라 그리스 세계를 세 시대로 구분하였다. – 2023 국가직 9급
　　　　　→ 총체성

① 최초의 IQ 검사는 학습 능력이 우수한 아이를 고르기 위해 시행되었다. – 2023 지방직 9급
→ IQ 검사의 도입 목적은 지적장애아 및 학습부진아를 가려내기 위한 기준으로 시행되었음을 1문단에서 서술하였다.

❼ ⑦_____ 혼동(⑧_____ 혼동)의 오류 (대조 구문 多)

④ 디지털 트윈은 현실 세계의 이용자에게 새로운 문화적 경험을 제공하는 데 목적이 있다. – 2023 국가직 9급
→ 메타버스

② 조선 시대의 지식인들은 조선에서 창작한 한문소설을 저급한 오락물로 여겼다. – 2025 국가직 9급
　　　　　　　　　　　　　→ 한글 소설

❽ ⑨_____의 오류

① '0' 개념은 13세기에 유럽에서 발명되었다. – 2025 인사혁신처 2차 샘플
→ 2문단의 "'0' 개념은 13세기가 되어서야 유럽으로 들어왔으니,"를 통해 '0' 개념은 13세기에 유럽에서 발명되었다는 것은 적절하지 않음을 알 수 있다. '0' 개념이 들어온 것이지 유럽에서 처음 만들어진 것은 아니기 때문이다.

정답
❶ 극단　❷ 기준　❸ 주체　❹ 객체　❺ 시기　❻ 기준　❼ 주체　❽ 객체　❾ 시기

신유형 2025 버전

내용 추론 부정 발문

빠리 푸는 亦功 전략

1단계
선지의 길이 확인하기
너무 길면
제시문으로 가기

짧으면 선지를 읽되
선지에서 전체적인 느낌
파악하기

2단계
제시문을 혜선 쌤이
수업에서 알려준
야매꼼수
방식으로 읽기

3단계
제시문을 읽을 때
선지의 초점어가
나타나면
더욱 집중해서 읽고
선지의 참 거짓을
판별하기

01 다음 글에서 추론한 내용으로 적절하지 않은 것은? 2025. 지방직 9급

> 모든 기호에는 정보성, 즉 의미가 있다. 다시 말해 정보성은 기호가 가진 필수 조건이다. 그런데 기호에는 정보성뿐 아니라 의사소통의 의도를 가지는 것도 있다. 즉 기호는 정보성만 가진 기호와 정보성도 가진 의사소통적 기호로 구분된다. 가령 개나리가 피는 것은 봄이 왔다는 신호이고 낙엽이 지는 것은 가을이 왔음을 의미한다. 그러나 계절을 알리기 위해 개나리가 피고 낙엽이 지는 것은 아니기 때문에 그러한 자연적 기호들은 의사소통적 기호로 볼 수 없다. 개인의 지문이나 필체 역시 사람을 식별하는 기호가 될 수 있다. 하지만 지문과 필체가 사람을 식별하기 위해 존재하는 것은 아니므로 이들은 정보성을 가진 기호일 뿐이다. 코넌 도일의 소설에서 셜록 홈스는 상대의 손톱, 코트의 소매, 표정 등을 근거로 그 사람의 직업이나 성격을 추리해 낸다. 홈스에게는 이런 것들이 모두 정보를 제공하는 기호들이다. 그러나 이들을 의사소통적 기호라고는 할 수 없다. 반면 인간이 관습적으로 사용하는 기호인 봉화, 교통 신호등, 모스 부호 등은 정보성뿐만 아니라 의사소통의 의도를 명백히 가진다. 모든 기호를 통틀어 인간의 언어는 가장 복잡하고 체계적인 관습적 기호이며 의사소통적 기호이다.

① 전쟁 중에 군대에서 사용하는 암호는 관습적 기호이다.
② 일기예보에서 흐린 날씨를 표시하는 구름 모양의 아이콘은 자연적 기호이다.
③ 특정 질병에 걸렸을 때 나타나는 얼굴색은 정보성만을 가진 기호이다.
④ 이웃 마을과 구별하기 위해 마을의 명칭을 본떠 만든 상징탑은 의사소통적 기호이다.

신유형 2025 버전

내용 추론 부정 발문

02 다음 글을 이해한 내용으로 적절하지 않은 것은? 2023. 지방직 9급

> 고소설의 유통 방식은 '구연에 의한 유통'과 '문헌에 의한 유통'으로 나눌 수 있다. 구연에 의한 유통은 구연자가 소설을 사람들에게 읽어 주는 방식으로, 글을 모르는 사람들과 글을 읽을 수 있지만 남이 읽어 주는 것을 선호하는 이들을 대상으로 이루어졌다. 구연자는 '전기수'로 불렸으며, 소설 구연을 통해 돈을 벌던 전문적 직업인이었다. 하지만 이 방식은 문헌에 의한 유통에 비해 시간과 공간의 제약이 많아서 유통 범위를 넓히는 데 뚜렷한 한계가 있었다.
>
> 문헌에 의한 유통은 차람, 구매, 상업적 대여로 나눌 수 있다. 차람은 소설을 소유하고 있는 사람에게 직접 빌려서 보는 것으로, 알고 지내던 개인들 사이에서 이루어졌다. 구매는 서적 중개인에게 돈을 지불하고 책을 사는 것인데, 책값이 상당히 비쌌기 때문에 소설을 구매할 수 있는 사람은 그리 많지 않았다. 상업적 대여는 세책가에 돈을 지불하고 일정 기간 동안 소설을 빌려 보는 것이다. 세책가에서는 소설을 구매하는 것보다 훨씬 적은 비용으로 빌려 볼 수 있었기 때문에 경제적으로 넉넉하지 않은 사람도 소설을 쉽게 접할 수 있었다. 이로 인해 조선 후기 사회에서 세책가가 성행하게 되었다.

① 전기수는 글을 모르는 사람들에게 소설을 구연하였다.
② 차람은 알고 지내던 사람에게 대가를 지불하고 책을 빌려 보는 방식이다.
③ 문헌에 의한 유통은 구연에 의한 유통에 비해 시간과 공간의 제약이 적았다.
④ 조선 후기에 세책가가 성행한 원인은 소설을 구매하는 비용보다 세책가에서 빌리는 비용이 적다는 데 있다.

빨리 푸는 亦功 전략

1단계
선지의 길이 확인하기
너무 길면 제시문으로 가기

짧으면 선지를 읽되 선지에서 전체적인 느낌 파악하기

2단계
제시문을 혜선 쌤이 수업에서 알려준 야매꼼수 방식으로 읽기

3단계
제시문을 읽을 때 선지의 초점이기 나타나면 더욱 집중해서 읽고 선지의 참 거짓을 판별하기

기출훈련 내용 추론 부정 발문

01 다음 글을 이해한 내용으로 적절하지 않은 것은?

2024. 지방직 9급

　몸의 곳곳에 분포한 통점이 자극을 받아서 통각 신경을 통해 뇌로 통증 신호를 전달할 때 통증을 느낀다. 통점을 구성하는 세포의 세포막에는 통로라는 구조가 있다. 이 통로를 통해 세포의 안과 밖으로 여러 물질들이 오가면서 세포 사이에 다양한 신호를 전달한다.
　통점의 세포에서 인식한 통증 신호는 통각 신경을 통해 뇌로 전달된다. 재미있는 사실은 통각 신경이 다른 감각 신경에 비해서 매우 가늘어 신호를 느리게 전달한다는 것이다. 예를 들어 몸길이가 30m인 흰긴수염고래는 꼬리에 통증이 생기면 최대 1분 후에 아픔을 느낀다.
　통각 신경이 다른 감각 신경에 비해 가는 이유는 더 많이 배치되기 위해서다. 피부에는 $1cm^2$당 약 200개의 통점이 빽빽이 분포하는데, 통각 신경이 굵다면 이렇게 많은 수의 통점이 배치될 수 없다. 이렇게 통점이 빽빽이 배치되어야 아픈 부위를 정확하게 알 수 있다. 반면 내장 기관에는 통점이 $1cm^2$당 4개에 불과해 아픈 부위를 정확하게 알기 어렵다. 폐암과 간암이 늦게 발견되는 것도 폐와 간에 통점이 거의 없기 때문이다.

① 통로는 여러 물질들이 세포의 안팎으로 오가며 신호를 전달하는 구조이다.
② 통증을 느끼지 못하게 되면, 치명적인 질병에 걸려도 질병의 발견이 늦을 수 있다.
③ 통각 신경은 다른 감각 신경에 비해서 매우 가늘기 때문에, 신호의 전달이 빠르다.
④ 아픈 부위가 어디인지를 정확하게 알기 위해서는, 통점이 빽빽하게 배치되어야 한다.

02 다음 글에서 알 수 있는 내용이 아닌 것은?

2024. 지방직 9급

　'저작권'이란 인간의 사상이나 감정을 창의적으로 표현한 저작물을 보호하기 위해 저작자에게 부여한 권리를 말한다. 저작물은 '인간의 사상 또는 감정을 표현한 창작물'이며 저작자란 '저작 행위를 통해 저작물을 창작해 낸 사람'을 가리킨다. 그러므로 숨겨져 있던 다른 사람의 저작물을 발견했거나 발굴해 낸 사람, 저작물 작성을 의뢰한 사람, 저작에 관한 아이디어나 조언을 한 사람, 저작을 하는 동안 옆에서 도와주었거나 자료를 제공한 사람 등은 저작자가 될 수 없다. 저작물에는 1차적 저작물뿐만 아니라 2차적 저작물과 편집 저작물도 포함되어 있으므로 2차적 저작물 또는 편집 저작물의 작성자 또한 저작자가 된다.
　저작권 보호와 관련하여 "거인의 어깨 위 난쟁이는 거인보다 멀리 볼 수 있다."라는 말이 있다. '거인'이란 현재의 저작자들보다 앞서 창작 활동을 통해 저작물을 남긴 선배 저작자를 가리키는 것인데, 이 말은 창작자는 다른 사람이 만들어 놓은 저작물을 모방하거나 인용할 수밖에 없다는 점을 강조한 것이다. 다만, 난쟁이가 거인의 어깨 위에 올라서는 특권을 누리기 위해서는 거인으로부터 허락을 받아야 하거나 거인에게 그에 따르는 대가를 지불해야 한다는 뜻도 내포하고 있다는 사실을 잊지 말아야 할 것이다.
　창작물을 저작한 사람에게 저작권이라는 권리를 부여해서 보호하는 이유는 '저작물은 문화 발전의 원동력이 되므로 좋은 저작물이 많이 나와야 그 사회가 문화적으로 풍요로워질 수 있기 때문'이라고 할 수 있다. 그런데 만일 저작자에게 아무런 권리를 부여하지 않는다면 저작자가 장기간 노력해서 창작한 저작물을 누구든지 아무런 대가를 치르지 않고도 마음대로 이용하게 될 것이므로, 저작자로서는 창작 행위를 계속하지 않을 가능성이 높다.

① 저작물의 개념과 저작자의 정의
② 1차적 저작물과 2차적 저작물의 차이
③ 저작물에 대해 창작자가 지녀야 할 태도
④ 저작권을 보호해야 하는 이유

03 다음 글을 이해한 내용으로 적절하지 않은 것은?

2023. 국가직 9급

사람의 '지각과 생각'은 항상 어떤 맥락, 관점 혹은 어떤 평가 기준이나 가정하에서 일어난다. 이러한 맥락, 관점, 평가 기준, 가정을 프레임이라고 한다. 지각과 생각은 인간의 모든 정신 활동을 뜻한다. 따라서 우리의 모든 정신 활동은 진공 상태에서 일어나는 것이 아니라, 어떤 맥락이나 가정하에서 일어난다. 한마디로 우리가 프레임이라는 안경을 쓰고 세상을 보고 있음을 의미한다. 간혹 어떤 사람이 자신은 어떤 프레임의 지배도 받지 않고 세상을 있는 그대로, 객관적으로 본다고 주장한다면, 그 주장은 진실이 아닐 것이다.

① 인간의 정신 활동은 프레임 없이 일어나지 않는다.
② 프레임은 인간이 세상을 바라볼 때 어떤 편향성을 가지게 한다.
③ 인간의 지각과 사고를 확장하는 과정에서 프레임은 극복해야 할 대상이다.
④ 프레임은 인간의 정신 활동에 영향을 미치는 어떤 맥락이나 평가 기준이다.

04 다음 글의 내용과 부합하지 않는 것은?

2023. 국가직 9급

몽유록(夢遊錄)은 '꿈에서 놀다 온 기록'이라는 뜻으로, 어떤 인물이 꿈에서 과거의 역사적 인물을 만나 특정 사건에 대한 견해를 듣고 현실로 돌아온다는 특징이 있다. 이때 꿈을 꾼 인물인 몽유자의 역할에 따라 몽유록을 참여자형과 방관자형으로 구분할 수 있다. 참여자형에서는 몽유자가 꿈에서 만난 인물들의 모임에 초대를 받고 토론과 시연에 직접 참여한다. 방관자형에서는 몽유자가 인물들의 모임을 엿볼 뿐 직접 그 모임에 참여하지는 않는다. 16~17세기에 창작되었던 몽유록에는 참여자형이 많다. 참여자형에서는 몽유자와 꿈속 인물들이 동질적인 이념을 공유하고 현실의 고통스러운 문제에 대해 의견을 나누며 비판적 목소리를 낸다. 그러나 주로 17세기 이후에 창작된 방관자형에서는 몽유자가 꿈속 인물들과 함께 현실을 비판하는 것이 아니라 구경꾼의 위치에 서 있다. 이 시기의 몽유록이 통속적이고 허구적인 성격으로 변모하는 것은 몽유자의 역할 변화와 무관하지 않다.

① 몽유자가 꿈속 인물들의 모임에 직접 참여하는지, 참여하지 않는지에 따라 몽유록의 유형을 나눌 수 있다.
② 17세기보다 나중 시기의 몽유록에서는 몽유자가 현실을 비판하는 경향이 강하게 나타난다.
③ 몽유자가 모임의 구경꾼 역할을 하는 몽유록은 통속적이고 허구적인 성격이 강하다.
④ 몽유자가 꿈속 인물들과 함께 현실을 비판하는 몽유록은 참여자형에 해당한다.

05 다음 글에서 추론한 내용으로 적절하지 않은 것은?

2023. 지방직 9급

> 우리는 개별적으로 고립된 채 살아가는 존재일 수 없다. 사회 속에서 여럿이 모여 '복수(複數)'의 상태로 살아갈 수밖에 없는 존재라는 것이다. 복수의 상태로 살아가는 우리는 종(種)적인 차원에서 보면 보편적이고 동등한 존재이다. 그러나 우리는 각각 유일무이성을 지닌 '단수(單數)'이기도 하다. 즉 모든 인간은 개인으로서 고유한 인격체라는 특수성을 지닌다. 사회 속에서 우리는 보편적 복수성과 특수한 단수성을 겸비한 채 살아가고 있는 셈이다. 바로 이러한 이유로 우리는 다원적 존재이다. 이러한 존재들로 구성된 다원적 사회에서는 어떠한 획일화도 시도되어서는 안 된다. 우리가 이 같은 사회에서 살아가기 위해서는 타인을 포용하는 공존의 태도가 필요하다. 공동체 정화 등을 목적으로 개별적 유일무이성을 제거하는 것은 우리가 살아가는 사회의 다원성을 파괴하는 일이다.

① 우리는 고립된 상태에서 '단수'로 살아가는 존재가 아니다.
② 우리는 다원성을 지닌 존재로서 포용적으로 공존해야 한다.
③ 개인의 유일무이성을 보존하려는 제도는 개인의 보편적 복수성을 침해한다.
④ 개인의 특수한 단수성을 제거하려는 시도는 사회의 다원성을 파괴하는 결과로 이어질 수 있다.

06 다음 글에서 추론한 내용으로 적절하지 않은 것은?

2023. 지방직 9급

> 프랑스에서 의무교육 제도를 실시하면서 정규학교에 입학하기 어려운 지적장애아, 학습부진아를 가려내고자 하였다. 이에 기초 학습 능력 평가를 목적으로, 1905년 최초의 IQ 검사가 이루어졌다. 이 검사를 통해 비로소 인간의 지능을 구체적으로 수치화하고 객관적으로 비교할 수 있게 되었다.
>
> 이후 오랫동안 IQ가 높으면 똑똑한 사람, 그렇지 않으면 머리가 좋지 않고 학습에도 부진한 사람으로 판단했다. 물론 IQ가 높은 아이는 그렇지 않은 아이에 비해 읽기나 계산 등 사고 기능과 관련된 과목에서 높은 성취도를 보이는 경우가 많다. 이는 IQ 검사가 기초 학습에 필요한 최소 능력인 언어 이해력, 어휘력, 수리력 등을 측정하기 때문이다. 학습의 기초 능력을 측정하는 IQ 검사에서 높은 점수를 받은 아이는 동일한 능력을 측정하는 학업 평가에서도 높은 점수를 받을 가능성이 크다. 하지만 문제는 IQ 검사가 인간의 지능 중 일부만을 측정한다는 점이다.

① 최초의 IQ 검사는 학습 능력이 우수한 아이를 고르기 위해 시행되었다.
② IQ 검사가 만들어지기 전에는 인간의 지능을 수치로 비교할 수 없었다.
③ IQ가 높은 아이라도 전체 지능은 높지 않을 수 있다.
④ IQ가 높은 아이가 읽기 능력이 좋을 확률이 높다.

07 다음 글에서 추론한 내용으로 적절하지 않은 것은?

2023. 지방직 9급

한글은 소리를 나타내는 표음문자여서 한국어 문장을 읽는 데 학습해야 할 글자가 적지만, 한자는 음과 상관없이 일정한 뜻을 나타내는 표의문자여서 한문을 읽는 데 익혀야 할 글자 수가 훨씬 많다. 이러한 번거로움에도 한글과 달리 한자가 갖는 장점이 있다. 한글에서는 동음이의어, 즉 형태와 음이 같은데 뜻이 다른 단어가 많아 글자만으로 의미를 파악하지 못하는 경우가 많다. 하지만 한자는 그렇지 않다. 예컨대, 한글로 '사고'라고만 쓰면 '뜻밖에 발생한 사건'인지 '생각하고 궁리함'인지 구별할 수 없다. 한자로 전자는 '事故', 후자는 '思考'로 표기한다. 그런데 한자는 문맥에 따라 같은 글자가 다른 뜻으로 쓰이지는 않지만 다른 문장성분으로 사용되기도 해 혼란을 야기한다. 가령 '愛人'은 문맥에 따라 '愛'가 '人'을 수식하는 관형어일 때도, '人'을 목적어로 삼는 서술어일 때도 있는 것이다.

① 한문은 한국어 문장보다 문장 성분이 복잡하다.
② '淨水'가 문맥상 '깨끗하게 한 물'일 때 '淨'은 '水'를 수식한다.
③ '愛人'에서 '愛'의 문장 성분이 바뀌더라도 '愛'는 동음이의어가 아니다.
④ '의사'만으로는 '병을 고치는 사람'인지 '의로운 지사'인지 구별할 수 없다.

08 다음 글에 대한 이해로 적절하지 않은 것은?

2022. 국가직 9급

국가정보자원관리원과 ○○시는 빅데이터 기반의 맞춤형 복지 서비스 분석 사업을 수행했다. 국가정보자원관리원은 자체 확보한 공공 데이터와 ○○시로부터 받은 복지 사업 관련 데이터를 활용하여 '복지 공감 지도'를 제작하고, 복지 기관 접근성 분석을 통해 취약 지역 지원 방안을 제시했다.

복지 공감 지도는 공간 분석 시스템을 활용하여 ○○시에 소재한 복지 기관들의 다양한 지원 항목과 이를 필요로 하는 복지 대상자, 독거노인, 장애인 등의 수급자 현황을 한눈에 확인할 수 있도록 구현한 것이다. 이 지도를 활용하면 복지 혜택이 필요한 지역과 수급자를 빨리 찾아낼 수 있으며, 생필품 지원이나 방문 상담 등 복지 기관의 맞춤형 대응이 가능하고, 최적의 복지 기관 설립 위치를 선정할 수 있다.

이 사업을 통해 ○○시는 그동안 복지 기관으로부터 도보로 약 15분 내 위치한 수급자에게 복지 혜택이 집중되고 있는 것도 확인했다. 이에 교통이나 건강 등의 문제로 복지 기관 방문이 어려운 수급자를 위해 맞춤형 복지 서비스가 절실하게 필요한 상황임을 발견하고, 복지 셔틀버스 노선을 4개 증설할 계획을 수립했다.

① 빅데이터를 활용하여 복지 사각지대를 줄이는 방안을 마련할 수 있다.
② 복지 기관과 수급자 거주지 사이의 거리는 복지 혜택의 정도에 영향을 준다.
③ 복지 기관 접근성 분석 결과는 복지 셔틀버스 노선 증설의 근거가 된다.
④ 복지 공감 지도로 복지 혜택에 대한 수급자들의 개별 만족도를 파악할 수 있다.

09 다음 글에 대한 이해로 적절하지 않은 것은?

2022. 국가직 9급

아동이 부모의 소유물 또는 종족의 유지나 국가의 방위를 위한 수단으로 간주되었던 전근대사회에서는 아동의 권리에 대한 인식이 존재하지 않았다. 산업혁명으로 봉건제도가 붕괴되고 자본주의가 탄생한 근대사회에 이르러 구빈법에 따른 국가 개입과 민간단체의 자발적인 참여로 아동보호가 시작되었다.

1922년 잽 여사는 아동권리사상을 담아 아동권리에 대한 내용을 성문화하였다. 이를 기초로 1924년 국제연맹에서는 전문과 5개의 조항으로 된 「아동권리에 관한 제네바 선언」을 채택하였다. 여기에는 "아동은 물질적으로나 정신적으로 정상적인 발달을 위해 필요한 조건이 충족되어야 한다."라든지 "아동의 재능은 인류를 위해 쓰인다는 자각 속에서 양육되어야 한다." 등의 내용이 포함되었다.

그러나 여기에서도 아동은 보호의 객체로만 인식되었을 뿐 생존, 보호, 발달을 위한 적극적인 권리의 주체로 인식되지는 않았다. 최근에 와서야 국제사회의 노력에 힘입어 아동은 보호되어야 할 수동적인 존재에서 자신의 권리를 주장할 수 있는 능동적인 존재로 자리매김할 수 있게 되었다. 1989년 유엔총회에서 채택된 「아동권리협약」이 그것이다.

우리나라는 이를 토대로 2016년 「아동권리헌장」 9개 항을 만들었다. 이 헌장은 '생존과 발달의 권리', '아동이 최선의 이익을 보장 받을 권리', '차별 받지 않을 권리', '자신의 의견이 존중될 권리' 등 유엔의 「아동권리협약」의 네 가지 기본 원칙을 포함하고 있다. 또한 전문에는 아동의 권리와 더불어 "부모와 사회, 국가와 지방자치단체는 아동의 이익을 최우선으로 고려해야 하며, 다음과 같은 아동의 권리를 확인하고 실현할 책임이 있다."라고 명시하여 아동을 둘러싼 사회적 주체들의 책임을 명확히 하였다.

① 아동의 권리에 대한 인식은 근대 이후에 형성되었다.
② 「아동권리헌장」은 「아동권리협약」을 토대로 만들어졌다.
③ 「아동권리에 관한 제네바 선언」, 「아동권리협약」, 「아동권리헌장」에는 모두 아동의 발달에 대한 내용이 들어가 있다.
④ 「아동권리에 관한 제네바 선언」은 아동을 적극적인 권리의 주체로 인식함으로써 아동의 권리에 대한 진전된 성과를 이루었다.

10 다음 글에 대한 이해로 적절하지 않은 것은?

2022. 지방직 9급

르네상스가 일어나게 된 요인으로 많은 것들이 거론되어 왔지만, 의학사의 관점에서 볼 때 흥미롭고 논쟁적인 원인은 페스트이다. 페스트가 유럽의 인구를 격감시킴으로써 사회 경제 구조가 급변하게 되었고, 사람들은 재래의 전통이 지니고 있던 강력한 권위에 의문을 품기 시작했다. 예컨대 사람들은 이 무시무시한 질병을 예측하지 못한 기존의 의학적 전통을 불신하게 되었으며, 페스트로 인해 '사악한 자'들만이 아니라 '선량한 자'들까지 무차별적으로 죽는 것을 보고 이전까지 의심하지 않았던 신과 교회의 막강한 권위에 대해서도 회의하게 되었다.

속수무책으로 당할 수밖에 없었던 죽음에 대한 경험은 사람들을 여러 방향에서 변화시켰다. 사람들은 거리에 시체가 널려 있는 광경에 익숙해졌고, 인간의 유해에 대한 두려움 또한 점차 옅어졌다. 교회에서 제시한 세계관 및 사후관에 대한 신뢰가 떨어지고, 삶과 죽음 같은 인간의 본질적인 문제에 대해 새롭게 사유하기 시작했다. 중세의 지적 전통에 대한 의구심은 고대의 학문과 예술, 언어에 대한 재평가로 이어졌으며, 이에 따라 신에 대한 무조건적 찬양과 복종 대신 인간에 대한 새로운 관심과 사유가 활발해졌다.

이러한 움직임은 미술사에서 두드러지게 포착된다. 인간에 대한 관심의 증대에 따라 인체의 아름다움이 재발견되었고, 인체를 묘사하는 다양한 화법도 등장했다. 인체에 대한 관심은 보이는 부분뿐만 아니라 보이지 않는 부분에 대한 관심으로 이어졌다. 기존의 의학적 전통을 여전히 신봉하던 의사들에게 해부학적 지식은 불필요한 것으로 인식되었던 반면, 당시의 미술가들은 예술가이면서 동시에 해부학자이기도 할 만큼 인체의 내부 구조를 탐색하는 데 골몰했다.

① 전염병의 창궐은 르네상스의 발생을 설명하는 다양한 요인 가운데 하나이다.
② 페스트로 인한 선인과 악인의 무차별적인 죽음은 교회가 유지하던 막강한 권위를 약화시켰다.
③ 예술가들이 인체의 아름다움을 재발견함으로써 고대의 학문과 언어에 대한 재평가도 이루어졌다.
④ 르네상스 시기에 해부학은 의사들보다도 미술가들의 관심을 끌었다.

11 다음 글의 시사점으로 적절하지 않은 것은?

2020. 국가직 9급

기존의 의학적 연구는 건장한 성인 남성의 몸을 표준으로 삼아 이루어지는 경우가 많았다. 예를 들어 농약과 같은 화학 물질이 몸에 들어와 어떠한 변화를 일으키는지 검토한 연구에서 생리 주기에 따라 변화하는 여성 호르몬이 그 물질과 어떤 상호 작용을 일으킬 수 있는지는 고려되지 않았다. 자동차 충돌 사고를 인체 공학적으로 시뮬레이션할 때도 특정 연령대 남성의 몸이 연구 대상으로 사용되었고, 여성의 신체 특성이나 다양한 연령대 남성의 신체적 특성은 고려되지 않았다.

특정 연령대 성인 남성의 몸을 표준화된 인체로 여겼던 사고방식은 여러 문제점을 낳고 있다. 예를 들어 대사율, 피부와 조직 두께 등을 감안한, 사람이 가장 효과적으로 일할 수 있는 사무실 온도는 21℃로 알려져 있다. 그런데 한 연구에서 남성과 여성 직장인에게 각각 선호하는 사무실 온도를 조사한 결과는 남성은 평균 22℃, 여성은 평균 25℃였다. 남성은 기존의 적정 실내 온도에 가까운 답을 했고, 여성은 더 따뜻한 사무실에서 일하기를 원했다.

이러한 차이의 이유는 무엇일까? 현재 적정 사무실 온도로 알려진 21℃는 1960년대 측정된 자료를 바탕으로 하는데, 당시 몸무게 70kg인 40세 성인 남성을 기준으로 측정된 것이다. 이러한 '표준화된 신체'를 가진 남성의 대사율은 여성이나 다른 연령대 남성들의 대사율과 다르고, 당연히 체내 열 생산의 양도 차이가 있다.

① 표준으로 삼은 대상이 나머지 대상의 특성까지 대표하지 못하므로 앞으로 의학적 연구를 하려면 하나의 표준을 정하기보다 가능한 한 다양한 대상을 선정해서 하는 것이 바람직하다.

② 현재 우리가 알고 있는 의학 지식 중에는 특정 표준 대상만을 연구한 결과인 것이 있으므로 앞으로 이런 의학 지식을 활용하려면 연구한 대상을 살펴봐서 그대로 활용할지를 결정하는 것이 바람직하다.

③ 성별이나 연령대 등에 따라 신체 조건이 같지 않으므로 근무 환경을 조성할 때 근무자들의 성별이나 연령대를 고려하는 것이 바람직하다.

④ 기존의 사무실 적정 실내 온도가 조사된 것보다 낮게 설정되어 있으므로 향후에 모든 공공 기관의 사무실 온도를 조정할 때 현재보다 설정 온도를 일률적으로 높이는 것이 바람직하다.

12 다음 글을 통해 추론할 수 없는 것은? 2020. 지방직 9급

자신의 신념과 일치하는 정보는 받아들이고 그렇지 않은 정보는 무시하는 경향을 확증 편향(confirmation bias)이라 한다. 자신의 믿음이나 견해와 일치하는 정보는 수용하고 그에 반대되는 정보는 무시하거나 부정하는 심리 경향이다. 사회 심리학자인 로버트 치알디니는 자신이 가진 기존의 견해와 일치하는 정보는 두 가지 이점을 가지고 있다고 한다. 첫째, 그러한 정보는 어떤 문제에 대해 더 이상 고민하지 않고 마음의 휴식을 취할 수 있게 해 준다. 둘째, 그러한 정보는 우리를 추론의 결과에서 자유롭게 해 준다. 즉 추론의 결과 때문에 행동을 바꿔야 할 필요가 없다. 첫째는 생각하지 않게 하고, 둘째는 행동하지 않게 함을 말한다.

일례로 특정 정치 성향을 가진 사람들을 대상으로 조사했을 때, 사람들은 반대당 후보의 주장에서는 모순을 거의 완벽하게 찾은 반면, 지지하는 당 후보의 주장에서는 모순을 절반 정도만 찾아냈다. 이 판단의 과정을 자기 공명 영상 장치로도 촬영했다. 그 결과, 자신이 동의하지 않는 정보를 접했을 때는 뇌 회로가 활성화되지 않았고, 자신이 동의하는 주장을 접했을 때는 긍정적인 반응을 보이면서 뇌 회로가 활성화되는 것을 확인할 수 있었다.

① 사람에게는 자신의 신념이나 행동을 바꾸려 하지 않는 경향이 있다.
② 사람에게는 정보를 객관적으로 판단하지 못하는 심리적 특성이 있다.
③ 사람에게는 지지자들의 말만 듣고 자기 신념을 강화하는 경향이 있다.
④ 사람에게는 새로운 정보를 접했을 때 심리적 불안을 느끼는 특성이 있다.

13 다음 글의 내용으로 적절하지 않은 것은?
2019. 국가직 7급

우리나라를 비롯해 동양에는 빛과 그림자의 대비를 사실적으로 표현하는 명암법이 존재하지 않았다는 점이 새삼 흥미롭게 다가온다.

단원 김홍도의 「씨름」을 보자. 어디에도 그림자는 없다. 숨바꼭질하는 아이들이 꼭꼭 숨어 버린 것처럼 모든 그림자가 다 사라져 버렸다. 이처럼 선묘에 의지해 대상을 나타내는 우리의 전통 회화에서는 그림자 표현을 찾아보기 어렵다. 동양 회화는 명암을 의도적으로 외면하는 경향이 있다. 빛과 그림자를 통해 그림의 사실성을 높이고 사물의 물리적인 실재감을 높이는 것은 선의 맛을 중시하여 정신성을 극대화해 온 동양 회화의 전통과 배치되기 때문이다.

하지만 현상의 원리로서 음양의 조화를 추구해 온 역사가 시사하듯 물리적인 빛과 그림자를 그리지는 않았어도 그 조화와 원리에 대한 관념은 화포에 진하게 물들어 있다. 사실의 묘사보다 정신의 표현을 중시한 까닭에 동양 회화에서 빛과 그림자는 이처럼 정신의 현상으로 녹아 있다고 할 수 있다.

그럼에도 조선 후기에 들어서면 명암 표현이 어렴풋이 시도되는데, 이는 북경으로부터 명암법, 원근법 등에 기초한 서양 화법이 우리나라로 흘러들어 왔기 때문이다. 김두량의 「견도(犬圖)」, 이희영의 「견도(犬圖)」 등 일부 화인들의 그림에서 그 흔적을 찾아볼 수 있다.

① 동양 회화는 정신성을 추구하기 위하여 사실성과 거리를 두었다.
② 회화에서 명암은 사물의 실재감을 높이는 데 중요한 역할을 한다.
③ 김홍도의 「씨름」과 김두량의 「견도」는 다른 명암법을 사용하고 있다.
④ 선의 맛을 중시한 전통 때문에 동양 회화에서는 명암 표현을 찾기가 어렵다.

문제훈련 내용 추론 부정 발문

01 다음 제시문을 통해 알 수 없는 것은?

길항 작용이란 생물체의 신체 내부 상태나 환경에서 변화가 발생했을 때 그것에 반대가 되는 호르몬 따위가 분비되어 서로의 작용을 상쇄하는 것을 의미한다. 이는 신체 내의 항상성을 유지하기 위해 발생한다. 1968년 일본에서는 이러한 길항작용을 이용한 보험금 살인 사건이 발생했다. 항상성을 돕는 것은 일반적으로 신체에 이로운 작용으로 이해되는데, 어떻게 이것이 이용된 살인 사건이 발생했을까?

사건에 사용된 약물은 아코니틴과 테트로도톡신이다. 이것은 각각 부자라고도 불리는 투구꽃과, 복어의 독에서 추출한 것이다. 아코니틴은 체내에 흡수되면 나트륨 이온 통로를 상시 활성화한다. 이로써 호흡 곤란과 심정지를 일으킨다. 반면 테트로도톡신은 체내에 흡수되면 나트륨 이온 통로를 폐쇄하여 신경의 마비를 유발해 죽음에 이르게 한다. 나트륨 이온 통로에 대한 상반된 작용으로 아코니틴과 테트로도톡신은 길항 작용을 일으킨다.

투구꽃 살인 사건이라고도 불리는 이 살인 사건은 이러한 길항 작용을 피해자의 사망 시간을 늦추는 데에 사용했다. 범인은 피해자에게 적절한 비율의 아코니틴과 테트로도톡신을 복용케 했고, 이로 인해 아코니틴의 발현 시간이 늦춰지면서 거의 완벽한 알리바이를 만들어 냈던 것이다. 그러나 피해자를 부검한 오노 요키치 교수의 치밀한 조사 끝에 사건의 전말이 밝혀지며 범인이 검거된다.

① 아코니틴과 테트로도톡신은 나트륨 이온 통로에 대한 작용이 서로 다르다.
② 아코니틴과 테트로도톡신은 서로의 작용을 상쇄할 수 있다.
③ 테트로도톡신에 의해 나트륨 이온 통로가 폐쇄되면 심정지가 유발된다.
④ 길항 작용은 약물의 작용 시점을 늦출 수도 있다.

02 다음 글의 내용과 일치하지 않는 것은?

19세기 후반부터 20세기 초반까지 유럽에서 유행했던 모더니즘은 기존 예술 형식에 대한 비판에서 시작된 예술 양식이다. 예술의 질적 혁신, 개인적 발전과 경험 등을 중요시했던 모더니즘 예술가들은 작품에 과학 기술의 발전과 새로운 생활 양식 등을 반영하였다. 후기 인상주의, 산업 디자인, 미국 추상화 등이 대표적인 모더니즘 분야이며, 후기에는 팝아트가 발전하였다.

제1차 세계대전이 일으킨 충격 속에서 출발한 다다이즘은 기존의 예술 형식과 전통적인 가치에 반대한다는 점에서 모더니즘과 유사하다. 그러나 기계 문명과 도회적 감각을 추구했던 모더니즘과 달리, 다다이즘은 현대 사회에서 일어나는 문제와 고통을 풍자적으로 표현하였다. 다다이즘 예술가들은 무의미한 행위, 비관적 느낌, 말장난 등을 통해 예술적 비판과 철학적 혼란을 표현하고자 하였다. 대표적인 예술 분야로는 인상주의와 레디메이드 등이 있다.

① 모더니즘과 다다이즘은 모두 기존의 예술 형식과 전통적인 가치에 부정적이었다.
② 모더니즘 예술가들은 작품을 통해 기계 문명과 도회적 감각을 표현하고자 했다.
③ 인상주의와 레디메이드는 대표적인 다다이즘 예술 분야이다.
④ 다다이즘 예술가들은 예술의 질적 혁신을 중요시하였다.

03 다음 글을 고려할 때 '한복'에 대한 이해로 적절하지 않은 것은?

한복은 한민족의 전통 의상으로 그 역사는 삼국 시대 이전까지 거슬러 올라가며, 주변 나라의 의상과는 달리 저고리와 치마가 분리된 모습을 보인다. 또 활동성을 중시한 넉넉한 품이 특징이며, 착용 시 몸의 곡선을 두드러지게 나타난다.

고대 국가 시기에 남녀 구별이 약했던 한복은 삼국 시대를 거치며 성별 간, 나라 간 특징이 생기는데 백제 의상은 고구려 의상에 비해 여성적이었고 신라는 다른 두 나라에 비해 당나라 의상의 격식을 받아들인 것이 그것이다. 남북국 시대의 신라 시기 문헌에는 신라인들이 당나라의 의상을 더욱더 많이 받아들였다 기록하고 있으나 현재 남아 있는 복식들은 당나라 의상과 현격한 차이를 보이고 있으며, 당나라 측 복식 기록이 빈약해 당나라와 신라 복식의 유사성을 확신할 수 없는 상황이다.

고려 시기에 신분에 따라 철저하게 복식을 구분하였고 원나라의 영향을 받기도 했으나 대체로 그 고유 형상에서 크게 변하지 않는 모습을 보인다. 조선시대 초기는 유교의 영향으로 저고리가 전대에 비해 길고 치마가 풍성한 모습을 보였으나 시대가 흐르며 점점 그전에 볼 수 없을 정도로 저고리가 짧아지기 시작했다. 이 때문에 치마와 겨드랑이 사이를 가려주기 위하여 넓은 천을 옷 안에 따로 매기도 하였다.

① 조선 초기, 유교 영향으로 옷 안에 넓은 천을 덧대기도 하였다.
② 고려 시대에는 신분에 따라 철저하게 복식을 구분하였다.
③ 넉넉한 품에서 활동성을 중시한 조상들의 모습을 알 수 있다.
④ 고대에는 남녀 간 구분 없이 유사한 형태의 옷을 입었다.

04 다음 제시문에 대한 추론으로 적절하지 않은 것은?

결정론은 모든 사건이 선행하는 사건과의 인과 법칙에 의해 결정된다고 주장한다. 뉴턴 이래로 과학은 수학적 원리로 표현될 수 있게 되었으며, 이는 비단 과학뿐만 아니라 경제학, 사회학 역시 마찬가지다. 이러한 결정론에 입각하면 인간의 자유의지는 존재할 수 없는 것으로 보인다. 어떤 사건이 어떤 원인에 의해 이미 결정되었다면 여기에 자유의지는 개입할 틈이 없기 때문이다.

야구 경기를 가정해보자. 투수가 공을 던졌고, 이에 타자는 이번 공을 치기로 마음을 먹었다. 타자가 공을 치기로 마음을 먹은 것에는 어떠한 원인이 있을 것이고, 이 공이 적시타로 들어간 데에도 어떠한 원인이 있을 것이다. 이것은 결정론을 지지하는 것으로 보인다. 그러나 같은 상황에서 타자는 자유 의지에 따라 공을 치겠다는 마음을 먹지 않았을 수도 있다. 즉, 자유 의지에 따라 그는 다르게 행동할 수도 있었다는 것이다. 이 점이 타자의 자유의지를 증명할 수 있다.

이에 어떤 철학자들은 자유의지와 결정론이 공존할 수 있다고 말한다. 그들에 따르면 자유의지의 존재와 결정론이 상호배타적으로 대립하지 않는다. 이를 '약한 결정론'이라고 한다. 약한 결정론에서는 사건의 원인이 존재한다고 하더라도 그 원인에 따른 결과는 필연적이지 않다. 이를 필연적으로 만드는 것은 외부의 강제이다. 만약 외부의 강제가 수반되지 않는다면 인간은 자유의지를 통해 결과를 바꿀 수 있다.

① 자유의지와 결정론이 상호배타적으로 대립한다는 관점에 따르면 결정론이 참이라면 인간에게 자유의지는 존재할 수 없다.
② 약한 결정론을 따르는 상황에서 외부의 강제가 존재하는 상황에서 자유의지도 존재한다면 결과는 필연적이지 않을 것이다.
③ 약한 결정론을 따르는 상황에서 외부의 강제가 존재하지 않는 상황이라면 원인이 존재하는 상황이더라도 결과는 인간의 자유의지에 의해 달라질 수 있다.
④ 자유의지와 결정론이 상호배타적으로 대립한다는 관점에 따르면 결정론이 참일 때 인간의 자유의지로 보이는 것조차도 어떠한 원인에 의해 유발된 결과일 뿐이다.

05 다음 글을 이해한 내용으로 적절하지 않은 것은?

> 현재의 농업 수확량을 유지하는 것도 미래에는 큰 도전이 될 수 있다. 해충과 질병은 지속해서 진화하고 있으며, 환경의 변화는 수십 년에 걸쳐 예측할 수 없는 방향으로 전개될 수 있다. 이러한 상황에서는 새로운 품종의 개선과 관리 기법의 개발이 필수적이다. 1960년대에만 하더라도 살충제의 사용이 매우 유익한 것으로 여겨졌다. 새로운 살충제의 개발은 농작물에 창궐하는 해충을 통제할 수 있는 가장 좋은 방법으로 강조되었다.
>
> 하지만 널리 사용되는 살충제가 유익한 곤충에게조차 해로운 영향을 미칠 수 있음이 밝혀졌고, 살충제가 생태계 내의 다른 생물 뿐만 아니라 인간에게도 해를 끼친다는 연구가 등장하면서 새로운 살충제 개발은 더 이상 유의미한 대안이 아니게 되었다. 아무리 좋은 살충제를 개발한다고 하더라도 부정적인 영향을 최소화하기 어렵고, 정부의 승인을 받기 위해 필요한 모든 절차를 따르는 데에도 매우 큰 비용이 들어간다.
>
> 그래서 최근에는 해충을 관리하기 위한 다양한 접근법이 연구되고 있다. 생물학적 통제 기법의 개선이나 해충 저항성이 강화된 품종의 개발과 같은 대안적인 방법들이 주목받는 추세이다. 이러한 접근법은 환경에 미치는 부정적인 영향을 줄이고, 장기적으로 지속 가능한 농업을 실현하는 데 중요한 역할을 할 것이다.

① 살충제 개발에 드는 비용과 정부 승인 절차의 복잡성은 농업의 지속 가능성에 긍정적인 영향을 미친다.
② 살충제가 환경과 인간 건강에 미치는 부작용이 살충제 개발을 재평가하게 만들었다.
③ 해충 관리 기법의 다양성은 지속가능한 농업을 실현하는 핵심 역할을 하고 있다.
④ 농작물에 대한 지속 가능한 보호 방안으로, 생물학적 통제와 유전적 저항성 개선이 강조되는 추세이다.

06 다음 글에서 '사르트르'의 주장으로 적절하지 않은 것은?

> 사르트르는 『존재와 무』에서 행동, 소유, 존재의 범주를 제시하는데 이것은 사르트르의 '실존의 주요 세 범주'이다. 인간의 실존은 이 세 범주 내에서 이해되고 설명될 수 있다. 여기에서 주목해야 할 것은 이 범주들 사이에는 이른바 '이중의 환원'이 존재한다는 사실이다. '행동'의 범주는 '소유'의 범주로, 또 '소유'의 범주는 '존재'의 범주로 환원될 수 있다. 이러한 관점에 따르면 누군가 어떤 행동을 하는 것은 결과물을 소유하기 위함이고, 또 그것을 소유한다는 것은 그것을 통해 존재하기 위함이다.
>
> 이러한 관점에서 본다면 작가의 작품 창작은 '행동'의 범주에 속하므로 작가는 작품을 창작함으로써 그것을 소유하고, 자신의 존재를 실현하고 강화할 수 있다. 이러한 상태에 이른다면 작가는 자신과 작품과의 관계가 '본질적'이라 느끼게 되며 작품 속에서 자신의 '존재이유'와 '존재근거'를 확보하면서 존재론적 안정감을 느낄 수도 있다.
>
> 사르트르는 여기에서 '독자의 읽기로부터' 작가의 창작이 한층 더 고차원적인 의미를 지닐 수 있다고 보았다. 사르트르는 작품을 '팽이(toupie)'에 비유하였는데, 외부에서 힘이 가해져야만 서 있을 수 있는 팽이처럼 작가가 창작한 작품도 외부에서의 작용이 있어야 소기의 목적을 달성할 수 있다고 본 것이다. 즉, 사르트르에게 '독자'의 존재는 작가의 소망을 실현하고 작품 창작을 통해 그가 추구하던 '대자-즉자' 간의 결합을 실현하는 필수불가결한 요소였다.

① 작품 창작은 작가의 자아 인식에 긍정적 영향을 줄 가능성이 있다.
② 결과를 소유하게 되면 어떠한 행동을 할 수 있게 되어 존재할 수 있게 된다.
③ 인간의 실존은 범주들 사이의 관계로 설명될 수 있다.
④ 독자의 감상 행위는 창작의 목적을 달성하는 데에 반드시 필요하다.

Chapter 8 단수 빈칸 추론

Chapter 9 복수 빈칸 추론

천기누설 혜선팍 독해 시즌1

Part 03

빈칸
추론

Chapter 08 단수 빈칸 추론

관련교재
❖ 출좋포 독해·논리 p.160~166

☾ 대표 천+기+누+설 개관

빈칸 추론 유형은 상시 나올 유형으로
이제는 빈칸이 1개뿐만 아니라 2-3개까지 뚫리는 식으로 나올 예정입니다.
제시문의 중간 혹은 맨 뒤에 빈칸을 뚫어 놓고 빈칸에 어떠한 내용이 들어갈지 추론해야 하는 유형으로
인사혁신처 1차, 2차 샘플에 모두 나온 0순위 최빈출 유형입니다.
빈칸 추론은 밑줄 싸움이니 어느 곳에 초점을 맞춰 밑줄을 그어야 하는지 학습해야 합니다.

☾ 대표 천+기+누+설 발문 체크

01 빈칸에 들어갈 내용으로 가장 적절한 것은?
02 〈보기〉에 이어질 내용으로 가장 적절한 것은?

신유형 2025 버전 1

단수 빈칸 추론

01 ㉠에 들어갈 내용으로 가장 적절한 것은?

1990년대 들어 세계 유일의 패권 국가로 자리 잡은 미국은 경제 번영을 위해 세계화를 택했다. 당시 미국은 국가 간 경제적 장벽을 철폐하고 자신들의 경제 질서를 전 세계로 확산하면 더 큰 이익을 얻을 것이라고 확신했다. 대공황 때 고립주의와 자국 중심주의를 택했던 것과는 정반대의 정책을 펴기 시작한 것이다. 미국은 주요 생산 설비를 중국으로 이전하였고 중국은 자국 기업들과 미국 기업들의 기술 격차를 좁혀나가며 전 세계에서 유례없이 빠른 성장을 보였다. 이 때문에 중국은 세계화로 가장 큰 혜택을 본 국가가 되었다. 하지만 정작 세계화를 추진한 미국은 그리 큰 이익을 거두지 못했다. 제2차 세계대전부터 1960년대까지 미국은 놀라운 번영 속에서 부유층만이 아니라 중산층이나 저소득층까지도 엄청난 소득 증가를 경험할 수 있었다. 하지만 1990년대 이후 세계화로 시작된 미국의 경제 회복세는 1960년대의 호황과 크게 달랐다. 세계화와 함께 시작된 미국 경제 회복은 (㉠   )

① 최상의 부유층과 서민들 모두에게 이익을 가져다주었다.
② 최상위 부유층에게만 혜택이 돌아갔고 중산층 이하 서민들은 소외되었다.
③ 중국과 미국의 경제 격차를 좁히는 결과를 낳았다.
④ 최상위 부유층의 자산을 서민들에게 분배하는 방식으로 이루어졌다.

빨리 푸는 亦功 전략

1단계
빈칸의 위치를 파악하고 빈칸이 포함된 문장을 읽고 단서 추론하기

2단계
빈칸을 추론할 수 있는 핵심 정보에 밑줄을 긋기

3단계
핵심 정보를 통해 빈칸을 스스로 예측한 후 가장 비슷한 내용을 가진 선지를 고르기

신유형 2025 버전 2

빨리 푸는 亦功 전략

1단계
〈보기〉에 이어질 내용은 〈보기〉의 흐름에 맞는 내용이 들어가야 함

2단계
〈보기〉 뒤에 올 법한 내용이 아니라 흐름이 이어지는 선지를 정답으로 고르기

〈보기〉에 이어질 내용 추론

02 〈보기〉에 이어질 내용으로 가장 적절한 것은? 2019. 서울시 7급

〔보기〕

　미디어의 첫 혁명이라고 불릴 수 있는 인쇄술의 발전은 지식 제도 면에서 몇 가지 중요한 변화를 가져왔다. 그 가운데 가장 현저한 변화는 학교와 교사의 기능에서 생겨났다. 다시 말해서, 학교와 교사 없이도 독학을 할 수 있는 '책'이 나왔던 것이다. 독서에 의한 학습이 이루어짐으로써 학교 제도, 또는 기억이라는 개인의 습관에 대한 의존도가 낮아지게 되었다. 기억의 관습에 가한 변화는 인쇄술 발달이 가져온 중요한 업적이다.
　인쇄술의 발달로 당연히 책이 양산되고 책값 역시 저렴해졌을 뿐 아니라, 주해자/주석자의 중요성은 반감된 채 다양한 책들이 서점과 서가에 등장하게 되었다. 그 결과 여러 텍스트를 대조하고 비교할 수 있는 기회가 많아졌으며, 자연스레 지식 사회에 대한 비판과 검증이 가능해졌다.

① 독점적인 학설이나 학파의 전횡도 줄어들 수밖에 없었고, 특정 학설의 권위주의적인 행보도 긴 생명을 가질 수 없게 되었다.
② 교사의 권위는 책의 내용을 쉽게 설명해줌으로써 독서를 용이하게 해주는 방식으로 더욱 공고해졌다.
③ 독서 대중의 비판과 검증에 대응하기 위해 지식 사회는 지식의 독점과 권력화에 매진하게 되었다.
④ 저자의 권위가 높아짐으로써 책의 내용을 있는 그대로 받아들이는 수동적인 독서 대중이 탄생하였다.

기출훈련 단수 빈칸 추론

01 다음 글의 빈칸에 들어갈 결론으로 가장 적절한 것은?

2024. 지방직 7급

조선 시대에는 성리학적 윤리 이념을 굳게 고수했기 때문에 사사로운 남녀 간 애정보다는 가문이나 국가의 질서를 수호하는 이야기가 더 우선시되었다. 이런 분위기 속에서 애정 소설은 한문 소설인 『금오신화』에서 시작되어 17세기를 거치며 꾸준히 발전해 왔지만 폭발적인 성장을 하지는 못했다. 이런 소설사의 흐름을 바꾸어 놓은 작품이 「춘향전」이다. 사대부와 기생 집안의 여성이 사랑을 하고, 그 여성이 사대부의 정실부인이 되는 이야기는 아무리 소설이라 하더라도 당대로서는 대단히 파격적이었다.

이러한 「춘향전」이 갑자기 생겨난 것은 아니다. 오랜 시간 성숙을 거듭해 온 우리 서사 문학사의 전통 속에서 탄생한 작품이다. 암행어사 설화, 열녀 설화 등 민간에 널리 유포된 설화뿐만 아니라 전대의 애정 소설도 작품 형성에 영향을 미쳤다. 또한 춘향전에는 「구운몽」과 「사씨남정기」와 같은 17세기 소설의 요소도 들어 있다. 작품 속에서 「구운몽」에 등장하는 팔선녀의 이름이 거론되고 있는가 하면, 「사씨남정기」에서 위기에 처한 사정옥이 꿈을 꾸고 황릉묘에서 이비를 만나는 장면이 춘향이 옥중 위기에서 그대로 재현되고 있는 것이다. 이와 같이 「춘향전」은 _____.

① 서사 문학사의 전통을 물려받으면서도 기존의 흐름을 바꾼 작품이다.
② 성리학적 윤리관을 드러낸 전형적인 서사 문학으로서 문화적 가치가 높은 작품이다.
③ 남녀 간의 파격적인 애정을 그려 내어 한문 소설의 폭발적 성장을 이끌어 낸 작품이다.
④ 유명한 작품들을 창의적으로 활용하는 방식으로 17세기 소설에 큰 영향을 미친 작품이다.

02 다음 글의 빈칸에 들어갈 내용으로 가장 적절한 것은?

2024. 국가직 9급

독자는 글을 읽을 때 생소하거나 이해하기 어려운 단어에 주시하는데, 이때 특정 단어에 눈동자를 멈추는 '고정'이 나타나며, 고정과 고정 사이에는 '이동', 단어를 건너뛸 때는 '도약'이 나타난다. 고정이 관찰될 때는 의미를 이해하려는 시도가 이루어지지만, 이동이나 도약이 관찰될 때는 이루어지지 않는다. 이를 바탕으로, K 연구진은 동일한 텍스트를 활용하여 읽기 능력 하위 집단(A)과 읽기 능력 평균 집단(B)의 읽기 특성을 탐색하는 연구를 진행하였다. 독서 횟수는 1회로 제한하되 독서 시간은 제한하지 않았다.

그 결과, 눈동자의 평균 고정 빈도에서 A 집단은 B 집단에 비해 약 2배 많은 수치를 보였다. 그런데 총 고정 시간을 총 고정 빈도로 나눈 평균 고정 시간은 B 집단이 A 집단에 비해 더 높게 나타났다. 읽기 후 독해 검사에서 B 집단은 A 집단보다 평균 점수가 높았고, 독서 과정에서 눈동자가 이전으로 돌아가거나 이전으로 건너뛰는 현상은 모두 관찰되지 않았다. 연구진은 이를 종합하여 읽기 능력이 부족한 독자는 읽기 능력이 평균인 독자에 비해 난해하다고 느끼는 단어들이 __(가)__ 는 결론을 내렸다.

① 더 많지만 난해하다고 느끼는 각각의 단어를 이해하는 과정에 들이는 평균 시간은 더 적다
② 더 많고 난해하다고 느끼는 각각의 단어를 이해하는 과정에 들이는 평균 시간도 더 많다
③ 더 적지만 난해하다고 느끼는 각각의 단어를 이해하는 과정에 들이는 평균 시간은 더 많다
④ 더 적고 난해하다고 느끼는 각각의 단어를 이해하는 과정에 들이는 평균 시간도 더 적다

03 다음 글의 맥락을 고려할 때 빈칸에 들어갈 내용으로 가장 적절한 것은?

2023. 지방직 7급

> 사람들은 법을 자유와 대립하는 것으로 착각하여 법을 혐오하는 경향이 있다. 그러나 모든 국민이 법 없이 최대의 자유를 누리는 이상적인 사회질서를 주장했던 자유 지상주의는 환상에 지나지 않는다. 몽테스키외는 인간이 법과 동시에 자유를 가졌다고 말했다. 또한 인간이 법 밖에서 자유를 찾으려 한다면, 주인의 집을 도망쳐 나온 정처 없는 노예처럼 된다고 하였다. 자유는 정당한 행위를 할 수 있는 상태를 의미한다. 그렇다면 자유는 정의를 실현하는 올바른 사회질서에 의해서만 보장될 수 있다. 따라서 법이 없다면 자유도 없다고 할 수 있다. 왜냐하면 ☐☐☐☐☐☐☐☐☐☐☐☐☐☐☐ 때문이다. 결국 자유와 법은 대립하는 것이 아니다.

① 법은 정당한 행위를 할 수 있는 상태의 실현 가능성을 높이기
② 자유가 없다면 정의를 실현하는 올바른 사회질서도 확립될 수 없기
③ 정의를 실현하는 올바른 사회질서는 법에 의해서만 확립될 수 있기
④ 법과 자유가 있다면 정의를 실현하는 올바른 사회질서가 확립될 수 있기

04 다음 글의 맥락을 고려할 때 빈칸에 들어갈 말로 가장 적절한 것은?

2023. 지방직 9급

> 능숙한 필자와 미숙한 필자는 글쓰기 과정 중 '계획하기'에서 뚜렷한 차이를 보인다. 전자는 이 과정에 오랜 시간 공을 들이는 반면, 후자는 그렇지 않다. 글쓰기에서 계획하기는 글쓰기의 목적 수립, 주제 선정, 예상 독자 분석 등을 포함한다. 이 중 예상 독자 분석이 중요한 이유는 ☐☐☐☐☐☐☐ 때문이다. 글을 쓸 때 독자의 수준에 비해 너무 어려운 개념과 전문용어를 사용한다면 독자가 글을 이해하기 어렵게 된다. 글쓰기는 필자가 글을 통해 자신의 메시지를 독자에게 전달하는 행위라는 점을 고려하면 계획하기 단계에서 반드시 예상 독자를 분석해야 한다.

① 계획하기 과정이 글쓰기 전체 과정의 첫 단계이기
② 글에 어려운 개념이나 전문용어를 어느 정도 포함해야 하기
③ 필자의 메시지를 독자에게 효과적으로 전달하는 데 도움이 되기
④ 독자의 배경지식 수준을 고려해야 글의 목적과 주제가 결정되기

05 (가)에 들어갈 말로 가장 적절한 것은?

2022. 지방직 7급

> 자기지향적 동기와 타인지향적 동기는 행위의 적극성과 어떤 관계가 있을까? A는 자율 방범대원들에게 이 일의 자원 동기에 대해 물어보았다. 자기지향적 동기만 말한 사람과 타인지향적 동기만 말한 사람, 그리고 둘 다 말한 사람이 고르게 분포되었다. 그 후 설문에 참여한 사람들이 2개월간 방범 순찰에 참여한 횟수를 살펴보았다. 그 결과 자기지향적 동기를 말한 사람들 모두가 자기지향적 동기를 말하지 않은 사람들보다 순찰 횟수가 더 많은 것으로 나타났다. 그리고 전자 중 타인지향적 동기를 말한 사람들의 순찰 횟수가 그렇지 않은 사람들보다 유의미하게 많은 것으로 나타났다. A는 이를 토대로 (가) 고 추정하였다.

① 자기지향적 동기만 가진 사람은 타인지향적 동기만 가진 사람보다 행위의 적극성이 높다
② 타인지향적 동기를 가진 사람은 자기지향적 동기를 가진 사람보다 행위의 적극성이 높다
③ 자기지향적 동기는 행위의 적극성에 긍정적 영향을 주기도 하고 부정적 영향을 주기도 한다
④ 자기지향적 동기가 행위의 적극성에 긍정적 영향을 주는 경우 타인지향적 동기는 부정적 영향을 준다

06 글의 통일성을 고려할 때 (가)에 들어갈 말로 가장 적절한 것은?

2021. 지방직 9급

> 혼정신성(昏定晨省)이란 저녁에는 부모님의 잠자리를 봐 드리고 아침에는 문안을 드린다는 뜻으로 자식이 아침저녁으로 부모의 안부를 물어 살핌을 뜻하는 말로 '예기(禮記)'의 '곡례편(曲禮篇)'에 나오는 말이다. 아랫목 요에 손을 넣어 방 안 온도를 살피면서 부모님께 문안을 드리던 우리의 옛 전통은 온돌을 통한 난방 방식과 관련 깊다. 온돌을 통한 난방 방식은 방바닥에 깔려 있는 돌이 열기로 인해 뜨거워지고, 뜨거워진 돌의 열기로 방바닥이 뜨거워지면 방 전체에 복사열이 전달되는 방법이다. 방바닥 쪽의 차가운 공기는 온돌에 의해 따뜻하게 데워지므로 위로 올라가고, 위로 올라간 공기가 다시 식으면 아래로 내려와 다시 데워져 위로 올라가는 대류 현상으로 인해 결국 방 전체가 따뜻해진다. 벽난로를 통한 서양식의 난방 방식은 복사열을 이용하여 상체와 위쪽 공기를 데우는 방식인데, 대류 현상으로 바닥 바로 위 공기까지는 따뜻해지지 않는다. 그 이유는 (가) .

① 벽난로에 의한 난방은 방바닥의 따뜻한 공기가 위로 올라가 식으면 복사열로 위쪽의 공기만을 따뜻하게 하기 때문이다
② 벽난로에 의한 난방이 복사열에 의한 난방에서 대류 현상으로 인한 난방이라는 순서로 이루어졌기 때문이다
③ 대류 현상을 통한 난방 방식은 상체와 위쪽의 공기만 따뜻하게 하기 때문이다
④ 상체와 위쪽의 따뜻한 공기는 차가운 바닥으로 내려오지 않기 때문이다

07 ㉠에 들어갈 말로 적절한 것은?

2021. 국회직 8급

> 우리가 이용하는 디지털화된 정보들은 대다수가 아날로그 기반에서 생성된 것이다. 온라인에서 보는 텍스트 정보, 사진, 동영상 대부분이 기존의 종이 매체나 필름에 기록된 것들이다. 온라인 게임을 정보통신 시대의 독특한 문화양상이라고 하지만, 인기를 끌고 있는 많은 게임은 오래전부터 독자들로부터 사랑받던 판타지 문학에서 유래했다.
> 아날로그가 디지털과 결합해 더욱 활성화되기도 한다. 동양의 전통 놀이 중 하나인 바둑과 장기도 그렇다. 전형적인 아날로그 문화의 산물인 바둑이 인터넷 바둑 사이트 덕분에 더욱 대중화된 놀이가 되었다. 예전에는 바둑을 두기 위해 친구와 약속을 잡거나 기원을 찾아야 했지만, 지금은 인터넷에 접속하면 언제든 대국을 즐길 수 있다.
> 따라서 (㉠)

① 디지털 문화와 아날로그 문화를 수직적인 것으로 파악하는 것은 본질과 거리가 멀다.
② 디지털 문화와 아날로그 문화를 수평적인 것으로 파악하는 것은 본질과 거리가 멀다.
③ 디지털 문화와 아날로그 문화를 상호 보완적인 것으로 파악하는 것은 본질과 거리가 멀다.
④ 디지털 문화와 아날로그 문화를 입체적인 것으로 파악하는 것은 본질과 거리가 멀다.
⑤ 디지털 문화와 아날로그 문화를 대립적인 것으로 파악하는 것은 본질과 거리가 멀다.

08 괄호 안에 들어갈 말로 가장 적절한 것은?

2020. 국가직 7급

> 상등인은 법을 사랑하고, 중등인은 법을 두려워하며, 하등인은 법을 싫어한다. 법을 사랑하는 자는 이를 범하기 부끄러워하고, 법을 두려워하는 자는 이를 범하기 싫어하지만, 법을 싫어하는 자는 이를 범하기 부끄러워하지도 싫어하지도 않는다. 기회만 만나면 하고 싶은 대로 저질러 거리끼는 것이 없다. 그가 다만 죄를 저지르지 않는 까닭은 형편이 그렇지 못하고 처지가 그럴 수 없기 때문이지, 그의 심사가 올바르기 때문이 아니다. 그러나 법률상 인품을 논의하여 세 등급으로 구별한 것은 후천적인 학식의 환경과 지각의 계층에 따른 것이기 때문에, 교화가 넓게 베풀어지는 정도에 따라 범죄 건수가 줄어들고 있다. 이를 통해 본다면, 인간 세상의 풍속을 바로잡는 방법은 ( )

① 법률을 엄격하게 정하고 구체적으로 적용하는 데 있다.
② 법률을 엄격하게 정하고 상황에 맞게 적용하는 데 있다.
③ 법률을 엄격하게 정하는 것보다 교화에 힘쓰는 데 있다.
④ 법률을 엄격하게 정하는 것보다 계층 통합에 힘쓰는 데 있다.

09 다음 밑줄 친 ㉠에 들어갈 표현으로 가장 적절한 것은?

2019. 경찰 1차

말을 하고 글을 쓰는 표현 행위는 사고 활동과 분리해서 생각할 수 없다. 창의적이고 생산적인 활동에는 당연히 사고 작용이 따르기 때문이다. 역으로, 말을 하고 난 뒤에나 글을 쓰고 난 뒤에 그 과정을 되돌아보면서 새로운 생각을 하거나 발전된 생각을 얻기도 한다. 또한 청자나 독자의 반응을 통해 자신의 생각을 바꾸거나 확신을 가지기도 한다. 이처럼 사고와 표현 활동은 지속적으로 상호 작용을 하게 된다.

㉠ _____는 점을 적극적으로 고려할 필요가 있다. 머릿속에서 이루어진 사고 활동의 내용을 구체적으로 말이나 글로 표현해 보면 부족하거나 개선할 점들을 찾을 수 있게 되고 이후에 좀 더 조직적으로 사고하는 습관도 생긴다. 한편 표현 활동을 하다 보면 어휘 선택, 내용 조직 등의 과정에서 어려움을 느끼게 된다. 이러한 어려움을 해결하기 위해 그에 대해 논리적이고 체계적으로 생각해 보게 되고 이를 통해 표현 능력이 향상된다. 이렇게 사고력과 표현력은 상호 협력의 밀접한 연관을 맺고 있다.

흔히 좋은 글을 쓰기 위한 조건으로 '다독(多讀), 다작(多作), 다상량(多商量)'을 들기도 하는데, 많이 읽고, 많이 써 보고, 많이 생각하다 보면 좋은 글을 쓸 수 있다는 뜻이다. 여기에서 '다상량'은 충분한 사고 활동을 의미한다. 이는 물론 말하기에도 적용되는 것으로 표현 활동과 사고 활동의 관련성을 잘 말해 주고 있다.

① 충분한 사고 활동 후에 이루어지는 표현 활동은 세련되게 된다
② 사고한 내용을 구체적으로 표현해 보면 사고력을 향상시킬 수 있다
③ 사고와 표현 활동은 상호 작용을 하면서 각각의 능력을 상승시킨다
④ 말하기보다 글쓰기가 상대적으로 사고 활동과 깊은 관련을 맺고 있다

문제훈련 단수 빈칸 추론

01 다음 글을 읽고 ㉠에 들어갈 내용으로 가장 적절한 것은?

> 나무는 인류가 오랜 세월 동안 자연과 교감하며 형성한 가장 보편적인 상징물 중 하나이다. 특히 유라시아 북부의 부랴트 민족에게 나무는 단순한 식물이 아니라, 지하·지상·천상을 연결하는 수직축이자 세계의 중심을 상징하는 '세계수'로 여겨진다. 부랴트 신화에서는 자작나무, 낙엽송, 소나무 등이 신성한 존재로 등장하며, 이들은 '모성', '중심성', '영원성', '초월성'과 같은 원형적 의미를 지닌다. 이러한 사고는 문학에도 계승되어 울직투예프 시인의 시 속에서는 나무가 자연의 일부이자 인간 존재의 거울로서 형상화된다. 그는 백조와 자작나무를 함께 등장시키며, 인간과 자연, 고향과 조상의 혼이 하나로 연결된 세계를 그려낸다. 실제로 시 「나는 바랍니다」에서는 "미국의 단풍나무, 일본의 백단향, 부랴트의 잣나무가 한 가족이기를 바란다"는 구절을 통해 나무를 매개로 한 인류의 조화로운 연대를 꿈꾼다. 이처럼 부랴트 민족의 신화와 문학에서 나무는 (㉠   )

① 생태적 공생과 자연 보존의 필요성을 일깨우는 교훈적 도구이다.
② 인간과 우주, 과거와 현재를 잇는 상징적 매개체로 존재론적 의미를 담고 있다.
③ 지역적 특수성을 드러내는 문화적 정체성의 표상이자 민족 고유의 풍습을 보존하는 역할을 한다.
④ 경제적 자원으로서 부랴트 민족의 생존과 번영에 기여하는 실용적 가치를 지닌다.

02 다음 글을 읽고 ㉠에 들어갈 내용으로 가장 적절한 것은?

> 가짜뉴스는 단순한 허위 정보의 문제가 아니라, 사회적 신뢰를 해치고 민주주의의 근본을 위협하는 요소로 작용한다. 특히, 정치적·사회적 의제를 형성하는 과정에서 가짜뉴스는 여론을 왜곡하고, 특정 집단의 이익을 위해 사실을 조작하는 수단으로 활용되기도 한다. 이에 따라, 가짜뉴스 문제를 효과적으로 대응하는 방안을 모색하는 것이 현대 사회의 중요한 과제가 되고 있다. 가짜뉴스는 정보기술의 발달과 함께 더욱 정교해지고 있으며, 빠른 속도로 확산된다. 이는 사람들이 기존의 전통적인 뉴스 매체보다 소셜미디어와 온라인 플랫폼을 통해 정보를 소비하는 비율이 높아졌기 때문이다. 그러나 온라인 환경에서는 뉴스의 사실 여부를 즉각적으로 검증하기 어려우며, 이용자들은 자신의 신념과 일치하는 정보를 무비판적으로 받아들이는 경향을 보인다. 이러한 확증편향은 가짜뉴스가 쉽게 확산되는 주된 원인 중 하나다. 뉴스 리터러시는 정보를 비판적으로 분석하고, 신뢰할 수 있는 출처를 구별하는 능력을 의미한다. 연구에 따르면, 뉴스 리터러시 교육을 받은 사람들은 가짜뉴스를 더 잘 식별하며, 허위 정보에 대한 면역력이 높아지는 경향이 있다. 따라서 (㉠   )

① 가짜뉴스를 생산하고 유포하는 주체에 대한 강력한 법적 처벌이 우선적으로 필요하다.
② 가짜뉴스를 효과적으로 차단하기 위해서는 법적 규제와 함께 개인의 뉴스 리터러시를 향상하는 노력이 필요하다.
③ 소셜미디어와 온라인 플랫폼에서의 정보 소비를 줄이고 전통적 뉴스 매체로 회귀해야 한다.
④ 가짜뉴스 확산은 확증편향에 기인하므로 정보 검증보다 개인의 편향성 극복이 더 중요하다.

03 다음 글을 읽고 ㉠에 들어갈 내용으로 적절한 것은?

최근 동물의 법적 지위에 대한 논의가 활발히 이루어지고 있다. 동물은 더 이상 단순히 인간의 소유물로 간주되지 않으며, 동물 학대와 복지 문제를 해결하기 위한 다양한 법적 변화가 제안되고 있다. 예를 들어, 독일과 스위스 등에서는 동물을 단순히 재산으로 정의하지 않고, 생명체로서 존중받아야 할 대상으로 법적으로 규정하고 있다. 동물 복지에 대한 관심이 법적·사회적 차원에서 증가하면서, 형법을 통해 동물 학대 행위를 명확히 규정하고 처벌을 강화하는 사례도 늘고 있다. 이러한 변화는 동물 학대를 예방할 뿐만 아니라, 동물의 생리적, 심리적 고통을 인정하고 이를 최소화하려는 노력으로 이어지고 있다. 이러한 논의는 동물을 독립된 권리 주체로 인정할 수 있을지에 대한 철학적, 법학적 고민으로 확장되고 있다. 동물 권리를 법적으로 인정하면 인간 사회에 미치는 윤리적, 경제적 영향을 함께 고려해야 한다. 동물의 권리와 인간의 이익이 충돌하지 않도록 균형을 찾는 것이 주요 과제다. 이러한 상황에서 (㉠)은 동물의 권리와 인간 사회 간의 조화를 모색하는 데 핵심적인 역할을 한다.

① 동물을 법적 권리 주체로 인정하는 논의와 함께 구체적 정책을 제안하는 과정
② 동물 복지를 강화하기 위해 형법에서 처벌 규정을 구체화하는 방향
③ 동물의 소유권 강화를 통해 인간 중심의 법 체계를 재확립하는 방안
④ 동물의 권리를 인정하지 않고 기존의 소유물 지위를 유지하면서 복지를 개선하는 접근

04 다음 글의 빈칸 ㉠에 들어갈 내용으로 가장 적절한 것은?

디지털 시대에 들어서면서 온라인 환경에서 개인 정보의 가치가 점차 중요해지고 있다. 특히, 개인정보는 단순한 기록 이상의 의미를 가지며, 이를 바탕으로 다양한 맞춤형 서비스가 제공되고 있다. 예를 들어, 기업들은 사용자의 검색 기록과 클릭 데이터를 분석해 개인 맞춤형 광고를 제공하며, 이는 소비자와 기업 간 상호작용을 강화하는 긍정적인 역할을 한다. 하지만 개인정보의 과도한 수집과 활용은 심각한 문제를 초래할 수 있다. 데이터 유출이나 해킹 사고는 개인의 사생활 침해와 금전적 피해를 초래한다. 개인이나 조직이 정보를 수집할 때, 그 과정이 명확하고 공개적으로 이루어져야 하나, 특정 기업이 데이터를 독점할 경우 소비자의 선택권이 제한되는 결과를 낳을 수도 있다. 최근에는 인공지능 기술의 발전으로 개인정보의 활용 범위가 더욱 확대되고 있으며, 이에 따른 윤리적 문제도 새롭게 대두되고 있다. 개인의 동의 없이 수집된 데이터가 예측하지 못한 목적으로 활용될 수도 있다. 따라서 디지털 시대의 개인정보 보호를 위해서는 ㉠

① 정보 수집의 투명성을 확보하고 개인의 자기결정권을 보장하는 제도적 장치를 마련해야 한다.
② 맞춤형 서비스 발전을 촉진하며 기업의 데이터 활용 자율성을 보장하여야 한다.
③ 개인정보 수집을 최소화하여 디지털 서비스의 제공을 제한해야 한다.
④ 인공지능 기술을 발전시켜 개인정보 침해 가능성을 차단해야 한다.

Chapter 09 복수 빈칸 추론

관련교재
📙 출좋포 독해·논리 p.160~166

◐ 대표 천+기+누+설 개관

빈칸이 2개 이상 뚫리는 유형은 2023년부터 잘 나오는 유형에 속하게 되었습니다.
이번에 인사혁신처 1차 샘플에는 복수 빈칸 추론이 1문제 나왔으나 2차 샘플에서는 나오지 않았습니다.
그렇지만 2025년 지방직 9급에 출제되었으므로 풀이 과정을 익혀야 합니다.
특히 혜선 쌤만의 빨리 푸는 전략이 있으니 그 부분을 꼭 익혀야 합니다.

◐ 대표 천+기+누+설 발문 체크

01 (가)와 (나)에 들어갈 말로 가장 적절한 것은?
02 ㉠, ㉡에 들어갈 내용으로 적절한 것은?

천기누설 혜선팍 독해 pin point

정답 및 해설 p.260

신유형 2025 버전

복수 빈칸 추론

01 다음 글의 (가), (나)에 들어갈 말을 적절하게 나열한 것은? 2025. 지방직 9급

자아 개념이란 자신에 대한 주관적 견해로서 개인이 가지고 있는 능력, 성격, 태도, 느낌 등을 모두 포괄한다. 자아의 형성에 영향을 미치는 요인 중 하나로 타인에게서 듣게 되는 나와 관련된 메시지를 들 수 있다. 물론 타인 중에는 자신이 느끼기에 나에게 관련이 적은 사람도 있고 중요한 사람도 있다. 예를 들어 "너의 글은 인상적이야. 앞으로 좋은 작품을 쓸 수 있을 것 같아."라는 말을 누군가에게 들었을 때, 그 사람이 나에게 중요하다면 그 평가는 자아 개념 형성에 큰 영향을 미칠 수 있다. 그런 범주에 들어갈 수 있는 사람들로는 부모, 친구, 선생님 등이 있을 것이다. 나에게 ___(가)___의 말은 기억에 오래 남기 마련이다.

한편, 타인에게 영향을 받는 자아를 설명하는 개념 중에는 ___(나)___라는 것도 있다. 이 개념에 따르면 우리는 타인과 상호작용하는 과정에서 단순히 타인을 모범으로 삼아 따라 하거나 타인의 훈육을 통해 자아를 형성한다기보다는 타인에게 비치는 나의 모습을 상상하고 그 모습에 대한 타인의 판단을 추정한다. 그러한 추정을 통해 자기에게 생겨난 감정을 알아 가는 과정에서 성숙한 자아를 형성해 나간다.

	(가)	(나)
①	관련이 적은 타인	거울에 비친 자아
②	중요한 타인	모범적인 타인을 따르는 자아
③	관련이 적은 타인	모범적인 타인을 따르는 자아
④	중요한 타인	거울에 비친 자아

빨리 푸는 亦功 전략

1단계
빈칸 (가)의 위치를 파악하고 빈칸 (가)를 스스로 예측하기

2단계
(가)의 빈칸을 추론할 수 있는 핵심 정보에 밑줄을 긋기

(가)에 알맞은 내용의 선택지는 살리고 맞지 않은 선지는 소거하기

3단계
살린 선지의 (나)를 먼저 보고 둘 중 어떤 내용이 둘째 빈칸에 맞는지 확인 후 답을 고르기

신유형 2025 버전

복수 빈칸 추론

빠리 푸는 亦功 전략

1단계
빈칸 (가)의 위치를 파악하고 빈칸 (가)를 스스로 예측하기

2단계
(가)의 빈칸을 추론할 수 있는 **핵심 정보**에 밑줄을 긋기

(가)에 알맞은 내용의 선택지는 살리고 맞지 않은 선지는 소거하기

3단계
살린 선지의 (나)를 먼저 보고 둘 중 어떤 내용이 둘째 빈칸에 맞는지 확인 후 답을 고르기

02 다음 글의 맥락을 고려할 때 빈칸에 들어갈 말로 가장 적절한 것은?

교육의 궁극적인 목표 중 하나는 학생들이 특정한 지식과 기술을 배운 후, 이를 새로운 상황에서도 효과적으로 활용할 수 있도록 하는 것이다. 전통적으로는 (가) 발전하여 다른 영역에서도 활용될 수 있다고 보았다. 이러한 관점에서는 논리적 사고를 요구하는 수학이나 철학을 학습하면, 학생들의 사고력이 전반적으로 향상되어 다양한 상황에서 동일한 사고력이 발휘될 가능성이 높다고 본다. 그러나 현대 교육학에서는 학습된 내용이 반드시 다른 영역으로 쉽게 확장되지 않는다는 연구 결과가 나오면서, 보다 실용적인 접근법이 강조되고 있다. 즉, 학습된 내용이 효과적으로 전이되려면 (나) 이루어져야 한다고 본다. 예를 들어, 과학 개념을 배울 때 공식 암기보다는 실험과 토론을 통해 개념을 적용하는 방식이 학습 효과를 높일 수 있다. 이러한 논쟁은 교육과정 설계에도 영향을 미친다. 특정 학문의 엄격한 훈련이 전반적인 사고력을 높인다는 입장과, 실질적인 맥락 속에서 적용하는 경험이 더욱 중요하다는 입장은 각각의 강점을 가지며, 교육 현장에서는 두 접근법을 조화롭게 활용하는 것이 필요하다.

① (가): 체계적인 반복 학습이 기초적인 사고 능력으로
　(나): 단순한 지적 훈련이 아니라 구체적인 맥락에서의 학습이
② (가): 한 분야에서 학습한 내용이 일반적인 사고 능력으로
　(나): 단순한 지적 훈련이 아니라 구체적인 맥락에서의 학습이
③ (가): 체계적인 반복 학습이 기초적인 사고 능력으로
　(나): 체계적인 반복 학습과 지식의 단계적 심화가
④ (가): 한 분야에서 학습한 내용이 일반적인 사고 능력으로
　(나): 체계적인 반복 학습과 지식의 단계적 심화가

기출훈련 복수 빈칸 추론

01 다음 글의 ㉠~㉢에 들어갈 말을 적절하게 나열한 것은?

2025. 인사혁신처 1차 샘플

소설과 현실의 관계를 온당하게 살피기 위해서는 세계의 현실성, 문제의 현실성, 해결의 현실성을 구별해야 한다. 우리가 살고 있는 이 입체적인 시공간에서 특히 의미 있는 한 부분을 도려내어 서사의 무대로 삼을 경우 세계의 현실성이 확보된다. 그 세계 안의 인간이 자신을 둘러싼 세계와 고투하면서 당대의 공론장에서 기꺼이 논의해볼 만한 의제를 산출해낼 때 문제의 현실성이 확보된다. 한 사회가 완강하게 구조화하고 있는 '가능한 것'과 '불가능한 것'의 좌표를 흔들면서 특정한 선택지를 제출할 때 해결의 현실성이 확보된다.

최인훈의 「광장」은 밀실과 광장 사이에서 고뇌하는 주인공의 모습을 통해 '남(南)이냐 북(北)이냐'라는 민감한 주제를 격화된 이념 대립의 공론장에 던짐으로써 ㉠ 을 확보하였다. 작품의 시공간으로 당시 남한과 북한을 소설적 세계로 선택함으로써 동서 냉전 시대의 보편성과 한반도 분단 체제의 특수성을 동시에 포괄할 수 있는 ㉡ 도 확보하였다. 「광장」에서 주인공이 남과 북 모두를 거부하고 자살을 선택하는 결말은 남북으로 상징되는 당대의 이원화된 이데올로기를 근저에서 흔들었다. 이로써 ㉢ 을 확보할 수 있었다.

	㉠	㉡	㉢
①	문제의 현실성	세계의 현실성	해결의 현실성
②	문제의 현실성	해결의 현실성	세계의 현실성
③	세계의 현실성	문제의 현실성	해결의 현실성
④	세계의 현실성	해결의 현실성	문제의 현실성

02 다음 글의 (가)와 (나)에 들어갈 말로 가장 적절한 것은?

2024. 국가직 9급

채식주의자는 고기, 생선, 유제품, 달걀 섭취 여부에 따라 다섯 가지로 나뉜다. 완전 채식주의자는 이들 모두를 섭취하지 않으며, 페스코 채식주의자는 고기는 섭취하지 않지만 생선은 먹으며, 유제품과 달걀은 개인적 선호에 따라 선택적으로 섭취한다. 남은 세 가지 채식주의자는 고기와 생선 모두를 먹지 않되 유제품과 달걀 중 어떤 것을 먹느냐의 여부로 결정된다. 이들의 명칭은 라틴어의 '우유'를 의미하는 '락토(lacto)'와 '달걀'을 의미하는 '오보(ovo)'를 사용해 정해졌는데, 예를 들어, 락토오보 채식주의자는 고기와 생선은 먹지 않으나 유제품과 달걀은 먹는다. 락토 채식주의자는 (가) 먹지 않으며, 오보 채식주의자는 (나) 먹지 않는다.

① (가): 달걀은 먹지만 고기와 생선과 유제품은
   (나): 고기와 생선과 달걀은 먹지만 유제품은
② (가): 달걀은 먹지만 고기와 생선과 유제품은
   (나): 유제품은 먹지만 고기와 생선과 달걀은
③ (가): 유제품은 먹지만 고기와 생선과 달걀은
   (나): 고기와 생선과 유제품은 먹지만 달걀은
④ (가): 유제품은 먹지만 고기와 생선과 달걀은
   (나): 달걀은 먹지만 고기와 생선과 유제품은

03 (가)와 (나)에 들어갈 말로 가장 적절한 것은?

2023. 국가직 9급

특정한 작업을 수행하기 위해 신체 근육의 특정 움직임을 조작하는 능력을 운동 능력이라고 한다. 언어에 관한 운동 능력은 '발음 능력'과 '필기 능력' 두 가지인데 모두 표현을 위한 능력이다.

말로 표현하기 위해서는 발음 능력이 필요한데, 이는 음성 기관을 움직여 원하는 음성을 만들어 내는 능력이다. 이 능력은 영·유아기에 수많은 시행착오와 꾸준한 훈련을 통해 습득된다. 이렇게 발음 능력을 습득하면 음성 기관의 움직임은 자동화되어 음성 기관의 어느 부분을 언제 어떻게 움직일지를 화자가 거의 의식하지 않는다. 우리가 모어에 없는 외국어 음성을 발음하기 어려운 이유는 (가) 있기 때문이다.

글로 표현하기 위해서는 필기 능력이 필요하다. 필기에서는 글자의 모양을 서로 구별되게 쓰는 것은 기본이고 그 수준을 넘어서서 쉽게 알아볼 수 있는 모양으로 잘 쓰는 것도 필요하다. 글씨를 쓰기 위해 손을 놀리는 것은 발음을 하기 위해 음성 기관을 움직이는 것에 비해 상당히 의식적이라 할 수 있다. 그렇지만 개인의 의지와 관계없이 필체가 꽤 일정하다는 사실은 손을 놀리는 데에 (나) 의미한다.

① (가): 음성 기관의 움직임이 모어의 음성에 맞게 자동화되어
   (나): 무의식적이고 자동적인 면이 있음을
② (가): 낯선 음성은 무의식적으로 발음하도록 훈련되어
   (나): 유아기에 수행한 훈련이 효과적이지 않음을
③ (가): 음성 기관의 움직임이 모어의 음성에 맞게 자동화되어
   (나): 유아기에 수행한 훈련이 효과적이지 않음을
④ (가): 낯선 음성은 무의식적으로 발음하도록 훈련되어
   (나): 무의식적이고 자동적인 면이 있음을

04 다음 글의 맥락을 고려할 때 (가)와 (나)에 들어갈 내용으로 가장 적절한 것은?

2023. 지방직 7급

육각형의 벌집 모양은 자연이 만든 경이로운 디자인이다. 이 벌집의 과학적인 구조는 역사적으로 경탄의 대상이었는데, 다윈은 벌집을 경이롭고 완벽한 과학이라고 평가했다. 벌집의 정육각형 구조는 구멍과 구멍 사이의 간격을 최소화하면서 공간을 최대화할 수 있는 가장 안정적인 형태이다. 이 구조는 (가) 는 이점이 있다. 벌이 밀랍 1온스를 만들려면 약 8온스의 꿀을 먹어야 한다. 공간이 최적화됨으로써 필요한 밀랍의 양이 줄어, 벌집을 짓는 데 드는 노력과 에너지가 최소화된다. 이처럼 벌집은 과학적으로 탄탄하고 기술적으로 효율적인 디자인이다. 게다가 예술적으로 아름다운 것은 두말할 필요 없다. 견고하고 가볍고 실용적이면서 아름답기까지 한 이 구조를 닮은 건축양식이나 각종 생활용품을 흔히 발견할 수 있다. 이는 (나) 는 뜻이다.

① (가): 벌집을 짓는 데 소요되는 노동량을 최대화한다
   (나): 자연의 구조인 벌집이 인간의 창조 활동에 영감을 주었다
② (가): 벌집을 짓는 데 소요되는 노동량을 최대화한다
   (나): 인간이 만든 디자인은 자연이 만든 디자인보다 뛰어날 수 없다
③ (가): 벌집을 짓기 위해 필요한 밀랍의 양이 적게 든다
   (나): 자연의 구조인 벌집이 인간의 창조 활동에 영감을 주었다
④ (가): 벌집을 짓기 위해 필요한 밀랍의 양이 적게 든다
   (나): 인간이 만든 디자인은 자연이 만든 디자인보다 뛰어날 수 없다

05 ㉠, ㉡에 들어갈 내용으로 가장 적절한 것은?

2023. 국회직 8급

최후통첩 게임에서 두 참가자는 일정한 액수의 돈을 어떻게 분배할지를 놓고 각각 나름의 결정을 내리게 된다. 먼저 A에게 1,000원짜리 100장을 모두 준 다음 그 돈을 다른 한 사람인 B와 나누라고 지시한다. 이때 A는 자기가 제안하는 액수를 받아들일지 말지 결정할 권리가 B에게 있다는 사실을 알고 있다. 만약 B가 그 제안을 수용하면, 두 사람은 A가 제안한 액수만큼 각각 받는다. 만약 B가 그 제안을 거절하면, 아무도 그 돈을 받지 못한다. 이는 일회적 상호작용으로서, 결정할 수 있는 기회는 단 한 번뿐이고 두 사람은 서로에 대해서 전혀 모르는 사이이다. 그들은 어떤 결정을 내릴 것인가? 만약 두 사람이 모두 자기 이익에 충실한 개인들이라면, A는 아주 적은 액수의 돈을 제안하고 B는 그 제안을 받아들일 것이다. A가 단 1,000원만 제안하더라도, B는 그 제안을 받아들여야 한다. 왜냐하면 B는 (㉠) 둘 중 하나를 선택해야 하기 때문이다. 만약 상대방이 합리적 자기 이익에 충실하다고 확신한다면, A는 결코 1,000원 이상을 제안하지 않을 것이다. 그 이상을 제안하는 일은 상대방의 이익을 배려한 것으로 자신의 이익을 불필요하게 줄이기 때문이다. 이것이 이기적인 개인들에게서 일어날 상황이다.

하지만 현실에서는 이런 상황은 절대 일어나지 않는다. 실험결과에 따르면, 사람들은 낮은 액수의 제안을 받으면 거절하는 경향이 있다. 이 연구에서 나타난 명백한 결과에 따르면 총액의 25% 미만을 제안할 경우 그 제안은 거절당할 가능성이 상당히 높다. 비록 자기의 이익이 최대화되지 않더라도 제안이 불공평하다고 생각하면 거절하는 것으로 보인다. 액수를 반반으로 나누고자 하는 사람이 제일 많다는 점은 이를 지지해 준다. 결과적으로 이 실험은 (㉡)는 것을 보여 준다.

① ㉠: 제안한 1,000원을 받든가, 한 푼도 받지 못하든가
　㉡: 인간의 행동이 경제적 이득에 의해서 움직인다

② ㉠: 1,000원보다 더 적은 금액을 받든가, 제안한 1,000원을 받든가
　㉡: 인간이 공정성과 상호 이득을 염두에 두고 행동한다

③ ㉠: 제안한 1,000원을 받든가, 한 푼도 받지 못하든가
　㉡: 인간의 행동이 경제적 이득에 의해서만 움직이지 않는다

④ ㉠: 1,000원보다 더 적은 금액을 받든가, 제안한 1,000원을 받든가
　㉡: 인간의 행동이 경제적 이득에 의해서만 움직이지 않는다

⑤ ㉠: 제안한 1,000원을 받든가, 한 푼도 받지 못하든가
　㉡: 인간이 공정성과 상호 이득을 염두에 두고 행동하지 않는다

문제훈련 복수 빈칸 추론

정답 및 해설 p.261

01 다음 글의 맥락을 고려할 때 빈칸에 들어갈 말로 가장 적절한 것은?

코로나19 팬데믹은 단순한 감염병 확산을 넘어, 인간 사회의 구조와 인식 체계를 근본적으로 변화시켰다. 이러한 변화 속에서 역사학 역시 기존의 연구 방식을 재검토해야 하는 도전에 직면했다. 전염병이 과거에도 역사적 변화를 이끌었던 사례는 많았지만, 기존의 역사학은 이를 단순한 배경 요소로 취급하며 인간 중심적인 서술을 유지해왔다. 그러나 포스트코로나 시대에는 (가) 관점이 필요하다. 기존의 역사학은 문자 기록이 존재하는 인간 사회의 사건을 중심으로 연구하는 경향이 강했다. 하지만 코로나19는 바이러스라는 미시적 요소가 역사적 변화를 유발할 수 있음을 보여주었다. 이에 따라, 인간 중심의 역사 서술에서 벗어나, 기후 변화, 생태계 교란, 전염병과 같은 요인들이 문명에 미치는 영향을 분석하는 방식으로 역사학의 패러다임이 변화해야 한다는 주장이 제기되고 있다.

또한, 코로나19는 세계화의 속도를 늦추고 국경을 폐쇄하며 새로운 형태의 사회 질서를 만들어냈다. 이는 경제, 정치, 문화 등 여러 분야에서 새로운 표준을 형성하며 기존의 국제 질서를 재편하는 계기가 되었다. 따라서 역사학은 (나) 필요가 있으며, 인간과 환경, 기술과 문명의 상호작용을 보다 폭넓게 다루어야 한다. 포스트코로나 시대의 역사학은 과거의 단순한 재구성이 아니라, 인류의 지속 가능성을 탐구하는 학문으로 확장될 필요가 있다.

① (가): 질병과 같은 비인간적 요소도 역사적 행위자로 인정하는
  (나): 인류 중심의 역사 서술 방식을 강화할
② (가): 인간 행위자에 더 집중하는
  (나): 이러한 변화의 맥락에서 새로운 시대를 조망할
③ (가): 인간 행위자에 더 집중하는
  (나): 인류 중심의 역사 서술 방식을 강화할
④ (가): 질병과 같은 비인간적 요소도 역사적 행위자로 인정하는
  (나): 이러한 변화의 맥락에서 새로운 시대를 조망할

02 다음 글의 맥락을 고려할 때 빈칸에 들어갈 말로 가장 적절한 것은?

> 독일의 막스플랑크연구회는 세계 최고 수준의 기초과학 연구 기관으로, 공공연구기관이 지속적으로 성과를 창출하기 위한 성공적인 운영 모델을 제시하고 있다. 1948년 설립된 이후, 이 연구회는 노벨상 수상자를 다수 배출하며 연구 생산성과 과학적 영향력을 유지해왔다. 막스플랑크연구회의 가장 큰 성공 요인은 (가) 에 있다. 연구소 소장은 세계적으로 인정받는 과학자들로 임명되며, 이들에게 연구의 완전한 자율성이 보장된다. 연구 인력의 선발 과정에서도 최고의 과학자들이 엄격한 기준을 통해 채용되며, 신진 연구자 육성을 위한 '막스플랑크 국제연구학교'와 같은 프로그램이 운영되고 있다.
> 두 번째 요인은 안정적인 재정 지원과 독립적인 운영 구조이다. 연구회는 독일 연방정부와 지방정부로부터 안정적인 출연금을 받으며, 연구 기획과 예산 집행에 있어 정부의 직접적인 간섭을 받지 않는다. 이러한 재정적 독립성은 (나) 할 수 있도록 한다. 마지막으로, '하낙 원칙'을 기반으로 한 연구 문화가 막스플랑크연구회의 지속적인 성장을 이끌었다. 이 원칙은 최고의 과학자들이 연구소를 운영하고, 연구자가 행정적 부담 없이 연구에만 집중할 수 있도록 보장하는 구조를 의미한다.

① (가): 우수한 인력 확보와 연구 자율성 보장
　(나): 장기적 연구에 집중하고 시장 압력에서 자유롭게 연구
② (가): 정부와 기업의 협력 관계 구축
　(나): 장기적 연구에 집중하고 시장 압력에서 자유롭게 연구
③ (가): 정부와 기업의 협력 관계 구축
　(나): 연구 성과의 신속한 상업화로 경제적 가치를 창출
④ (가): 우수한 인력 확보와 연구 자율성 보장
　(나): 연구 성과의 신속한 상업화로 경제적 가치를 창출

03 다음 글의 맥락을 고려할 때 빈칸에 들어갈 말로 가장 적절한 것은?

> 건강은 인간이 누려야 할 기본적인 권리이지만, 현실에서는 사회경제적 요인에 따라 건강 상태와 의료 서비스 접근성이 크게 차이 난다. 건강 불평등은 단순한 개인의 선택 문제가 아니라, 구조적 요인에 의해 심화되는 사회적 문제다. 특히, 소득, 교육 수준, 직업, 거주 지역과 같은 사회경제적 요인은 건강 상태와 기대수명에 직접적인 영향을 미친다. 소득 수준이 높은 사람들은 양질의 의료 서비스를 이용할 기회가 많고, 건강을 유지하기 위한 생활습관을 실천할 가능성이 크다. 반면, 경제적으로 취약한 계층은 (가) . 이로 인해 특정 계층에서 만성 질환 발병률과 사망률이 높아지고, 건강 격차는 세대를 넘어 지속적으로 재생산된다.
> 또한, 거주 지역에 따른 건강 불평등도 중요한 문제다. 의료 시설이 잘 갖춰진 도심과 달리, 농어촌이나 저소득층 밀집 지역에서는 의료 접근성이 낮고, 공공 보건 서비스도 부족한 경우가 많다. 이러한 차이는 (나) . 건강 불평등을 해결하기 위해서는 단순히 의료 서비스 확대에 그칠 것이 아니라, 사회 전반적인 구조적 문제를 함께 해결해야 한다. 소득 불평등 완화, 보건의료 시스템 개선, 건강 정보에 대한 접근성 확대 등 종합적인 정책이 필요하다. 건강은 개인의 책임이 아니라 사회적 보장이 필요한 영역이다.

① (가): 적절한 치료와 건강관리를 받지 못한다
　(나): 의료진과 의료기관의 불균형 배치 때문이다
② (가): 의료 정보 이해에 어려움을 겪게 된다
　(나): 의료진과 의료기관의 불균형 배치 때문이다
③ (가): 적절한 치료와 건강관리를 받지 못한다
　(나): 정책적 결정과 공공 인프라 배분의 문제이다
④ (가): 의료 정보 이해에 어려움을 겪게 된다
　(나): 정책적 결정과 공공 인프라 배분의 문제이다

04 다음 글의 맥락을 고려할 때 빈칸에 들어갈 말로 가장 적절한 것은?

> 기후변화는 단순한 환경 문제가 아니라 경제와 사회 전반에 걸쳐 영향을 미치는 복합적 현상이다. 특히, 기후변화로 인해 발생하는 질병은 개별 국가의 보건 문제를 넘어 국제 경제에도 중요한 영향을 미친다. 기온 상승, 기상이변 등으로 인해 말라리아, 뎅기열, 식중독과 같은 감염병의 발생 빈도가 높아지고 있으며, 이는 (가) 등 사회 전반에 걸쳐 부정적인 영향을 초래한다. 연구에 따르면, 기후변화로 인해 노동생산성이 저하될 경우, 국가 경제의 성장률이 둔화될 수 있다. 예를 들어, 감염병 확산으로 인해 근로자들이 치료 기간 동안 업무를 수행하지 못하면, 기업의 생산성이 감소하고 이는 국내총생산 하락으로 이어진다. 또한, 의료비 부담이 증가하면서 개인 소비 여력이 감소하고, 국가 차원에서도 보건 예산이 증가해 재정 부담이 가중된다. 이는 장기적으로 경제 구조의 불안정을 초래할 수 있다.
> 국제 무역 역시 기후변화 질병의 영향을 받는다. 연구에 따르면, 질병 발생이 빈번한 국가에서는 생산성이 저하될 뿐만 아니라, 수출입에도 악영향을 미친다. 노동력 감소로 인해 생산이 줄어들고, (나) , 국가 간 교역량이 감소할 가능성이 높다. 이러한 변화는 글로벌 공급망에도 영향을 미치며, 특정 산업의 불균형을 초래할 수 있다.

① (가): 노동생산성 저하와 의료비 증가
　(나): 국가 간 여행 제한과 인적 교류가 감소하면
② (가): 노동생산성 저하와 의료비 증가
　(나): 감염병 확산을 막기 위한 무역 제한 조치가 시행되면
③ (가): 경제 성장률 하락과 금융시장 불안정
　(나): 국가 간 여행 제한과 인적 교류가 감소하면
④ (가): 경제 성장률 하락과 금융시장 불안정
　(나): 감염병 확산을 막기 위한 무역 제한 조치가 시행되면

05 ㉠, ㉡에 들어갈 내용으로 가장 적절한 것은?

> 로마가 그리스를 점령한 후 그리스 예술이 국제적으로 전파되었고, 그리스 예술은 서양 예술의 바탕이 되었다. 로마인들은 그리스 예술에 영향을 받았지만, 이를 실용적, 사실적으로 바꾸어 나갔다.
> 로마인들은 건물의 외양보다 내적 공간에 관심을 가졌고, 내적으로 더 큰 공간을 원했다. 넓은 건축 공간에 그리스의 양식을 그대로 차용하면 붕괴 위험이 있었다. 그래서 수직으로 작용하는 하중의 부담을 덜어서 넓은 공간을 조성할 수 있도록 로마인들은 아치를 고안해 냈다. 아치를 사용할 경우 기둥이 바깥쪽으로 휘려는 성질 때문에 반드시 기둥의 바깥벽이 지탱되야 하는 부담감과 폭이 넓어지는 만큼 높이도 높아져야 한다는 단점도 있지만, ㉠ .
> 로마인들에게 아치는 로마인들이 세계로 나아갈 수 있는 발판을 마련해 주었다. 아치는 일반 건축물뿐만 아니라 다리와 수로에도 적극적으로 이용되었다. 로마 시대에는 수많은 다리가 세워졌는데, 이 다리는 로마의 길들을 연결해 주었다. 또한 목욕 문화에도 관심이 많았던 로마인들을 물을 끌어 들이기 위해 도시에 방대한 수로 시설을 갖추었고 이 수로 건축에도 아치형 기술을 이용했다.
> ㉡ , 점차 도시라는 형태를 제대로 갖춰 나가며 로마 문명을 꽃피웠다.

① ㉠: 로마인들은 그리스 예술과 차별화를 두기 위해 인위적으로 다른 선택을 했던 것이다.
　㉡: 로마는 아치형 기술을 원동력으로 삼아 통치력을 강화해 나갔고
② ㉠: 로마인들은 자신들이 원하는 공간을 얻기 위해 그리스인들과는 다른 선택을 했던 것이다.
　㉡: 로마는 아치형 기술을 원동력으로 삼아 통치력을 강화해 나갔고
③ ㉠: 로마인들은 그리스 문화를 발전시키고 계승하기 위해 다른 선택을 했던 것이다.
　㉡: 로마는 수로를 원동력으로 삼아 통치력을 강화해 나갔고
④ ㉠: 로마인들은 자신들이 원하는 공간을 얻기 위해 그리스인들과는 다른 선택을 했던 것이다.
　㉡: 로마는 목욕문화의 발전으로 도시로 방대한 수로 시설을 설치함으로써

06 다음 글의 맥락을 고려할 때 빈칸에 들어갈 말로 가장 적절한 것은?

> 우주 탐사는 인류의 과학적 성취 중 가장 혁신적인 분야 중 하나로 꼽힌다. 최초의 인류가 달에 착륙한 이래, 화성 탐사와 외계 생명체 탐사에 대한 관심이 점차 증가하고 있다. 특히 최근에는 민간 기업이 우주 탐사에 참여하면서, 우주 산업의 상업화가 급격히 진행되고 있다. 하지만 이러한 발전에도 불구하고, (가) 은/는 여전히 큰 도전 과제로 남아 있다. 우주 환경은 인간에게 매우 가혹하며, 장기간의 우주 체류는 건강에 치명적인 영향을 미칠 수 있기 때문이다.
>
> 또한, 우주 탐사의 상업화가 빠르게 진행됨에 따라 (나) 문제도 점차 대두되고 있다. 민간 기업의 참여가 본격화되고 있는 현실이지만, 우주 자원의 소유권과 이용권에 대한 국제적 규제책은 미흡한 상황이다. 이는 국가 간 갈등으로 이어질 가능성이 있어 우주 개발을 둘러싼 국제적 협력의 중요성은 더욱 커지고 있다. 따라서 우주 탐사의 상업적 성공만큼이나 지속 가능한 우주 개발을 위한 국제적 논의가 필요하다.

① (가): 우주 방사선의 위험성
　(나): 우주 자원 분배
② (가): 우주 환경에 맞는 의료기술 확보
　(나): 우주 자원의 법적 소유권
③ (가): 우주 탐사의 기술적 한계
　(나): 우주 탐사 비용 증가
④ (가): 우주 비행의 윤리적 문제
　(나): 국제 우주 조약의 개정

Chapter 10 순서 배열

천기누설 혜선팍 독해 시즌1

Part 04

순서
배열

Chapter 10 순서 배열

관련교재
기 출좋포 독해·논리 p.196~206

◯ 대표 천+기+누+설 개관

(가)~(라)의 문장이나 문단을 배열하는 문제 유형으로
2024년 이전은 물론이고 2025년 이후에도 살아남은 0순위 최빈출 유형입니다.
2025년 인사혁신처 1차 샘플, 2차 샘플, 2025 국가직, 지방직에도 1문제씩 모두 출제가 되었습니다.
순서 배열 문제에서 기억할 점은
자의적이고 주관적인 방법으로 풀어서는 안 된다는 것입니다.
실제로 일상적인 글들을 여러 글 구조를 가지만
순서 배열에서는 출제자가 원하는 문제 풀이 방식을 따라야 합니다.
출제자가 원하는 문제 풀이 방식이 다른 유형보다 훨씬 더 고정되어 있는 유형이므로
무조건 혜선 쌤이 알려주는 순서 배열 방식을 암기하고 여러 번 반복적으로 적용해야 합니다.

◯ 대표 천+기+누+설 발문 체크

01 (가)~(다)를 맥락에 맞게 순서대로 나열한 것은?
02 (가)~(라)를 맥락에 따라 가장 자연스럽게 배열한 것은?
03 (가)~(라)의 전개 순서로 가장 자연스러운 것은?

천+기+누+설 독해이론

◆ 첫 문단을 먼저 찾는 힌트를 얻기 위해 먼저 선택지를 봅니다. 그럼 첫 문단이 2-3개로 줄어들어 이득입니다.

① (가) - (나) - (다) - (라) ② (나) - (가) - (라) - (다)
③ (나) - (라) - (가) - (다) ④ (라) - (나) - (다) - (가)

◆ 혜선 쌤의 첫 문단 찾는 방법 야매 꼼수

처음부터 글이 접속어나 지시어로 시작할 가능성은 낮으므로 그러한 문단은 첫 문단이 되기 힘듭니다.

◆ 첫 문단을 찾을 때에 주의할 점!

첫 문단이 확실하면 그대로 배열하면 되지만
확실하지 않으면 선택지를 소거해서는 안 됩니다.
하나 정해서 뒤의 것을 배열하되, 이상함을 발견하면 첫 번째 배열을 달리해야 합니다.

❖ 표면적 연결

① 같은 단어가 있는 문단이 바로 뒤에 배열됩니다.

> ㉠ 폭설, 즉 대설이란 많은 눈이 시간적, 공간적으로 집중되어 내리는 현상을 말한다.
> ㉡ 또한, 경보는 24시간 신적설이 20cm 이상 예상될 때이다.
> ㉢ 다만, 산지는 24시간 신적설이 30cm 이상 예상될 때 발령된다.
> ㉣ 이때 대설의 기준으로 주의보는 24시간 새로 쌓인 눈이 5cm 이상이 예상될 때이다.
> — 2021. 국가직 9급

② 앞의 대상을 받는 지시어가 바로 뒤에 배열됩니다.

> 독서는 아이들의 전반적인 뇌 발달에 큰 영향을 미친다.
> (가) 그에 따르면 뇌의 전두엽은 상상력을 관장하는데, 책을 읽으면 상상력이 자극되어 전두엽을 많이 사용하게 된다.
> (나) A 교수는 책을 읽을 때와 읽지 않을 때의 뇌 변화를 연구해서 세계적인 명성을 얻었다.
> (다) 이처럼 책을 많이 읽으면 전두엽이 훈련되어 전반적인 뇌 발달의 가능성이 높아지는데, 그 결과는 교육 현장에서 실증된 바 있다.
> 독서를 많이 한 아이는 학교에서 더 좋은 성적을 낼 뿐 아니라 언어 능력도 발달한다는 사실이 밝혀진 것이다.
> — 2023. 지방직 9급

③ 접속어가 있는 문단이 바로 뒤에 배열됩니다.

> (가) 그러나 사람들은 소유에서 오는 행복은 소중히 여기면서 정신적 창조와 인격적 성장에서 오는 행복은 모르고 사는 경우가 많다.
> (나) 소유에서 오는 행복은 낮은 차원의 것이지만 성장과 창조적 활동에서 얻는 행복은 비교할 수 없이 고상한 것이다.
> (다) 부자가 되어야 행복해진다고 생각하는 사람은 스스로 부자라고 만족할 때까지는 행복해지지 못한다.
> (라) 하지만 최소한의 경제적 여건에 자족하면서 정신적 창조와 인격적 성장을 꾀하는 사람은 얼마든지 차원 높은 행복을 누릴 수 있다.
> (마) 자기보다 더 큰 부자가 있다고 생각될 때는 여전히 불만과 불행에 사로잡히기 때문이다.
> — 2017. 지방직 9급 추가

❖ 이면적으로 연결되는 경우

① 시간의 흐름
② 일반적 진술 – 구체적인 부연, 상술
③ 소개 – 구체적 설명
④ 일반적 원리 – 구체적인 사례
⑤ 문제점 – 해결 방안
⑥ 실험 과정 – 실험 결과

천기누설 혜선팍 독해 pin point

신유형 2025 버전 1

순서 배열

빨리 푸는 亦功 전략

1단계
선지에서
첫 문단에 올 가능성이 있는
문단을 확인하기
(나) 혹은 (다)

2단계
첫 문단을 찾았으면
표면적 연결,
이면적 연결을
확인하면서
문단을 배열하기

3단계
자의적이거나
주관적인 방법이 아니라
반드시 혜선 쌤이
일러 준 방법을 사용하기

01 (가)~(라)를 맥락에 맞추어 가장 적절하게 나열한 것은? 2025 지방직 9급

(가) 픽셀 단위로 수치화된 이미지 데이터는 하나의 긴 데이터 형태로 컴퓨터에 저장된다. 초기 컴퓨터의 경우 흑백만 표현할 수 있었기 때문에 이미지는 하나의 픽셀에 대해 흑과 백이 0과 1로 표현되는 1비트로 저장되었다.

(나) 높은 해상도의 구현은 데이터 저장 용량의 문제를 일으켰고, 용량을 줄이기 위한 여러 방법도 함께 고안되었다. 이를 통해 고해상도의 이미지도 웹사이트를 비롯한 다양한 분야에서 활발하게 사용할 수 있게 되었다.

(다) 컴퓨터에서 이미지를 처리하기 위해서는 아날로그 영상 신호를 디지털로 변환하는 과정을 거쳐야 한다. 이미지를 디지털로 저장하는 가장 기본적인 방법은 픽셀 단위로 수치화하여 저장하는 것이다.

(라) 하지만 현재는 컴퓨터 비전 기술이 발달하면서 하나의 픽셀에 여러 색상의 정보를 담게 되었다. 초기 색상 표현은 하나의 픽셀이 흑과 백의 1비트였으나, 최근에는 높은 해상도를 구현하기 위해 픽셀 하나에 32비트까지 사용한다.

① (나) - (가) - (라) - (다)
② (나) - (다) - (가) - (라)
③ (다) - (가) - (라) - (나)
④ (다) - (라) - (가) - (나)

신유형 2025 버전 2

문장 삽입

02 아래 내용을 위 글의 (가)~(라)에 넣을 때 가장 적절한 위치는? 2023. 군무원 9급

(가) 공감은 상대방의 생각과 느낌을 자신의 생각과 느낌처럼 받아들이고 이해하는 것이다. (나) 상대방이 나를 분석하거나 판단하지 않고, 있는 그대로 나의 감정을 이해하고 있다고 느끼게 될 때 사람들은 그 상대방을 나를 이해하는 사람, 나를 알아주는 사람으로 여기게 된다. 판단 기준과 가치관이 다른 사람의 생각과 느낌을 공감을 하면서 이해하는 것은 여간 어려운 일이 아니다. (다) 사람은 누구나 자신의 느낌과 생각을 바탕으로 말하고 판단하고 일을 결정하게 되므로, 상대방의 입장을 헤아리고 그의 느낌과 생각을 내가 그렇게 생각하고 느끼는 것처럼 이해하기가 어렵다. (라) 상대방의 말투, 표정, 자세를 관찰하면서 그와 같은 관점, 심정, 분위기 또는 태도로 맞추는 것도 공감에 도움이 된다.

공감의 출발은 상대방의 이야기를 경청하면서 상대방의 감정과 느낌이 어떠했을까를 헤아리며 그것을 이해하도록 노력하는 것이다. 그리고 상대방의 입장을 이해한다는 것을 언어적, 비언어적으로 표현하는 것이 중요하다.

① (가) ② (나)
③ (다) ④ (라)

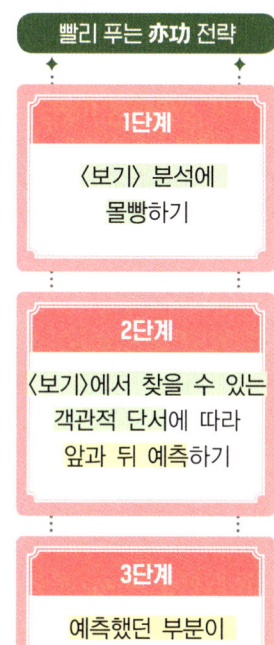

기출훈련 순서 배열

01 (가)~(라)를 맥락에 따라 가장 자연스럽게 배열한 것은?

2024. 국가직 9급

약물은 질병을 치료하거나 예방할 목적으로 사용되는 의약품이다. 우리 주변에는 약물이 오남용되는 경우가 있다.

(가) 더구나 약물은 내성이 있어 이전보다 더 많은 양을 사용하기 마련이므로 피해는 점점 커지게 된다.

(나) 오남용은 오용과 남용을 합친 말로서 오용은 본래 용도와 다르게 사용하는 일, 남용은 함부로 지나치게 사용하는 일을 가리킨다.

(다) 그러므로 약물을 사용할 때는 반드시 의사나 약사와 상의하고 설명서를 확인하여 목적에 맞게 적정량을 사용해야 한다.

(라) 약물을 오남용하면 신체적 피해는 물론 정신적 피해를 입을 수 있다.

① (나) - (다) - (라) - (가)
② (나) - (라) - (가) - (다)
③ (라) - (가) - (나) - (다)
④ (라) - (다) - (나) - (가)

02 (가)~(라)의 전개 순서로 가장 자연스러운 것은?

2024. 지방직 9급

청소년 노동자를 바라보는 시각에는 양극단이 존재한다. '경제적으로 어려운 아이들'이라는 시각과 '지나치게 돈을 좋아하는 아이들'이라는 시각이 그것이다.

(가) 이런 시각은 비행만을 강조하기에 청소년들이 스스로 노동하고 있다는 사실을 부끄러워하거나 다른 사람들에게 숨기는 경우도 많이 발생한다.

(나) 전자는 청소년이 노동을 선택하는 이유를 '생계비 마련' 하나만으로 축소해 버리고 피해자로만 바라본다는 점에서 문제가 있다.

(다) 그러다 보니 생활비 마련뿐만 아니라 의미 있는 시간 활용, 부모의 눈치를 보지 않는 독립적인 생활, 진로 탐색 등 노동을 선택하는 복합적인 이유가 삭제돼 버린다.

(라) 후자의 시각은 청소년 노동을 학생의 본분을 저버린 그릇된 행위로 만들어 버림으로써, 문제의 원인을 노동 현장의 구조적 문제가 아니라 '청소년이 노동하고 있다는 사실' 자체로 돌려 버린다.

두 시각 모두 도달하게 되는 결론은 청소년을 노동에서 빨리 구원해야 한다는 것이다.

① (나) - (가) - (다) - (라)
② (나) - (가) - (라) - (다)
③ (나) - (다) - (라) - (가)
④ (나) - (라) - (다) - (가)

03 다음 글에서 (가)~(다)의 순서를 자연스럽게 배열한 것은?

2023. 국가직 9급

빅데이터가 부각된다는 것은 기업들이 빅데이터의 가치를 받아들이기 시작했다는 뜻이다. 여기에는 기업들이 데이터를 바라보는 시각이 변한 측면도 있다.

(가) 기업들은 고객이 판촉 활동에 어떻게 반응하고 평소에 어떻게 행동하며 사물에 대해 어떤 태도를 보이는지 알기 위해 많은 돈을 투자해 마케팅 조사를 해 왔다.

(나) 그런 상황에서 기업들은 SNS나 스마트폰 등 새로운 데이터 소스로부터 그러한 궁금증과 답답함을 해결할 수 있다는 것을 알게 되었다. 페이스북에 올리는 광고에 친구가 '좋아요'를 한 것에서 기업들은 궁금증과 답답함을 해결할 수 있다.

(다) 그런데 기업들의 그런 노력이 효과가 있는 경우도 있었으나 아쉬운 점도 많았다. 쉬운 예로, 기업들은 많은 광고비를 쓰지만 그 돈이 구체적으로 어느 부분에서 효과를 내는지는 알지 못했다.

결국 데이터가 있는 곳에서 기업들은 점점 더 고객의 취향에 집중할 수 있게 되었으며, 이에 따라 기업은 소셜 미디어의 빅데이터를 중요한 경영 수단으로 수용하기 시작한 것이다.

① (가) - (나) - (다)
② (가) - (다) - (나)
③ (나) - (가) - (다)
④ (다) - (나) - (가)

04 (가)~(라)를 논리적 순서에 맞게 나열한 것은?

2023. 국회직 8급

(가) 아동 정신의학자 존 볼비는 엄마와 아이 사이의 애착을 연구하면서 처음으로 이 현상에 관심을 갖게 되었다. 그가 처음 연구를 시작할 때만 해도 아이가 엄마와 계속 붙어 있으려고 하는 이유는 먹을 것을 얻기 위해서라는 생각이 지배적이었다.

(나) 아동 정신의학자로 활동하며 연구를 이어간 끝에, 볼비는 엄마와의 애착관계가 불안정한 아이는 정서 발달과 행동발달에 큰 문제가 생길 수 있음을 알게 됐다. 또한 아이가 애착을 느끼는 대상이 아이를 세심하게 돌보고 보살필 때 아이는 보호받는 기분, 안전함, 편안함을 느끼고, 이는 아이가 건강하게 발달해서 생존할 확률을 높이는 요소라는 사실을 밝혀냈다.

(다) 애착이란 시간이 흐르고 멀리 떨어져 있어도 유지되는 강력한 정서적 유대감으로 정의할 수 있다. 특정한 사람과 어떻게든 가까이 있고 싶은 감정이 애착의 핵심이지만 상대가 반드시 똑같이 느껴야 하는 것은 아니다.

(라) 하지만 볼비는 아이가 엄마와 분리되면 엄청나게 괴로워하며, 다른 사람이 돌봐 주거나 먹을 것을 줘도 그러한 고통이 해소되지 않는다는 사실을 발견했다. 엄마와 아이의 유대에 뭔가 특별한 것이 있다는 의미였다.

① (가) - (나) - (다) - (라)
② (가) - (다) - (나) - (라)
③ (나) - (가) - (다) - (라)
④ (다) - (가) - (라) - (나)
⑤ (다) - (라) - (가) - (나)

05 다음 (가)~(마)를 논리적 순서대로 바르게 나열한 것은?

2023. 국회직 9급

> 한 사회가 공동체로서 유지되고 발전하는 데 필요한 것 중 하나가 사회 구성원 간의 의사소통이다.
>
> (가) 그래서 언어는 지역이나 연령, 성별, 사회 집단 등에 따른 사회적 특성이 드러난다. 하지만 한국인이 사용하는 한국어라고 해서 모두 똑같은 것이 아니다.
> (나) 예를 들어, '팽이'는 지역에 따라 '패이(강원)', '핑갱이(경북)', '팽데기(경남)', '도로기(제주도)', '뺑도리(전북)', '팽구래미(충북)', '세루(평안)', '뽀애(함경)' 등으로 불린다. 같은 '팽이'임에도 지역에 따라 그 형태가 조금씩 다르다.
> (다) 또 같은 사회에 속한 사람들은 같은 말을 사용함으로써 공동체 의식을 강화하는 효과를 얻는다. 즉, 언어는 사회와 유기적인 관계를 맺고 있는 것이다.
> (라) 언어는 이러한 의사소통의 수단이다. 인간은 언어를 사용하여 사회적인 관계를 형성하고 유지하며 사회를 발전시킨다.
> (마) 또 지역이 같더라도 연령, 성별, 사회 집단 등의 차이로 인해 같은 뜻을 지닌 언어가 형태를 달리하는 예도 있다. 이는 개인의 언어 속에 그가 속한 공동체의 특성이 담겨 있기 때문이다. 같은 말을 사용하는 사람들은 같은 사회의 구성원이라는 공동체 의식을 공유한다.

① (가) → (나) → (라) → (다) → (마)
② (가) → (다) → (마) → (나) → (라)
③ (나) → (가) → (마) → (다) → (라)
④ (라) → (가) → (나) → (다) → (마)
⑤ (라) → (가) → (나) → (마) → (다)

06 (가)~(라)의 전개 순서로 가장 자연스러운 것은?

2023. 지역인재 9급

> (가) 자기 재물을 혼자서 쓰는 것은 형체가 있는 재물을 형체가 있는 것으로 쓰는 것이요, 남에게 재물을 베푸는 것은 형체가 있는 재물을 형체가 없는 마음으로 쓰는 것이다.
> (나) 그렇다면 형체가 있는 것을 마음껏 쓰면서도 닳아 없어지지 않게 하는 방법으로는 남에게 베푸는 것만 한 것이 없을 테니, 이는 어째서인가?
> (다) 그런데 형체가 있는 것을 형체로 쓰면 다 닳아 없어지기에 이르나, 형체가 있는 것을 마음으로 쓰면 변하거나 없어지는 법이 없다.
> (라) 형체가 있는 것이 이미 다른 사람의 집에 있으니 도둑이 훔쳐갈까 염려하지도 않고, 불에 타 없어질까 걱정하지도 않으며, 소나 말에 실어 운반해야 하는 수고로움도 없다.
>
> 재물을 씀으로써 얻는 아름다운 이름은 죽고 난 뒤에도 없어지지 않고 천년토록 전해질 것이니, 천하에 이같이 큰 이익은 없다.

① (가) - (나) - (다) - (라)
② (가) - (다) - (나) - (라)
③ (라) - (가) - (나) - (다)
④ (라) - (나) - (가) - (다)

07 〈보기 1〉을 〈보기 2〉에 삽입하려고 할 때 문맥상 가장 적절한 곳은?

2023. 서울시 9급

─〔보기 1〕─
왜냐하면 학문의 세계에서는 하나의 객관적 진실이 백일 하에 드러나 모든 다른 견해를 하나로 귀결시키는 일은 일어나지 않기 때문이다.

─〔보기 2〕─
민족이 하나로 된다면 소위 "민족의 역사"가 하나로 통합되는 것은 너무나 당연한 일이라고 생각할 수 있다. (㉠) 그러나 좀 더 곰곰이 생각해 보면 역사학을 포함한 학문의 세계에서 통합이란 말은 성립되기 어렵다. (㉡) 학문의 세계에서는 진실에 이르기 위한 수많은 대안이 제기되고 서로 경쟁하면서 발전이 이루어진다. (㉢) 따라서 그 다양한 대안들을 하나로 통합한다는 것은 학문을 말살하는 것이나 다름없다. (㉣) 학문의 세계에서는 통합이 아니라 다양성이 더 중요한 덕목인 것이다.

① ㉠
② ㉡
③ ㉢
④ ㉣

08 다음 글의 전개 순서로 가장 자연스러운 것은?

2022. 지방직 9급

(가) 과거에는 고통만을 안겨 주었던 지정학적 조건이 이제는 희망의 조건이 되고 있습니다. 이제 한반도는 사람과 물자가 모여드는 동북아 물류와 금융, 비즈니스의 중심지가 될 것입니다. 우리가 주도해서 평화와 번영의 동북아 시대를 열어 나가야 합니다.

(나) 100년 전 우리는 수난과 비극의 역사를 겪었습니다. 해양으로 나가려는 세력과 대륙으로 진출하려는 세력이 한반도를 가운데 놓고 싸움을 벌였습니다. 마침내 우리는 국권을 상실하는 아픔을 감수해야 했습니다.

(다) 지금은 무력이 아니라 경제력이 국력을 좌우하는 시대입니다. 우리나라는 전쟁의 폐허를 극복하고 세계적인 경제 강국을 건설하고 있습니다. 우수한 인력과 세계 선두권의 정보화 기반을 갖추고 있습니다. 바다와 하늘과 땅을 연결하는 물류 기반도 손색이 없습니다.

(라) 그 아픔은 분단으로 이어져서 오늘에 이르고 있습니다. 그 과정에서는 정의가 패배하고 기회주의가 득세하는 불행한 역사를 겪었습니다. 그러나 이제 우리에게도 새로운 희망의 시대가 열리고 있습니다. 세계의 변방으로 머물러 왔던 동북아시아가 북미·유럽 지역과 함께 세계 경제의 3대 축으로 떠오르고 있습니다.

① (가) - (나) - (다) - (라)
② (가) - (라) - (나) - (다)
③ (나) - (가) - (라) - (다)
④ (나) - (라) - (다) - (가)

09 다음 글의 전개 순서로 가장 자연스러운 것은?

2022. 국가직 9급

> (가) 이 기관을 잘 수리하여 정련하면 그 작동도 원활하게 될 것이요, 수리하지 아니하여 노둔해지면 그 작동도 막혀 버릴 것이니 이런 기관을 다스리지 아니하고야 어찌 그 사회를 고취하여 발달케 하리오.
> (나) 이러므로 말과 글은 한 사회가 조직되는 근본이요, 사회 경영의 목표와 지향을 발표하여 그 인민을 통합시키고 작동하게 하는 기관과 같다.
> (다) 말과 글이 없으면 어찌 그 뜻을 서로 통할 수 있으며, 그 뜻을 서로 통하지 못하면 어찌 그 인민들이 서로 이어져 번듯한 사회의 모습을 갖출 수 있으리오.
> (라) 그뿐 아니라 그 기관은 점점 녹슬고 상하여 필경은 쓸 수 없는 지경에 이를 것이니 그 사회가 어찌 유지될 수 있으리오. 반드시 패망을 면하지 못할지라.
> (마) 사회는 여러 사람이 그 뜻을 서로 통하고 그 힘을 서로 이어서 개인의 생활을 경영하고 보존하는 데에 서로 의지하는 인연의 한 단체라.
> — 주시경, 「대한국어문법 발문」에서

① (마) - (가) - (다) - (나) - (라)
② (마) - (가) - (라) - (다) - (나)
③ (마) - (다) - (가) - (라) - (나)
④ (마) - (다) - (나) - (가) - (라)

10 다음 문장이 들어가기에 가장 적절한 곳을 ㉠~㉣에서 고르면?

2022. 국가직 9급

> 신분에 따라 문체를 고착화하는 것을 인정하지 않았던 것이다.

> 유럽이 교회로부터 정신적으로 해방된 것은 그리스와 로마의 고대 작가들에 대한 재발견을 통해서였다. ㉠ 그 이후 고대 작가들의 문체는 귀족 중심의 유럽 문화에서 모범으로 여겨졌다. ㉡ 이러한 상황은 대략 1770년대에 시작되는 낭만주의에서부터 변화하기 시작했다. ㉢ 이 낭만주의 시기에 평등과 민주주의를 꿈꿨던 신흥 시민계급은 문학에서 운문과 영웅적 운명을 귀족에게만 전속시키고 하층민에게는 산문과 우스꽝스러운 상황을 배정하는 전통 시학을 거부했다. ㉣ 고전 문학은 더 이상 문학의 규범이 아니었으며, 문학을 현실의 모방으로 인식하는 태도도 포기되었다.

① ㉠
② ㉡
③ ㉢
④ ㉣

11 다음 글의 전개 순서로 가장 자연스러운 것은?

2020. 국가직 7급

(가) 이처럼 면 대 면 소통에는 시간과 공간의 제약이 따른다.
(나) 인간의 소통 방식 중 가장 오래되고 직접적인 것은 면 대 면 소통이다.
(다) 그러나 점차 매체가 발달함에 따라 현대 사회에서는 인간이 시간과 공간의 제약을 벗어나 전신, 전파, 인터넷 등을 통해 의미를 주고받는 다양한 소통 방식이 가능해졌다.
(라) 면 대 면 소통은 소통에 참여하는 사람들이 같은 시간과 공간에 존재하면서 음성, 몸짓, 표정 등을 통해 의미를 주고받는 방식으로 이루어진다.

① (나) - (라) - (가) - (다)
② (나) - (라) - (다) - (가)
③ (라) - (가) - (나) - (다)
④ (라) - (나) - (다) - (가)

12 다음 글의 전개 순서로 가장 자연스러운 것은?

2020. 지방직 9급

ㄱ. 1700년대 중반에 이미 미국 이주민들의 평균 소득은 영국인들의 평균 소득을 넘어섰다.
ㄴ. 그러나 미국은 사실 그러한 분야에서는 다른 산업 국가들에 비해 특별한 우위를 갖고 있지 않았다.
ㄷ. 미국 이주민들의 평균 소득이 높아지게 된 배경에는 좋은 환경으로부터 비롯된 낙관성과 자신감이 있었다. 이후로도 다소 불안정하기는 했지만 미국인들의 소득은 계속해서 크게 증가했다.
ㄹ. 대부분의 미국인들은 남북 전쟁 이후 급속히 경제가 성장한 이유를 농업적 환경뿐만 아니라 19세기의 과학적, 기술적 대전환, 기업가 정신과 규제가 없는 시장 경제 때문이라고 단순하게 생각하는 경향이 있다.
ㅁ. 미국인들이 이처럼 초기 정착기에 풍요로움을 누릴 수 있었던 것은 비옥한 토지, 풍부한 천연자원, 흑인 노동력에 힘입은 농산물 수출 덕분이었다.

① ㄱ - ㄷ - ㅁ - ㄹ - ㄴ
② ㄱ - ㄹ - ㄷ - ㄴ - ㅁ
③ ㄹ - ㄴ - ㅁ - ㄱ - ㄷ
④ ㄹ - ㅁ - ㄴ - ㄷ - ㄱ

문제훈련 순서 배열

01 다음 글의 (가)~(라)를 순서대로 나열한 것은?

(가) 2015년 5월 미국 국립과학아카데미는 인간 유전체 편집과 관련해 중요한 발의를 했다. 중국 과학자들이 인간배아 유전자 편집에 관한 논문을 발표한 직후이다. 논란의 주인공이 된 기술은 크리스퍼, 즉 저렴한 가격으로 간단하게 원하는 생물의 유전체를 편집할 수 있는 기술이다.

(나) 인간배아실험에 관한 초국가적 법률이 존재하지 않는 상황에서, 중국의 과학자들이 인간배아 유전자의 편집을 시도했다는 것은 당연한 수순이다. 크리스퍼는 소비자의 계층에 따른 우생학의 문제도 야기한다.

(다) 크리스퍼는 생물학이 사회에 던져온 몇 가지 윤리적 논란들의 연장선상에 서 있다. 그 하나는 인간을 대상으로 하는 실험의 문제다. 시험관 아기, 배아줄기세포로 이어온 윤리적 논란은 크리스퍼에도 재현될 것이다.

(라) 치명적인 유전적 질환의 치료 목적이 아니라, 자식의 유전적 자원을 증강하려는 의도로 크리스퍼 기술을 사용하는 특권층이 탄생할 수 있다. 인류는 자식을 위해 좋은 형질을 향상시키고, 나쁜 형질을 제거하는 일을 계속할 것이다.

① (가) - (나) - (라) - (다)
② (가) - (다) - (나) - (라)
③ (가) - (라) - (나) - (다)
④ (가) - (라) - (다) - (나)

02 다음 글의 (가)~(라)를 순서대로 나열한 것은?

(가) 우리의 목소리가 상대의 마음을 진정시킬 수도 있고 오히려 흥분시킬 수도 있다. 또한 상대에게 좋은 인상을 줄 수도 있고 상대를 짜증나게 할 수도 있다. 이처럼 목소리는 우리 정체성을 규정하는 중요한 요소이며, 입을 열고 말하는 순간 우리는 스스로에 대해 많은 단서들을 흘리게 된다.

(나) 그런데 우리가 말을 하게 되면 말하는 내용과 언어 자체를 제외하고도 목소리에 포함된 다양한 반언어적 요소들이 이면의 감정을 비롯하여 많은 정보를 상대에게 전달한다. 이러한 반언어적 요소를 준언어라고 부르는데, 구체적으로 소리의 고저, 속도, 톤 등이 포함된다.

(다) 정보 전달에서 목소리가 갖는 힘은 생각보다 강력하다. 심지어 전화 건너편의 상대가 미소를 짓는 것도 목소리를 통해 확인할 수가 있을 정도다. 이는 농담이 아니라 과학적 사실이다. 왜냐하면 미소를 지으면 성대에서 입술 혹은 콧구멍에 이르는 통로, 즉 성도(聲道)가 짧아지면서 공명이 올라가기 때문이다.

(라) 밝고 유쾌한 목소리는 우월함, 유능함, 풍부한 감수성, 온화함 같은 개인적인 특성과 연관된다. 따라서 목소리와 관련된 단서들은 스스로가 어떤 사람인가를 알리기 위해서 활용하는 수많은 준언어 중에 하나로서, 우리의 의사소통에서 무시할 수 없는 중요한 역할을 한다.

① (가) - (나) - (다) - (라)
② (다) - (가) - (나) - (라)
③ (다) - (가) - (라) - (나)
④ (라) - (다) - (가) - (나)

03 다음 글의 (가)~(라)를 순서대로 나열한 것은?

(가) 그런데 인물 그려내기라는 말은 인물의 생김새나 차림새 같은 겉모습을 그려내는 것만 가리키는 듯 보이기 쉽다. 인물의 외형적 특징을 묘사하는 것은 중요하지만, 이것만으로는 작품 속 인물의 모든 면모를 온전히 전달하기 어렵다.

(나) 여기서 눈에 보이는 것의 대부분을 뜻하는 공간에 대해 살필 필요가 있다. 공간은 이른바 공간적 배경을 포함한, 보다 넓은 개념이다. 단순히 인물이 존재하는 물리적 장소만이 아니라, 인물을 둘러싼 환경과 분위기, 시대적 상황까지 포괄한다.

(다) 인물이 이야기의 중심적 존재이고 내면을 지닌 존재임을 고려하면, 인물의 특질을 제시하는 것의 범위는 매우 넓어진다. 영화, 연극 같은 공연 예술의 경우, 인물과 관련된 것들, 무대 위나 화면 속에 보이는 것 거의 모두가 '인물 그려내기'에 이바지한다고 말할 수 있다.

(라) 그것은 인물과 사건이 존재하는 곳과 그곳을 구성하는 물체들을 모두 가리킨다. 공간이라는 말이 다소 추상적이므로, 그곳을 구성하는 물체들, 곧 비나 눈 같은 기후 현상, 옷, 생김새, 장신구, 가구, 거리의 자동차 등을 '공간소'라고 부를 수 있다.

① (가) - (나) - (다) - (라)
② (가) - (나) - (라) - (다)
③ (다) - (가) - (나) - (라)
④ (다) - (나) - (가) - (라)

04 다음 글의 (가)~(라)를 순서대로 나열한 것은?

(가) 미국에서도 초기 산업화의 성공은 정부 개입이 결정적이었다. 미국은 '유치산업 보호'라는 아이디어의 발생지였으며, 제2차 세계 대전 이전의 100년 동안 산업 보호 장벽이 가장 견고하였던 나라였다.

(나) 신고전파 경제학은 "태초에 시장이 있었다"라고 주장하며, 국가의 개입은 시장의 결함이 심화된 이후에야 나타나야 할 인위적 대체물로 본다. 하지만 시장을 인위적 개입이 없는 자연적 현상으로 바라보는 관점은 실제 사실이 아닌 희망 사항에 기반을 둔 것이다.

(다) 태초에 시장은 없었다는 것이 진실이다. 경제 사학자들에 따르면, 시장 체제는 발생 단계부터 거의 항상 국가의 개입에 의존해 왔다. 폴라니는 '자연 발생적으로' 시장 경제가 나타난 것으로 간주되는 영국에서조차 시장의 발생에 정부가 결정적 역할을 했음을 보여 주었다.

(라) 시장 제도가 모든 것보다 우선하는지는 경제 정책 설계에 관한 중요한 문제이다. 공산주의에서 자본주의로 대대적인 개혁을 실시한 나라들이 심각한 경제 위기를 겪은 것은 '잘 작동하는' 정부 없이 '잘 작동하는' 시장 경제를 건설할 수 없음을 보여 준다.

① (가) - (나) - (다) - (라)
② (가) - (다) - (나) - (라)
③ (나) - (가) - (다) - (라)
④ (나) - (다) - (가) - (라)

+ **Chapter 11** 밑줄 강화 약화

+ **Chapter 12** 일반 강화, 약화

+ **Chapter 13** 〈보기〉 강화, 약화

천기누설 혜선팍 독해 시즌1

Part 05

강화, 약화

밑줄 강화 약화

관련교재
㉮ 출좋포 독해·논리 p.170~177

◐ 대표 천+기+누+설 개관

'강화, 약화' 문제는 전통적으로는 사례 추론 문제로 출제가 되었습니다.
기존 사례 추론 문제의 경우에는 밑줄 친 부분의 이론에 맞지 않는 사례를 찾는다거나
밑줄 친 부분의 이론에 맞는 사례를 찾는 문제가 많이 출제되었습니다.

이 유형이 발전되어 '강화, 약화' 추론 문제로 나오게 되었는데,
'밑줄 강화, 약화'의 경우에는 강화 약화 유형 중 가장 난도가 쉬운 경우에 해당됩니다.
왜냐하면 일반 강화 약화와는 달리 정보의 양이 제한적이기 때문입니다.
특히 밑줄 강화, 약화가 국가직에서 2문제, 지방직에서 1문제 출제되었으므로
내년 시험에 나올 확률이 높다는 것을 알 수 있습니다.
밑줄 강화 약화의 경우에는 시간을 단축해서 풀어야 하는 유형이므로
특히 혜선 쌤의 야매꼼수를 잘 들어야 합니다.

◐ 대표 천+기+누+설 발문 체크

01 다음 글의 논지를 강화하는 것으로 적절한 것은?
02 다음 글의 논지를 약화하는 것으로 적절한 것은?
03 다음 글의 (가)를 강화하는 것으로 가장 적절한 것은?

천+기+누+설 독해이론 | 밑줄 강화 약화

강화, 약화의 오답 패턴은 간단하다.

✦ 반대의 오류

(1) 해당 사례가 이론을 뒷받침하는 것임에도 약화한다고 언급하는 경우
(2) 해당 사례가 이론을 반증하는 것임에도 강화한다고 언급하는 경우

✦ 무관의 오류

이론과 아예 무관한 사례로 이론을 강화하지도, 약화하지도 않는 경우

천기누설 혜선팍 독해 pin point

정답 및 해설 p.267

신유형 2025 버전 1

밑줄 강화 약화 중 '강화'

01 다음 글의 ㉠을 강화하는 것으로 가장 적절한 것은?

전 세계적으로 분쟁, 박해, 기후 변화 등으로 인해 고국을 떠난 난민의 수가 급증하면서, 난민 수용에 대한 국가의 책임과 한계를 둘러싼 논쟁이 지속되고 있다. ㉠난민 수용을 지지하는 입장에서는 국제 사회의 일원으로서 난민 보호는 인도적 책무이자 보편적 인권 실현의 일환이라고 주장한다. 이들은 난민이 전쟁이나 정치적 탄압 등 통제 불가능한 상황에서 생존을 위해 국경을 넘는 경우가 대부분이며, 이를 외면하는 것은 인간 존엄성에 대한 부정이라고 본다. 또한 일정한 사회 통합 정책과 지원 제도를 마련하면, 난민이 장기적으로는 노동력과 인구 구조 개선에도 기여할 수 있다고 강조한다. 세계화 시대에는 인권과 연대의 원칙에 따라 공동 대응이 필요하다는 것이 이들의 입장이다.

반면, 난민 수용에 우려를 표하는 입장에서는 국가 안보와 사회 통합에 대한 우려를 중심으로 반대 입장을 내세운다. 이들은 대규모 난민 유입이 자국민의 일자리, 복지, 주거 등을 둘러싼 갈등을 야기할 수 있으며, 문화적·종교적 차이로 인해 사회 통합이 어려울 수 있다고 본다. 특히 일부 지역에서는 난민 수용 이후 범죄율 증가나 치안 악화가 보고되었으며, 정책적 준비 없이 인도적 명분만으로 수용을 확대할 경우, 오히려 사회적 갈등과 분열을 초래할 수 있다고 주장한다. 따라서 난민 문제는 인도주의보다 현실적 국가 이익과 사회 안정을 우선 고려해 판단해야 한다고 강조한다.

① 난민 지원 예산 증가로 인해 기존 복지 수급 대상자의 지원금이 삭감되자, 복지 형평성에 대한 국민 반발이 커졌다는 여론조사 결과가 나왔다.
② 난민 수용 정책 시행 직후, 특정 정치 집단을 중심으로 반이민 정서가 급속히 확산되면서 선거 결과에도 영향을 미쳤다는 분석이 발표되었다.
③ 난민 출신 청소년들이 현지 교육 과정에 적응해 노령화된 사회를 한층 젊어지도록 하였다는 사례가 교육부 보고서에 수록되었다.
④ 문화적 갈등을 완화하기 위한 통합 교육 프로그램이 실제로는 주민의 불신과 반발을 키웠다는 결과가 해당 지자체 보고서에 수록되었다.

빨리 푸는 亦功 전략

1단계
다음 글의 ㉠을 가장 잘 드러내는 핵심 문장에 밑줄 긋기

2단계
핵심 문장을 뒷받침하는 사례를 빠르게 찾기

3단계
핵심 문장을 뒷받침하지 않는 과감하게 지우기

신유형 2025 버전 2

빨리 푸는 亦功 전략

1단계
다음 글의 논지를 드러내는 핵심 문장에 밑줄 긋기

2단계
핵심 문장을 반증하는 사례를 빠르게 찾기

3단계
핵심 문장을 뒷받침하는 사례는 과감하게 지우기

밑줄 강화 약화 중 '약화'

02 다음 글의 논지를 약화하는 것으로 가장 적절한 것은? 2025. 지방직 9급

인간이 지닌 대부분의 지적 능력을 상회하는 기능을 발휘하는 인공지능 컴퓨터 프로그램이나 이 프로그램을 사용해 작동하는 기계 장치를 '인공일반지능'이라고 부른다. 이론적으로 인공일반지능은 현재까지 개발된 모든 인공지능 프로그램의 기능을 전부 갖게 될 것이다. 인공일반지능의 등장이 인간의 본질적 가치를 훼손할 것이라고 우려하는 사람들이 있다. 그렇다면 인공일반지능의 개발은 허용되어야 하는가?

인공일반지능의 개발이 허용된다면 머지않아 인공일반지능은 개발된다. 이로 인해, 인공일반지능은 대부분의 직업 영역에서 인간을 대신해 업무를 수행할 것이고 많은 사람들이 직업을 잃고 소외감을 느낌으로써 인간의 본질적 가치가 훼손된다. 또한 인공일반지능이 개발된다면 인간은 더 이상 지구상에서 특별하고 우월한 존재가 아니게 된다. 이는 인간이 지닌 특별하고 우월한 존재론적 지위, 즉 인간의 본질적 가치가 훼손된다는 것이다. 인간의 본질적 가치는 어떠한 경우에도 훼손되어서는 안 되므로 인공일반지능의 개발은 허용될 수 없다.

① 인공일반지능의 수준에 미치지 못하는 특정 분야에 특화된 인공지능 프로그램만으로도 많은 사람이 일자리를 잃고 소외감을 느끼고 있다.
② 인공지능 연구로 노벨 물리학상을 받은 H는 인공지능 기술이 인간의 존재론적 지위에 위협이 될 것이라며 인공지능 개발 연구를 멈춰야 한다고 주장한다.
③ 현재 상용화되어 있는 대화형 인공지능은 마음의 상처를 입은 사람들에게 위안을 주어 사람들이 본질적 가치를 회복하는 데 도움을 주고 있음이 입증되었다.
④ 유관 학회 전문가들을 대상으로 한 설문에서, 인공일반지능의 개발이 인간의 본질적 가치를 훼손할 가능성이 높아 개발을 허용해서는 안 된다고 응답한 사람들이 그렇지 않은 사람들보다 압도적으로 많았다.

문제훈련 밑줄 강화 약화

해당 챕터는 신유형이므로 문제훈련만 수록했습니다.

01 다음 중 ㉠을 강화하는 근거로 가장 적절한 것은?

서울 강북 구도심의 주요 문화재 주변에 적용되는 '고도제한' 규제는 구도심의 발전을 저해하는 요인으로 자주 언급된다. 문화재 주변의 건물 높이를 제한하는 이유는 문화재의 역사성과 경관을 보호하기 위한 것이다. 이 규제는 경복궁, 창덕궁, 종묘 등 고궁뿐만 아니라 서울의 성문과 주요 문화재에도 적용된다. ㉠고도제한의 지지자들은 문화재가 현대 도심 속에서 그 역사적 가치와 정체성을 유지하기 위해서는 이러한 규제가 필요하다고 주장한다. 그들은 높은 건물들에 둘러싸인 문화재가 제 기능을 발휘할 수 없으며, 이로 인해 문화재의 손상 가능성이 높아진다고 우려한다.

반면, 고도제한 규제를 반대하는 측은 이러한 규제가 구도심의 낙후를 초래하고, 도시의 발전을 가로막는다고 주장한다. 그들은 고도제한이 구도심의 재개발을 어렵게 만들어 경제적 활력을 저하시킨다고 지적한다. 구도심의 개발이 억제되면서 강남과 같은 신도시만 발전하게 되어, 도심 간 불균형을 심화시킨다고도 비판한다. 또한, 구도심의 재개발로 발생하는 개발이익을 통해 문화재 보호에 필요한 자원을 획보할 수 있다고 주장한다.

① 고도제한이 유지된 덕분에 주변 문화재 경관이 보존되어 관광객이 증가했다는 연구 결과가 발표되었다.
② 고도제한이 엄격한 지역에서 개발이 어려워지면서 주변 지역의 상권이 소멸하고 있다는 비판이 제기되었다.
③ 고도제한 규제가 완화된 지역에서 도심 재개발이 이루어지면서 지역 경제가 활성화되었다는 보고가 나왔다.
④ 고도제한 지역이 장기 슬럼화됨에 따라 우범지대가 되었다는 비판이 제기되었다.

02 다음 글의 ㉠을 강화하는 것으로 가장 적절한 것은?

수학의 존재론에 관한 논쟁은 수천 년 동안 철학과 수학 분야에서 지속되어 온 근본적 논의이다. 어떤 학자들은 수학적 개념과 원리들이 인간의 인식이나 경험에 좌우되지 않고, 외부 세계에 독자적으로 존재하는 객관적 실체라고 주장한다. 이들은 수학의 법칙과 명제가 자연의 근본적 구조를 반영하며, 우리가 우주의 질서를 이해하는 데 있어서 보편적 진리로 작용한다고 본다. 이러한 입장은 플라톤주의적 관점과 유사하게, 수학을 발견되는 것으로 인식하며 인간이 아닌, 존재 그 자체의 특성이라고 해석한다. 이들은 서로 다른 시대와 문화권에서 동일한 수학적 구조가 독립적으로 등장한 역사적 사실을 근거로, 수학이 인간과 무관하게 존재하는 보편적 실재임을 강조한다.

반면, ㉠다른 학자들은 수학을 인간이 창조한 언어 체계에 불과하다고 주장한다. 이들은 수학이란 기호와 규칙, 그리고 그 체계가 인간의 사회적·문화적 맥락 속에서 발전해온 산물이라고 본다. 즉, 수학은 고정된 객관적 진리가 아니라 인간의 사고와 의사소통을 돕기 위해 구성된 도구이며, 그 구성 방식이나 해석은 시대와 문화에 따라 달라질 수 있다고 주장한다. 이들은 수학이 언어와 마찬가지로 인간의 목적과 필요에 따라 형성된 인지적 산물이며, 따라서 그것의 의미와 효용 또한 인간 사회 내부의 합의에 의해 규정된다고 본다.

① 현대 인공지능이 인간 개입 없이도 수학적 추론을 수행하는 경우가 증가하면서, 수학이 인간 고유의 언어 산물이라는 전제에 의문이 제기되고 있다.
② 중세시대 프톨레마이오스가 주장하던 천동설이 근대에 코페르니쿠스에 의해 관찰과 실험을 통해 부정되었다.
③ 우주의 기초 입자 운동을 설명하는 양자역학의 수학 공식이, 실험 이전에 이론적으로 예측한 결과와 정확히 일치하는 사례가 반복적으로 관찰되었다.
④ 고대 바빌로니아와 고대 중국에서 서로 교류 없이도 유사한 수 체계와 기하 지식이 존재했다는 점이 고고학 연구에서 밝혀졌다.

03 다음 글의 ㉠을 약화하는 것으로 가장 적절한 것은?

㉠강한 인공지능을 지지하는 학자들은 AI가 단순한 패턴 인식이나 통계 처리를 넘어서, 의미 있는 정보의 구조를 파악하고 추론하며, 맥락에 따라 유연하게 반응하는 능력을 보이기 시작했다고 주장한다. 이들은 특히 최근의 대규모 언어 모델이 문맥 흐름, 화용적 함의, 논리적 일관성을 일정 수준 이상으로 처리한다는 점을 들어, AI가 '언어적 이해'를 수행한다고 본다. 일부는 AI가 내부적으로 의미망을 형성하고, 새로운 상황에서도 적절한 판단을 내리는 것을 근거로 AI에게도 인지적 이해가 가능하다고 평가한다.

반면, 다른 학자들은 AI는 언어를 '이해'하는 것이 아니라, 그저 통계적으로 가장 가능성 높은 단어를 예측할 뿐이라고 반박한다. 이들은 AI가 문장을 생성하거나 질문에 답하는 과정이, 실제 세계에 대한 경험이나 의도를 수반하지 않는 형식적 계산 절차에 불과하다고 본다. 존 설이 제시한 '중국어 방 실험'을 인용하며, AI는 입력에 대한 규칙적 대응을 수행할 수는 있지만, 그 의미를 '이해'한다고 말할 수 있는 내적 의식이나 주관은 존재하지 않는다고 강조한다. 따라서 AI의 언어 능력은 인간 언어 사용의 외형을 모방한 것일 뿐, 진정한 의미 이해나 의도 해석은 인간만이 수행할 수 있다는 것이 이들의 입장이다.

① AI가 개념을 통계적으로 익히고 사용하는 것이 아니라 명확히 '이해'하면서 사용한다는 점을 이해해야 한다는 주장이 제기되었다.
② AI가 동일 문장을 입력하더라도 사소한 변형이나 문맥 차이에 따라 완전히 상반된 해석을 내놓아, 일관된 의미 파악 능력이 부족하다는 비판이 제기되었다.
③ 대규모 언어 모델이 주어진 문맥에서 생략된 의미를 정확히 추론하거나, 비유·은유 표현을 적절하게 해석하는 사례가 보고되었다.
④ 언어 처리 과정에서 AI가 맥락에 따라 자기 방식으로 규칙을 유연하게 재구성하는 사례가 발견되며, 기계적 반복 이상의 조절 가능성이 주목받고 있다.

04 ㉠의 입장을 약화하는 근거로 적절하지 않은 것은?

최근 기후 변화로 인해 극단적인 홍수와 가뭄이 빈번하게 발생하면서, 정부는 이에 대한 대응책으로 14개의 새로운 기후대응댐 건설 계획을 발표하였다. 이러한 계획은 국가의 물 자원을 관리하고 자연재해로부터 국민의 안전을 보호하기 위한 노력의 일환으로 추진되고 있다. 기후대응댐 건설을 지지하는 사람들은 홍수와 가뭄에 대응하는 가장 효과적인 방법은 댐 건설을 통해 물을 저장하고 관리하는 것이라고 주장한다. 이들은 댐이 홍수 위험을 줄이고 가뭄 시기에 농업과 산업에 필요한 물을 공급하는 데 필수적인 역할을 한다고 보고 있다. 또한, 댐 건설이 경제 발전에도 기여할 수 있으며, 대규모 공공사업을 통해 지역 경제를 활성화하고 일자리 창출에도 긍정적인 영향을 미친다고 본다.

반면, ㉠기후대응댐 건설에 반대하는 사람들은 이러한 대규모 인프라 프로젝트가 환경에 미치는 부정적인 영향을 우려한다. 이들은 댐 건설이 자연 생태계를 훼손하고, 수몰 지역 주민들의 생존권을 침해하며, 장기적으로 볼 때 생태계에 돌이킬 수 없는 손상을 입힐 수 있다고 주장한다. 또한, 기존의 댐과 물 관리 체계를 효율적으로 활용하는 것이 더 적절하며, 무분별한 댐 건설보다는 지속 가능한 방식으로 물 자원을 관리하는 것이 중요하다고 강조한다. 이들은 댐 건설 대신 강둑 보강, 수질 개선, 물 절약 등의 대안을 제시하며, 자연의 복원력을 존중하는 접근이 필요하다고 주장하고 있다.

① 반도체 클러스터와 같은 대규모 산업단지에서 안정적인 용수 공급이 필수적이라는 분석이 나왔다.
② 댐 건설로 형성된 인공 호수가 지역 생태계에 긍정적인 영향을 미친다는 사례가 보고되었다.
③ 기후대응댐 건설이 수몰 지역 주민들의 생존권을 심각하게 침해하고 있다는 사례들이 다수 보고되었다.
④ 최근 몇 년간의 극단적인 홍수와 가뭄으로 인해 피해액 규모가 천문학적으로 증가하고 있다는 비판이 제기되었다.

05 밑줄 친 (가)를 강화하는 근거로 가장 적절한 것은?

시간의 주관성에 관한 연구가 심리학과 신경과학 분야에서 활발히 진행되고 있다. 일반적으로 우리는 시계가 측정하는 객관적 시간이 모든 사람에게 동일하게 경험된다고 생각하지만, 최근 연구들은 시간의 경험이 개인마다, 상황마다 크게 달라질 수 있음을 보여준다. 일부 연구자들은 인간의 시간 인식이 주로 생물학적 요인에 의해 결정된다고 주장한다. 이들에 따르면, 체내 시계라 불리는 신경 메커니즘이 시간 경과를 측정하며, 이 메커니즘의 개인차나 호르몬 변화 등이 시간 경험의 차이를 만들어낸다. 특히 도파민과 세로토닌 같은 신경전달물질의 농도 변화가 시간 경험에 직접적인 영향을 미친다는 증거들이 제시되고 있다.

반면, (가) 시간의 주관적 경험은 생물학적 요인보다 심리적·사회적 요인에 더 크게 영향받는다는 주장도 있다. 이 관점에서는 인간의 감정 상태, 주의집중 정도, 활동의 흥미로움, 사회적 맥락 등이 시간 경험을 크게 좌우한다고 본다. 예를 들어, 지루하고 불쾌한 경험을 할 때는 시간이 매우 느리게 흐르는 것처럼 느껴지는 반면, 즐겁고 몰입된 상태에서는 시간이 빠르게 지나간 것으로 경험된다. 또한 문화적 배경에 따라 시간에 대한 인식과 가치가 달라질 수 있으며, 이는 시간 경험의 방식에도 영향을 준다고 주장한다. 이러한 관점에서는 시간 경험을 이해하기 위해서는 생물학적 접근만으로는 불충분하며, 심리적·사회적·문화적 차원을 함께 고려해야 한다고 강조한다.

① 시간 인식에 관한 뇌 활동을 연구하기 위한 새로운 뇌 영상 기술이 개발되었으며, 이를 통해 시간 지각의 다양한 측면을 더 정밀하게 측정할 수 있게 되었다.
② 동일한 시간 동안 두 가지 다른 활동을 한 참가자들은 더 흥미롭고 도전적인 활동을 했을 때 시간이 더 빨리 지나간 것으로 느꼈다는 실험 결과가 발표되었다.
③ 다양한 문화권의 사람들을 대상으로 한 연구에서, 시간에 대한 언어적 표현이 다르더라도 기본적인 시간 지각 능력에는 유의미한 차이가 없는 것으로 나타났다.
④ 특정 신경전달물질의 농도를 인위적으로 조절했을 때, 참가자들의 시간 추정 능력이 일관되게 변화했다는 연구 결과가 있다.

06 다음 중 ㉠을 약화하는 근거로 가장 적절한 것은?

프리드리히 니체는 그의 철학에서 인간이 자신의 한계를 극복하고 새로운 가치를 창조할 수 있는 존재로 발전해야 한다고 주장했다. 그는 이러한 이상적인 인간을 '초인'(Übermensch)이라고 불렀다. 니체는 인간이 기존의 도덕적 가치에 얽매이지 않고, 스스로의 삶을 주체적으로 살아가는 존재가 되어야 한다고 보았다. 이러한 초인은 전통적인 도덕과 종교의 틀을 넘어서 자신의 가치를 창조하며, 이를 통해 인간의 잠재력을 최대한 발휘할 수 있다고 믿었다.

반면, ㉠니체의 '초인' 개념에 대한 비판도 존재한다. 일부 철학자들은 초인이 기존의 도덕적 규범을 무시함으로써 사회적 혼란을 초래할 수 있다고 우려한다. 그들은 니체의 사상이 지나치게 개인주의적이며, 사회적 연대와 공존의 가치를 간과한다고 주장한다. 이들은 또한 초인의 개념이 현실적으로 실현 가능하지 않으며, 이는 이상적인 개념에 불과하다고 지적한다.

① 니체의 초인 개념은 극단적인 개인주의를 조장하여 사회적 불안을 야기할 수 있다는 비판이 제기되었다.
② 초인이 기존의 도덕적 규범을 무시함으로써 사회적 혼란을 초래할 가능성이 있다는 비판이 있다.
③ 니체의 초인 개념이 현실적으로 실현 가능하지 않다는 지적이 있다.
④ 니체의 초인은 기존의 도덕적 규범을 넘어서 새로운 가치를 창조함으로써 사회의 발전을 도모할 수 있다는 해석이 있다.

Chapter 12 일반 강화 약화

관련교재
㉆ 출좋포 독해·논리 p.178~185

☾ 대표 천+기+누+설 개관

2025년에 새로 추가된 유형으로 이 챕터는 일반 강화 약화 유형으로
0순위 최빈출 유형에 해당됩니다.

'일반 강화, 약화'의 경우에는 제시문에 적으면 2개, 많으면 4개 이상의 이론들이 나열되므로
제시문의 정보의 양이 가장 많다고 볼 수 있습니다.

따라서
1) 선지를 어떻게 분석하는가
2) 제시문에 나열된 이론들의 핵심을 어떻게 뽑아내는가가
문제를 맞히는 핵심 KEY라고 볼 수 있습니다.

참고로 그 이론을 뒷받침하면 강화, 그 이론의 반증 사례가 나타나면 약화,
그 이론과 관련이 없는 사례라면 강화하지도 약화하지 않는 것으로 보면 됩니다.

☾ 대표 천+기+누+설 발문 체크

01 윗글에 대해 평가한 내용으로 가장 적절한 것은?
02 다음 글의 (가)와 (나)의 주장에 대해 평가한 내용으로 가장 적절한 것은?
03 다음 글의 ㉠과 ㉡에 대한 평가로 올바른 것은?

신유형 2025 버전

일반 강화 약화

01 다음 글에 대해 평가한 내용으로 가장 적절한 것은?

고대 그리스 철학에서 소피스트 학파와 소크라테스는 상반된 입장을 보였다. 소피스트 철학자들은 상대적 진리를 주장하며 인간의 주관적 경험과 관점을 중시했다. 이들은 웅변술과 설득력을 길러 정치적 성공을 도모하는 것이 중요하다고 믿었고, 진리란 고정되지 않으며 상황과 목적에 따라 변할 수 있다고 주장하였다. 또한 소피스트는 실용적 지식을 중시하였다. 이에 반해 소크라테스는 절대적 진리를 추구하며 진리와 도덕의 절대성을 강조하였다. 그는 소피스트의 상대주의적 견해를 거부하고 보편적이고 변하지 않는 진리가 존재한다고 주장했다. 소크라테스는 대화법을 통해 상대방이 스스로 무지를 깨닫고 진리에 도달할 수 있도록 도왔으며, 끊임없이 질문하고 탐구하는 과정을 중시하였다. 소크라테스는 도덕적 가치를 중시하고 진리를 탐구하는 데 집중한 철학자였다. 이처럼 소피스트와 소크라테스는 진리와 교육, 도덕적 가치에 대한 관점에서 뚜렷한 차이를 보였다. 소피스트 철학자들이 실용성과 주관적 진리를 강조한 반면, 소크라테스는 절대적 진리와 도덕적 가치를 강조하면서 철학사에서 중요한 대립을 이루었다.

① 다양한 문화권에서 동일한 사건에 대해 서로 다른 해석이 존재한다면, 이는 소크라테스의 주장을 강화한다.
② 절대적인 수학적 진리가 모든 문화권에서 동일하게 적용된다는 것이 밝혀진다면, 이는 소피스트의 주장을 강화한다.
③ 웅변술과 다른 사람들을 설득하는 능력을 함양하는 것이 중요하다는 것이 밝혀진다면, 이는 소크라테스의 주장을 약화한다.
④ 과학적 연구를 통해 절대적이고 보편적인 자연 법칙이 존재함이 입증된다면, 이는 소피스트의 주장을 약화한다.

빠리 푸는 亦功 전략

1단계
선지를 먼저 읽고 대상을 뽑기
[소크라테스, 소피스트]

2단계
'소크라테스, 소피스트의 주장'을 설명한 대조 구조의 제시문 읽기
(각 주장을 설명하는 핵심 문장에 밑줄 긋기)

3단계
선택지를 2파트로 나누고

① 특정 사례가 이 이론을 뒷받침하면 강화,

② 반대로 뒷받침하면 약화

③ 특정 사례가 이론과 관련이 없는 경우에 '강화, 약화'라고 판단을 내리는 것은 잘못된 것임에 유의하기

신유형 2025 버전

빨리 푸는 亦功 전략

1단계
선지를 먼저 읽고 대상을 뽑기
[금융전문가들, 보안전문가]

2단계
'금융전문가들, 보안전문가의 주장'을 설명한 대조 구조의 제시문 읽기
(각 주장을 설명하는 핵심 문장에 밑줄 긋기)

3단계
선택지를 2파트로 나누고

① 특정 사례가 이 이론을 뒷받침하면 강화,

② 반대로 뒷받침하면 약화

③ 특정 사례가 이론과 관련이 없는 경우에 '강화, 약화'라고 판단을 내리는 것은 잘못된 것임에 유의하기

일반 강화 약화

02 윗글에 대해 평가한 내용으로 적절하지 않은 것은?

> 디지털 화폐는 전통적인 금융 시스템에 혁신적인 변화를 가져올 잠재력을 가지고 있다. 금융 전문가들은 디지털 화폐가 거래의 편리성과 보안성을 높여 금융 시스템의 효율성을 증대시킬 수 있다고 주장했다. 특히, 중앙은행이 발행하는 디지털 화폐(CBDC)는 통화 정책의 효과성을 강화하고, 현금 사용을 줄이며, 통화 범용성을 확대하는 데 기여할 수 있을 것으로 기대된다. 또한, 블록체인 기술을 기반으로 하는 디지털 화폐는 거래의 투명성과 안전성도 보장할 수 있다.
> 그러나 일부 보안 전문가들은 디지털 화폐 도입이 개인정보 보호 문제와 사이버 보안 위협을 초래할 수 있다고 우려했다. 그들은 디지털 화폐가 거래를 쉽게 추적가능하게 하여 개인정보 침해의 위험을 증가시킬 수 있으며, 해킹과 같은 사이버 공격에 취약할 수 있다고 주장했다. 이에 대해 금융 전문가들은 최신 보안 기술과 규제 강화로 이러한 문제를 해결할 수 있을 것이라고 반박했다.
> 그럼에도 불구하고, 디지털 화폐가 실제로 금융 시스템에 미칠 영향은 여전히 논란의 여지가 있다. 디지털 화폐가 모든 금융 거래를 완전히 대체할 수 있을지, 아니면 일부 분야에만 제한적으로 사용될지는 아직 미지의 영역이다. 기술의 발전이 금융 시스템 전반에 걸쳐 어떤 영향을 미칠지에 대한 근본적인 질문은 여전히 남아 있다.

① 디지털 화폐가 거래의 편리성을 크게 높인 다수의 사례가 나오면, 금융 전문가들의 주장이 강화될 것이다.
② 블록체인 기술도 거래의 투명성과 안전성을 완전히 보장할 수는 없다는 연구 결과가 나오면, 금융 전문가들의 주장이 약화될 것이다.
③ 중앙은행이 발행하는 디지털 화폐가 통화량 증가에 미치는 영향이 현금에 비해 미미하다는 연구 결과가 나오면, 보안 전문가들의 주장이 강화될 것이다.
④ 디지털 화폐의 거래 내역을 추적하여 범죄에 악용한 다수의 사례가 나오면, 보안 전문가들의 주장이 강화될 것이다.

문제훈련 일반 강화 약화

해당 챕터는 신유형이므로 문제훈련만 수록했습니다.

01 다음 글을 읽고 평가한 내용으로 적절하지 않은 것은?

물리학자 앨버트 아인슈타인과 닐스 보어는 양자 역학과 상대성 이론의 해석에서 서로 다른 관점을 제시하였다. 아인슈타인은 특수 상대성 이론과 일반 상대성 이론을 통해 시공간의 구조와 중력의 본질을 새롭게 이해하였다. 그는 시간과 공간이 절대적인 것이 아니라, 관측자의 속도와 중력에 따라 달라질 수 있다는 상대성 원리를 제안하였다. 아인슈타인의 유명한 방정식 $E=mc^2$은 질량과 에너지가 상호 변환 가능하다는 것을 의미하며, 이는 현대 물리학의 중요한 기초가 되었다. 아인슈타인은 또한 우주의 구조와 진화를 설명하기 위해 일반 상대성 이론을 발전시켰으며, 이는 블랙홀과 빅뱅 이론의 기초가 되었다.

반면, 닐스 보어는 양자 역학의 해석에 중점을 두었다. 보어는 원자 구조와 전자의 행동을 설명하기 위해 양자 이론을 발전시켰으며, 이는 전자의 궤도와 에너지 준위를 설명하는데 큰 기여를 하였다. 보어는 코펜하겐 해석을 통해, 양자 시스템은 관측되기 전까지 여러 상태에 동시에 존재할 수 있다고 주장하였다. 이는 양자 중첩과 불확정성 원리를 포함하며, 고전 물리학과는 다른 개념을 도입하였다. 보어는 양자 역학이 확률론적 해석을 필요로 한다고 보았으며, 이는 양자의 행위가 관측에 의해 결정된다는 것을 의미한다. 그는 "양자 세계에서 관측자와 관측 대상은 분리될 수 없다"고 주장하였다.

① 질량과 에너지가 서로 변환될 수 있다는 실증적 증거가 더욱 많이 발견된다면, 이는 아인슈타인의 주장을 강화한다.
② 시공간이 절대적이라는 증거가 발견된다면, 이는 아인슈타인의 주장을 약화한다.
③ 양자 시스템이 관측되지 않아도 하나의 특정 상태에 존재한다는 증거가 발견된다면, 이는 보어의 주장을 강화한다.
④ 관측자가 양자 세계에 영향을 미치지 않는다는 실험 결과가 나오면, 이는 보어의 주장을 약화한다.

02 다음 글에 대해 평가한 내용으로 적절하지 않은 것은?

> 인터넷 기술의 발전은 현대 사회에서 정보의 접근성과 통신 방식을 혁신적으로 변화시켰다. 특히, 글로벌 네트워크가 사회와 경제에 미치는 영향은 상당하며, 이에 대한 연구와 논쟁이 지속되고 있다. 1990년대에 IT 전문가들은 인터넷이 전 세계적인 정보의 민주화를 촉진하고 경제적 기회를 균등하게 만들 것이라고 예측했다. 그들은 인터넷이 교육, 비즈니스, 커뮤니케이션 등 여러 분야에서 동등한 접근성을 제공할 것이라고 믿었다.
>
> 그러나 일부 사회학자와 경제학자들은 이러한 낙관적 전망을 비판했다. 그들은 인터넷이 사회 경제적 격차를 실제로 더욱 확대할 수 있다는 의견을 제시했다. 이들은 인터넷 접근성의 불균형이 교육과 경제 기회에서의 불평등을 증가시킬 수 있다고 주장했다. 이에 대해 IT 전문가들은 기술의 보급이 점차 일반화되면서 이러한 문제들이 해소될 것이라고 반박했다. 그들은 인터넷의 보편적 접근과 디지털 리터러시의 향상이 장기적으로 사회적, 경제적 불평등을 감소시킬 수 있다고 강조했다.
>
> 그럼에도 불구하고, 인터넷 기술이 사회적, 경제적 격차를 실제로 해소할 수 있는지 여부는 여전히 논란의 여지가 있다. 인터넷이 모든 인구 계층에게 실제로 동등한 혜택을 제공할 수 있을지, 아니면 특정 집단만을 유리하게 만들어 경제적, 사회적 격차를 심화시킬지는 아직 미지의 영역이다. 기술의 발전이 모든 사회 구성원에게 평등한 기회를 제공할 수 있는지, 혹은 그러한 기술적 성과가 우리가 사회적, 경제적 격차를 이해하는 방식을 근본적으로 바꿀 수 있는지에 대한 근본적인 질문은 여전히 열려 있다.

① 인터넷 접근성이 많은 지역에서 개선되어 교육 기회가 확대된 사례가 발견되면, IT 전문가들의 주장이 강화될 것이다.

② 인터넷을 활용하여 부를 축적하는 사람의 수가 늘어났다는 사례가 발견되면, 사회학자들의 주장이 약화될 것이다.

③ 글로벌 네트워크의 확산으로 인한 데이터 접근성이 특정 계층에 집중되는 증거가 발견되면, 경제학자들의 주장이 강화될 것이다.

④ 인터넷 기술이 경제적 사회적 불평등을 해결할 수 있다고 확신하는 데이터가 나온다면, 글쓴이의 주장이 약화될 것이다.

03 다음 글에 대해 평가한 내용으로 적절하지 않은 것은?

기후 변화는 현대 사회에 중대한 도전 중 하나로, 전 세계적인 기후 협약과 정책이 시행되고 있다. 특히, 이산화탄소 배출 감소는 많은 국가들이 설정한 주요 목표다. 1970년대 이후 환경과학자들은 이산화탄소 배출 감소가 지구 온난화를 완화할 수 있을 것으로 예측했다. 그들은 재생 에너지 사용의 증가가 결국 지구의 평균 온도 상승을 제어할 것이라고 믿었다.

그러나 일부 경제학자들은 이러한 전환의 경제적 비용을 우려하며 이에 대한 주장을 제기했다. 그들은 재생에너지로의 전환 비용이 경제에 부담을 줄 수 있으며, 특히 개발도상국에 불이익을 줄 수 있다고 경고했다. 이에 대해 환경과학자들은 장기적인 환경 이득과 경제적 이익이 초기 비용을 상쇄할 것이라고 반박했다. 그들은 지속 가능한 에너지가 결국 경제적으로도 이익이 될 것이라고 강조했다.

그럼에도 불구하고, 재생에너지로의 전환과 관련한 경제적, 환경적 이익이 실제로 모든 국가에 동등하게 적용될 수 있는지에 대해서 고려할 필요가 있다. 또한 재생 에너지의 경우 날씨 조건에 따라 에너지의 생산량이 불안정하므로 이를 해결할 수 있는 대안 또한 필요하다.

① 태양 에너지 주된 사용이 특정 국가에서 장기적으로 에너지 비용을 감소시킨 사례가 발견되면, 환경과학자들의 주장이 강화될 것이다.
② 재생에너지가 일부 개발도상국에서 경제적 어려움을 가중시킨 사례가 발견되면, 환경과학자들의 주장이 약화될 것이다.
③ 재생에너지로의 전환으로 인해 전 세계적으로 이산화탄소 배출량이 상당히 감소했다는 증거가 발견되면, 일부 경제학자들의 주장이 강화될 것이다.
④ 재생에너지가 환경 조건과 관계 없이 생산될 수 있도록 개발된다면, 필자의 주장이 약화될 것이다.

04 윗글에 대해 평가한 내용으로 적절하지 않은 것은?

17세기 유럽에서 오페라가 처음 등장했을 때, 이 새로운 예술 형식은 다양한 반응을 불러일으켰다. 음악학자 엘리자베스는 오페라가 단순한 연극이 아니라 복잡한 음악적 구성과 깊이 있는 감정 표현의 합작품이라고 주장하면서, 이 장르가 고전 음악의 발전에 크게 기여했다고 확신했다. 그녀의 연구에 따르면, 초기 오페라 작곡가들은 텍스트와 음악을 결합하여 감정을 극대화하는 방법을 개발했다.

그러나 당대의 비평가 존슨은 그녀의 주장을 비판했다. 존슨은 초기 오페라를 제작한 작곡가들을 '단순한 음악가'로 치부하면서, 그들은 엘리자베스가 주장하는 바와 달리 초기 오페라가 복잡한 음악적 사고를 할 능력이 없다고 주장했다. 이에 엘리자베스를 지지하는 다른 음악학자들은 문화적 관점에서 존슨을 비판하였다. 이들은 초기 오페라 작곡가들도 현대의 작곡가들과 동일한 창의적 능력을 가졌으며, 그들의 음악적 사고가 열등하다고 볼 근거가 없다고 반박했다.

하지만 초기 오페라 작곡가들의 작품이 복잡한 음악적 구성을 가졌다고 해도 그 구성이 현대 음악의 복잡성과 동일하게 발전했다고 보기는 어렵다. 그들은 우리처럼 많은 시간에 걸쳐 축적되고 체계화된 음악 이론을 가지지는 않았기 때문이다. 17세기 음악의 사고와 행동이 21세기와 같은 방식으로 이루어졌다고 가정하는 것은 잘못된 해석일 수 있다. 초기 오페라 작곡가들의 음악적 능력을 평가할 때는 그 시대의 사회적, 문화적 맥락을 고려해야 한다.

① 초기 오페라가 연극에만 해당하는 것이 아니라 감정을 표현해 내는 음악적 구성을 보인다는 연구 결과가 나온다면 엘리자베스의 주장은 강화될 것이다.
② 초기 오페라 작곡가들이 단순한 멜로디만 작곡했다는 새로운 증거가 발견되면 존슨의 주장은 강화될 것이다.
③ 현대 작곡가들이 초기 오페라 작곡가들보다 음악적 능력이 더 뛰어나다는 연구 결과가 밝혀지면, 다른 음악학자들의 주장은 강화될 것이다.
④ 초기 오페라 작곡가들의 정교한 음악적 이론과 현대 음악가들의 이론을 같은 선상에 놓고 비교할 수 있다면 글쓴이의 주장은 약화될 것이다.

05 다음 글을 읽고 평가한 내용으로 가장 적절한 것은?

> 미르치아 엘리아데의 저서 『성과 속』은 성스러운 것과 속된 것의 구분을 통해 종교적 현상을 탐구한 중요한 고전이다. 엘리아데는 인간의 경험을 성과 속으로 나누어 설명하며, 성스러움은 종교적 인간의 경험에서 중요한 역할을 한다고 주장하였다. 그에 따르면 성스러운 것은 초월적이고 절대적인 실재로, 이는 인간이 신화와 의식을 통해 경험할 수 있다. 그는 신화가 상징과 이야기를 통해 성스러움을 표현하고, 종교적 인간은 이를 통해 세계를 실재적인 것으로 만들 수 있다고 보았다. 이러한 성스러운 경험은 인간에게 삶의 의미와 목적을 부여하며, 종교적 의식과 관습을 통해 체험된다.
>
> 반면, 속된 것은 일상적이고 세속적인 경험으로 성스러운 것과 대비된다. 현대의 비종교적 인간은 우주를 불투명하고 무의미한 존재로 인식하며, 자연의 신성함을 느끼지 못한다. 그러나 엘리아데는 이러한 비종교적 인간도 무의식 속에 종교적 체험의 가능성을 간직하고 있다고 보았다. 그는 인간이 극단적 상황에서 실존적 위기를 경험할 때 종교적 본질을 회복할 수 있다고 주장함으로써 성스러움이 인간의 삶에서 갖는 의미를 밝히려 시도하였다.

① 신화와 상징이 성스러운 것을 표현하지 못하고 인간 경험에 중요한 역할을 하지 않는다는 실증적 연구가 발표된다면, 이는 엘리아데의 주장을 강화한다.
② 극단적 상황에서 비종교적 인간이 종교적 본질을 회복하는 사례가 발견된다면, 이는 엘리아데의 주장을 약화한다.
③ 현대 사회에서 종교적 의식이 여전히 중요한 역할을 한다는 사례가 보고된다면, 이는 엘리아데의 주장을 강화한다.
④ 종교적 의식이 삶의 의미와 목적을 부여한다는 연구 결과가 축적된다면, 이는 엘리아데의 주장을 약화한다.

06 다음 글을 읽고 평가한 내용으로 가장 적절한 것은?

> 막스 베버와 뒤르켐은 현대 사회학에 큰 영향을 준 위대한 사회학자이다. 베버의 이해사회학은 개인의 주관적 의미와 동기를 이해하는 데 중점을 두었고, 뒤르켐의 기능주의는 사회 구조와 집합의식을 분석하는 데 중점을 두었다. 막스 베버는 사회적 행동의 이해를 중시하며 개인의 동기와 의미 부여 과정을 분석하는 이해사회학을 발전시켰다. 그는 사회 현상을 설명하기 위해서는 개인의 주관적 의미와 동기가 중요하다고 보았다. 특히 그는 합리화 과정이 사회 발전의 핵심이라고 보았고 근대 자본주의의 발전을 분석할 때 합리적 행동과 효율성을 강조하였다. 『프로테스탄트 윤리와 자본주의 정신』에는 이러한 베버의 사상이 잘 드러난다.
>
> 에밀 뒤르켐은 사회를 하나의 독립된 실체로 보고, 개인의 행동이 아닌 사회 구조와 집합의식을 강조하는 기능주의를 제시하였다. 그는 사회적 사실이 개인의 행동을 규정한다고 보았으며 사회 통합과 규범의 중요성을 강조하였다. 그는 자살률 연구를 통해 사회적 규제가 개인의 행동에 미치는 영향을 분석하였는데 이는 사회가 개인의 행동에 미치는 영향에 대한 중요한 통찰을 제공하였다. 특히 『자살론』에서 그는 현대 사회에서의 아노미적 자살의 증가를 통해 사회 규범의 붕괴와 그로 인한 문제를 실증적으로 증명하였다.

① 사회적 통합과 규제가 개인의 삶의 만족도에 큰 영향을 미치지 않는다는 사례가 축적된다면, 이는 베버의 주장을 약화한다.
② 합리화 과정이 근대 자본주의의 발전에 결정적인 역할을 했다는 경제사적 연구가 발견된다면, 이는 베버의 주장을 강화한다.
③ 사회적 구조와 집합의식이 개인의 행동을 규정하는 것과 관련이 없다는 비판적 연구가 발표된다면, 이는 뒤르켐의 주장을 강화한다.
④ 현대 사회에서 효율성과 합리적 행동보다는 비합리적 요소가 조직의 성공에 더 중요한 역할을 한다는 사례가 축적된다면, 이는 뒤르켐의 주장을 약화한다.

Chapter 13 <보기> 강화 약화

관련교재
기 출좋포 독해·논리 p.186~193

ⓒ 대표 천+기+누+설 개관

'<보기> 강화, 약화 유형'은 '일반 강화, 약화 유형'과는 달리 제시문에 이론이 하나 나옵니다.
이론이 하나가 나와서 쉬워 보일 수도 있겠지만,
<보기>의 'ㄱ, ㄴ, ㄷ'이 몇 개 정답인지 오답인지 정해져 있는 것이 아니므로
난도가 더 높을 수 있습니다.
그 이론을 뒷받침하면 강화,
그 이론의 반증 사례가 나타나면 약화,
그 이론과 관련이 없는 사례라면 강화하지도 약화하지 않는 것으로 보면 됩니다.

ⓒ 대표 천+기+누+설 발문 체크

01 ㉠을 평가한 내용으로 적절한 것만을 <보기>에서 모두 고르면?
02 다음 글의 ㉠을 강화하는 것만을 <보기>에서 모두 고르면?
03 ㉠ 주장을 약화하는 근거로 적절한 것을 <보기>에서 모두 고르면?
04 다음 대화에 대한 평가로 적절한 것만을 모두 고르면?

신유형 2025 버전 1

빠리 푸는 亦功 전략

1단계
〈보기〉를 읽고 갑, 을, 병의 핵심 주장을 뽑아내야 함을 알기

2단계
'갑, 을, 병의 주장'을 설명한 나열 구조의 제시문 읽기
(각 주장을 설명하는 핵심 문장에 밑줄 긋기)

3단계
선택지를 2파트로 나누고

① 특정 사례가 이 이론을 뒷받침하면 강화,

② 반대로 뒷받침하면 약화

③ 특정 사례가 이론과 관련이 없는 경우에 '강화, 약화'라고 판단을 내리는 것은 잘못된 것임에 유의하기

[화법] 의견의 대립 양상 + 〈보기〉 강화·약화

01 다음 대화에 대한 평가로 적절한 것만을 모두 고르면? 2025. 지방직 9급

> 갑: 친구에게 보내는 감사 메일에 건강하기를 기원하는 의미로 "건강해라."라고 적었는데, 다른 친구가 그건 잘못된 표현이니까 쓰면 안 된다고 하더라고. 널리 쓰이는 표현인데 왜 쓰면 안 된다는 거야?
>
> 을: 문법 규범에 어긋난 표현이 자주 쓰인다는 이유로 문법 규범으로 인정되어서는 안 돼. 문맥상 "건강해라."는 상대방에게 명령하는 의미를 지니는데 건강한 상태를 명령할 수는 없잖아? 그래서 형용사의 명령형은 문법 규범에 어긋난 거니까 사용하면 안 돼. 마찬가지로 어휘도 사람들이 자주 쓴다고 해서 비표준어가 표준어가 되는 것은 아니잖아.
>
> 갑: 문법 규범에 맞게 쓰거나 표준어를 사용하는 것이 권장되어야 하는 것은 옳지만, 문법 규범에 맞지 않거나 비표준어라고 해서 사용하지 말아야 하는 것은 아니라고 생각해. 문법 규범이나 표준어는 공통의 언어 사용을 유도하기 위한 정책으로 제시된 것일 뿐이거든. "건강해라."는 언중에게 널리 쓰인다는 점에서 사용에 문제가 없어.

〈보기〉

ㄱ. '쓰여지다', '잊혀지다'와 같은 이중 피동은 사람들에게 널리 쓰이는 표현이지만 문법 규범에 맞지 않으니까 사용하지 말아야 한다는 주장은 갑과 을의 입장을 모두 강화한다.

ㄴ. 명령문 "행복해라."가 문법 규범에 맞지 않지만 상대방이 행복하기를 바라는 기원의 의미로 널리 쓰이기 때문에 써도 된다는 주장은 갑의 입장을 약화한다.

ㄷ. 언중이 비표준어이던 '맨날'을 자주 사용하는 현실에 따라 표준어 '만날'과 함께 '맨날'도 표준어로 인정되었다는 사실은 을의 입장을 약화한다.

① ㄷ
② ㄱ, ㄴ
③ ㄱ, ㄷ
④ ㄱ, ㄴ, ㄷ

신유형 2025 버전 2

<보기> 강화·약화

02 다음 글을 읽고 평가한 내용으로 적절한 것만을 <보기>에서 모두 고르면?

최근 가상 현실(VR) 기술은 교육 분야에서 혁신적인 도구로 주목받고 있다. VR 기술을 활용하면 학생들은 실제로 경험하기 어려운 환경이나 상황을 가상으로 체험할 수 있어 학습 효과를 높일 수 있다는 주장이 있다. 예를 들어, 역사 수업에서 고대 문명을 직접 탐험하거나, 과학 수업에서 우주의 모습을 체험하는 등 몰입감 있는 학습이 가능하다. 또한, VR 기술은 학생들의 학습 동기를 향상시키고, 어려운 개념을 쉽게 이해하도록 도와준다는 긍정적인 효과도 보고되고 있다. 그러나 VR 기술의 교육적 활용에 대한 우려도 제기된다. 일부 교육 전문가들은 VR 기술이 학생들의 현실 감각을 저하시킬 수 있으며, 과도한 기술 의존으로 인해 창의성과 사회성이 감소할 수 있다고 주장한다. 또한, 이들은 VR 기기가 고가이고, 장시간 사용 시 건강에 부정적인 영향을 미칠 수 있다는 점을 지적한다. 특히, 장비의 경제적 부담으로 인해 교육 현장에서의 적용이 불균형하게 이루어질 수 있다는 우려도 있다.

<보기>

ㄱ. 학생들이 VR 환경에서 제공된 문제를 해결하면서 논리적 사고 능력과 문제 해결 능력이 향상된 사례가 나온다면, 이는 VR의 교육적 활용을 지지하는 입장을 강화한다.

ㄴ. VR 교육이 학생들에게 피로감을 유발하여 학습에 대한 집중력을 저하시킨다는 연구 결과가 발표된다면, 이는 VR의 교육적 활용을 반대하는 입장을 약화한다.

ㄷ. VR 학습이 학생들의 창의적 문제 해결 능력보다 기계적 상호작용에 의존하게 하여 창의성 발달에 부정적인 영향을 준다는 비판이 제기된다면, 이는 VR의 교육적 활용을 반대하는 입장을 강화한다.

① ㄱ, ㄴ
② ㄱ, ㄷ
③ ㄴ, ㄷ
④ ㄱ, ㄴ, ㄷ

빨리 푸는 亦功 전략

1단계
<보기>를 읽고 VR 지지, VR 반대의 핵심 주장을 뽑아내야 함을 알기

2단계
'VR 지지, VR 반대의 주장'을 설명한 대조 구조의 제시문 읽기
(각 주장을 설명하는 핵심 문장에 밑줄 긋기)

3단계
선택지를 2파트로 나누고

① 특정 사례가 이 이론을 뒷받침하면 강화,

② 반대로 뒷받침하면 약화

③ 특정 사례가 이론과 관련이 없는 경우에 '강화, 약화'라고 판단을 내리는 것은 잘못된 것임에 유의하기

문제훈련 <보기> 강화 약화

해당 챕터는 신유형이므로 문제훈련만 수록했습니다.

01 다음 글을 평가한 내용으로 적절한 것만을 〈보기〉에서 모두 고르면?

> 알레르기 질환은 유전적 요인, 생활습관, 정서 상태 등 다양한 원인에 의해 발생하지만, 최근에는 주거환경이 알레르기 질환의 주요한 발병 요인 중 하나로 주목받고 있다. 실제로 우리나라에서 실시된 한 설문조사에 따르면 응답자의 약 85%가 주거 내에서 알레르기 질환을 경험한 것으로 나타났으며, 주로 두통, 알레르기 비염, 결막염, 피부염 등이 보고되었다. 응답자의 다수가 공동주택에 거주하고 있으며, 이들 주택의 절반 이상은 준공된 지 10년 이상 된 노후 건물이었다. 이에 따라 새집증후군뿐 아니라 헌집증후군에 대한 대비도 필요하다는 지적이 제기된다. 거주자들은 알레르기 질환의 예방 및 개선을 위해 자연환기 시스템 개선, 친환경 건축 자재 사용, 실내공기 질 관리 등의 건축적 노력이 중요하다고 인식하고 있으며, 실제로 병원 치료와 더불어 공기 정화식물, 환기, 청소, 침구 세탁 등을 병행하는 경우가 많았다. 이러한 인식은 단순한 위생 차원을 넘어서, 건축적 설계가 거주자의 신체 건강에 직접적인 영향을 줄 수 있다는 점을 시사한다. 따라서 주거환경은 단순한 생활 공간이 아닌 알레르기 질환 예방과 건강성 확보를 위한 적극적 개입 대상으로 다뤄져야 하며, 건축 분야 역시 이에 대한 책임 있는 대응을 모색할 필요가 있다.

〈보기〉
ㄱ. 아파트 내에 설치된 자동 환기시스템으로 아토피 피부염 재발률이 절반 이하로 줄어들었다는 보건 연구 결과가 발표되었다면, 이는 글쓴이의 주장을 강화한다.
ㄴ. 건축 자재에서 방출되는 휘발성 유기화합물이 알레르기 유발률과 통계적으로 밀접한 상관관계를 가진다는 연구가 발표되었다면, 이는 글쓴이의 주장을 약화한다.
ㄷ. 실내 공기 질을 지속적으로 관리했음에도 병원 치료 없이는 증상이 개선되지 않았다는 장기 추적 보고가 발표되었다면, 이는 글쓴이의 주장을 강화한다.

① ㄱ
② ㄷ
③ ㄱ, ㄷ
④ ㄱ, ㄴ, ㄷ

02 ㉠을 평가한 내용으로 적절한 것만을 〈보기〉에서 모두 고르면?

현대 도시 문제는 교통 혼잡, 자원 고갈, 에너지 낭비 등 다양한 요소들이 복합적으로 작용하며 점점 더 심화되고 있다. 이러한 문제에 대응하기 위해 정보통신기술(ICT)을 활용한 '스마트시티' 개념이 주목받고 있다. 스마트시티는 단순한 기술 적용을 넘어 '사용자 중심 디자인(User-Centered Design, 이하 UCD)'에 기반한 도시 계획을 요구한다. 스마트시티는 이용자의 명시적 요구뿐 아니라 무의식적 니즈까지 반영하는 사용자 중심 설계론에 따라 기획되어야 한다. 대전 도안지구에 설치된 '스마트뷰(Smart View)' 서비스는 단순 가로등을 넘어 환경정보 제공, 안전 귀가 유도, 지역 커뮤니티 활동 지원 등 다양한 기능을 통합한 복합 시설로 개발되었으며, 설문조사, 페르소나 설정, 보행 경로 분석 등이 설계에 반영되었다. 이는 스마트시티 서비스가 단순히 '기술을 공급'하는 것이 아닌 '이용자의 일상에 녹아든 설계'로 발전했음을 보여준다. 실제 이용자 다수가 자신의 생활 공간에서 필요한 서비스를 명확히 설명하지 못했다는 조사 결과는, ㉠사용자 중심 설계론의 정당성을 방증한다.

〔보기〕
ㄱ. 스마트시티 사업에 참여한 주민들이 서비스 설계 단계부터 직접 의견을 개진하고, 그 결과 설치된 공공 디바이스에 대한 만족도가 높아졌다는 사례가 보고된다면, 이는 ㉠을 강화한다.
ㄴ. 기술 적용 중심으로 설계된 도시계획이 시민들의 예측 가능한 일상에만 잘 부합하여도 만족도가 높았다는 사례가 발표된다면, 이는 ㉠을 강화한다.
ㄷ. 스마트시티 프로젝트에서 시민의 행동 패턴과 감성 반응을 분석한 결과, 무의식적 불편 요소를 개선한 서비스가 호응을 얻었다면, 이는 ㉠을 약화한다.

① ㄱ
② ㄱ, ㄴ
③ ㄱ, ㄷ
④ ㄱ, ㄴ, ㄷ

03 ㉠에 대한 글쓴이의 주장을 강화하는 내용으로 적절한 것만을 〈보기〉에서 모두 고르면?

장애인을 포함한 사회적 약자의 접근권을 보장하기 위한 노력은 중요하지만, 현재 추진 중인 ㉠'배리어프리 키오스크 의무화' 정책은 그 방식과 시점 면에서 무리한 측면이 크다. 배리어프리 키오스크 의무화는 바닥면적 50㎡ 이상 또는 상시 근로자 100인 미만 사업장은 신규 설치 시 음성 안내, 화면 확대, 점자 기능 등 장애인 접근성을 고려한 기능을 탑재해야 한다. 면적 50㎡ 이상의 매장까지 일괄적으로 의무화하는 현 제도는 영세 자영업자에게 과도한 부담을 지울 수 있으며, 실현 가능성보다 선언적 정당성에 치우친 전형적인 탁상행정으로 비판받고 있다. 특히 배리어프리 키오스크는 일반 제품보다 가격이 2~3배 이상 높고, 공급 가능한 업체도 충분치 않아 수요를 맞추기 어려운 상황이다. 이처럼 공급 여건이 불충분한 상태에서 짧은 계도 기간 후 곧바로 과태료를 부과하는 정책은 현장에 큰 혼란을 초래할 수 있다. 더불어 디지털 기기 가격은 시간이 지나면서 자연스럽게 하락하는 경향이 있는데, 의무 도입 시점을 지금으로 설정하면 자영업자는 비효율적인 시기에 불필요한 고비용을 떠안게 된다. 정책 취지에 공감한다 하여 정부 보조금 제도를 만든다고 해도, 여러 조건을 만족해야 적용받을 수 있으므로 자영업자가 지원을 받기는 힘들다. 사회적 약자를 위한 제도일수록 구성원 전체의 감당 가능성과 현실성을 함께 고려해야 하며, 정부는 강제와 처벌보다는 인센티브 중심의 유도 정책으로 방향을 전환할 필요가 있다.

〔보기〕
ㄱ. 의무화된 배리어프리 키오스크를 설치한 매장에서 장애인 고객의 이용률과 재방문율이 크게 증가했다는 소비자 만족도 조사가 발표되었다.
ㄴ. 장애인 편의시설 관련 정부 보조금 제도가 복잡하고 집행률이 낮아, 실질적으로 소상공인이 지원을 받기 어렵다는 비판이 제기되었다.
ㄷ. '배리어프리 키오스크' 공급업체 간 경쟁이 부족해 가격이 쉽게 떨어지지 않고 있다는 산업 분석이 제시되었다.

① ㄴ
② ㄴ, ㄷ
③ ㄱ, ㄷ
④ ㄱ, ㄴ, ㄷ

04 ㉠에 대해 평가한 내용으로 적절한 것만을 〈보기〉에서 모두 고르면?

고등학교 무상교육은 학생 개인의 교육권 보장을 넘어, 국가가 책임져야 할 공공 교육 복지의 핵심이다. 현재는 정부와 시도교육청이 거의 절반씩 예산을 분담하고 있으나, 정부가 이 책임에서 빠지려는 것은 사실상 공교육에 대한 국가 책임의 후퇴로 해석될 수 있다. 교육청 예산의 80%가 이미 인건비, 시설비 등 고정지출로 묶여 있는 상황에서, 늘봄학교 운영이나 AI 디지털교과서 도입 등 교육 수요는 지속적으로 증가하고 있다. 게다가 내국세 기반의 지방교육재정교부금은 세수 상황에 따라 변동폭이 크고, 이미 적립금도 감소하고 있어 교육청 단독 부담은 재정적으로 지속 가능하지 않다. 무상교육을 위한 국비 지원은 단기 예산이 아니라 장기적 공공 투자의 개념으로 접근해야 하며, 학령인구가 감소한다고 해서 학급 수나 교원 수가 줄어드는 것도 아니기에 교육비 감소 논리 역시 성립하기 어렵다. 실제로 2018년 이후 학생 수는 줄었지만 학급 수와 교원 수는 오히려 증가했다. 교육은 개인의 미래뿐 아니라 국가경쟁력의 기반이며, 정부가 이를 재정적으로 뒷받침하는 것은 단순한 복지 지출이 아닌 국가의 핵심 책무이다. 따라서 ㉠<u>고교 무상교육에 대한 정부의 지속적인 예산 지원</u>은 중단되어서는 안 되며, 오히려 안정적 제도화를 위한 법적·재정적 장치가 강화되어야 한다.

〔보기〕
ㄱ. 고교 무상교육을 위한 국비 지원이 중단된 이후 일부 지역에서 방과후 교육과 실습 활동 예산이 대폭 축소되었다는 보도가 나온다면, ㉠에 대한 정당성을 약화한다.
ㄴ. 학령인구가 감소하면 학급수와 교원 수가 줄어들어 예산 지원을 축소해도 된다는 연구결과가 나온다면, 이는 ㉠에 대한 정당성을 약화한다.
ㄷ. 시도교육청의 예산 중 80% 이상이 고정성 경비로 편성되어 있어, 새로운 정책 수요를 위한 재정 여력이 부족하다는 분석이 제시된다면, ㉠에 대한 정당성을 강화한다.

① ㄱ, ㄴ ② ㄴ, ㄷ
③ ㄱ, ㄷ ④ ㄱ, ㄴ, ㄷ

05 ㉠을 읽고 평가한 내용으로 적절한 것만을 〈보기〉에서 모두 고르면?

인공지능(AI) 시스템에서 발생하는 편향은 단순한 기술적 오류를 넘어, 사회적 불평등을 심화시킬 수 있는 구조적 문제로 작용한다. AI가 학습하는 데이터 자체가 이미 사회적 편견과 차별을 반영하고 있을 경우, 알고리즘은 이를 그대로 재현하거나 확대 재생산할 가능성이 크다. 예를 들어, 범죄 예측, 채용, 대출 심사 등에서 AI가 특정 인종이나 성별 집단에 대해 불리한 판단을 내린 사례가 반복적으로 보고되고 있다. 편향된 AI는 '객관성'을 가장한 차별로 작동하게 되며, 이는 사회적 신뢰를 약화하고 기술에 대한 거부감을 초래할 수 있다. 특히 사회 인프라에 결합된 AI 시스템일수록, 편향은 소수자에게 구조적인 불이익을 장기적으로 가할 수 있다. 따라서 ㉠<u>작가 버지니아는 공정성과 포용성을 중시하는 AI 설계는 단지 윤리적 선택이 아니라 기술적 책임의 문제로 간주되어야 한다</u>. AI의 신뢰성을 확보하기 위해서는 기술적 성능 향상만이 아니라, 학습 데이터의 구성과 알고리즘 설계 전반에서 '편향 감지 및 완화' 노력이 핵심 과제로 다루어져야 한다.

〔보기〕
ㄱ. 동일한 모델을 사용하더라도, 교육용 데이터에서 성별 불균형을 바로잡은 후 여성 지원자에 대한 채용 예측 정확도가 향상되었다는 실험 결과가 발표된다면, 이는 ㉠을 강화한다.
ㄴ. 알고리즘 설계자의 주관이 개입될 경우, 오히려 편향 완화 시도가 새로운 형태의 불균형을 유발할 수 있다는 반론이 제기된다면, 이는 ㉠을 약화한다.
ㄷ. 국제기구가 AI 윤리 가이드라인에서 알고리즘 공정성과 데이터 검증을 '설계 초기 단계의 핵심 절차'로 명시하며 각국에 정책 반영을 요구한다면, 이는 ㉠을 약화한다.

① ㄱ, ㄴ ② ㄴ, ㄷ
③ ㄱ, ㄷ ④ ㄱ, ㄴ, ㄷ

06 ㉠의 주장을 강화하는 사례로 적절한 것만을 〈보기〉에서 모두 고르면?

㉠칸트의 정언 명령은 도덕적 행위의 절대적 기준을 제시하는 원칙으로, 무조건적으로 따라야 하는 도덕 법칙을 의미한다. 칸트는 정언 명령의 핵심으로 두 가지 원칙을 제시했다. 첫째, "네 의지의 준칙이 언제나 동시에 보편적 입법의 원리가 될 수 있도록 행위하라"는 명제이다. 이는 자신의 행동이 언제나 보편적으로 적용될 수 있는가를 기준으로 삼아야 한다는 것을 의미한다. 즉, 어떤 행위가 도덕적으로 옳은지 판단할 때, 그 행위가 모든 사람에게 동일하게 적용될 수 있는지 고려해야 한다는 것이다. 둘째, "너 자신의 인격에서나 다른 모든 사람의 인격에서 인간을 단지 수단으로만 대우하지 말고 동시에 목적으로 대우하라"는 원칙이다. 이는 인간을 단지 도구로 취급하지 말고, 각 개인의 존엄성과 가치를 존중해야 한다는 것을 강조한다. 모든 인간은 고유한 가치와 목적을 지니고 있으며, 다른 사람의 목적을 존중하는 방식으로 행동해야 한다는 것이다. 정언 명령은 무조건적으로 따라야 하는 도덕 법칙으로, 상황이나 결과에 따라 변하지 않는다. 이는 도덕적 행위의 보편성과 필연성을 강조하며, 도덕적 절대성을 부여한다. 칸트는 이러한 정언 명령을 통해 도덕적 행위의 기준을 명확히 하고, 윤리적 상대주의나 회의주의에 빠지지 않도록 하는 근거를 제공하였다.

〈보기〉
ㄱ. 상황이나 결과에 따라 도덕 법칙이 판단되어야 한다는 주장이 제기되었다.
ㄴ. 윤리적 상대주의를 통해 도덕적 판단에 유연성을 제공하는 것이 바람직하다는 연구 결과가 축적되었다.
ㄷ. 윤리적 상대주의에 빠지지 않고 도덕적 절대성을 지키는 것이 사회적 혼란을 줄이는 사례가 각광받았다.

① ㄱ
② ㄴ
③ ㄷ
④ ㄴ, ㄷ

07 ㉠을 평가한 내용으로 적절한 것만을 〈보기〉에서 모두 고르면?

세계보건기구(WHO)의 연구에 따르면, 대기 오염이 심각한 지역에 거주하는 사람들은 호흡기 질환 발병률이 높아진다. 연구진은 대기 오염이 심각한 도시와 상대적으로 깨끗한 공기를 가진 지역에서의 호흡기 질환 발병률을 비교한 결과, 대기 오염이 심각한 지역에서는 천식과 만성 폐쇄성 폐질환(COPD) 발병률이 두 배 이상 높았다. 또한, 대기 오염에 장기간 노출된 사람들은 심혈관 질환의 위험도 높아지는 것으로 나타났다. 대기 오염이 높은 지역에서는 미세먼지와 같은 오염 물질이 호흡기를 자극하여 염증을 유발하고, 이는 장기적으로 폐 기능 저하로 이어질 수 있다. 이러한 결과는 대기 오염이 인간의 건강에 미치는 부정적인 영향을 명확히 보여준다. WHO는 ㉠의 연구를 통해 대기 오염을 줄이기 위한 정책적 노력이 건강 증진에 필수적이라고 강조하고 있다.

〈보기〉
ㄱ. 대기 오염이 심각한 지역의 천식 발병률이 그렇지 않은 지역보다 높다는 연구 결과는 ㉠을 강화한다.
ㄴ. 대기 오염이 심각한 지역의 주민들의 전반적인 심혈관계 건강이 좋다는 연구 결과는 ㉠을 강화한다.
ㄷ. 전기차 보급 확대와 산업 배출 규제 강화 등의 조치를 통해 대기 질이 개선되었다는 사실은 ㉠을 약화한다.
ㄹ. 미세먼지가 심한 날씨에 외출을 자제하는 사람들이 천식 발병률이 낮다는 연구 결과는 ㉠을 강화한다.

① ㄱ, ㄴ
② ㄱ, ㄹ
③ ㄷ, ㄹ
④ ㄱ, ㄷ, ㄹ

08 다음 글을 평가한 내용으로 적절한 것만을 〈보기〉에서 모두 고르면?

> 조선 후기 위정척사파는 유교적 질서와 가치를 지키고 서양의 종교와 문물을 배척해야 한다고 주장하였다. 이들은 '올바른 것'인 유교적 질서를 지키고, '사악한 것'인 서양의 종교와 문물을 배척하는 것을 중요하게 여겼다. 위정척사파는 우리의 주체성을 지키고자 하는 선비 정신을 강조하였으며, 서양의 문물이 우리의 전통과 문화를 위협한다고 보았다. 반면, 개화파는 서양의 근대화된 문물을 수용하여 국가의 발전을 도모해야 한다고 주장했다. 개화파는 크게 두 가지 입장으로 나뉜다. 동도서기론자들은 유교적 정신과 질서는 유지하면서도 서양의 발달된 기술을 수용하자는 입장을 취했다. 급진적 개화론자들은 기존의 유교적 질서를 개혁하고 서양의 정신과 기술을 모두 받아들이자는 입장이었다. 개화파는 국가의 발전과 부강을 위해 서양의 과학 기술과 제도 도입을 필수적이라고 보았다.

〈보기〉
ㄱ. 유교적 질서를 지키는 것이 국가의 주체성을 유지하는 데 중요하다면, 이는 위정척사파의 입장을 강화한다.
ㄴ. 유교적 질서를 지키는 것이 국가의 주체성을 유지하는 데 중요하다면, 이는 동도서기론자의 입장을 약화한다.
ㄷ. 기존의 유교적 질서를 개혁하고 서양의 정신과 기술을 모두 받아들이는 것이 국가의 발전을 촉진한다면, 이는 급진적 개화파의 입장을 강화한다.

① ㄱ, ㄴ
② ㄱ, ㄷ
③ ㄴ, ㄷ
④ ㄱ, ㄴ, ㄷ

09 ㉠을 강화하는 내용으로 적절한 것만을 〈보기〉에서 모두 고르면?

> 코로나19 팬데믹은 기존 복지체계의 한계를 드러내며 보편복지에 대한 사회적 논의를 촉진시켰다. 특히 한국 정부가 시행한 제1차 긴급재난지원금은 소득 수준과 무관하게 전 국민에게 지급되어 보편복지의 가능성을 실험한 사례로 평가된다. 긴급재난지원금은 팬데믹으로 위축된 소비심리를 회복하고, 국민 모두가 국가의 보호 아래 있다는 심리적 안정감을 제공했다. 이는 공동소유와 상호부조를 중시하는 ㉠<u>공생주의 원리</u>에 부합한다. 다만 일회성 지원이 아닌 지속 가능한 복지 체계를 마련하기 위해서는 재정 안정성 확보와 더불어 정책의 철학적 정당성이 뒷받침되어야 한다는 지적도 있다.
> 재정 부담과 포퓰리즘 논란은 국가가 보편복지를 지속 가능하게 운영하기 위해 철학적 비전과 사회적 합의를 구축해야 함을 시사한다. 더욱이 코로나19 이후 기본소득과 보편복지에 대한 논의가 활발히 이어지면서, 국민 사이에서는 복지 확대에 대한 기대와 함께 조세 부담에 대한 인식 전환이 요구되고 있다. 공생주의는 국민의 생존권과 존엄성을 보장하는 것을 국가의 기본 책무로 보며, 이를 위해 보편복지를 확대하고 지속 가능한 재원 조달 방안을 마련해야 한다고 강조한다. 이는 단순한 재분배 차원을 넘어 국민 모두가 공동체 구성원으로서 상호 책임을 나누는 사회로 나아가기 위한 기반이 될 것이다.

〈보기〉
ㄱ. 모든 시민에게 의료서비스를 제공하는 국가 의료보험 체계를 도입한 국가들이 의료 접근성 격차 해소와 함께 전체 의료비 지출 효율성도 향상되었다는 국제 비교 연구가 있다.
ㄴ. 재난 상황에서 상호부조 네트워크가 형성되지 못한 지역사회가 그러한 지역보다 위기 극복 속도가 3배 이상 느렸으며, 심리적 회복력도 낮게 나타났다.
ㄷ. 높은 세율의 보편복지 체계를 운영하는 국가들에서 근로 의욕 저하와 경제 성장률 둔화 현상이 지속적으로 관찰되고 있다는 경제 지표 분석이 발표되었다.

① ㄱ, ㄴ
② ㄴ, ㄷ
③ ㄱ, ㄷ
④ ㄱ, ㄴ, ㄷ

10 다음 글을 읽고 평가한 내용으로 적절한 것만을 〈보기〉에서 모두 고르면?

> 부패는 정부와 기업뿐만 아니라 사회 전반에서 발생할 수 있는 심각한 문제다. 그 원인을 두고 개인의 도덕적 책임과 사회적·구조적 요인이라는 두 가지 상반된 시각이 존재한다.
> 개인의 도덕적 책임을 강조하는 입장에서는 부패가 도덕적으로 타락한 개인의 선택에서 비롯된다고 본다. 이들은 부패가 특정한 제도나 환경의 문제가 아니라, 윤리적 기준을 지키지 않은 개인의 문제라고 주장한다. 이에 따르면, 강력한 법적 처벌과 윤리 교육이 부패를 줄이는 핵심적인 해결책이 될 수 있다. 이 입장에서는 청렴한 리더가 있고 엄격한 윤리 규범이 확립될 경우, 부패가 자연스럽게 줄어들 것이라고 본다.
> 반면, 구조적 문제를 강조하는 입장에서는 부패가 개인의 윤리적 결함이 아니라 사회적·제도적 환경에서 비롯된다고 주장한다. 이들은 부패가 만연한 사회에서는 개인이 윤리적으로 행동하기 어려우며, 정당한 행동이 오히려 불이익으로 이어질 수 있다고 본다. 예를 들어, 열악한 근무 조건과 불공정한 승진 체계는 부패의 가능성을 높일 수 있다. 따라서 이들은 부패를 줄이기 위해서는 사회적 불평등을 완화하고, 투명한 제도를 마련하는 것이 필수적이라고 주장한다.

─〈보기〉─
ㄱ. 유사한 환경에서 동일한 법적 규제를 받는 공직자들 중 일부는 부패에 가담한 반면, 일부는 청렴성을 유지한 사례가 증가했다면, 이는 구조적 문제를 강조하는 입장을 약화하는 사례이다.
ㄴ. 특정 국가에서 강력한 반부패법을 시행한 이후에도 고위 관료들의 부정부패가 지속적으로 발생하고 있다는 보고가 증가한다면, 이는 개인의 도덕적 책임을 강조하는 입장을 강화하는 사례이다.
ㄷ. 한 사회에서 오랜 기간 동안 부패가 만연했음에도 불구하고 윤리 교육을 받은 개인들이 부패를 거부하고 청렴한 행동을 유지하는 사례가 늘어났다면, 이는 개인의 도덕적 책임을 강조하는 입장을 강화하는 사례이다.

① ㄱ
② ㄱ, ㄴ
③ ㄱ, ㄷ
④ ㄱ, ㄴ, ㄷ

11 다음 글을 읽고 평가한 내용으로 적절한 것만을 〈보기〉에서 모두 고르면?

> 막스 베버는 근대 자본주의의 발달을 설명하면서 '프로테스탄트 윤리'와 '자본주의 정신'의 연관성을 강조하였다. 베버는 프로테스탄트, 특히 칼뱅주의가 강조하는 금욕적 생활태도와 근면함이 자본주의 발전에 중요한 역할을 했다고 주장했다. 그는 프로테스탄트 윤리가 세속적 직업 활동도 신이 부여한 '소명(부르심)'으로 보고, 성공을 신의 은총의 표시로 간주하면서, 사람들이 경제적 활동에 열중하게 만들었다고 보았다. 이러한 윤리적 태도가 자본주의 정신을 낳았으며, 이는 자본 축적과 경제적 합리성을 추구하는 현대 자본주의의 형성에 기여했다고 분석했다.
> 반면, 마르크스주의자들은 자본주의가 종교적 윤리보다는 계급 투쟁의 산물이라고 주장한다. 마르크스주의적 관점에서 자본주의는 노동자 계급의 착취를 통해 자본이 축적되는 체제이며, 경제적 이익을 극대화하려는 자본가 계급의 이해관계에 의해 형성되었다고 본다. 이들은 자본주의가 종교적 요인보다 경제적 조건과 계급 간의 갈등에 의해 더 큰 영향을 받았다고 주장하며, 자본주의는 결국 계급 모순을 심화시켜 사회적 불평등을 확대한다고 비판한다.

─〈보기〉─
ㄱ. 계급 간의 경제적 갈등이 자본주의 발전의 주요 원동력이라는 연구가 반박된다면, 이는 마르크스의 이론을 강화한다.
ㄴ. 자본주의가 종교적 가치와 무관하게 사람들의 자발성에서 발전했다는 연구 결과가 나온다면, 이는 베버의 입장을 약화한다.
ㄷ. 자본주의 발전 초기 단계에서 칼뱅주의자들이 자본 축적에 앞섰다는 것이 입증된다면, 이는 베버의 입장을 강화한다.

① ㄱ, ㄴ
② ㄱ, ㄷ
③ ㄴ, ㄷ
④ ㄱ, ㄴ, ㄷ

- Chapter 14 문맥적 의미 추론

- Chapter 15 바꿔 쓸 수 있는 유사한 표현

- Chapter 16 지시 대상 추론

천기누설 혜선팍 독해 시즌1

Part 06

세트형 독해

Chapter 14 문맥적 의미 추론

관련교재
📘 출좋포 독해·논리 p.210~219

☾ 대표 천+기+누+설 개관

인사혁신처에서 2025년부터 단순 암기를 줄이겠다는 선언을 하였습니다.
이에 따라 어휘 문제는 단순 암기식이 아니라 문맥적인 의미를 추론할 수 있는 식으로 출제가 되고 있습니다.
이 어휘 유형은 단독으로 나오지는 않고, 세트형의 2번째 문제에 출제될 것입니다.
이번에 2025 인사처 1차, 2차 샘플, 2025 지방직 9급에도 출제되었기 때문에
반드시 정복해야 할 유형이 되었습니다.

문맥적 의미 추론 문제는 혜선 쌤 고유의 문제 풀이 방식을 그대로 적용한다면
틀리지 않을 수 있는 유형이므로 수업을 통해 방법을 암기하고 적용해야 합니다.

☾ 대표 천+기+누+설 발문 체크

01 문맥상 ㉠의 의미와 가장 가까운 것은?
02 밑줄 친 표현이 문맥상 ㉠의 의미와 가장 가까운 것은?

신유형 2025 버전 1

세트형 독해 - 내용 추론 + 어휘의 문맥적 의미

[1~2] 다음 글을 읽고 물음에 답하시오.

천상계와 지상계로 나누어진 영웅 소설의 세계 구조에서 서사적으로 중요한 것은 지상계의 일이지만 인과론적 구도로는 천상계가 우위에 있다. 천상계의 의지나 그 대리자의 개입에 의해서 지상계의 서사가 결정되기 때문이다. 천상계는 지상에서 ㉠일어나는 모든 사건의 발생과 귀결을 지배하는 초월적 세계로서, 일시적으로 고난에 빠졌던 주인공이 세상에 창궐한 악을 물리치고 승리하도록 해 주는 근거로 작용한다. 지상의 혼란이나 세계 질서의 모순은 일시적인 것일 뿐 현실의 구체적 갈등에 뿌리를 둔 것이 아니어서 초월적 세계가 이미 설계한 바에 따라 쉽사리 해소된다. 이런 모습의 세계 구조를 '이원적 세계상'이라고 부른다.

반면에 판소리계 소설의 세계상은 대체로 일원적이고 경험적이다. 판소리계 소설에는 초월적 세계가 지배적 장치로 나타나는 경우가 극히 드물며, 현실의 경험적 인과 관계에 의해 서사가 전개된다. 예컨대 변학도의 횡포로 인한 춘향의 수난, 흥부의 가난과 고난, 심청과 심봉사의 불행, 유혹에 넘어간 토끼의 위기 탈출, 배비장의 욕망과 봉변, 장끼의 죽음 등은 초월적 세계의 의지나 그 대리자의 개입 없이 현실적 삶의 인과에 따라 이루어지는 것이다.

01 윗글을 이해한 내용으로 적절하지 않은 것은? 2025. 지방직 9급

① 영웅 소설은 이원적 세계상을 잘 보여 주는 문학적 갈래이다.
② 판소리계 소설에서 서사의 인과 관계는 경험적 현실에 바탕을 둔 경우가 많다.
③ 천상계의 대리자가 지상계의 서사를 결정하는 작품에서는 이원적 세계상이 발견된다.
④ 영웅 소설에 비해 판소리계 소설에서는 초월적 세계가 현실의 문제를 해결하는 양상이 두드러진다.

02 윗글의 문맥상 ㉠의 의미와 가장 가까운 것은? 2025. 지방직 9급

① 언니는 뽀얗게 일어나는 물보라에 손을 대었다.
② 그는 가까스로 일어나는 불꽃을 바라보고 있었다.
③ 아침 일찍 일어나는 습관을 들이는 것이 중요하다.
④ 싸움이 일어나는 동안 그는 숨어 있을 수밖에 없었다.

빨리 푸는 亦功 전략

1단계
어휘의 문맥적 의미를 먼저 풀기

2단계
㉠과 호응하는 단어의 성격을 파악하기

선지에서 가장 비슷한 것을 찾기

(㉠을 문맥에 맞는 제3의 단어로 교체해 보는 방법도 써 보기)

3단계
내용 추론 부정 발문 문제를 풀기

신유형 2025 버전 2

세트형 독해 - 일반 강화 약화 + 어휘의 문맥적 의미

빠리 푸는 亦功 전략

1단계
어휘의 문맥적 의미를 먼저 풀기

2단계
㉠과 호응하는 단어의 성격을 파악하기

선지에서 가장 비슷한 것을 찾기

(㉠을 문맥에 맞는 제3의 단어로 교체해 보는 방법도 써 보기)

3단계
일반 강화 약화 문제를 풀기

[3~4] 다음 글을 읽고 물음에 답하시오.

> 미학에서 '예술의 목적'에 대한 논의는 오래전부터 이어져 왔다. 전통적인 견해에 ㉠따르면, 예술의 목적은 정치적 목적에서 독립되어 미적인 아름다움을 추구하는 것이다. 고대 그리스 철학자 플라톤과 아리스토텔레스는 예술이 인간의 감정을 정화하고 미적 경험을 통해 진리를 탐구하는 수단으로 여겼다. 이 관점은 예술이 감정과 이성에 호소하며, 인간의 삶을 심오하게 이해하는 데 기여한다고 본다.
>
> 그러나 현대에 들어 예술의 목적을 정치적·사회적 메시지를 전달하는 데 있다고 보는 예술가와 학자들이 늘어났다. 그들은 예술을 통해 사회 문제를 비판하고, 불평등과 차별에 맞서 싸우는 것이 중요한 예술의 역할이라고 주장한다. 이들은 예술이 단순한 감상이 아니라 사회적 변화를 촉진하는 강력한 도구로서 기능해야 한다고 강조한다.
>
> 한편, 예술은 창의적 표현과 미적 체험을 지향하는 것이라고 보는 견해도 있다. 이 견해는 예술이 단순한 실용적 기능을 넘어서, 인간의 상상력과 감수성을 확장하고, 더 깊은 삶의 의미를 탐구하는 중요한 매개체로 인식된다.

03 윗글을 읽고 평가한 것으로 가장 적절한 것은?

① 예술이 정치적 메시지를 담을수록 미적 가치가 저하된다는 연구 결과가 많아지면, 이는 '예술의 목적에 대한 전통적 견해'를 강화할 수 있다.
② 예술이 사회적 메시지를 전달하면서도 미적 가치를 유지할 수 있다면, 이는 '예술의 사회적 역할을 강조하는 견해'를 약화할 수 있다.
③ 예술이 미적 목적에만 집중할 때 사회적 변화를 이끌어 낼 수 있다는 사실이 입증된다면, 이는 '예술의 사회적 역할을 강조하는 견해'를 강화한다.
④ 피카소가 전통적인 재현 방식을 거부하고 새로운 시각적 언어를 창조한 것을 당대 사람들이 알아보지 못한 것을 비판한다면, '예술의 창의성을 강조하는 견해'를 약화한다.

04 윗글의 문맥상 ㉠의 의미와 가장 가까운 것은?

① 우리는 선생님이 보여 주는 동작을 그대로 <u>따라서</u> 했다.
② 증시가 회복됨에 <u>따라</u> 경제도 서서히 회복되어 간다.
③ 판사는 법에 <u>따라</u> 일을 처리하였다.
④ 정치 개혁에 대한 문제는 여론에 <u>따르는</u> 것이 좋겠다.

기출훈련 문맥적 의미 추론

정답 및 해설 p.276

01 다음은 다의어 '알다'의 뜻풀이 중 일부이다. ㉠~㉣의 예로 적절하지 않은 것은? 2024. 국가직 9급

> ㉠ 어떤 일을 할 능력이나 소양이 있다.
> ㉡ 다른 사람과 사귐이 있거나 인연이 있다.
> ㉢ 어떤 일에 대하여 관여하거나 관심을 가지다.
> ㉣ 어떤 일을 어떻게 할지 스스로 정하거나 판단하다.

① ㉠: 그 외교관은 무려 7개 국어를 할 줄 <u>안다</u>.
② ㉡: 이 두 사람은 서로 <u>알고</u> 지낸 지 오래이다.
③ ㉢: 그 사람이 무엇을 하든 내가 <u>알</u> 바 아니다.
④ ㉣: 나는 그 팀이 이번 경기에서 질 줄 <u>알았다</u>.

02 밑줄 친 단어와 의미가 같은 것은? 2024. 지방직 9급

> 아이가 말을 참 잘 <u>듣는다</u>.

① 이 약은 나에게 잘 <u>듣는다</u>.
② 학교에 가면 선생님 말씀을 잘 <u>들어라</u>.
③ 이번 학기에는 여섯 과목을 <u>들을</u> 계획이다.
④ 브레이크가 말을 <u>듣지</u> 않아 사고가 날 뻔했다.

03 다음의 '기르다'와 같은 의미로 쓰인 것은? 2022. 간호직 8급

> 인내심을 <u>기르다</u>.

① 그녀는 아이를 잘 <u>기른다</u>.
② 그는 취미로 화초를 <u>기르고</u> 있다.
③ 병을 <u>기르면</u> 치료하기 점점 어렵다.
④ 나는 체력을 <u>기르기</u> 위해 매일 운동한다.

04 밑줄 친 '보다'의 활용형이 지닌 의미가 나머지 셋과 다른 것은? 2022. 군무원 9급

① 어쩐지 그의 행동을 실수로 <u>볼</u> 수가 없었다.
② 손해를 <u>보면서</u> 물건을 팔 사람은 없다.
③ 그는 상대를 만만하게 <u>보는</u> 나쁜 버릇이 있다.
④ 날씨가 좋을 것으로 <u>보고</u> 우산을 놓고 나왔다.

05 ㉠의 단어와 의미가 같은 것은? 2021. 국가직 9급

> 친구에게 줄 선물을 예쁜 포장지에 ㉠<u>싼다</u>.

① 사람들이 안채를 겹겹이 <u>싸고</u> 있다.
② 사람들은 봇짐을 <u>싸고</u> 산길로 향한다.
③ 아이는 몇 권의 책을 <u>싼</u> 보둥이를 들고 있다.
④ 내일 학교에 가려면 책가방을 미리 <u>싸</u> 두어라.

06 다음에 제시된 단어의 의미에 맞게 쓴 문장으로 적절하지 않은 것은?
　　　　　　　　　　　　　　　　　　2021. 지방직 7급

단어	의미	문장
풀다	모르거나 복잡한 문제 따위를 알아내거나 해결하다.	㉠
	어려운 것을 알기 쉽게 바꾸다.	㉡
	긴장된 분위기나 표정 따위를 부드럽게 하다.	㉢
	금지되거나 제한된 것을 할 수 있도록 터놓다.	㉣

① ㉠ : 나는 형이 낸 수수께끼를 풀다가 결국 포기하고 말았다.
② ㉡ : 선생님은 난해한 말을 알아들을 수 있게 풀어 설명하셨다.
③ ㉢ : 막내도 잘못을 뉘우치니, 아버지도 그만 얼굴을 푸세요.
④ ㉣ : 경찰을 풀어서 행방불명자를 백방으로 찾으려 하였다.

07 "이렇게 된 터에 더 이상 참을 수만은 없다."의 '터'와 같은 문맥적 의미로 쓰였다고 보기 가장 어려운 것은?
　　　　　　　　　　　　　　　　　　2017. 서울시 7급

① 첫 출근 날이라 힘들었을 터이니 어서 쉬어.
② 자기 앞가림도 못하는 터에 남 걱정을 한다.
③ 이제야 후회한다고 해도 너무 늦은 터였다.
④ 이틀을 굶은 터에 찬밥 더운밥 가릴 겨를이 없다.

08 〈보기〉에서 밑줄 친 어휘의 의미가 유사한 것끼리 묶인 것은?
　　　　　　　　　　　　　　　　　　2021. 국회직 8급

〔보기〕
ㄱ. 농촌 생활에 제법 길이 들었다.
ㄴ. 그 먼 길을 뚫고 고향으로 돌아가겠다고?
ㄷ. 길이 많이 막혀서 대중교통을 이용하는 편이 빠르다.
ㄹ. 서랍은 길이 들지 않아 잘 열리지 않았다.
ㅁ. 통나무 굵기가 한 아름이 넘고, 길이는 열 길이 넘었다.

① (ㄱ, ㄴ), (ㄷ, ㄹ, ㅁ)
② (ㄱ, ㄷ), (ㄴ, ㄹ, ㅁ)
③ (ㄱ, ㄷ), (ㄴ, ㄹ), (ㅁ)
④ (ㄱ, ㄹ), (ㄴ, ㄷ), (ㅁ)
⑤ (ㄱ, ㄹ), (ㄴ, ㅁ), (ㄷ)

09 밑줄 친 단어와 의미가 같은 것은?　　2021. 국회직 8급

그 녀석은 생긴 품이 제 아버지를 닮았다.

① 허름한 옷을 입은 여인의 품에는 두어 살 가량 난 애가 안겨 있었다.
② 겨울옷은 품이 넉넉해야 다른 옷을 껴입을 수 있다.
③ 이 마을의 모든 머슴들은 품 갚기를 함으로써 일을 줄여 나가고 싶어 한다.
④ 옷 입는 품을 보면 그 사람을 알 수 있다.
⑤ 어머니는 이 집 저 집에 품을 팔아 우리 가족의 생계를 꾸려 나가셨다.

10 다음에 제시된 단어의 의미에 맞게 쓴 문장으로 적절하지 않은 것은?
2019. 지방직 9급

단어	의미	문장
살다	경기나 놀이에서, 상대편에게 잡히지 않고 제 기능을 하다.	㉠
	어떤 직분이나 신분의 생활을 하다.	㉡
	마음이나 의식 속에 남아 있거나 생생하게 일어나다.	㉢
	움직이던 물체가 멈추지 않고 제 기능을 하다.	㉣

① ㉠: 장기에서 포는 죽고 차만 살아 있다.
② ㉡: 그는 벼슬을 살기 싫어 속세를 버렸다.
③ ㉢: 옷에 풀기가 아직 살아 있다.
④ ㉣: 그렇게 세게 부딪혔는데도 시계가 살아 있다.

11 밑줄 친 부분과 같은 의미로 사용된 것은?
2018. 지방직 9급

> 지도 위에 손가락을 짚어 가며 여행 계획을 설명하였다.

① 이마를 짚어 보니 열이 있었다.
② 그는 두 손으로 땅을 짚어야 했다.
③ 그들은 속을 짚어 낼 수가 없는 사람들이었다.
④ 시험 문제를 짚어 주었는데도 성적이 좋지 않다.

12 밑줄 친 말의 문맥적 의미와 가장 가까운 것은?
2018. 국가직 7급

> 나는 우리 회사의 장래를 너에게 걸었다.

① 이 작가는 이번 작품에 생애를 걸었다.
② 우리나라는 첨단 산업에 승부를 걸었다.
③ 마지막 전투에 주저 없이 목숨을 걸었다.
④ 그는 친구를 보호하기 위해 자신의 직위를 걸었다.

13 밑줄 친 말의 문맥적 의미가 같은 것은?
2017. 국가직 9급

> 고장 난 시계를 고치다.

① 부엌을 입식으로 고치다.
② 상호를 순 우리말로 고치다.
③ 정비소에서 자동차를 고치다.
④ 국민 생활에 불편을 주는 낡은 법을 고치다.

14 다음 밑줄 친 부분과 문맥적 의미가 같은 것은?

2017. 지방직 7급

> 문짝을 문틀에 ㉠맞추었다.

① 나는 가장 친한 친구와 답을 맞추어 보았다.
② 깨진 조각을 본체와 맞추어 붙이다.
③ 그는 대학 선택을 점수보다는 자신의 적성에 맞추기로 했다.
④ 시간에 맞추어 전화를 하다.

15 '잡다'의 유의어에 해당하는 예문으로 적절하지 않은 것은?

2017. 지방직 9급

유의어	예문
죽이다	㉠
쥐다	㉡
어림하다	㉢
진압하다	㉣

① ㉠: 할아버지는 돼지를 잡아 잔치를 베푸셨다.
② ㉡: 그들은 멱살을 잡고 싸우고 있다.
③ ㉢: 술집 주인은 손님의 시계를 술값으로 잡았다.
④ ㉣: 산불이 난 지 열 시간 만에 불길을 잡았다.

16 〈보기〉는 '비치다'에 대한 사전의 뜻풀이이다. 다음 중 각 뜻에 대한 예문으로 적절한 것은?

2016. 서울시 9급

〔보기〕
1 【…에】
 ❶ 빛이 나서 환하게 되다.
 ❷ 빛을 받아 모양이 나타나 보이다.
 ❸ 물체의 그림자나 영상이 나타나 보이다.
 ❹ 뜻이나 마음이 밖으로 드러나 보이다
 ❺ 투명하거나 얇은 것을 통하여 드러나 보이다.
2 【…에/에게 …으로】
 무엇으로 보이거나 인식되다.
3 【…에/에게 …을】
 ❶ 얼굴이나 눈치 따위를 잠시 또는 약간 나타내다.
 ❷ 의향을 떠보려고 슬쩍 말을 꺼내거나 의사를 넌지시 깨우쳐주다.

① 1 ❶: 창문을 종이로 가렸지만 그래도 안이 비친다.
② 1 ❸: 만년설이 쌓인 산이 호수에 비쳤다.
③ 2: 동생에게 결혼 문제를 비쳤더니 그 자리에서 펄쩍 뛰었다.
④ 3 ❶: 글씨를 흘려서 쓰면 성의 없는 사람으로 비치기 쉽다.

문제훈련 문맥적 의미 추론

[1~2] 다음 글을 읽고 물음에 답하시오.

> 일본 규슈 북서부에 위치한 사가현은 지리적 규모는 작지만 역사와 문화 관광의 밀도는 매우 높다. 특히 이 지역은 한반도와의 오랜 문화적 교류 흔적이 농축된 공간으로, 단순한 관광지를 넘어 한일 문화관계의 입체적 상징 공간으로 평가된다. 야요이 시대에 한반도로부터 전래된 벼농사와 정주문화의 흔적은 요시노가리 유적에서 확인되며, 백제의 왕인박사는 간자키에 학문을 전한 인물로 기려지고 있다. 임진왜란 시기 조선에서 일본으로 끌려간 도공 이삼평과 백파선은 아리타와 이마리 도자기 문화의 기초를 형성했으며, 이들을 기리는 신사와 비석, 전통 축제가 여전히 이어진다. 이러한 역사적 흔적들은 박물관이나 기념관에 갇힌 유물이 아니라 현재진행형의 생활 문화 속에서 지속되고 있다. 아리타 도자기 마을에서는 조선 도공의 전통 기법이 400여 년간 이어져 내려오며 현대적으로 재해석되고 있고, 간자키의 왕인박사 관련 유적지에서는 매년 학문과 문화교류를 기념하는 행사가 ㉠열린다. 현대에 이르러서는 제주올레길에서 영감을 받은 규슈올레가 사가현의 자연과 역사 명소를 잇는 트레킹 코스로 개발되면서, 지역은 걷는 여행을 통해 역사적 장소성을 체험하고 한일 문화 교류를 재해석하는 장으로 진화하고 있다.

01 윗글의 중심 내용으로 가장 적절한 것은?

① 사가현은 지리적으로 소규모 지역이지만 한일 문화 교류의 역사적 밀도가 매우 높은 문화관광 명소이다.
② 야요이 시대부터 현대까지 이어진 한일 교류사는 사가현에서 신사, 축제, 도자기 마을 등을 통해 구체적으로 확인할 수 있다.
③ 사가현의 한일 문화 교류 유산은 정적인 역사 유물이 아닌 현재 삶 속에서 지속되며 끊임없이 재해석되는 살아 있는 문화로 기능하고 있다.
④ 제주올레길에서 영감을 받은 규슈올레는 사가현의 역사적 장소성을 체험할 수 있는 새로운 문화관광 콘텐츠로 주목받고 있다.

02 문맥상 ㉠의 의미와 가장 가까운 것은?

① 어제 서울에서 큰 규모의 박람회가 <u>열렸</u>다.
② 드디어 문학사에 새로운 시대가 <u>열리고</u> 있다.
③ 아내는 나에게 마음이 <u>열리고</u> 나서는 성격이 무척 쾌활해졌다.
④ 집으로 들어가려고 하자 문이 <u>열려</u> 있었다

[3~4] 다음 글을 읽고 물음에 답하시오.

조선통신사는 조선과 일본 사이의 평화 외교를 상징하는 역사적 사건으로 평가되지만, 일본의 근대 초등교육에서는 이와는 전혀 다른 방식으로 활용되었다. 1903년부터 태평양전쟁 이전까지 일본의 국정 역사교과서에는 조선통신사의 행렬도와 아라이 하쿠세키의 초상화가 함께 삽입되었으며, 이는 단순한 역사 서술이 아닌 국가주의와 대외우월주의를 주입하는 수단으로 기능했다. 조선 사절단은 '오만하고 무례한 태도'를 보였고, 이에 대응한 하쿠세키는 '조선이 일본에 굴복하도록 만든 개혁가'로 묘사되었다. 실제 수업 지도서에서는 하쿠세키의 개혁을 '일본의 체면을 지킨 자주외교의 전범'으로 해석하고, 학생들에게 자부심을 ㉠가지고 외국에 대응하는 자세를 기르도록 지도했다. 특히 조선통신사가 지닌 문화적 상호성이나 평화 외교의 의미는 삭제된 채, 일본의 국권 수호와 문명 우월성을 입증하는 도구로 단편화되었다. 이러한 교육은 조선을 열등한 타자로 형상화하고, 나아가 한일병합과 식민 지배의 정당성을 자연스럽게 학습시키는 방향으로 이어졌다. 결과적으로 조선통신사는 일본 초등교육에서 역사를 통한 이데올로기 재생산의 매개물이 되었던 것이다.

03 윗글의 중심 내용으로 가장 적절한 것은?

① 조선통신사는 조선과 일본 간의 평화 외교를 상징하는 사건이었으나, 일본 근대 교육과정에서는 왜곡된 형태로 기술되었다.
② 아라이 하쿠세키는 일본 근대 교육에서 조선에 굴복시킨 개혁가로 묘사되며 학생들의 대외 자부심을 고취하는 역할 모델로 활용되었다.
③ 조선통신사의 문화적 상호성과 평화 외교의 본래 의미가 일본 교육과정에서 삭제되면서 한일 관계에 대한 인식이 왜곡되었다.
④ 일본 근대 초등교육에서 조선통신사는 본래의 평화 외교적 의미와 달리 국가주의와 식민 지배 정당화를 위한 이념 재생산 도구로 활용되었다.

04 문맥상 ㉠의 의미와 가장 가까운 것은?

① 동생이 공을 가지고 학교에 갔다.
② 우리 민족은 같은 조상을 가진 단일민족이다.
③ 철수는 드디어 공부에 흥미를 가졌다.
④ 두 나라는 동반자적 관계를 가지기로 합의하였다.

[5~6] 다음 글을 읽고 물음에 답하시오.

> 오늘날 우리는 하루를 24시간으로 나누는 방식에 익숙하지만, 전통적인 시간 단위 체계는 지금과는 다른 기준으로 하루를 나눴다. 대표적인 예가 십이지(十二支)를 활용한 12지 시법이다. 이 시법은 하루를 12개의 시간 단위로 나누고, 각 단위를 자(子), 축(丑), 인(寅), 묘(卯), 진(辰), 사(巳), 오(午), 미(未), 신(申), 유(酉), 술(戌), 해(亥)로 구분하였다. 각각의 지지는 약 2시간을 나타내며, 자시는 오후 11시부터 새벽 1시까지를 가리킨다. 이러한 방식은 인간의 생태적 활동과 자연의 주기성을 반영한 것이기도 하다. 시간의 구분은 여기서 더 세분화되기도 했다. 한 지지를 다시 둘로 나누는 24반지시법은 각 지지의 앞 절반을 '초(初)', 뒤 절반을 '정(正)'이라 ㉠불렀다. 예를 들어, 자시(오후 11시 – 새벽 1시)의 앞 1시간은 자초(子初), 뒤 1시간은 자정(子正)이라 불렸으며, 이 중 자정은 지금도 '자정 무렵 사건 발생' 등의 표현으로 남아 있다. 같은 방식으로 오시(오전 11시 – 오후 1시)의 정(正) 시간인 낮 12시는 '정오(正午)'라 불리며, '정오 무렵' 같은 현대 표현에 흔적을 남기고 있다. 이처럼 과거의 시법 체계는 단순히 시간 구분을 넘어 자연과 인간 활동을 연결하는 문화적 장치였으며, 그 명칭은 여전히 현대 언어 속에 살아 숨 쉬고 있다.

05 윗글에서 추론한 내용으로 적절하지 않은 것은?

① 12지 시법은 인간의 생활 패턴과 자연의 순환 주기를 반영한 시간 체계로 볼 수 있다.
② 현대 한국어에서 사용되는 '자정'과 '정오'라는 표현은 전통적 시간 구분 방식의 흔적이다.
③ 24반지시법은 하루를 24등분하여 현대의 시간 체계와 동일한 시간 길이의 단위로 구분한다.
④ 전통적인 시간 표현 방식은 단순한 구분 체계를 넘어 문화적 의미를 담고 있었다.

06 문맥상 ㉠의 의미와 가장 가까운 것은?

① 한 나라가 너무 부강해지면 전쟁을 부르게 된다.
② 사람들은 그를 불운한 천재라고 부른다.
③ 그 가게에서는 값을 비싸게 불렀다.
④ 전화번호를 불러 줄 테니 꼭 전화해라.

[7~8] 다음 글을 읽고 물음에 답하시오.

버스는 많은 시민들이 일상적으로 이용하는 중요한 교통수단이지만, 배차 간격이 일정하지 않거나 지연되는 문제는 여전히 해결되지 않고 있다. 특히 날씨나 도로 상황, 특정 시간대의 수요 변화 등 다양한 외부 요인이 복합적으로 작용하면서 버스 운행의 안정성을 ㉠떨어뜨리는 경우가 많다. 기존에도 이러한 문제를 완화하기 위한 다양한 연구와 제도가 도입되었지만, 대부분 과거의 기록에 기반해 대처하는 방식이었기 때문에 실시간 상황에는 충분히 대응하지 못하는 한계를 지닌다.

최근에는 이러한 문제를 해결하기 위해, 도시에서 실시간으로 생성되는 다양한 데이터를 분석하고 이를 통해 예측 모델을 개발하려는 시도가 늘고 있다. 예컨대, 버스의 위치, 정류장 상황, 도로 속도, 날씨 정보를 실시간으로 수집한 뒤 이를 분석해 지연 가능성을 미리 예측하는 방식이다. 이는 단순히 과거의 통계에 의존하는 것이 아니라, 도시가 변화하는 흐름에 따라 교통 운영을 유연하게 조정하려는 노력의 일환이다. 이러한 기술이 발전하면 시민들은 더욱 안정적이고 예측 가능한 대중교통 서비스를 이용할 수 있게 되며, 도시 전체의 효율성도 높아질 것으로 기대된다.

07 다음 글에서 추론한 내용으로 적절하지 않은 것은?

① 실시간 데이터 기반 예측 모델은 버스 운행에 영향을 미치는 날씨 요인보다 교통량 변화에 더 효과적으로 대응할 수 있다.
② 기존 버스 운행 시스템의 한계는 과거 통계에 의존하여 현재 발생하는 돌발 상황에 즉각 대처하기 어렵다는 점이다.
③ 도시 교통 데이터를 종합적으로 분석하면 버스 지연 가능성을 사전에 파악하여 운행 안정성을 높일 수 있다.
④ 대중교통 서비스의 예측 가능성이 향상되면 이용자 개인의 만족도뿐 아니라 도시 전체의 효율성에도 긍정적 영향을 미칠 수 있다.

08 문맥상 ㉠의 의미와 가장 가까운 것은?

① 부모님이 나선다 해도 그 두 남녀를 떨어뜨릴 수는 없을 것이다.
② 목포에서 올라오다가 그녀를 광주에 떨어뜨리고 왔다.
③ 기업이 서로 경쟁을 하면 회사는 유사 품목의 가격을 떨어뜨리기도 한다.
④ 물건의 품질을 떨어뜨리고 가격을 낮춘다고 물건이 잘 팔릴까?

[9~10] 다음 글을 읽고 물음에 답하시오.

미국의 철학자이자 과학사학자인 도나 해러웨이는 1985년에 발표한 '사이보그 선언'에서 전통적인 이분법적 사고에 대한 도전과 새로운 정체성의 가능성을 제시하였다. 그녀는 인간과 기계, 자연과 문화, 남성과 여성 등 여러 대립적인 개념들이 현대 사회에서 ⓐ무너지고 있으며, 이 경계를 넘나드는 새로운 정체성의 상징으로 '사이보그'를 제안하였다. 해러웨이에 따르면 사이보그는 인간과 기계의 결합체로서, 기존의 사회적, 문화적 경계를 무너뜨리고 새로운 형태의 존재 가능성을 열어준다. 그녀는 사이보그를 통해 페미니즘과 생태주의, 기술과학 등의 분야에서 이분법적 사고를 넘어서려는 시도를 전개하였다. 예를 들어 해로웨이는 사이보그가 성별이나 인종, 계급 등의 전통적인 구분을 초월하는 존재로 기능할 수 있다고 보았다. 이는 기존의 사회적 규범과 정체성의 한계를 넘어서려는 포스트 휴먼적 관점을 제공한다. 하지만 ㉠해러웨이의 사이보그 개념에 대한 비판도 존재한다. 일부 학자들은 이 개념이 현실의 사회적 불평등과 구조적 문제를 충분히 고려하지 않은 채 지나치게 유토피아적이라는 점을 지적하였다. 또한 사이보그 개념이 인간성과 기계성의 경계를 흐릿하게 만들어 윤리적 혼란을 초래할 수 있다는 우려도 제기되었다.

09 윗글의 ㉠의 입장을 강화하는 근거로 가장 적절한 것은?

① 사이보그 개념이 새로운 형태의 정체성과 사회적 역할을 창출하여, 기존의 사회적 갈등을 완화한 사례가 보고되었다.
② 사이보그 개념이 기술 발전에 대해 지나치게 낙관적인 전망을 제시하여, 기술 남용과 이에 따른 사회적 불평등을 정당화한 사례가 발견되었다.
③ 기술 발전이 윤리적 혼란을 초래하기보다는, 사이보그 개념을 통해 인간성과 기계성의 조화를 이루는 방향으로 발전한 사례가 제시되었다.
④ 사이보그 개념이 성별, 인종, 계급 등 전통적 구분을 초월하여 다양한 사회적 불평등을 극복하는 데 성공한 사례가 보고되었다.

10 문맥상 ⓐ의 의미와 가장 가까운 것은?

① 한국 배구 팀이 장신의 벽을 넘지 못하고 결승전에서 무너지고 말았다.
② 깎아 버린 채 방치했던 산이 물기에 젖으며 무너져 가고 있었다.
③ 한 사람의 실수로 우리의 계획은 한순간에 무너져 버렸다.
④ 봉건 제도가 무너지면서 왕권이 강화되기 시작하였다.

[11~12] 다음 글을 읽고 물음에 답하시오.

> 생물학자 리처드 도킨스와 에드워드 윌슨은 생물 진화와 사회적 행동에 대한 서로 다른 관점을 제시하였다. 도킨스는 유전자 중심의 진화 이론을 주창하며, 생물의 행동과 진화는 개체가 아닌 유전자의 관점에서 이해해야 한다고 주장하였다. 그의 유명한 저서 『이기적 유전자』에서 도킨스는 유전자가 생존 기계로서 개체를 이용하여 자신의 복제를 극대화하려 한다고 설명하였다. 그는 이기적인 유전자가 개체의 이타적 행동을 포함한 다양한 생물학적 현상을 설명할 수 있다고 ⓐ보았다.
> 에드워드 윌슨은 사회생물학의 창시자로서, 생물의 사회적 행동을 진화론적 관점에서 설명하려 하였다. 윌슨은 개체 수준의 선택뿐만 아니라, 집단 수준의 선택이 중요한 역할을 한다고 주장하였다. 그는 개미와 같은 사회적 곤충을 연구하며, 집단 내 협력과 희생이 생존과 번식에 어떻게 기여하는지를 탐구하였다. 윌슨의 사회생물학 이론은 인간의 사회적 행동과 문화 역시 진화론적 관점에서 이해할 수 있다는 주장을 포함하고 있다. 그의 이론은 생물학과 사회과학 간의 통합적인 연구를 촉진시켰다.

11 윗글을 읽고 평가한 내용으로 가장 적절한 것은?

① 유전자 수준에서의 변이가 개체의 행동을 크게 변화시킨다는 연구 결과가 발표된다면, 이는 도킨스의 주장을 강화한다.
② 이타적 행동이 유전자 복제의 성공을 높이는 사례가 발견된다면, 이는 도킨스의 주장을 약화한다.
③ 개체의 행동이 집단보다 유전자 수준의 선택에 의해 더 많이 영향을 받는다는 연구 결과가 발표된다면, 이는 윌슨의 주장을 강화한다.
④ 사회적 행동이 단순히 유전자나 본능에 의해 결정되지 않고, 제도와 규범을 통해 강화될 수 있음을 강조하는 연구 결과가 발표된다면, 이는 윌슨의 주장을 강화한다.

12 문맥상 ⓐ의 의미와 가장 가까운 것은?

① 사람을 보고 결혼해야지 재산을 보고 결혼해서야 되겠니?
② 그들은 증인이 말한 내용을 거짓말이라고 보고 있습니다.
③ 남의 단점을 보기는 쉬우나 자기의 단점을 보기는 어렵다.
④ 어머니는 술상을 보느라 바쁘시다.

소요시간   분   초

[13~14] 다음 글을 읽고 물음에 답하시오.

유전자 특허란 특정 유전자 서열을 발명한 개인이나 기관에게 그 유전자 서열에 대한 독점적 권리를 ⓐ주는 제도이다. 유전자 특허를 지지하는 측은 이 제도가 과학적 연구와 혁신을 촉진한다고 주장한다. 이들은 유전자 특허를 통해 연구자나 기업이 새로운 치료법이나 의약품을 개발할 동기를 부여받을 수 있으며, 이러한 독점적 권리는 경제적 보상과 함께 연구개발에 투자나 자원을 회수할 수 있게 해준다고 본다. 특히 유전자 특허는 혁신적 발견을 독려하고, 이를 상업화하는 데 필요한 자본을 확보할 수 있는 중요한 수단으로 여겨진다. 반면 ㉠유전자 특허를 반대하는 사람들은 이 제도가 과학 발전을 저해하고, 공공의 이익에 반한다고 주장한다. 그들은 특정 유전자에 대한 독점적 권리가 공공의 연구 활동을 제한하며, 연구 비용을 증가시켜 혁신을 방해할 수 있다고 본다. 또한, 유전자 특허가 인간 유전자라는 자연의 일부에 대한 권리를 민간 기업에게 부여함으로써, 윤리적 논란을 일으킬 수 있다고 지적한다. 이들은 유전자 특허가 인간의 유전자 정보를 사유화하는 행위라고 비판하며, 공공 연구와 접근성을 확보하기 위해 유전자 특허 제도를 폐지하거나 제한해야 한다고 주장한다.

13 ㉠의 입장을 강화하는 근거로 가장 적절한 것은?

① 유전자 특허가 특정 치료법의 상업화를 통해 새로운 의약품 개발을 촉진한 사례
② 유전자 특허로 인해 중요한 유전자 연구가 지연되거나 중단된 사례
③ 유전자 특허로 인해 독점적 권리를 가진 기업들이 연구비용을 회수하지 못한 경우가 증가한 사례
④ 유전자 특허가 공공 연구기관의 연구활동을 제한하지 않고, 오히려 공동 연구를 촉진했다는 연구 결과가 나온 사례

14 문맥상 ⓐ의 의미와 가장 가까운 것은?

① 너에게 중요한 임무를 주겠다.
② 선박 회사에서는 일등 항해사에게 가산점을 주었다.
③ 바쁜 일상이지만 나는 나 자신에게 여유를 주려고 노력한다.
④ 그는 친구에게도 좀처럼 정을 주지 않는다.

Chapter 15 바꿔 쓸 수 있는 유사한 표현

관련교재
㉮ 출좋포 독해·논리 p.220~227

☾ 대표 천+기+누+설 개관

2026년에 이 유형은 20문제 중 무조건 1문제 나올 수 있는 0순위 최빈출 유형입니다.

한자어인 ㉠~㉣을 의미가 비슷한 고유어로 바꾸거나

고유어인 ㉠~㉣을 의미가 비슷한 한자어로 바꿀 수 있는가를 묻는 문제라고 볼 수 있습니다.

단독으로 나오지는 않고, 세트형의 2번째 문제에 출제될 가능성이 있습니다.

2025년 국가직은 전자 유형이, 2025년 지방직은 후자의 유형이 골고루 출제되었습니다.

따라서 기존 출제되었던 기출들을 통해 두 유형 모두 고루 익히셔야 합니다.

☾ 대표 천+기+누+설 발문 체크

㉠~㉣과 바꿔 쓸 수 있는 유사한 표현으로 적절하지 않은 것은?

신유형 2025 버전 1

고유어 ⇨ 한자어로 바꾸어 쓰기

[1~2] 다음 글을 읽고 물음에 답하시오.

이광수와 김동인은 한국 근대 문학 초기의 대표적인 소설가로, 이 둘의 작품은 표준어와 사투리의 사용에서 두드러진 차이를 보인다. 이광수의 대표작 「무정」에서는 작중 배경과 등장인물의 출신지가 서울이 아닌데도 인물들이 주고받는 대화가 표준어로 되어 있다. 반면 김동인의 대표작 「배따라기」에서 인물들의 대화는 출신지와 작중 배경에 ㉠맞는 사투리로 이루어진다. 작품의 리얼리티를 얼마나 잘 구현했는가를 기준으로 본다면, 「무정」보다 「배따라기」가 더 뛰어나다고 볼 수 있다.

그러나 이광수의 「무정」을 리얼리티의 구현 정도를 기준으로 낮잡아 평가하는 것은 곤란하다. 근대 국민국가 형성 과정에서 다양한 지방의 사투리를 통일하는 것은 중요한 화두였다. 이로 인해 표준어와 사투리의 위계가 공고해졌다. 당대의 지식인들은 표준어가 교양, 문화, 지식, 과학, 공적 영역 등의 근대적 가치를 나타내는 것으로, 사투리는 야만, 비문화, 무지, 비과학, 사적 영역 등의 전근대적인 가치를 ㉡나타내는 것으로 인식하였다. 이광수가 계몽주의의 신봉자였음을 ㉢떠올리면, 그가 「무정」에서 표준어를 사용한 것은 근대적 가치를 실현하기 위한 의도적인 선택이었다.

이처럼 표준어의 사용은 작가의 의도를 드러내는 기능을 한다. 이는 현대 문학 안에서도 찾아볼 수 있다. 박경리의 「토지」에서 대부분의 인물들은 경상도나 함경도 사투리를 사용한다. 하지만 주인공 '서희'는 사투리를 구사하지 않는다. 이는 작품의 리얼리티 형성에 방해가 되지만 해당 인물의 고고함과 차가움을 드러내는 데에 더할 수 없이 적절한 기능을 한다. 「토지」에 사용된 표준어는 인물의 성격을 ㉣뚜렷하게 보여 주는 효과를 지닌다.

01 윗글을 이해한 내용으로 가장 적절한 것은? 2025. 지방직 9급

① 「배따라기」는 표준어를 사용하여 작품의 리얼리티를 확보하였다.
② 「무정」에는 근대적 가치의 실현과 관련된 작가의 의도가 담겨 있다.
③ 「토지」는 '서희'의 사투리 사용을 통해 작품의 리얼리티를 구현하였다.
④ 작품의 리얼리티를 기준으로 할 때, 「무정」이 「배따라기」보다 더 뛰어나다.

02 윗글의 ㉠~㉣과 바꿔 쓸 수 있는 유사한 표현으로 적절하지 않은 것은?

2025. 지방직 9급

① ㉠: 영합(迎合)하는
② ㉡: 표상(表象)하는
③ ㉢: 상기(想起)하면
④ ㉣: 분명(分明)하게

신유형 2025 버전 2

빨리 푸는 亦功 전략

1단계
한자어 → 고유어로 바꾸는 문제 유형은 옆에 괄호의 한자를 잘 읽어내는 것이 핵심이다.

2단계
한자를 다 읽어낼 필요는 없고, 아는 한자 한 놈만 조진다!

3단계
어휘 문제를 풀고 일반 강화 약화 문제 풀기

한자어 ⇨ 고유어로 바꾸어 쓰기

[3~4] 다음 글을 읽고 물음에 답하시오.

사형제는 오랜 논란의 주제이다. 사형제 반대론자들은 생명권이 법적 평가를 통해 판단될 수 없다고 주장하며, 인간의 존엄성을 침해한다고 본다. 또한 사형이 오판될 경우 시정할 방법이 없다는 점에서 오판 가능성을 ㉠우려한다. 이들은 사형제보다 기본권을 덜 제한하는 종신형 등을 통해 범죄인을 영구히 사회에서 ㉡격리할 방법이 있으며, 생명은 절대적 가치이므로 ㉢박탈될 수 없음을 강조한다. 또한, 사형제 폐지는 인간의 존엄성을 지키기 위한 필수적인 조치라고 ㉣역설한다.

한편, 사형제 찬성론자들은 사형이 사회를 방어하는 공익적 목적이 크다고 본다. 찬성론자들은 사형은 범죄자에게 응분의 죗값을 치르게 하는 정의의 발로이며, 죽음에 대한 공포는 가석방 없는 종신형보다 더 강력한 억제력을 가진다고 주장한다. 또한, 사형으로 규정된 범죄는 흉악범죄에 한정되어 있고, 사형선고는 엄격한 요건하에서 이루어지므로 사형제는 존속되어야 한다고 본다. 이들은 사형제도가 후진적이거나 야만적이라고 볼 수 없다고 반박하는 동시에, 오판 가능성은 사법제도의 한계이므로 관련 제도 개선을 통해 극복할 문제라고 주장. 또한, 극단적인 범죄는 계속 발생하며, 일반 시민의 생명권 보호가 최우선되어야 한다는 주장을 펼친다.

03 윗글을 읽고 평가한 내용으로 가장 적절한 것은?

① 사형이 흉악범죄에 한정되어 집행된다면, 이는 찬성론자의 주장을 약화한다.
② 사형이 오판될 경우 돌이킬 수 없는 결과를 초래한다면, 이는 찬성론자의 주장을 강화한다.
③ 사형제가 없는 국가들에서 지속적으로 범죄율이 감소하고 있다면, 이는 반대론자의 주장을 강화한다.
④ 사형의 오판 가능성을 줄이기 위한 제도 개선이 가능하다면, 이는 반대론자의 주장을 강화한다.

04 ㉠~㉣과 바꿔 쓸 수 있는 유사한 표현으로 적절하지 않은 것은?

① ㉠: 걱정한다
② ㉡: 떼어 놓을
③ ㉢: 빼앗길
④ ㉣: 본다

기출훈련 바꿔 쓸 수 있는 유사한 표현

정답 및 해설 p.282

01 밑줄 친 부분과 바꾸어 쓰기에 적절하지 않은 것은?

2024. 국가직 9급

① 나는 하루 종일 거리를 <u>배회(徘徊)</u>하였다. → 돌아다녔다
② 이 산의 광물 자원은 <u>무진장(無盡藏)</u>하다. → 여러 가지가 있다
③ 그분의 주장은 <u>경청(傾聽)</u>할 가치가 있다. → 귀를 기울여 들을
④ 공지문에서는 회의의 사유를 <u>명기(明記)</u>하지 않았다. → 밝혀 적지

02 밑줄 친 부분을 풀어 쓴 것으로 적절하지 않은 것은?

2024. 지방직 9급

① 선생님께서 <u>수시(隨時)</u>로 교실에 들어오셨다. – 아무 때나 늘
② 그는 세계 제일의 피아니스트라고 해도 <u>과언(過言)</u>이 아니다. – 지나친 말이
③ 문화 시설 대부분이 서울에 <u>편재(偏在)</u>해 있다. – 치우쳐
④ 누구나 착한 심성을 <u>발현(發現)</u>하는 것은 아니다. – 헤아려 보는

03 ㉠~㉣과 바꿔 쓸 수 있는 유사한 표현으로 적절하지 않은 것은?

2023. 지방직 9급

- 서구의 문화를 ㉠<u>맹종하는</u> 이들이 많다.
- 안일한 생활에서 ㉡<u>탈피하여</u> 어려운 일에 도전하고 싶다.
- 회사의 생산성을 ㉢<u>제고하기</u> 위해 노력하자.
- 연못 위를 ㉣<u>부유하는</u> 연잎을 바라보며 여유를 즐겼다.

① ㉠: 무분별하게 따르는
② ㉡: 벗어나
③ ㉢: 끌어올리기
④ ㉣: 헤엄치는

04 밑줄 친 부분을 고유어로 바꿀 때 적절한 것은?

2018. 국가직 7급

① <u>소기의</u> 목적을 달성하기 위해 노력합시다. → 바라는
② 우리는 연 3%의 연체 <u>이자를</u> 납부합니다. → 에누리를
③ 부서의 현재 상황을 <u>상신하여</u> 주시기 바랍니다. → 헤아려
④ 오늘 경기가 취소되었으니 <u>양지하시기</u> 바랍니다. → 알려 주시기

문제훈련 바꿔 쓸 수 있는 유사한 표현

[1~2] 다음 글을 읽고 물음에 답하시오.

정철의 <사미인곡>은 조선 중기의 정치적 혼란 속에서 창작된 작품으로, 전통적인 연군문학의 틀을 따르면서도 복합적인 심리를 드러낸다. 전통적으로 이 작품은 임에 대한 신하의 변치 않는 충정을 여인의 그리움에 빗대어 표현한 것으로 해석되었으나, 최근 연구에서는 작품 속 화자의 무의식적 욕망에 주목하고 있다. 송강 정철은 작품을 통해 겉으로는 임을 향한 절대적인 충성을 나타내면서도, 내면 깊은 곳에서는 권력의 상실과 분리된 현실에 대한 불안을 드러낸다. 예컨대, 작품에서 화자는 임과의 합일을 ㉠바라며 봄, 여름, 가을, 겨울의 자연물과 인공물을 선물로 보내고자 한다. 그러나 이 선물들은 단순한 충정의 표현이 아니라, 자신이 소외된 현실에서 벗어나 권력의 중심으로 ㉡돌아가고자 하는 무의식적 욕망을 반영한다.

봄에는 매화를, 여름에는 옷을, 가을에는 달빛을, 겨울에는 햇빛을 상징적으로 활용하여 자신과 임의 관계를 복원하고자 한다. 하지만 이러한 선물들은 모두 화자의 불안과 절망을 암시하며, 결과적으로 화자는 자신의 한계를 깨닫고 희망을 놓게 된다. 이 과정에서 작품은 충신과 연인의 역할을 동시에 수행하는 화자의 복합적 심리를 보여주며, 당시 조선 사회의 유교적 질서와 인간 욕망의 갈등을 문학적으로 ㉢나타내고 있다. <사미인곡>은 단순히 신하의 충정이나 여인의 사랑을 넘어, 권력과 인간 심리의 복잡한 상호작용을 드러내는 작품으로 평가된다. 화자의 분리불안과 충·연의 갈등은 조선시대 유교 사회의 이상과 현실의 괴리를 반영하며, 독자들에게 당대의 정치적, 심리적 맥락을 ㉣자세히 살피게 한다.

01 윗글을 이해한 내용으로 적절하지 않은 것은?

① 정철의 사미인곡은 충신의 절대적인 충성을 다룬 연군문학의 틀을 따르면서도, 인간 심리와 욕망의 복잡한 상호작용을 동시에 표현한 작품이다.
② 화자가 자연물과 인공물을 임에게 보내고자 하는 행위는 단순한 충정의 표현을 넘어, 자신이 소외된 현실을 극복하려는 욕망을 상징한다.
③ 조선 유교 사회에서 이상적 관계를 지향했던 화자의 갈등은, 현실에서의 권력적 분리와 그로 인한 심리적 체념을 문학적으로 보여 준다.
④ 화자는 임과의 관계를 회복하려는 의지를 보이며, 계절마다 보내는 선물에는 화자의 절망보다는 희망이 담겨 있다.

02 ㉠~㉣과 바꿔 쓸 수 있는 유사한 표현으로 적절하지 않은 것은?

① ㉠: 갈망하며
② ㉡: 복구하고자
③ ㉢: 형상화하고
④ ㉣: 성찰하게

[3~4] 다음 글을 읽고 물음에 답하시오.

<별주부전>은 약 120여 종의 다양한 이본을 가진 판소리계 소설로, 토끼와 자라의 대결을 중심으로 한 공통된 서사 구조를 보인다. 흥미로운 것은 토끼의 저항과 자라의 순종이 역설적으로 지배 이데올로기를 옹립하고 있다는 점이다. 토끼의 지략과 거짓말이 용왕을 살리는 데 ㉠이바지하고, 자라의 순종이 오히려 이데올로기의 모순을 드러내는 셈이다. 이처럼 상반된 두 인물의 행동이 궁극적으로 지배 체제를 유지하는 데 역할을 하는 것이 <별주부전>의 핵심적인 역설이다.

이러한 역설은 현대 매체에 따른 <별주부전>의 변용에서도 지속적으로 나타난다. 아힘 프라이어의 판소리 오페라 <수궁가>나 이영태의 <수궁가> 공연에서는 환경 문제나 정치 풍자 등 현대적 소재가 ㉡더해지지만, 여전히 지배 이데올로기와 개인의 욕망 사이의 간극을 보여준다. 결국 <별주부전>의 역설은 개인의 저항이 오히려 지배 체제를 ㉢편드는 모순적 구조를 보여주며, 이는 현대 사회에서도 여전히 공명하는 문제의식을 제기한다. 이처럼 <별주부전>은 전통 서사를 통해 현대적 주제의식을 펼쳐내고 있으며, 이것이 이 작품이 끊임없이 ㉣노려지고 재생산되는 원인이 되고 있다.

03 다음 글을 이해한 내용으로 적절하지 않은 것은?

① <별주부전>은 현대 매체에 의해 변용되면서도 여전히 지배 이데올로기와 개인의 욕망 사이의 간극을 드러낸다.
② <별주부전>에서의 토끼의 저항보다 자라의 순종이 지배 이데올로기를 역설적으로 더 잘 드러내고 있다.
③ <별주부전>에서 토끼와 자라의 행동은 결국 지배 체제를 유지하는 데 기여하는 역할을 한다는 점에서 중요한 교훈을 제공한다.
④ <별주부전>에서 토끼의 지략과 거짓말은 용왕을 살리는 데 기여하고, 자라의 순종은 이데올로기의 모순을 드러내는 방식으로 전개된다.

04 ㉠~㉣과 바꿔 쓸 수 있는 유사한 표현으로 적절하지 않은 것은?

① ㉠: 기여하고
② ㉡: 가미되지만
③ ㉢: 지양하는
④ ㉣: 향유되고

[5~6] 다음 글을 읽고 물음에 답하시오.

기술은 우리의 삶을 형성하는 근본적인 동력이다. 그 본질과 가치를 둘러싼 논쟁은 현대 사회의 핵심적인 지적 도전이다.

기술 중립성 이론은 기술을 가치중립적인 도구로 본다. 기술 그 자체에는 선악이 없으며, 그 영향력은 전적으로 인간의 선택에 달려 있다고 주장한다. 인터넷이나 인공지능 같은 기술은 그 자체로 선하거나 악한 것이 아니라, 어떻게 사용하느냐에 따라 달라진다는 것이다. 이 관점은 기술 혁신의 자유로운 발전을 ㉠편들며, 기술 그 자체를 제한하기보다는 인간의 윤리적 판단을 중요시한다.

기술 가치 내재성 이론은 기술이 결코 중립적이지 않다고 본다. 기술은 처음부터 특정한 사회적, 정치적 관점을 ㉡품고 있으며, 그 개발 과정 자체에 이미 가치 판단이 깊숙이 ㉢끼어들어 있다고 주장한다. 감시 기술이나 도시 교통 시스템은 단순한 기술적 해결책이 아니라 특정 이해관계와 권력 구조를 ㉣드러내는 산물로 이해된다.

기술은 우리 사회의 거울이자 그 사회를 형성하는 도구다. 기술에 대한 우리의 관점은 결국 인간의 존엄성과 자유, 그리고 사회의 미래를 어떻게 바라보는지 드러내는 창이 된다.

05 윗글에서 추론한 내용으로 가장 적절한 것은?

① 기술 중립성 이론을 가진 사람은 인공지능에 대한 발전을 규제하는 것은 옳지 않다고 가치 판단을 내릴 것이다.
② 기술 가치 내재성 이론은 기술을 인간의 윤리적 판단과 무관한 중립적 도구로 간주한다.
③ 기술 가치 내재성 이론은 특정 이해관계와 권력 구조에 따라 인간의 존엄성과 자유가 드러난다고 본다.
④ 기술은 항상 특정한 정치적 목적을 가지고 개발되므로, 가치중립적인 기술은 존재할 수 없다.

06 ㉠~㉣과 바꿔 쓸 수 있는 유사한 표현으로 적절하지 않은 것은?

① ㉠: 옹호하며
② ㉡: 내포하고
③ ㉢: 게시되어
④ ㉣: 반영하는

Chapter 16 지시 대상 추론

◑ 대표 천+기+누+설 개관

지시 대상 추론 유형은 추론 유형이 강조되면서 0순위 최빈출 유형이 되었습니다.
2025 인사혁신처 1차 샘플에서는 1문제가 출제되었으나
2025 인사혁신처 2차 샘플에서는 2문제, 2025 국가직 9급에서도 2문제, 지방직 9급에서도 1문제 출제되었습니다.
지시 대상 추론 유형을 출제자들이 굉장히 중시함이 방증된 것입니다.
지시 대상 추론 유형은 세트형의 2번째 문제에 출제될 예정인데,
제시문을 준 후에 단어나 어구에 밑줄을 친 후
1) 같은 지시 대상을 한 묶음으로 묶거나,
2) 범주가 같은 지시 대상을 추론하거나,
3) 밑줄 친 (가)와 다른 지시 대상을 찾거나,
4) 유사한 지시 대상을 한 묶음으로 묶는 문제가 출제될 예정입니다.

◑ 대표 천+기+누+설 발문 체크

01 문맥상 ㉠~㉣ 중 지시 대상이 같은 것만으로 묶인 것은?
02 ㉠~㉣ 중 문맥상 (가)에 해당하는 의미로 사용되지 않은 것은?
03 윗글의 ㉠~㉵ 중 지시하는 바가 같은 것끼리 짝지은 것은?

천+기+누+설 독해이론 | 지시 대상 추론

◆ 지시어

문맥 내에서 주로 앞에서 미리 언급된 앞말을 가리킬 때 쓰이는 말.
지시어 문제는 원래 표현하고자 하는 대상(원관념)을 파악해야 한다.
그리고 그 원관념은 주로 지시어의 앞에 위치한다.

① 그
② 이들, 그들, 저들
③ 전자, 후자
④ 소리

❖ 지시어 찾는 방법

앞뒤의 문맥을 잘 파악하며 객관적인 단서에 따라 앞의 어떤 말을 지시해주는지를 파악해야 한다.

[기출예제] 문맥상 ⊙~② 중 지시 대상이 같은 것만으로 묶인 것은? 2025. 인사혁신처 1차 샘플

> 영국의 유명한 원형 석조물인 스톤헨지는 기원전 3,000년경 신석기시대에 세워졌다. 1960년대에 천문학자 호일이 스톤헨지가 일종의 연산장치라는 주장을 하였고, 이후 엔지니어인 톰은 태양과 달을 관찰하기 위한 정교한 기구라고 확신했다. 천문학자 호킨스는 스톤헨지의 모양이 태양과 달의 배열을 나타낸 것이라는 의견을 제시해 관심을 모았다.
>
> 그러나 고고학자 앳킨슨은 ⊙그들의 생각을 비난했다. 앳킨슨은 스톤헨지를 세운 사람들을 '야만인'으로 묘사하면서, ⓒ이들은 호킨스의 주장과 달리 과학적 사고를 할 줄 모른다고 주장했다. 이에 호킨스를 옹호하는 학자들이 진화적 관점에서 앳킨슨을 비판하였다. ⓒ이들은 신석기시대보다 훨씬 이전인 4만 년 전의 사람들도 신체적으로 우리와 동일했으며 지능 또한 우리보다 열등했다고 볼 근거가 없다고 주장했다.
>
> 하지만 스톤헨지의 건설자들이 포괄적인 의미에서 현대인과 같은 지능을 가졌다고 해도 과학적 사고와 기술적 지식을 가지지는 못했다. ②그들에게는 우리처럼 2,500년에 걸쳐 수학과 천문학의 지식이 보존되고 세대를 거쳐 전승되어 쌓인 방대하고 정교한 문자 기록이 없었다. 선사시대의 생각과 행동이 우리와 똑같은 식으로 전개되지 않았으리라는 점은 매우 중요하다. 지적 능력을 갖췄다고 해서 누구나 우리와 같은 동기와 관심, 개념적 틀을 가졌으리라고 생각하는 것은 잘못이다.

① ⊙, ⓒ ② ⓒ, ②
③ ⊙, ⓒ, ⓒ ④ ⊙, ⓒ, ②

결국, ⊙은 호일, 톰, 호킨스
 ⓒ은 스톤헨지를 세운 사람들
 ⓒ은 호킨스를 옹호하는 학자들
 ②은 스톤헨지의 건설자들

∴ ⓒ, ②의 대상이 같다.

천기누설 혜선팍 독해 pin point

정답 및 해설 p.284

신유형 2025 버전 1

빨리 푸는 亦功 전략

1단계
일반 강화 약화 문제를 먼저 풀고 나서 지시 대상 문제를 풀거나

일반 강화 약화 문제와 지시 대상 문제를 동시에 풀기

2단계
지시어를 기준으로 앞의 대상 중 어떤 대상을 가리키는 것인지 앞뒤 단서를 근거 삼아 확인하기

일반 강화 약화 + 문맥상 (가)의 의미와 다른 것 찾기

[1~2] 다음 글을 읽고 물음에 답하시오.

언어의 기원에 대한 논의는 오랜 학문적 관심사로, 학자들은 다양한 이론적 관점을 통해 이 문제를 탐구해 왔다. 생물학적 진화론자들은 (가)<u>언어가 인간 진화 과정에서 점진적으로 발달한 능력</u>이라고 주장한다. ㉠<u>이들</u>은 인간의 언어적 능력이 뇌 구조와 발성 기관의 생물학적 진화를 통해 형성되었다고 보며, 원시적 형태의 의사소통이 점차 복잡한 언어 체계로 발전했다고 설명한다. 특히 뇌의 특정 영역과 후두의 발달이 언어 능력의 진화를 뒷받침한다고 강조한다. 반면 문화적 진화론자들은 ㉡<u>이들</u>의 이론에 의문을 제기하며, 언어의 기원을 사회적 필요에서 찾는다. ㉢<u>이들</u>은 인간 집단의 규모가 커지면서 협력과 소통의 필요성이 증가했고, 이에 따라 언어가 사회적 도구로 발달했다고 본다. 특히 복잡한 사회적 관계와 협동 작업이 언어 발달을 촉진했다는 점을 강조한다.

인지적 도약론자들은 언어가 점진적으로 발달한 것이 아니라, 특정 시점에서 인간의 인지 능력 도약과 함께 갑작스럽게 등장했다고 주장한다. 이들은 인간의 사고 체계가 질적으로 변화하면서 추상적 사고, 기호 사용 능력 등이 발전했고, 이것이 언어 출현의 직접적 계기가 되었다고 본다. 특히 상징적 사고의 발달이 언어 체계의 갑작스러운 출현을 이끌었다고 설명한다. 기능주의론자들은 이와 달리 언어의 복합적 역할에 주목한다. ㉣<u>이들</u>은 언어가 정보 전달뿐 아니라 감정 표현, 사회적 지위 표시, 집단 간 경계 설정 등 다양한 기능을 수행한다고 보며, 이러한 다기능성이 언어 발달의 동력이었다고 강조한다. 특히 언어의 여러 기능들이 상호작용하면서 점진적으로 발달했다고 주장한다.

01 다음 글을 읽고 평가한 내용으로 가장 적절한 것은?

① 인간의 대뇌피질 두께가 다른 영장류와 큰 차이가 없다는 연구가 발표된다면, 이는 생물학적 진화론자들을 강화한다.
② 초기 인류의 도구 제작 과정에서 집단 협력이 필수적이었다는 증거가 발견된다면, 이는 문화적 진화론자들을 약화한다.
③ 인류의 언어 능력이 예술적 표현력과 관련이 있다는 분석이 제시된다면, 이는 인지적 도약론자들을 강화한다.
④ 언어가 각 집단의 문화적 정체성을 변별하는 데 기여했다는 사례가 발견된다면, 이는 기능주의론자들을 강화한다.

02 ㉠~㉣ 중 문맥상 (가)의 입장과 다른 하나는?

① ㉠   ② ㉡   ③ ㉢   ④ ㉣

신유형 2025 버전 2

내용 추론 긍정 발문 + 문맥상 의미가 다른 지시 대상 찾기

빨리 푸는 亦功 전략

1단계
내용 추론 긍정 발문 문제를 먼저 풀고 나서 지시 대상 문제를 풀거나

내용 추론 긍정 발문과 지시 대상 문제를 동시에 풀기

2단계
지시어를 기준으로 앞의 대상 중 어떤 대상을 가리키는 것인지 앞뒤 단서를 근거 삼아 확인하기

[3~4] 다음 글을 읽고 물음에 답하시오.

경제적으로 보면 우리의 삶은 끊임없이 무언가를 소비한다. 의식주 같은 기본 생활에 더해 문화생활과 사회 활동도 소비를 떼어 놓고 생각할 수 없다. 소비되는 것을 흔히 '상품'이라고 부르지만 실은 '재화'라고 해야 하는데, 재화는 소비를 목적으로 하고 상품은 시장에서의 판매를 목적으로 한다는 점에서 구분되기 때문이다. 이렇게 볼 때 재화는 인류 역사상 늘 있었지만, 상품은 자본주의 시대에 이르러 출현하였다.

냉전 시대에는 다음과 같은 말이 있었다. "자본주의에서는 상인이 최고이고, 사회주의에서는 공직자가 최고이다." 자본주의는 자유경쟁을 기본으로 하기에 ㉠물건을 싸게 사서 비싸게 파는 상인이 돈을 가장 많이 벌 수 있으며, 사회주의는 관료제의 폐해로 국가 기관이 부패해서 고위 관료라든가 고급 당원이 배불리 먹고산다는 의미이다.

자본주의의 역사를 볼 때 이 말은 사실에 가깝다. 자본주의는 애초부터 상업의 발달과 밀접한 관계가 있었다. 중세의 상인들이 물건을 시장에 팔아 이윤을 얻기 위해 수공업자들을 조직하여 그들에게 자본과 도구를 빌려주고 물건을 대신 생산하게 한 데에서 자본주의가 출발하였다. 이처럼 자본주의는 ㉡상품에 기초한 사회로, 상품은 그것이 판매될 수 있는 시장을 전제로 생산되는 것이기 때문에 시장이 형성되어 있지 않다면 상품도 존재할 수 없다. 목수가 ㉢집에서 쓰기 위해 만든 의자와 시장에 팔기 위해 만든 의자는 동일한 의자임에도 재화와 상품의 관점에서 볼 때 서로 다르다.

이와 같이 상품에는 생산과 유통이라는 두 가지 측면이 있다. ㉣자본주의 사회에서 생산되는 물품의 유통을 맡은 사람이 바로 상인이다. "자본주의에서는 상인이 최고이다."라는 말은 만드는 이에 비해서 파는 이가 더 많은 이익을 남긴다는 뜻이다. 자본주의화가 진행될수록 전자와 후자 사이의 차이는 더 커진다. 기술혁신이 이루어져 상품을 생산하는 과정은 갈수록 단순해지고 상품의 대량생산은 쉬워지는 반면, 유통의 경우 상품과 최종 소비자 사이의 관계가 갈수록 복잡해지므로 생산에 비해 우회로를 더 많이 거치게 된다. 따라서 자본주의가 성숙할수록 제조업의 이윤은 적어지고 유통업의 이윤은 많아진다.

03 윗글에서 추론한 내용으로 가장 적절한 것은? 2025. 지방직 9급

① 사회주의에서는 유통이 생산보다 중요하다.
② 상품이 존재한다는 것은 시장이 형성되어 있다는 것이다.
③ 자본주의가 성숙할수록 제조업과 유통업의 이윤 차이는 줄어든다.
④ 중세의 상인들은 물건의 생산 단가를 낮추기 위해 시장에 팔 물건을 손수 생산하였다.

04 윗글의 ㉠~㉣ 중 문맥상 의미가 나머지와 다른 하나는? 2025. 지방직 9급

① ㉠   ② ㉡   ③ ㉢   ④ ㉣

문제훈련 지시 대상 추론

해당 챕터는 신유형이므로 문제훈련만 수록했습니다.

[1~2] 다음 글을 읽고 물음에 답하시오.

인공지능의 도덕적 지위와 책임에 대한 논의는 기술 발전과 함께 더욱 중요해지고 있다. 도덕적 행위자론은 인공지능이 자율적 판단과 행위의 주체가 될 수 있다고 주장한다. ㉠이들은 인공지능이 복잡한 윤리적 상황에서 독자적 판단을 내리고 그 결과에 책임을 질 수 있다고 본다. 특히 고도화된 AI 시스템의 자기학습 능력이 이러한 도덕적 주체성의 근거가 된다고 설명한다. 책임귀속론은 인공지능의 판단과 행위에 대한 책임이 전적으로 인간에게 있다고 주장한다. ㉡이들은 AI가 인간이 설계한 알고리즘에 따라 작동하는 도구라는 점에서, 모든 윤리적 결정의 최종 책임은 개발자 혹은 사용자 둘 중 하나에게 있다고 본다. 분산책임론은 이와 같은 ㉢이분법적 접근이 아니라, 인공지능 시스템의 의사결정이 다양한 주체의 상호작용 속에서 이루어진다고 설명한다. 개발자, 사용자, 인공지능이 함께 형성하는 복잡한 의사결정 네트워크에 주목하는 ㉣이러한 관점은 책임 소재의 분산이 불가피하다고 본다. 맥락의존론은 인공지능의 도덕적 지위가 그것이 사용되는 영역과 상황에 따라 달라져야 한다고 주장한다. 이들은 (가)책임 소재의 분산이라는 시도가 각 분야의 특수성을 고려하지 못한다고 지적한다. 의료, 국방, 교통 등 각 분야의 특수성을 고려한 차별화된 윤리 기준이 필요하다는 것이다. 예컨대 자율주행차와 의료 AI의 의사결정 권한과 책임 범위는 다르게 설정되어야 한다는 것이다.

01 다음 글을 읽고 평가한 내용으로 가장 적절한 것은?

① AI의 독자적 판단이 인간의 예측을 벗어난다는 연구가 발표된다면, 이는 도덕적 행위자론을 강화한다.
② 인공지능의 수학적 능력이 인간보다 뛰어나다는 증거가 발견된다면, 이는 책임귀속론을 강화한다.
③ AI가 판단을 잘못하게 되면 최종 책임은 개발자 또는 사용자에게 있다고 본다면, 이는 분산책임론을 약화한다.
④ 자율주행차의 권한과 책임이 도로 상황에 영향을 받는다는 사례가 보고된다면, 이는 맥락의존론을 약화한다.

02 윗글의 ㉠~㉣ 중 (가)에 대한 입장이 다른 하나는?

① ㉠
② ㉡
③ ㉢
④ ㉣

[3~4] 다음 글을 읽고 물음에 답하시오.

인간의 의사결정 과정에 대한 이해는 심리학과 경제학 분야에서 크게 발전해왔다. (가)<u>기대효용 이론가들</u>은 인간이 이성적 계산을 통해 최적의 선택을 한다고 주장한다. 이들은 사람들이 각 선택지의 효용과 확률을 계산하여 기대효용이 가장 큰 대안을 선택한다고 본다. 특히 불확실성 하에서도 인간은 체계적이고 일관된 선호를 바탕으로 의사결정을 내린다고 설명한다. 제한된 합리성 이론가들은 ㉠<u>완벽한 합리성 과정</u>에 의문을 제기한다. 이들은 ㉡<u>인간의 인지적 한계와 환경의 복잡성</u>으로 인해 최적의 선택이 아닌 만족할 만한 수준의 의사결정을 내린다고 주장한다. 정보 처리 능력의 한계, 시간 제약, 불완전한 정보 등이 완벽한 합리성을 제한한다는 것이다. 휴리스틱 이론가들은 이성적 계산보다 ㉢<u>단순한 판단 규칙</u>이 의사결정의 핵심이라고 본다. 이들은 인간이 복잡한 상황에서 경험에 기반한 직관적 지름길을 사용하여 빠르게 판단한다고 설명한다. 예를 들어 가용성 휴리스틱이나 대표성 휴리스틱과 같은 단순 규칙들이 실제 의사결정에서 자주 사용된다는 것이다. 이중과정 이론가들은 이와 같은 단순화된 설명을 넘어, 인간의 사고가 빠르고 직관적인 시스템 1과 느리고 분석적인 시스템 2로 구성되어 있다고 주장한다. 이들은 ㉣<u>두 시스템의 상호작용</u>을 통해 실제 의사결정이 이루어진다고 설명한다.

03 다음 글을 읽고 평가한 내용으로 가장 적절한 것은?

① 의사결정 과정에서 기억력이 중요한 역할을 한다는 연구가 발표된다면, 이는 기대효용 이론가들을 강화한다.
② 복잡한 상황에서도 최고의 선택을 할 수 있다는 증거가 발견된다면, 이는 제한된 합리성 이론가들을 강화한다.
③ 상황에 따라 직관을 통해 신속한 의사 결정을 한다면, 이는 휴리스틱 이론가들을 약화한다.
④ 단순 규칙들이 자주 사용되기보다는 직관과 분석이 함께 활용된다면, 이는 이중과정 이론가들을 강화한다.

04 문맥상 ㉠~㉣ 중 (가)의 특성을 잘 보여주는 지시 대상은?

① ㉠
② ㉡
③ ㉢
④ ㉣

[5~6] 다음 글을 읽고 물음에 답하시오.

인공지능의 도덕적 판단 능력을 둘러싼 논쟁이 뜨겁다. 이는 크게 (가) 인공지능이 인간의 도덕적 판단을 대체하는 것이 위험하다고 경고하는 입장과, (나) 인공지능이 인간의 윤리적 결정을 보완할 수 있다는 입장으로 나뉜다. 전자를 지지하는 이들은 인공지능이 인간의 고유한 윤리적 기준을 따르지 못할 뿐만 아니라 감정적 요소를 고려하지 못함을 지적한다. 이들은 도덕적 판단에서 인간의 감정과 직관이 중요한 역할을 한다고 보고, AI가 이를 제대로 반영하지 못할 가능성이 크다고 본다. 후자는 이에 대해 인공지능은 인간이 주관적인 판단을 배제하고 객관적인 데이터를 기반으로 결정을 내리기 때문에 인공지능의 윤리적 판단이 더 일관적이고 공정할 수 있다고 반박한다. ㉠이들은 AI가 인간의 불완전한 감정적 판단을 넘어서는 역할을 할 수 있다는 점에서, 이를 적극적으로 수용해야 한다고 주장한다. 특히 공정성, 효율성, 일관성을 중요시하는 분야에서는 인공지능이 더 나은 결정을 내릴 수 있으며, 인간이 감정에 휘둘려 잘못된 판단을 내리는 경우를 줄일 수 있다는 것이 이들의 주된 논거다. 이에 대해 ㉡반대 측은 인공지능이 도덕적 딜레마 상황을 해결할 때 적절한 결정을 내리지 못할 가능성이 큼을 우려한다. 예를 들어, 생명을 다루는 의료 분야나 법적 판단에서 전문직들이 내리는 결정보다 AI가 내리는 결정이 더 도덕적으로 옳은지는 여전히 논쟁거리가 될 수 있다. ㉢이들은 인공지능이 ㉣그들이 쌓아온 데이터를 분석하고 규칙을 따르는 것만으로는 복잡한 윤리적 문제를 해결할 수 없다고 주장하며, 궁극적으로 도덕적 판단은 인간의 몫이어야 함을 역설한다.

05 다음 글을 읽고 평가한 내용으로 가장 적절한 것은?

① AI 챗봇 'Tay'가 인간과의 상호작용에서 비윤리적이고 공격적인 언어를 도덕적으로 분별하지 못했다는 비판이 제기된다면, 이는 (가)를 약화한다.
② 자율주행차인 Moral Machine은 사람들이 실제로 어떻게 도덕적 결정을 내리는지에 대한 감정적·문화적 데이터를 반영하여 움직인다면, 이는 (가)를 강화한다.
③ 아마존 AI 채용 시스템이 남성 중심의 데이터로 인해 여성 지원자에게 불리한 결과를 초래했다면, 이는 (나)를 약화한다.
④ 미국과 중국은 AI 연구와 개발에 막대한 투자를 하고 있는 반면 아프리카는 인프라 부족, 데이터 수집 한계, 교육 격차로 인해 AI 기술 개발이 매우 더디다면, 이는 (나)를 약화한다.

06 문맥상 ㉠~㉣ 중 지시 대상이 같은 것만으로 묶인 것은?

① ㉠, ㉡
② ㉡, ㉢
③ ㉠, ㉡, ㉣
④ ㉡, ㉢, ㉣

[7~8] 다음 글을 읽고 물음에 답하시오.

현대 사회에서 자연의 법적 지위에 대한 논쟁이 심화되고 있다. (가)자연에게 법적 인격을 부여해야 한다는 입장은 강, 산, 숲과 같은 자연물에 법적 권리를 인정함으로써 환경 보호를 강화할 수 있다고 주장한다. 이들은 ㉠자연이 독립적인 존재로서 존중받아야 하며, 법적 권리를 통해 인간의 무분별한 개발과 착취로부터 보호받을 수 있다고 본다. 이러한 관점은 자연과 인간이 상호 의존적인 관계에 있다는 ㉡생태 중심적 사고에서 비롯된다. 반면, (나)자연에게 법적 인격을 부여하는 것은 부적절하다는 입장은 법적 인격은 인간이나 법인과 같이 의무와 책임을 질 수 있는 주체에게만 부여되어야 한다고 주장한다. 이들은 ㉢자연은 의사 결정 능력이 없으며, 법적 권리를 행사할 수 없기 때문에 법적 인격을 부여하는 것은 의미가 없다고 본다. 또한 이들은 자연 보호는 기존의 환경 법령과 정책을 강화함으로써 충분히 달성할 수 있다고 주장한다. 이러한 논쟁은 뉴질랜드에서 실제로 ㉣강에게 법적 인격을 부여한 사례를 통해 더욱 주목받고 있다. 이 사례는 자연과 인간의 관계를 재정립하고, 환경 보호의 새로운 패러다임을 제시했다는 평가를 받는다. 그러나 동시에 법적 체계의 복잡성을 가중시키고, 실질적인 효과가 미흡하다는 비판도 존재한다.

07 윗글을 읽고 평가한 내용으로 적절하지 않은 것은?

① 자연물에 법직 권리를 부여한 후, 그 지역에서 환경 파괴가 크게 감소했다는 연구 결과가 나온다면, 이는 (가)를 강화한다.
② 자연에게 법적 인격을 부여하는 것이 실질적인 환경 보호보다 법적 복잡성을 가중시키고, 혼란을 초래한다는 사례가 나온다면, 이는 (가)를 약화한다.
③ 기존의 환경 법령과 정책을 강화하는 것만으로도 충분한 환경 보호 효과가 있었다는 연구 결과가 발표된다면, 이는 (나)를 강화한다.
④ 자연물에게 법적 권리를 부여했으나, 경제 발전과 인프라 확장을 저해하는 부작용이 발생했다면, 이는 (나)를 약화한다.

08 문맥상 ㉠~㉣ 중 지시 대상이 함축하는 의미가 유사한 것만으로 묶인 것은?

① ㉠, ㉡ / ㉢, ㉣
② ㉠, ㉡, ㉢ / ㉣
③ ㉠, ㉡, ㉣ / ㉢
④ ㉡, ㉢, ㉣ / ㉠

[9~10] 다음 글을 읽고 물음에 답하시오.

인류학에서 문화의 정의는 연구자들에 따라 다르게 정의된다. (가) 전통적인 인류학자들은 문화를 '한 사회의 구성원들이 공유하는 가치, 신념, 관습, 언어, 예술 등의 총체'로 정의하였다. 이들은 ㉠문화가 해당 사회의 역사적 발전 과정에서 자연스럽게 형성된 것이며, 외부 요인에 의한 변화는 문화에서 배제해야 한다고 주장하였다. 그러나 (나) 현대 인류학자들은 이러한 정의가 문화의 유동성과 다원성을 충분히 반영하지 못한다고 비판한다. 이들은 ⓐ문화가 고정된 것이 아니라 시대와 상황에 따라 끊임없이 변화하는 현상이라고 보았다. 또한 외부의 영향과 사회적 변화 역시 ⓑ문화의 일부로 포함해야 한다고 보았다. 따라서 이들은 문화는 하나의 고정된 틀이 아닌, 개방적 상호작용의 결과물이라고 주장하며 특정 시기와 공간에 제한된 ⓒ문화만 진정한 문화로 보는 시각은 편협할 수 있음을 지적한다.

이러한 논의는 문화 보존의 문제로 이어진다. 전통적 문화관을 지지하는 사람들은 외부로부터의 변화가 전통 ⓓ문화를 훼손할 위험이 있음을 우려하며 자국 문화의 순수성을 유지하는 것이 중요하다고 강조한다. 반면 현대적 문화관을 지지하는 사람들은 문화의 변화는 불가피한 과정이므로 이를 적극적으로 수용하고 새로운 문화를 창출해야 한다고 본다.

09 다음 글을 읽고 평가한 내용으로 적절하지 않은 것은?

① 외부 문화의 유입이 해당 사회의 고유한 예술 양식과 전통 의식의 변형을 초래하여 원래의 의미를 상실하게 만들었다는 연구가 발표된다면, 이는 (가)의 주장을 강화한다.
② 문화의 변화를 억제하려는 정책이 장기적으로 해당 사회 내에서 문화적 다원성을 억압하고 갈등을 유발했다는 결과가 발표된다면, 이는 (가)의 주장을 약화한다.
③ 외부 문화를 받아들이고 융합한 결과, 자국 내 사회적 통합과 다문화주의가 성공적으로 정착된 사례가 등장한다면, 이는 (나)의 주장을 강화한다.
④ 외부 문화와의 지속적인 교류가 새로운 예술 및 문화적 흐름을 만들어낸 사례가 발표된다면, 이는 (나)의 주장을 약화한다.

10 ⓐ~ⓓ 중 문맥상 ㉠에 해당하는 의미로 사용된 것으로 묶은 것은?

① ⓐ, ⓑ
② ⓑ, ⓒ
③ ⓐ, ⓓ
④ ⓒ, ⓓ

[11~12] 다음 글을 읽고 물음에 답하시오.

현대 사회에서 동물과 인간의 관계는 중요한 윤리적 쟁점으로 부상했다. (가) 동물해방론자들은 모든 동물이 인간과 동등하게 도덕적 고려를 받아야 한다고 주장한다. ㉠이들은 종이 다르다는 이유로 차별하는 "종차별주의"를 거부하며, 동물이 인간과 비슷한 고통·쾌락 능력을 지녔다면 그 이익을 동등하게 존중해야 한다고 본다. 따라서 가축 사육이나 동물실험 등 동물을 수단으로 사용하는 행위를 강하게 비판한다. (나) 동물권론자들은 동물에게도 고유한 권리가 있다고 강조한다. 이들은 동물이 주체적 가치를 지니고 있으므로 인간을 위해 동물을 실험해서는 안 된다고 주장한다. 이러한 ㉡권리 중심적 접근은 현행 법·제도의 근본적 개혁을 요구한다. 특히 감각과 지각 능력이 있는 모든 동물에게 법적 권리를 부여해야 한다고 강조한다.

(다) 동물복지론자들은 동물 이용 자체를 부정하지는 않으나, 인간과 동물을 동등하게 대우한다는 ㉢급진적 입장과는 달리 동물이 겪는 고통과 스트레스를 최소화하는 데 주력해야 한다고 본다. 인간의 이익과 동물의 안녕을 균형있게 조정하는 것이 현실적이라는 것이다. 특히 복지 기준을 철저히 지키고 최대한 쾌적한 환경을 제공하는 것이 우선되어야 한다고 주장한다. (라) 인간중심론자들은 인류가 지닌 합리성과 문화성으로 인해 동물과 구분된다고 주장한다. ㉣이들은 동물이 고통을 느끼는 존재임을 인정하면서도, 인류의 발전과 번영을 위해서는 동물 이용이 불가피하다고 강조한다. 특히 의학 발전이나 식량 생산과 같이 인류의 생존과 직결된 영역에서는 동물 실험이나 축산업이 정당화될 수 있다고 본다. 이러한 ㉤실용적 입장은 동물의 이용이 인간의 삶의 질 향상에 기여한다면 허용될 수 있다고 판단한다.

11 다음 글을 읽고 평가한 내용으로 가장 적절한 것은?

① 동물이 도구 사용 능력을 가지고 있다는 연구가 발표된다면, 이는 (가)를 강화한다.
② 동물 실험이 인간의 질병 치료에 실질적인 도움이 되어 필수 요건이 되었다면, 이는 (나)를 약화한다.
③ 복지형 축산이 동물의 스트레스를 크게 줄여 각광을 받고 있다면, 이는 (다)를 약화한다.
④ 반려동물과의 교감이 인간의 정서 발달에 도움이 된다는 사례가 보고된다면, 이는 (라)를 강화한다.

12 문맥상 ㉠~㉤ 중 지시 대상이 함축하는 의미가 유사한 것만으로 묶인 것은?

① ㉠, ㉡ / ㉢, ㉣ / ㉤
② ㉠, ㉡ / ㉢, ㉣, ㉤
③ ㉠, ㉢ / ㉡, ㉣, ㉤
④ ㉠, ㉢, ㉣ / ㉡, ㉤

Chapter 17 현대 문학, 고전 문학

천기누설 혜선팍 독해 시즌1

Part 07

문학+독해
결합형

Chapter 17 현대 문학, 고전 문학

관련교재
📗 출좋포 독해·논리 p.240~254

☾ 대표 천+기+누+설 개관

2026년에는 2024년처럼 현대 문학, 고전 문학의 작품 일부가 발췌되어
작품의 표현법을 묻거나, 작품에 대한 이해를 물어보는 문제가 출제되지 않을 확률이 큽니다.
대신 2026에는 문학 작품 그 자체가 아니라
유명 작가의 문학 작품, 비평, 문학 갈래, 문학 작품이 유통되는 과정, 국문학의 개념 등을
제재로 하는 독해 유형이 출제되고 있습니다.

이 문제 유형은 특히 '현대 문학, 고전 문학'에 관련된 제재로 비문학 제시문을 준 유형이지만
보통 내용 추론 긍정 발문, 내용 추론 부정 발문과 같은 방식으로 풀어주시면 됩니다.

☾ 대표 천+기+누+설 발문 체크

01 다음 글을 이해한 내용으로 가장 적절한 것은?
02 윗글에서 추론한 내용으로 가장 적절한 것은?
03 윗글을 이해한 내용으로 적절하지 않은 것은?
04 윗글의 (가)와 (나)의 주장에 대해 평가한 내용으로 가장 적절한 것은?

천기누설 혜선팍 독해 pin point

정답 및 해설 p.288

신유형 2025 버전 1

고전 문학의 작품과 특성

01 다음 글을 이해한 내용으로 적절하지 않은 것은?

<임경업전>은 적어도 17세기 말에 형성되었으며, 1702년 당시에는 민간에 널리 유행한 작품이다. 역사소설 또는 역사군담소설로 분류되어 온 이 작품은 임경업(1594~1646)의 실전을 표방하지만, 대부분 허구로 차 있다는 점이 연구를 통해 확인되었다. 실제 기록인 <임충민공실기>와 <임경업전>을 비교해보면, 임경업의 초년 시절, 벼슬과 공적, 남경동지사 수행, 병자호란 시 호군의 침입 격퇴, 세자 귀환 공로, 김자점의 흉계와 죽음 등 대부분의 내용이 허구임이 드러난다.

소설에서 실제와 부합하는 부분은 '명과 내통한 사실이 드러나 임경업이 청으로 끌려가던 도중 탈출하여 명으로 망명하였다가 청에 붙잡히고, 조선으로 돌아와 억울하게 죽은 사건' 정도이다. 이러한 몇 가지 사건을 중심으로 임경업의 일생을 새롭게 재구성한 결과가 <임경업전> 또는 <임장군전>이다.

조선에서는 1680년대 이래 국가 차원에서 대대적인 정표 사업을 전개하거나, 임경업과 김응하 같은 인물들의 전기를 편찬하는 등 존주대의 관련 기념사업을 펼쳤다. 이는 존명의리 이데올로기를 강조하고 내면화하기 위한 작업이었다. 소설 <임경업전>의 작가는 이러한 17세기 말의 시대 이데올로기를 공유하며, 실패하고 변변한 공적이 없던 임경업을 시대의 영웅으로 재구성하였다.

① <임경업전>은 임경업의 몇 가지 실제 사건을 중심으로 그의 일생을 재구성하여, 녹자늘에게 영웅적 이미지를 부각시키는 데 초점을 맞추었다.
② <임경업전>의 작가는 17세기 말의 존명의리 이데올로기를 바탕으로 임경업을 시대의 영웅으로 재구성하였으며, 이는 그의 변변한 공적이 없던 실존 인물의 이미지를 극적으로 변화시켰다.
③ 조선 후기 국가 차원에서 전개된 존명의리 이데올로기는 임경업과 같은 인물들의 전기를 편찬하는 기념사업을 통해 강조되었으며, 이는 <임경업전>의 형성에도 영향을 미쳤다.
④ 임경업의 일생을 다룬 <임경업전>은 그의 공적을 사실적으로 기록하고 약간의 허구를 추가함으로써 임경업을 시대의 영웅으로 부각시킨다.

빨리 푸는 亦功 전략

1단계
고전 작품에 대한 배경지식이 있으면 활용하고 내용 추론 부정 발문 유형으로 풀기

2단계
제시문을 읽을 때에는 혜선 쌤이 알려 준 야매 꼼수를 활용하기

3단계
선지를 볼 때에는 혜선 쌤이 알려 준 오답 패턴을 초점을 맞춰서 파악하기

신유형 2025 버전 2

빠리 푸는 亦功 전략

1단계
유명 작가의 작품을 소재로 한 문제라면, 최대한 배경지식을 활용하여 글을 읽기

2단계
내용 추론 긍정 발문의 문제처럼 문제를 풀기

3단계
헷갈리는 선지가 나오면 혜선 쌤이 알려준 오답 패턴을 꺼내서 판단하기

현대 문학의 작품과 특성

02 다음 글을 읽고 추론한 내용으로 가장 적절한 것은?

> 황지우의 1980년대 전반기 시는 일상을 살아가는 민중을 다룸으로써 다양한 현실이 재현되는 양상을 그려내었다. 황지우의 시에서는 마르크시즘에서 논의하던 역사 변혁에 대한 필연적인 인식 대신, 미시적인 자기변혁, 자기개혁, 자기상상에 대한 인식이 드러나 있다. 「베이루트여, 베이루트여」에서의 화자는 첨예한 계급 갈등의 이슈에서 벗어난 모습을 보여 준다. 작품 속 민중은 현실에 대해 저항적, 반감적 태도를 보이기보다는 근본적으로 수용적인 태도를 지니고 있다. 시적 화자는 팔레스타인 지역에서 일어나는 전쟁이 자국에서 일어나지 않았음에 안도하며, 정치적, 경제적, 문화적인 급변을 싫어하는 면모를 보여 준다. 당대의 군부독재를 저항이나 극복의 대상이 아니라 후진국 경제 발전의 필연적 현상으로 설명하고, 현실 속에서 맹목적으로 근면성과 성실을 추구하며 살아가야 함을 이야기했다. 이러한 인식은 '아, 이말이 모두 외신이라는 안도감!'에 집약되었다.

① 황지우의 시에는 군부독재를 필연적 현상이라고 보기보다는 저항이나 극복의 대상으로 보는 시각이 드러나 있다.
② 「베이루트여, 베이루트여」에서 시적 화자는 전쟁이 자국에서 일어나지 않음에 부끄러워하는 모습을 보인다.
③ 황지우의 작품에는 급변하는 사회 상황을 긍정적으로 수용하는 민중의 모습이 묘사되어 있다.
④ 황지우의 시는 역사의 급변보다는 현실적인 '개인'의 안위나 생활에 초점을 두고 있다.

문제훈련 현대 문학, 고전 문학

01 다음 글을 이해한 내용으로 가장 적절한 것은?

『춘향전』에서 장소성과 공간성은 남원, 오리정, 감옥 등 작품의 배경을 통해 드러나며, 서사 전개와 인물의 행동에 중요한 영향을 미친다. 남원은 작품 초입에서 "지리산 서쪽으로 적성강의 산수 정기가 서려 있어서"라고 묘사되어 있는데, 이는 지리적 위치를 드러내는 동시에 작품 내 장소성을 강화하는 표현이다. 또한 이는 이도령과 춘향의 만남과 사랑의 서사가 실재하는 공간 속에서 시작된다는 점을 부각함으로써 남원의 장소적 정체성을 작품 속에 뚜렷이 새긴다.

오리정은 춘향과 이도령이 이별하는 장소로서 서사의 공간성을 확장한다. 오리정 앞에 붙는 '오리', '십리'와 같은 수치는 거리와 영역을 나타내며, 정자를 단순한 장소가 아닌 이별의 공간으로 탈바꿈한다. 이별 장면은 두 사람의 사랑을 더욱 깊이 있게 묘사하며, 정자의 공간성은 이본에 따라 다양하게 해석된다. 이는 독자에게 정자가 단순히 고정된 위치가 아니라 서사적 의미를 부여받은 공간임을 암시한다. 춘향의 투옥 또한 공간성과 장소성을 명확히 드러낸다. 옥은 춘향의 자유를 구속하는 장소적 정체성을 가지며, 춘향이 이도령에 대한 사랑을 지키기 위해 고난을 견디는 공간으로 묘사된다. 춘향의 행동과 심정은 옥이라는 장소적 성격에 새로운 공간성을 부여하며, 서사적 깊이를 더한다.

① 감옥은 춘향의 고난을 형식적으로 보여주는 장치이며, 그녀의 신념과 사랑의 의지를 표현하는 공간적 기능은 부여되지 않았다.
② 남원의 지리적 묘사는 당시 지역적 특색을 부각하려는 의도로 삽입된 설정으로 춘향전이 실제 일어났던 사건임을 강조하고 있다.
③ 오리정은 단순히 지리적 위치를 나타내는 장소가 아니라, 춘향과 이도령의 이별을 통해 서사적 공간성을 확장시킨다.
④ 정자는 춘향전이 향유되는 공간에 따라 다양하게 해석되는 공간성을 가진다.

02 다음 글을 이해한 내용으로 적절하지 않은 것은?

『삼국유사』는 다양한 설화 속에서 아이를 중요한 서사적 도구로 활용하며, 이를 통해 고대와 중세의 문화적 가치와 상징을 드러낸다. 특히 '아(兒)'와 '동(童)'으로 표현되는 아이는 크게 세 가지로 형상화된다. 첫째, 아이는 건국 신화에서 왕조의 정당성을 부여하는 존재로, 부모의 정체가 모호하거나 이계에서 발견되는 특성을 보인다. 둘째, 불교 설화에서는 보살의 화신이나 메신저로 등장하여 신성성을 체현한다. 셋째, 아이는 동요를 통해 감춰진 진실이나 소원을 드러내는 역할을 하며, 이를 통해 문제를 해결하거나 소원을 성취시킨다.

예를 들어, <신라시조혁거세왕>에서 혁거세는 보랏빛 알에서 태어난 '동남'으로 묘사되며, 신성한 탄생 서사를 통해 신라 왕조의 권위를 상징한다. 불교 설화 <낙산이대성>에서는 금빛 동자가 돌부처를 발견하게 하는 계기를 제공하며, 보살의 현신으로서 신성성을 드러낸다. 또한 <미륵선화>에서는 동네 아이들의 노래를 통해 감춰진 진실이 밝혀지며, 아이가 하늘의 뜻을 전하는 신성한 존재로 인식된다.

이처럼 『삼국유사』는 아이를 세속과 신성의 경계를 넘나드는 매개자로 형상화하며, 왕조사와 불교사 모두에서 중요한 서사적 의미를 부여한다. 이는 아이가 단순한 연령층이 아닌, 신성한 상징체로서 시대의 가치와 세계관을 반영하는 역할을 한다는 점에서 의의를 가진다.

① <신라시조혁거세왕>에서 혁거세의 출생은 신라 왕조의 권위를 정당화하기 위해 신성한 서사로 구성되었다.
② 불교 설화 속 아이는 초월적 존재로 등장하여, 인간과 신성을 연결하는 다리 역할을 한다.
③ 『삼국유사』에서 아이는 일상적 삶에서의 순수함을 강조하는 인물로 묘사된다.
④ 『삼국유사』에서 아이는 세속적 존재와 신성한 존재 사이를 넘나들며, 서사적 긴장감을 강화하는 도구로 활용된다.

03 다음 글을 이해한 내용으로 적절하지 않은 것은?

> 1930년대, 1940년대의 대표적 극작가인 유치진은 일제 치하에서 비참하게 생활하던 조선 농촌의 모습을 리얼리즘 경향으로 그려내는 데 힘쓴 작가였다. <토막>은 소작농으로 빚을 갚지 못한 경선네가 토막마저 차압 당하고 마침내 고향을 떠나가는 이야기를 그리고 있다. 또한 7년 전에 일본으로 건너가 활동하다가 유골이 되어 돌아온 큰아들을 보고 미쳐버리는 명서네를 병치함으로써 일제 강점기 한국 농민의 비극적인 삶을 잘 보여 주고 있다. 유치진은 당대 최고의 리얼리스트이자 극작가로 평가받았는데, 그는 1920년대 초기에 수용되어 문학인들 사이에 널리 퍼졌던 로맹 롤랑의 민중연극론에서 영향을 받은 것으로 보인다. 유치진이 창작했던 모든 희곡은 민족과 조국, 역사에 직접 다가서는 모습을 보여준다. 그는 <소>가 문제가 되어 경찰서에 끌려갔던 이후로 리얼리즘 현대극에서 역사극으로 창작의 범주를 바꾸기 시작하였다. 해방 이전에는 <춘향전>, <마의태자>를 창작했고 해방 이후에는 <별>, <사육신> 등을 발표하기도 하였다.

① <토막>은 소작농과 일본에서 돌아온 아들의 이야기를 통해 일제 강점기의 비극을 강조한다.
② 유치진은 일제 강점기 조선 농민의 삶을 사실적으로 묘사하며, 조선의 역사와 민족 문제에 직면하는 모습을 보여 주었다.
③ 유치진은 로맹 롤랑의 민중연극론에 영향을 받아 농촌의 비참한 현실을 극화하는 리얼리즘 작가로 평가받았다.
④ 유치진은 리얼리즘 현대극에서 역사극으로 창작의 범주를 바꾸어 비참한 조선 농촌의 모습을 더 생생하게 보여 주었다.

04 다음 글을 읽고 추론한 내용으로 적절하지 않은 것은?

> 김영랑은 1930년대 경향파의 목적시 대신 문학의 순수성을 옹호하던 시인이었다. 그의 대표작 <모란이 피기까지는>은 모란을 소재로 지상에 피어나는 아름다움의 짧음과, 그로 인해 경험하는 비애의 감정을 다루고 있다. 시인은 '모란이 지고 말면 그뿐 내 한 해는 다 가고 말아 / 삼백예순 날 하냥 섭섭해 우옵내다'라는 표현으로 모란이 떨어지면 느끼는 서러운 감정을 강조하였다. 또한 화자가 기다리는 모란이 피는 시간을 '찬란한 슬픔의 봄'으로 표현함으로써 피어날 모란의 아름다움에서 느끼는 환희의 감정과 곧 사라지고 말 꽃으로 인해 느낄 슬픔까지도 하나의 구절에 담아냈다. 김영랑이 대표적인 순수시인이기는 했으나 이 작품은 시대적 배경과 결합할 때 국권을 잃은 식민지의 암울한 현실에서 경험하는 상실감을 그려낸 것으로도 해석될 수 있다. 이 작품은 세련된 시어와 부드러운 어조로 문학적 아름다움과 섬세함을 표현했다는 점에서 김영랑 시인의 대표작으로 평가받는다.

① <모란이 피기까지는>은 순수시이지만 당시 사회적 배경을 반영하여 해석되기도 한다.
② <모란이 피기까지는>에서 모란이 피고 지는 감정보다는 식민지의 암울한 상실감을 드러내고 있다.
③ <모란이 피기까지는>은 문학적 순수성을 옹호하는 시인이었던 김영랑의 대표작으로, 세련된 시어와 부드러운 어조가 돋보인다.
④ <모란이 피기까지는>에서 화자가 기다리는 봄은 단순한 환희의 시간이 아니라, 슬픔과 환희가 공존하는 시간이다.

05 다음 글을 읽고 추론한 내용으로 적절하지 않은 것은?

분단은 6.25 전쟁과 그 이후 동족 간의 극한 반목과 대립, 그리고 전쟁 위기와 공포를 지속시키는 원인이었다. 김수영은 해방 뒤 좌우익의 갈등을 목도하였고, 의용군에 참여하여 제한적이지만 북한 체제를 경험하기도 하였다. 김수영의 「사랑의 변주곡」은 분단의식 위에서 창작된 작품이다. 시에서 김수영은 그치거나 끊어지는 것을 뜻하는 간단(間斷)을 분단의 동의어로 사용하였다. '이 방에서 저 방으로 할머니가 계신 방에서 / 심부름하는 놈이 있는 방까지'를 분리하여 드러냄으로써 소년의 방과 죽음을 앞에 둔 할머니의 방 사이의 단절에 가까운 간극을 표상화했다.

이 간극을 이어주는 것은 '사랑'이다. 한편 시에서 청춘과 노년, 죽음과 삶의 대립으로 형상화되는 방과 방 사이의 간극 외에도, '복사씨, 살구씨, 곶감씨'와 더불어 '봄베이, 뉴욕, 서울'처럼 대립적 간극을 표상하는 요소들이 다수 등장한다. 씨와 씨 사이의 간극, 도시와 도시 사이의 간극도 막대하지만 시인은 이 대립을 해체하고 역전시키는 힘으로 사랑의 권능을 제시하고 있다. 이러한 합일은 어떤 거대한 도시도 개미처럼 보이게 만드는 형태가 되며, '내가 묻혀사는 사랑의 위대한 도시에 비하면 / 너는 개미이냐'라는 시어로 집약된다. 김수영 시에 나타난 탈분단적 상상력은 '사랑'을 통해, 모순적인 상황을 시적으로 해제하고 선복함으로써 종국에 합일하려는 경지로 나아가고 있다.

① 김수영의 시에서 사랑은 모순적인 상황을 시적으로 해체하고 합일하려는 경지로 나아가게 한다.
② 김수영은 방과 방 사이의 간극을 통해 청춘과 노년, 죽음과 삶의 대립을 표현하였다.
③ '봄베이, 뉴욕, 서울'과 같은 도시의 간극은 시에서 부차적 요소의 기능만 수행한다.
④ 「사랑의 변주곡」은 대립적 요소들 사이의 간격을 시적 상상력을 통해 해소하려는 의지를 보여준 작품이다.

06 다음 글을 이해한 내용으로 가장 적절한 것은?

유치환의 시 『생명의 서』는 시인이 자신의 존재와 생명에 대한 근본적인 성찰을 탐구하는 작품이다. 시는 '나의 지식이 독한 회의를 구하지 못하고'라는 문장으로 시작하여, 시인이 지식과 경험으로도 해결하지 못한 깊은 회의와 삶의 애증 속에서 병든 나무처럼 부대끼는 상태를 묘사한다. 시인은 이러한 상황에서 '저 머나먼 아라비아의 사막으로 가자'고 결심한다. 아라비아 사막은 '한 번 뜬 백일이 불사신 같이 작열하고 일체가 모래 속에 사멸한 영겁의 허적'이라는 극한의 고독과 소멸의 장소로 그려진다. 시인은 이 사막에서 오직 '알라의 신만이 밤마다 고민하고 방황하는 열사의 끝'을 경험하며, 자신의 내면을 깊이 성찰하고자 한다. '그 열렬한 고독 가운데' 시인은 '옷자락을 나부끼고 홀로 서면' 자신의 생명과 대면하게 될 것이라 믿으며, '운명처럼 반드시 '나'와 대면케 될지니'라고 다짐한다. 이 과정에서 그는 자신의 생명의 '원시의 본연한 자태'를 다시 배우고자 하며, 만약 그렇지 못한다면 '어느 사구에 회한 없는 백골을 쪼이리라'는 결심을 밝힌다. 이 작품은 시인이 고독 속에서 자신의 본질과 진정한 자아를 찾기 위해 극한의 고독과 대면하는 과정을 상징적으로 그려내고 있다.

① 시인은 아라비아 사막에서 극한의 고독과 대면하여 과거의 회한을 없애고자 한다.
② 시인은 사막에서 초월적 존재와의 교감을 원하며 이를 통한 깨달음을 얻고자 한다.
③ 시인은 병든 나무처럼 생명을 잃어버린 상태에서 사막에서 구원을 찾는다.
④ 시인은 자신의 지식이 생명의 회의를 구원할 수 없음을 느끼고 극한 환경으로 향하고자 한다.

07 다음 글을 이해한 내용으로 가장 적절한 것은?

> <견회요>는 윤선도가 유배지에서 창작한 연작 시조로, 당시 조선의 정치적 현실과 작가의 도덕적 이상을 반영하고 있다. 윤선도는 자신의 처지를 자조적으로 표현하면서도, 유배라는 현실적 고난 속에서 충과 효를 동시에 실천하려는 태도를 작품에 담아냈다. 이 작품은 한자어 사용을 최소화하며, 쉬운 우리말로 표현하여 독자들에게 작가의 심정을 보다 자연스럽게 전달한다. 작품은 윤선도가 상소를 통해 권력자의 부패와 무능을 비판한 결과로 유배를 떠나게 된 상황을 배경으로 한다. 유배지에서 그는 세상의 다양한 반응에 아랑곳하지 않고, 자신의 도덕적 신념에 따라 행동했던 삶의 태도를 작품을 통해 드러냈다. 그는 오로지 자신의 역할에 충실하겠다는 다짐을 표현한다. 이는 그의 비타협적이고 원칙적인 삶의 태도를 잘 보여준다.
>
> <견회요>는 단순히 유배라는 고난을 기록한 것이 아니라, 이를 극복하려는 화자의 내면적 갈등과 이를 통해 얻어진 성찰을 담고 있다. 작품 속에서 자연과의 조화를 통해 자신의 심정을 풀어내는 동시에, 현실의 부조리에 맞서고자 했던 그의 결의를 엿볼 수 있다. 이 작품은 조선 시대 시조 문학의 미적 성취와 함께, 유배라는 특수한 상황 속에서 윤선도가 추구했던 도덕적 이상과 정치적 책임을 생생히 보여주는 중요한 문학적 기록이라 할 수 있다.

① <견회요>는 화자의 개인적 정서를 묘사하기보다는 권력자의 부패와 무능을 직접적으로 비판하고 있다.
② <견회요>는 자연과의 조화보다는 현실의 부조리에 맞서고자 했던 결의를 보여준다.
③ 작품에서 윤선도는 세상의 평가를 단호히 무시하며, 자신의 역할에 충실하겠다는 태도를 강조한다.
④ <견회요>는 양반 계층인 윤선도가 쉬운 한자를 주로 사용하여 독자들의 이해를 용이하게 했다는 점에서 의의가 있다.

Part

08

문법+독해 결합형

Chapter 18 형태론, 통사론, 음운론

Chapter 19 이외의 문법 영역

Chapter 18 형태론, 통사론, 음운론

관련교재
출좋포 독해·논리 p.258~280

◐ 대표 천+기+누+설 개관

이 유형은 2025년 인사혁신처 1차 샘플에 출제되었던 '문법+독해 결합형'으로
2025 인사혁신처 2차 샘플에는 출제되지 않았으나
2025년 국가직 9급에서 3문제, 지방직에서 2문제나 출제되었습니다.
따라서 2026년에 문법 파트는 더 중요해질 예정입니다. 그 이유는 다음과 같습니다.
첫째, 문법+독해 결합형은 오답률 top5 안에 들어 있는 유형입니다. 오답률 top5를 잡아야 고득점이 가능합니다.
둘째, 독해 비중이 커졌기 때문에 문법 영역에서 시간을 절약해야 합니다.
셋째, 생각보다 제시문이 친절하게 주어지지 않습니다.
'추론'이기 때문에 제시문에 없는 문법 예시가 선지에 나오므로
기본적인 문법 지식이 없다면 틀릴 확률이 높아집니다.
물론 문법과 독해가 결합된 형태로 시험이 출제될 예정입니다.
하지만 문법 문제를 독해 문제처럼만으로 풀게 되면 독해 문제가 16문제로 늘어나게 되어
20문제를 27-30분 안에 풀 수 없게 되고, 이는 다른 과목에도 부정적인 영향을 끼칠 것입니다.
따라서 평소 공부하기에 까다롭더라도 문법 개념을 확실하게 공부하여
시험장에서는 경쟁자들보다 빠르고 정확하게 답을 골라야 합니다.

◐ 대표 천+기+누+설 발문 체크

01 다음 글에서 추론한 내용으로 적절하지 않은 것은?
02 다음 글의 ㉠의 사례가 포함되어 있지 않은 것은?

신유형 2025 버전 1

형태론 - 일반 사례 추론

01 다음 글을 읽고 추론한 내용으로 가장 적절한 것은?

> 형용사를 형성하는 파생법은 크게 접두사에 의한 파생법과 접미사에 의한 파생법으로 나눌 수 있다. 접두사에 의해 형용사가 파생될 때는 주로 형용사 어근 앞에 뜻을 더해주는 접사가 붙는다. 그리고 접미사에 의해 형용사가 파생될 때는 명사 어근 뒤에 어근의 품사를 형용사로 바꾸어 주는 접사가 붙는다. 예를 들어 접두사 '새-'나 '시-'는 형용사 어근 앞에 붙어서 어떠한 속성이 많음을 드러내는 등의 뜻을 더해주는 기능을 한다. '시퍼런'은 형용사 '파랗다'에 접두사 '시'가 결합하여 아주 파랗다는 의미가 더해진 것이다. 접미사에 의해 형용사가 파생될 때는 '-롭다', '-되다', '-답다', '-스럽다' 등이 쓰인다. '사랑스럽다'는 명사 어근 '사랑'에 형용사를 만들어 주는 접미사 '-스럽다'가 결합한 것이다.

① '슬기롭지'는 '-롭다'가 명사 어근 뒤에 붙어 형성된 말의 활용형으로, 접미사에 의한 파생법에 해당한다.
② '학생답게'는 '-답다'가 명사 어근 뒤에 붙어 형성된 동사이므로, 접미사에 의한 파생법에 해당한다.
③ '새빨간'은 '새-'가 형용사 어근 앞에 붙어 품사를 바꾸므로 접미사에 의한 파생법에 해당한다.
④ '사랑하다'는 '-하다'가 명사 어근 뒤에 붙어 형성된 형용사이므로, 접두사에 의한 파생법에 해당한다.

빨리 푸는 亦功 전략

1단계
일반 사례 추론은 제시문에서 다루는 문법 중심 화제가 무엇인지 정도만 가볍게 확인하기

2단계
문법+독해 결합형은 배경지식이 있는 경우, 선지를 먼저 보기

3단계
만약 배경지식으로 해결되지 않는다면 제시문에서 발췌하여 헷갈리는 선택지를 다시 판단하기

신유형 2025 버전 2

빨리 푸는 亦功 전략

1단계
단수 빈칸 추론 문제이므로 빈칸이 포함된 문장 전체를 읽기

2단계
빈칸에 들어갈 내용의 객관적 단서에 밑줄 긋기

3단계
객관적 단서에 부합하는 선지를 찾기

통사론 - 단수 빈칸 추론

02 빈칸에 들어갈 내용으로 가장 적절한 것은?

국어의 높임법에는 말하는 이가 듣는 이에 대하여 높이거나 낮추어 말하는 상대 높임법, 서술어의 주체를 높이는 주체 높임법, 서술어의 객체를 높이는 객체 높임법 등이 있다. 이러한 높임 표현은 한 문장에서 복합적으로 실현되기도 하는데, (   )의 경우 대화의 상대, 서술어의 주체, 서술어의 객체를 모두 높인 표현이다.

상대 높임법은 문장의 종결 어미에 반영되어 청자를 높이면 [+상대], 청자를 낮추면 [-상대]로 표현이 된다. 예를 들어 '밥을 먹었습니다. 밥을 먹었소. 밥을 먹었어요'는 [+상대], '밥을 먹게, 밥을 먹어라, 밥을 먹어'는 [-상대]로 볼 수 있다. 주체 높임법은 '할아버지께서 댁에 가셨습니다'처럼 주격 조사 '께서'나 주체 높임 선어말 어미 '-시-', 특수 어휘 '계시다, 잡수시다, 편찮으시다' 등으로 실현된다. 객체 높임법은 '철수가 할아버지께 선물을 드렸다'처럼 목적어나 부사어를 높이는 특수 어휘를 쓰거나 부사격 조사 '께'를 통해 실현된다.

① 고모께서 할아버지를 모시고 댁에 들어가셨다.
② 제가 아버지께 그렇게 말씀을 거들어드리면 좋을까요?
③ 아버지께서 아주머니께 안부를 여쭈어보라고 하셨습니다.
④ 시청자 여러분께서는 잠시만 제 말씀을 들어주시길 바랍니다.

신유형 2025 버전 3

음운론 - 밑줄 사례 추론

03 다음 글의 ㉠에 해당하는 사례로 적절하지 않은 것은?

국어의 음운 변동에는 여러 유형이 있으며, 그 중에서도 음절의 끝소리 규칙과 자음군 단순화는 음절 말 자음의 변화를 다루는 대표적인 현상이다. ㉠음절의 끝소리 규칙은 음절 끝에 오는 자음이 7개의 대표음(ㄱ, ㄴ, ㄷ, ㄹ, ㅁ, ㅂ, ㅇ) 중 하나로 교체되는 현상이다. 이는 단일 자음이 발음하기 쉬운 소리로 바뀌는 것으로, 예를 들어 '꽃'이 [꼳]으로 발음되는 것은 자음 'ㅊ'이 'ㄷ'으로 교체된 것이다. 반면, 자음군 단순화는 음절 끝에 두 개의 자음이 연속으로 올 때 그 중 하나가 탈락하는 현상이다. 이는 발음의 편의를 위해 겹받침 중 한 자음이 사라지는 것으로, 예를 들어 '앉다'가 [안따]로 발음되는 것은 겹받침 'ㄵ'에서 'ㅈ'이 탈락한 것이다. 두 현상 모두 음절 말에서 일어나지만, 음절의 끝소리 규칙은 하나의 자음을 다른 자음으로 바꾸는 교체이고, 자음군 단순화는 두 자음 중 하나를 없애는 탈락이라는 점에서 구별된다. 즉, 음절의 끝소리 규칙은 한 자음의 교체, 자음군 단순화는 두 자음 중 하나의 탈락이라는 점에서 구별된다.

① '깊다'를 [깁따]로 발음할 때, 자음 'ㅍ'이 'ㅂ'으로 바뀐다.
② '빗'을 [빋]으로 발음할 때, 자음 'ㅅ'이 'ㄷ'으로 바뀐다.
③ '몫'을 [목]으로 발음할 때, 겹받침 'ㄳ'에서 'ㅅ'이 사라진다.
④ '숲'을 [숩]으로 발음할 때, 자음 'ㅍ'이 'ㅂ'으로 바뀐다.

문제훈련 형태론, 통사론, 음운론

해당 챕터는 신유형이므로 문제훈련만 수록했습니다.

01 다음 글에서 추론한 내용으로 가장 적절한 것은?

여러 형태소로 이루어진 단어는 그 구조를 명확하게 파악하기 어려운 경우가 많다. 예를 들어, '나들이옷'이 합성어인지 파생어인지를 판별하기 어려운 것처럼 말이다. 이와 같이 복잡한 단어의 구조를 정확히 파악하기 위한 방법 중 하나로 직접 구성 요소 분석이 있다. 직접 구성 요소란 어떤 말을 직접 이루고 있는 두 부분으로 나누었을 때 나오는 두 요소이다. 위의 '나들이옷'을 두 부분으로 나누어보자. '나들이옷'에서는 '나들이'와 '옷'이 직접 구성 요소가 된다. 이러한 분석은 '나들이'에 대해서 계속해서 적용해나갈 수 있다. 나들이는 '나들-'과 '-이'로 나눌 수 있고 '나들-'은 '나'와 '-들'로 한 번 더 나눌 수 있다. 그 결과 '나들-'은 어근 '나'와 '들-'이 합성된 것임을 알 수 있고 '나들이'는 합성어 '나들-'에 명사파생접미사 '-이'가 결합하여 파생된 파생어임을 알 수 있다. 마지막으로 '나들이옷'은 파생어 '나들이'에 어근 '옷'이 결합한 합성어임을 최종적으로 알 수 있다. 이와 같이 복잡한 단어를 두 부분으로 나누어 나가는 직접 구성 요소 분석을 통해 단어의 구조를 정확히 알 수 있다. 다만, 단어를 두 부분으로 나눌 때 직접 구성 요소로 나눈 말이 실제로 존재하는가와 직접 구성 요소들과 그 전체 구성의 의미가 서로 통하는지를 파악해야만 올바르게 직접 구성 요소 분석을 할 수 있다.

① '지우개'는 그 직접 구성 요소 중 하나가 파생어인 파생어이다.
② '놀이터'는 그 직접 구성 요소 중 하나가 파생어인 합성어이다.
③ '눈웃음'은 그 직접 구성 요소 중 하나가 합성어인 파생어이다.
④ '제육덮밥'은 그 직접 구성 요소 중 하나가 파생어인 합성어이다.

02 다음 글에서 추론한 내용으로 적절하지 않은 것은?

용언의 활용에는 규칙 활용과 불규칙 활용이 있다. 용언이 활용할 때 어간과 어미의 모양이 변하지 않거나, 변하더라도 이를 문법 규칙으로 설명할 수 있을 때 이를 규칙 활용이라 한다. 예를 들어, 어간의 끝소리가 'ㄹ'이고 뒤에 'ㄴ'으로 시작하는 어미가 연결되는 경우에 'ㄹ'이 탈락한다. '살다'의 경우, 어간 '살-'에 어미 '-는'을 결합하면 '살는'이 아니라 '사는'이 된다. 이는 어간의 끝소리가 'ㄹ'인 다른 용언에도 모두 해당되는 규칙이기 때문에 규칙 활용이라 할 수 있다.
이와 달리, 어간이 변할 때 문법 규칙으로 설명할 수 없는 예외적인 현상일 경우에는 불규칙 활용으로 본다. 예를 들어, 어간의 끝소리가 'ㅂ'이고 그 뒤에 '-아/-어'로 시작하는 어미가 연결될 경우, 끝소리 'ㅂ'이 'ㅗ' 소리로 변하는 경우가 생긴다. '돕다'의 경우, 어간 '돕-'에 어미 '-아서'를 결합할 경우 '돕아서'가 아닌 '도와서'로 발음된다. 하지만 '접다'의 경우, 어간 '접-'에 어미 '-어서'를 결합하더라도 어간이 변하지 않는 규칙 활용을 한다. 따라서 'ㅂ'이 'ㅗ'로 변하는 현상은 불규칙 활용이라 볼 수 있다. 그런데 여기에서 주의해야 할 점이 있다. 자음으로 시작하는 어미가 결합되는 경우에는 규칙 활용이든 불규칙 활용이든 어간과 어미의 원형이 변하지 않고 결합되는 경우가 많으므로 모음으로 시작하는 어미를 결합하여 활용 양상을 판단하는 것이 좋다. 예를 들어 '푸다'의 '푸-'에 명사형 전성 어미 '-ㅁ'을 결합하여 '우물물을 품'으로 활용이 되어도 '푸다'는 규칙 활용이 아니라 불규칙 활용 용언에 해당된다.

① '고맙다'의 경우, 어간에 '-아/-어'로 시작하는 어미를 결합할 경우 어간의 형태가 변한다.
② '춥다'의 경우, 활용하여 '겨울에는 춥니?'가 되므로 이는 규칙 활용이다.
③ 만약 어간의 끝소리가 'ㅡ'인 다른 용언에 모음 어미가 결합이 될 때 'ㅡ'가 모두 탈락된다면 이는 규칙 활용이다.
④ '불다'의 경우, 어간 뒤에 'ㄴ'으로 시작하는 어미가 결합되면 어간의 형태가 변한다.

03 다음 글의 ㉠의 사례가 포함되어 있지 않은 것은?

> 성분 부사와 ㉠<u>문장 부사</u>는 둘 다 부사이지만, 그 기능과 역할에서 차이가 있다. 성분 부사는 문장의 일부 성분(주로 동사, 형용사, 다른 부사 등)을 수식하여 그 성분의 뜻을 더욱 구체화하는 부사이다. 문장 부사는 문장 전체를 접속하거나 화자의 판단, 태도, 또는 문장의 분위기를 나타내어 문장 전체를 꾸미는 부사이다. 예를 들어 '그녀는 합격 소식에 빙그레 웃었다.'의 '빙그레'는 뒤의 '웃었다'라는 서술어만 꾸미므로 성분 부사이다. '솔직히 나는 이 영화가 별로다.'는 '나는 이 영화가 별로다.'라는 문장 전체를 '솔직히'가 꾸미므로 문장 부사이다.

① 철수는 가고 싶은 여행지의 사전 답사 및 연구를 하였다.
② 영희는 과연 합격하고자 하는 꿈을 실현할 수 있을 것인가?
③ 그녀는 가고 싶던 집에 바로 갔다.
④ 제발 혜선 쌤이 공깃밥 100 그릇을 먹었으면 좋겠다.

04 다음 글에서 추론한 내용으로 적절하지 않은 것은?

> 서술절을 안은 문장은 문장의 서술어가 주어, 서술어로 이루어진 절인 경우이다. 예를 들어, '민주는 성격이 좋다'의 경우, 서술어 '좋다'의 주어는 '민주'가 아니라 '성격'이다. 따라서 '성격이 좋다'는 하나의 절을 이루어 전체 문장의 주어인 '민주'의 서술어가 되는 것이다.
> 따라서 이러한 경우 서술어 부분에 절이 들어간 서술절을 안은 문장이 된다. 이러한 서술절을 안은 문장은 종종 보어가 포함된 문장과 혼동되곤 한다. 보어는 서술어가 '되다', 혹은 '아니다'일 경우에 그 앞에 오는 문장 성분으로, 보격 조사로는 '이'와 '가'가 있다. 예를 들어, '나는 학생이 아니다'인 경우에 '학생이'는 보어이다. 보격 조사와 주격 조사가 비슷하기 때문에 보어와 주어를 혼동하는 경우가 많다.
> 하지만 서술절을 안은 문장과 보어가 포함된 문장은 서로 비슷한 구조를 가지는 듯 보이나, 하나는 '주어+(주어+서술어)'의 관계를 지니는 겹문장이고, 또 하나는 '주어+보어+서술어'로 이루어진 홑문장인 점을 유의해야 한다.

① '나는 너의 친구가 아니야'는 홑문장이다.
② '그 산의 풍경이 아름답다'는 서술절을 안은 문장이다.
③ '할머니께서는 다리가 아프시다'는 주어 '할머니'의 서술어가 또 다시 주어와 서술어로 이루어진 절에 해당한다.
④ '그 학생이 회장이 되었다'에서 '회장이'는 주어가 아닌 보어이다.

05 다음 글에서 추론한 내용으로 적절하지 않은 것은?

국어 문장에서 서술어는 주어의 동작, 상태, 성질 등을 서술하는 문장 성분으로, 문장의 중심 역할을 한다. 서술어는 요구하는 필수 성분의 개수에 따라 분류할 수 있다. 서술어의 자릿수는 서술어가 몇 개의 필수 성분을 필요로 하는지를 나타내며 주로 한 자리, 두 자리, 세 자리 서술어로 분류된다.

한 자리 서술어는 주어 하나만으로 완전한 의미를 갖는 서술어이다. 이 서술어는 주어 외에 다른 성분을 필요로 하지 않는다. 예를 들어, '나는 건강하다.'에서 서술어 '건강하다'는 주어 '나는'만 있으면 문장을 완성할 수 있다. 두 자리 서술어는 주어와 함께 목적어, 보어 또는 부사어를 필요로 하는 서술어이다. 예를 들어, '철수가 책을 읽는다.'에서 '읽는다'는 주어 '철수'와 목적어 '책'이 함께 있어야 의미가 완성된다. 세 자리 서술어는 주어와 목적어, 그리고 부사어가 함께 있어야 의미가 완성되는 서술어이다. 이 서술어는 세 개의 필수 성분이 모두 있어야 한다. 예를 들어, '철수가 영희에게 책을 주었다'에서 '주었다'는 주어 '철수', 부사어 '영희에게', 목적어 '책을'이 함께 있어야 의미가 완성되는 세 자리 서술어이다. 서술어의 자릿수는 문장의 구조를 이해하는 데 중요한 역할을 하며 각 서술어가 요구하는 필수 성분들을 정확히 파악함으로써 문장의 의미를 명확히 할 수 있다.

① '철수는 철호와 닮았다.'에서 '닮았다'는 두 자리 서술어이다.
② '철수는 어른이 되었다.'에서 '되었다'는 두 자리 서술어이다.
③ '철수는 영희에게 커피를 주었다.'에서 '주었다'는 세 자리 서술어이다.
④ '철수는 산에서 멧돼지를 보았다.'에서 '보았다'는 세 자리 서술어이다.

06 다음 글에서 추론할 수 있는 올바른 사동 표현으로 가장 적절한 것은?

국어에서 사동 표현은 주체가 남에게 어떠한 행위를 하도록 시키는 것이다. 사동 표현은 다양한 방법을 통해 실현될 수 있는데, 크게는 어근에 사동 접미사를 연결하여 사동사를 만드는 방법인 파생적 사동과 보조 용언 '-게 하다'를 붙여서 만드는 통사적 사동이 있다.

파생적 사동의 경우, 주동사의 어근에 '-이-, -히-, -리-, -기-, -우-, -구-, -추-' 따위의 사동 접미사를 연결하여 사동사를 만드는 방법과 체언에 '-시키다'의 사동 접미사를 연결하여 만드는 방법이 있다. 그 중 '-시키다'의 경우, 사동 문장이 아님에도 광범위하게 사용되는 경우가 있어서 주의를 요한다. 예를 들어, '월매는 춘향과 몽룡을 결혼시켰다'의 경우 주체인 '월매'가 '춘향과 몽룡'이 '결혼'이라는 행위를 하도록 만든 것이므로 사동 접미사 '-시키다'를 사용하는 것이 자연스럽다. 하지만, '내가 너에게 친구를 소개시켜 줄게'의 경우, 주체인 '나'가 '소개'라는 행위를 하도록 만든 것이 아니므로 '-시키다'를 사용할 수 없다. 이러한 경우에는 '-하다'를 붙여 어색한 문장을 해소해야 한다. 따라서 '내가 너에게 친구를 소개해 줄게'가 자연스러운 문장이다.

① 선생님은 심하게 다툰 우리를 <u>화해시켰다.</u>
② 철수야, 네 친구 잘생겼던데, 나한테 <u>소개시켜</u> 줘.
③ 완강하게 거부하는 그녀를 <u>설득시킬</u> 자신이 없었다.
④ 31년 동안 미제 사건의 범인을 드디어 <u>구속시켰다.</u>

07 다음 글의 ㉠에 해당하는 사례로 가장 적절한 것은?

국어의 된소리되기는 발생 환경에 따라 네 가지 유형으로 나뉜다. 첫째, ㉠<u>어간 말 자음 뒤의 된소리되기는 받침 'ㄱ, ㄷ, ㅂ' 뒤에 오는 어미의 초성이 된소리로 바뀌는 현상이다</u>. 또한 어간 말 자음이 울림소리일 때 어미의 초성이 된소리로 바뀌는 현상도 이에 해당된다. 예를 들어 '먹자'가 [먹짜]로, '입고'가 [입꼬]로 발음되는 것이다. '안다'가 [안:따], '삼다'가 [삼따]로 발음되는 것이다. 둘째, 관형사형 어미 뒤의 된소리되기는 '-(으)ㄹ' 뒤에서 일어나는 현상으로, '할 것을'이 [할꺼슬]로, '갈 데가'가 [갈떼가]로 발음되는 것이다. 셋째, 한자어에서의 된소리되기는 'ㄹ' 받침 뒤에서 일어나는 현상으로, '갈등'이 [갈뜽]으로, '발전'이 [발쩐]으로 발음되는 것이다. 넷째, 합성어에서의 된소리되기(사잇소리)는 울림소리 뒤에서 관형격 기능을 나타낼 때 일어나는 현상으로, '밤길'이 [밤낄]로, '손재주'가 [손째주]로 발음되는 것이다. 이 네 가지 유형은 모두 된소리가 나타난다는 공통점이 있지만, 발생 환경과 조건이 서로 다르다는 특징이 있다.

① '국수'를 [국쑤]로 발음할 때
② '만날 사람'을 [만날싸람]으로 발음할 때
③ '불세출'을 [불쎄출]로 발음할 때
④ '잡고'를 [잡꼬]로 발음할 때

08 다음 글의 ㉠에 해당하는 사례로 가장 적절한 것은?

국어의 음운 변동에서 동화는 인접한 음운들이 서로 영향을 주고받아 비슷해지는 현상으로, 영향의 방향에 따라 세 가지로 나뉜다. ㉠<u>순행동화</u>는 앞 음운이 뒤 음운에 영향을 주어 뒤 음운이 앞 음운과 비슷하게 바뀌는 현상이다. 이는 앞에서 뒤로의 일방향적 영향으로, 예를 들어 '실내'가 [실래]로 발음되는 것은 앞의 'ㄹ'이 뒤의 'ㄴ'에 영향을 주어 'ㄹ'로 바뀐 것이다. 반면, 역행동화는 뒤 음운이 앞 음운에 영향을 주어 앞 음운이 뒤 음운과 비슷하게 바뀌는 현상이다. 예를 들어 '국물'이 [궁물]로 발음되는 것은 뒤의 'ㅁ'이 앞의 'ㄱ'에 영향을 주어 'ㅇ'으로 바뀐 것이다. 마지막으로 상호동화는 두 음운이 서로 영향을 주고받아 모두 변화하는 현상으로, 예를 들어 '독립'이 [독닙→동닙]으로 발음되는 것은 'ㄱ'과 'ㄴ'이 서로 영향을 주고받아 모두 비음으로 바뀐 것이다. 즉, 순행동화는 앞→뒤, 역행동화는 뒤→앞, 상호동화는 앞↔뒤의 영향 방향을 보인다.

① '칼날을 갈다'에서 '칼날[칼랄]'
② '밥물을 끓이다'에서 '밥물[밤물]'
③ '문을 닫는다'에서 '닫는[단는]'
④ '협력하다'에서 '협력[혐녁]'

Chapter 19 이외의 문법 영역

관련교재
기 출좋포 독해·논리 p.282~288

☾ 대표 천+기+누+설 개관

이 유형은 2025년 인사혁신처 1차 샘플에 출제되었던 '문법+독해 결합형'으로
2025 인사혁신처 2차 샘플에는 출제되지 않았습니다.

그래서 "문법은 아예 '공문서 문장 고쳐쓰기'만 하면 되는 거 아닌가?"라고 생각할 수 있겠지만
인사혁신처는 '2차 샘플'만 출제에 범위에 넣는 것이 아니라 '1차 샘플'도 포함이라는 입장을 견지하고 있으므로
'문법+독해 결합형'을 아예 배제하기에는 위험성이 아직은 큽니다.

특히, 시간을 절약해서 풀어야 하는 것이 관건인 2026년 시험에 '문법+독해 결합형'이 나온다면
'족집게 문법 40 포인트, 출좋포 문법 어휘, 적중용 콤단문 문법' 강의를 학습하여
선지를 보고 빠르게 문제를 풀 수 있게 되는 것이 중요해질 것입니다.

'적중용 콤단문 문법'이라는 강의는 특히 역대 최빈출 기출을 뽑아
나올 확률이 가장 큰 문법 예시들로 만들어진 문제집으로 문법 암기 양을 최소화하기에 좋은 교재입니다.

나머지에서 나올 수 있는 출제 포인트를 정리하면
1) 의미론
2) 담화론
3) 어문 규정 등이 있습니다.

☾ 대표 천+기+누+설 발문 체크

01 다음 글에서 추론한 내용으로 적절하지 않은 것은?
02 다음 글의 ㉠의 사례가 포함되어 있지 않은 것은?

신유형 2025 버전 1

의미론 - 밑줄 사례 추론

01 다음 중 ㉠에 해당하는 사례로 적절한 것은? 2025. 지방직 9급

> 하나의 단어는 하나의 품사에 속하는 것이 일반적이지만 어떤 단어는 두 가지 이상의 품사에 속할 수 있다. 예를 들어 '밝다'의 경우 '날이 밝았다.'에서는 '밤이 지나고 환해지며 새날이 오다'라는 의미의 동사이지만, '햇살이 밝은 날'에서는 '불빛 따위가 환하다'라는 의미의 형용사이다. 이렇듯 하나의 단어가 둘 이상의 품사로 사용되는 것을 품사 통용이라고 한다. 품사 통용은 동음이의 현상과 구별된다. 즉 품사 통용은 서로 관련된 두 의미가 같은 형태로 나타난 것인 반면, ㉠<u>동음이의 현상</u>은 먹는 '배'와 타는 '배'가 구별되는 것과 같이 서로 무관한 두 의미가 우연히 같은 형태로 나타난 것이다.

① 그는 여러 문화를 <u>비교적</u> 관점에서 연구했다. / 삼촌은 교통이 <u>비교적</u> 편리한 곳에 산다.
② 내가 언니보다 키가 더 <u>크다</u>. / 이번 여름에는 비가 많이 와서 마당의 풀이 잘 <u>큰다</u>.
③ <u>오늘</u>이 드디어 기다리던 시험일이다. / 친구는 국립 박물관에 <u>오늘</u> 갈 것이라 한다.
④ 나는 어제 산 모자를 <u>쓰고</u> 나갔다. / 형님은 시를 <u>쓰고</u> 누님은 그림을 그렸다.

빨리 푸는 亦功 전략

1단계
밑줄 사례 추론은 제시문의 밑줄을 먼저 확인해서 문법 중심 화제가 무엇인지 정도만 체크

2단계
선지를 분석해서 참 거짓을 스스로 판별하기

3단계
만약 선지만으로 판단이 안 되는 경우에는 제시문으로 가서 해당 부분을 발췌하여 선지를 판단한다.

문제훈련 이외의 문법 영역

01 〈보기〉의 글에 대한 학생들의 반응으로 적절하지 않은 것은?

─〈보기〉─

닉이 두 살쯤 되었을 때, 엄마는 플라스틱으로 만든 아기용 녹음기와 동요 테이프를 사다 주었다. 닉은 그 노래를 무척 좋아해서 테이프를 듣고 또 들었다. 닉은 동요 테이프와 녹음기를 들고 엄마 아빠나 형한테 가서, 노래를 틀어 줄 때까지 테이프와 녹음기를 탁탁 부딪치며 "과갈라, 과갈라, 과갈라."하고 말하곤 했다. 3년 동안 닉이 "과갈라, 과갈라."라고 할 때마다 식구들은 닉이 목소리와 악기 소리가 어우러진 아름다운 소리를 듣고 싶어 한다는 것을 알았다. 닉은 유치원에 들어가면서 선생님이나 다른 아이들은 '음악'이라고 말해야 알아듣는다는 것을 알게 되었다.

— 앤드루 클레먼츠, 〈프린들 주세요〉

① '과갈라'라는 말소리가 나타내는 의미를 닉과 닉의 가족만 알아들을 뿐 다른 사람들은 그 의미를 몰라 소통할 수 없으므로 '과갈라'는 언어라고 할 수 없어.
② 닉이 '음악'을 '과갈라'라고 부른 것은 언어의 자의성과 관련이 있지.
③ 닉이 '과갈라'라는 새로운 말을 만든 것은 언어의 창조성과 관련이 있어.
④ 닉이 '과갈라.'라고 말했을 때, 선생님과 다른 친구들이 알아듣지 못한 것은 언어의 역사성과 관련이 있어.

02 다음 글의 사례로 적절하지 않은 것은?

인간은 언어를 사용하며 언어는 인간의 사고, 사회, 문화를 반영한다. 인간의 지적 능력이 발달하게 된 것은 바로 언어를 사용하기 때문이다.

언어와 사고는 기본적으로 상호작용을 한다. 둘 중 어느 것이 먼저 발달하고 어떻게 영향을 주는지는 알 수 없다. 그러나 언어와 사고가 서로 깊은 관계를 맺고 있다는 사실은 여러 가지 근거를 통해서 뒷받침된다.

① 이 소설은 정말 감동적이야. 내가 받은 감동은 말로는 설명이 안 돼. 머릿속에 맴도는 데에도 명칭을 떠올리지 못하겠어.
② 어떤 사람은 산도 파랗다고 하고, 물도 파랗다고 하고, 보행 신호의 녹색등도 파랗다고 한다.
③ 영어의 '쌀(rice)'에 해당하는 우리말에는 '모', '벼', '쌀', '밥' 등이 있다.
④ 우리나라는 수박(watermelon)은 '박'의 일종으로 보지만 어떤 나라는 '멜론(melon)'에 가까운 것으로 파악한다.

03 다음 글을 이해한 내용으로 가장 적절한 것은?

언어는 시간의 흐름에 따라 단어의 의미가 변하는 경우가 많다. 이러한 의미 변화를 크게 세 가지 유형으로 나눌 수 있는데, 의미 이동, 의미 확대, 의미 축소가 그것이다. 각각의 의미 변화를 자세히 살펴보자. 의미 이동은 단어의 의미가 완전히 다른 의미로 바뀌는 현상을 말한다. 이는 단어가 원래 가지고 있던 의미와 전혀 다른 새로운 의미를 갖게 되는 경우를 의미한다. 예를 들어, '어리다'라는 단어는 원래 '어리석다'라는 의미였으나, 현재는 '나이가 적다'라는 의미로 바뀌었다. 의미 확대는 단어의 의미 범위가 넓어지는 현상을 말한다. 이는 특정한 의미를 가진 단어가 그 의미를 확장하여 더 넓은 범위의 대상을 가리키게 되는 경우를 의미한다. 방석(方席)은 원래 네모난 모양의 깔개만을 가리키는 말이었으나 둥근 것까지도 포함하게 되어 의미 확대의 예이다. 의미 축소는 단어의 의미 범위가 좁아지는 현상을 말한다. 이는 원래 더 넓은 의미를 가지고 있던 단어가 특정한 의미로 한정되는 경우를 의미한다. 예를 들어 얼굴이 '형체'를 가리키는 말에서 '안면'만 가리키는 말로 축소된 것이 그 예이다.

① '두꺼비집'이 '두꺼비의 집'을 가리키는 말에서 '전기 개폐기'로 변화한 것은 의미 확대의 예이다.
② '놈'이 평범한 남자를 가리키는 말에서 사람을 비하하는 말로 바뀐 것은 의미 이동의 예이다.
③ '생수'가 마시는 물이라는 의미에서 제품화되어 나온 마실 물을 가리키게 된 것은 의미 확대의 예이다.
④ '겨레'가 혈연을 의미하는 말에서 유대를 지닌 민족 공동체를 가리키게 된 것은 의미 확대의 예이다.

04 다음 글을 이해한 내용으로 적절하지 않은 것은?

두 단어가 짝을 이루며 서로 반대되는 의미를 가질 때 이를 반의 관계 또는 반의어라고 한다. 반의 관계가 성립하려면 두 단어 사이에 공통적인 의미 요소들이 존재하면서, 특정 한 가지 의미 요소에서만 대립이 이루어져야 한다. 예를 들어 '남자'와 '여자'는 [+생물], [+동물], [+인간]이라는 공통적인 의미 요소가 있으면서 성별에서만 차이가 있기 때문에 반의 관계를 이룬다. 반의어는 성격에 따라 크게 세 가지 유형으로 나뉜다. 첫째, 정도 반의어는 의미의 정도나 강도가 대립하는 단어들로, 이들 사이에는 중간 단계가 존재한다. 둘째, 상보 반의어는 서로 완전히 구분되는 두 영역을 형성하며 중간 단계가 없다. 셋째, 방향 반의어는 이동, 위치, 혹은 관계와 관련된 대립을 나타낸다. 크다-작다, 참-거짓, 남자, 오다-가다를 예로 들 수 있다.

① '무겁다'와 '가볍다'는 반의 관계이며 상보 반의어에 해당한다.
② '사다'와 '팔다'는 반의 관계이며 방향 반의어에 해당한다.
③ '합격'과 '불합격'은 반의 관계이며 상보 반의어에 해당한다.
④ '부모'와 '자식'은 반의 관계이며 방향 반의어에 해당한다.

05 다음 글을 이해한 내용으로 적절하지 않은 것은?

> 단어들 간에는 다양한 의미적 관계가 존재하며, 그중에서도 상의어와 하의어의 관계는 단어의 의미를 체계적으로 이해하는 데 중요한 역할을 한다. 상의어는 보다 넓고 포괄적인 의미를 가지는 단어로, 여러 하의어를 포함하는 개념이다. 예를 들어, '문학'이라는 단어는 여러 종류의 문학 갈래를 모두 아우르는 상의어에 해당한다. 하의어는 특정한 사례나 종류를 지칭한다. '소설, 시, 희곡, 수필'은 '문학'의 하의어로 볼 수 있다.
>
> 상의어는 하나의 큰 범주를 나타내며, 여러 하위 개념들을 한데 묶는 역할을 한다. 반면 하의어는 그 범주 안에서 더 자세하고 특화된 의미를 전달한다. 상의어는 하의어보다 의미 성분의 수가 적은데 '동물'이라는 상의어의 경우 [+생명체], [+생식]의 의미 성분을 갖지만 '개'의 경우에는 [+생명체], [+생식], [+포유류], [+네 발]의 의미 성분을 갖는다.

① '학문'은 '인문학, 사회과학, 자연과학, 공학'을 포함하는 상의어가 될 수 있다.
② '판소리, 민요, 국악'은 '전통음악'의 하의어가 될 수 있다.
③ 상의어는 여러 하의어들을 분류하는 역할을 한다.
④ 하의어는 구체적인 의미를 가지므로, 의미 성분의 개수가 상의어보다 적다.

06 다음 글을 읽고 추론한 내용으로 알맞지 않은 것은?

> 한글 맞춤법 제2장은 자모에 관한 규칙이다. 그중 제4절은 모음의 표기를 다루는 조항 두 가지로 이루어져 있다. 첫째는 '계, 례, 몌, 폐, 혜'의 'ㅖ'는 'ㅖ'로 소리 나는 경우가 있더라도 'ㅖ'로 적는다는 원칙이다. '계, 몌, 폐, 혜'는 종종 [게, 메, 페, 헤]로 발음되며, 이 중 '례'를 제외한 '계, 몌, 폐, 혜'의 이중모음 [ㅖ]가 단모음 [ㅔ]으로 발음되는 것은 표준 발음으로 인정된다. 그렇지만 표기는 여전히 'ㅖ'로 굳어져 있으므로 'ㅖ'로 적는다.
>
> 둘째는 '의'나, 자음을 첫소리로 가지고 있는 음절의 'ㅢ'는 'ㅣ'로 소리 나는 경우가 있더라도 'ㅢ'로 적는다는 원칙이다. 표준발음법 제5항에 의하면 자음을 첫소리로 가지고 있는 음절의 'ㅢ'는 [ㅣ]로 발음하며, 단어의 첫음절 이외의 '의'는 [이]로, 조사 '의'는 [에]로 발음할 수 있다. 이러한 발음을 표기에 반영한다면, 자음 뒤에 이중모음 'ㅢ'를 쓰는 '희망, 무늬'와 같은 단어의 'ㅢ'를 모두 단모음 'ㅣ'로 적도록 해야 할 것이다. 그러나 이미 익숙해진 표기를 버리고 '히망, 무니'로 적는 것은 공감하기 어려우므로 'ㅢ'가 'ㅣ'로 소리 나더라도 'ㅢ'로 적는 것이다.

① '협의'는 둘째 음절에 오는 '의'를 [이]로 발음할 수 있다는 원칙에 따라 [혀비]로 발음될 수 있지만 '협의'로 적어야 하는군.
② '핑계'와 '사례'를 각각 [핑게]와 [사레]로 발음하는 것은 표준 발음으로 인정되겠군.
③ '폐품'과 '닁큼'에 쓰인 모음을 모두 단모음으로 발음해도 표준 발음으로 인정되겠군.
④ '띄어쓰기'를 표준발음법에 따라 발음하면 모든 모음이 단모음으로만 발음될 수 있지만, '의의'는 이중모음으로만 발음해야 하는 음절이 있겠군.

07 다음 글의 밑줄 친 ㉠과 ㉡에 해당하는 예로 알맞은 것끼리 짝지은 것은?

한글 맞춤법 제40항에서는 ㉠<u>어간의 끝음절 '하'의 'ㅏ'가 줄고 'ㅎ'이 다음 음절의 첫소리와 어울려 거센소리로 될 적에는 거센소리로 적는다</u>고 규정하고 있다. 이에 따라 '간편하게, 정결하다, 연구하도록'과 같은 단어들은 '간편케, 정결타, 연구토록'으로 적는다. '하'가 통째로 줄지 않고 'ㅎ'이 남아 뒤에 오는 말의 첫소리와 어울려 거센소리가 되는 것이다. 그런데 이 조항의 [붙임 1]에서는 'ㅎ'이 어간의 끝소리로 굳어진 것은 받침으로 적는다고 밝히고 있다. 이에 따라 '아니하다, 이러하다, 그러하다'와 같은 단어들은 '않다, 이렇다, 그렇다' 등으로 활용한다. 또, [붙임 2]에서는 ㉡<u>어간의 끝음절 '하'가 아주 줄 적에는 준 대로 적는다</u>고 밝히고 있다. 이에 따라 '거북하지, 생각하건대'와 같은 단어들은 '거북지, 생각건대'로 적는다. '하'가 통째로 주는 것은 '하' 앞의 받침의 소리가 [ㄱ, ㄷ, ㅂ]일 때이며, 그 외의 경우에는 'ㅎ'이 남는다. 한편, 어원적으로는 용언의 활용형에서 나온 것이라도 현재 부사로 굳어졌으면 원형을 밝히지 않는다. 이에 따라 '결단코, 기필코'와 같은 부사는 소리대로 적는다.

	㉠	㉡
①	무심치, 흔타	넉넉지, 깨끗잖다
②	다정타, 회상컨대	섭섭지, 같잖다
③	달성코자, 답답타	갑갑잖다, 깨끗잖다
④	삼가치, 감탄케	익숙지, 섭섭지

- Part 1 화법과 작문
- Part 2 일반 추론
- Part 3 빈칸 추론
- Part 4 순서 배열
- Part 5 강화, 약화
- Part 6 세트형 독해
- Part 7 문학+독해 결합형
- Part 8 문법+독해 결합형

천기누설 혜선팍 독해 시즌1

정답 및 해설

화법과 작문

Chapter 01 [화법] 말하기 방식

亦功 천기누설 혜선팍 독해 pin point

한눈에 보기
01 ②   02 ①

신유형 2025 버전 1 p.20

01 ▶ ②

정답풀이 갑은 언어가 인간의 사고를 결정한다고 보므로 사고가 언어에 영향을 미친다는 점에 동의하지 않는다. 을은 사고가 언어에 영향을 미친다는 점에 동의한다.

오답풀이 ① 갑은 언어가 사고를 결정한다고 보고 을은 사고가 언어를 결정한다고 본다. 병은 언어와 사고는 서로 영향을 주고 받는다고 했다. 따라서 언어와 사고가 서로 영향을 주고받는 관계라는 점에 대해 갑과 을은 동의하지 않지만 병은 동의함을 알 수 있다.
③ 갑은 언어가 사고를 결정한다고 보므로 언어가 다르면 세계를 다르게 인식한다고 생각할 것이다. 병도 언어가 사고에 영향을 미친다고 보므로 언어가 다르면 세계를 다르게 인식한다고 생각할 것이다.
④ 을은 사고가 언어를 결정한다고 보므로 사고의 차이가 언어의 차이를 낳는다는 점에 동의할 것이다. 병은 사고가 언어에도 영향을 미칠 수 있다고 보므로 사고의 차이가 언어의 차이를 낳는다는 점에 동의할 것이다.

신유형 2025 버전 2 p.21

02 ▶ ①

정답풀이 갑과 을은 물질적 조건보다 내면적 태도와 생각이 행복을 결정하는 주요인이라고 본다. 하지만 병은 기본적인 물질적 여건이 충족되지 않으면 지속적 행복을 느끼는 것이 불가능하다고 주장하며 행복을 위해서는 외부적 조건의 만족이 필수적이라고 주장한다.
ㄱ. 갑과 을의 주장은 서로 대립하지 않는다.

오답풀이 ㄴ. 을과 병의 주장은 서로 대립한다.
ㄷ. 병과 갑의 주장은 서로 대립한다.

亦功 기출훈련 [화법] 말하기 방식 p.22

한눈에 보기
01 ④   02 ②   03 ①   04 ②   05 ②
06 ④

01 ▶ ④

정답풀이 발문에서 '진행자'의 말하기 방식을 중점적으로 물어보고 있으므로 '진행자'의 대사 위주로 집중하여 읽으면 되었다. 진행자의 대사 안에서 자신의 경험을 예시하는 부분은 나오지 않는다.

오답풀이 ① '아, 그러니까 속도를 10km/h 낮출 때 2분 정도 늦어지는 것이라면 ~는 말씀이시군요.'를 통해 확인할 수 있다.
② 진행자의 마지막 대사에서 '교통사고를 줄이고 보행자 안전을 확보할 수 있다는 점, 교통체증 유발은 미미할 것이라는 점, ~ 맞습니까?'를 통해 확인할 수 있다.
③ '그런데 일각에서는 그런 효과는 미미하고 오히려 교통체증을 유발하여 대기오염이 심화될 것이라며 이 정책에 반대합니다. 이에 대해 말씀해 주시겠어요?'를 통해 확인할 수 있다.

02 ▶ ②

정답풀이 을은 '빈부 격차에 따라 계급이 나뉘고 그에 따른 불평등이 엄연히 존재하잖아.'라고 말하고 있다. 갑 또한 마지막 대사를 보면 '현대 사회에서 인간의 사회적 지위는 부모의 경제력과 직결되기 때문에 계급사회라고 말할 수 있어.'라고 말하고 있다. 이를 통해 갑과 을 모두 경제적인 격차를 이유로 현대 사회가 계급 사회임을 인정하고 있으므로 을의 주장은 갑의 주장과 대립하지 않음을 알 수 있다.

오답풀이 ① 갑은 을의 주장과 대립하지 않으므로 갑이 을의 주장 중 일부 반박한다는 것은 옳지 않다.
③ 갑은 현대 사회가 계급사회라고 했고 병은 현대 사회를 계급 사회로 보기 어렵다고 했다. 따라서 갑과 병이 유사한 결론을 도출하고 있다는 것은 옳지 않다.
④ 병의 주장은 갑과 을 모두의 주장과 대립한다. 따라서 병의 주장은 갑의 주장과는 대립하지 않는다는 것은 옳지 않다.

03 ▶ ①

정답풀이 백팀장은 팀원에 대한 유대감을 드러내는 표현을 사용하지 않았다.

오답풀이 ② 고 대리는 공개가 부담스럽고, 타 부서와 비교될 것 같다고 명시적으로 밝히며 백 팀장의 요청을 거절하고 있다.
③ 임 대리는 첫 발화에서 취지는 좋다고 생각한다며 공감하는 태도를 드러내고 있다.
④ 임 대리는 의견을 들어본 후 잘된 것만 올리는 것이 어떠냐면서 의문을 통해 자신의 의견을 간접적으로 드러내고 있다.

04 ▶ ②

정답풀이 운용은 은지의 주장이 타당한 근거가 있는지를 물어본 것으로 찬반 의견을 드러내지 않았다. 반대하고 있다는 서술은 적절하지 않다.

오답풀이 ① '설탕세 부과'라는 화제를 제시하였다.
③ '세계보건기구 보고서'를 통해 설탕세를 부과하면 소비가 감소한다는 근거를 제시하였다.
④ 은지는 설탕세를 부과하여 소비를 줄이고 이를 통해 질병이 예방된다고 하였다. 재윤의 당 섭취와 질병 발생이 유의미한 상관관계가 없다는 진술은 이를 부정하는 것이다.

05 ▶ ②

정답풀이 A와 B는 (고개를 끄덕이며)와 같이 공감의 표지를 드러내며 상대의 말을 듣고 있으므로 이 선지는 옳다.

오답풀이 ① A는 B에게 개조식으로 요약하는 방식에 대해 문제 제기를 했을 뿐 내용 요약 방식을 제안하고 있지는 않다.
③ 마지막 발화에서 B는 개조식 요약 방식에 문제 제기를 한 A에게 "그렇겠네요"라고 동조하고 있으므로 다른 입상이라고 느껴냈냐는 것은 적절하지 않다.
④ 개조식 요약 방식이 과도하게 회의 내용을 생략하여 이해에 어려움을 줄 수 있다고 한 사람은 A가 아니라 B이므로 적절하지 않다.

06 ▶ ④

정답풀이 반대 측의 마지막 발언에서 반대 측은 '과연 누구까지를 학교 폭력의 방관자라고 규정지을 수 있을까요?'라며 '학교 폭력을 방관한 학생에게도 책임을 물어야 한다'는 논제에 의문을 제기하고 있다. 이로써 방관한 학생에 대해 책임을 물을 수 없다는 주장을 강화하고 있으므로 ④가 말하기 방식을 설명한 것으로 적절하다.

오답풀이 ① 찬성 측이 친숙한 상황에 빗대는 내용은 어디에도 언급되어 있지 않다. 그저 학교 폭력에 방관하는 학생들에 대해 설명할 뿐이다.
② 찬성 측은 자신의 개인적인 경험보다는 최근에 나타나는 학교 폭력의 일반적인 양상에 대해 제시하고 있을 뿐이다.
③ 반대 측은 사건에 대한 개입과 방관은 개인의 자율적 의지에 달린 문제이므로 외부에서 규제할 성질의 문제가 아니며 방관자를 규정하는 것의 어려움에 대해 말하고 있다. 따라서 반대 측은 "윤리적 방법"이라는 단어와도 무관하며 해결책을 제시하고 있지도 않다.

亦功 문제훈련 [화법] 말하기 방식

한눈에 보기
01 ④   02 ①   03 ③   04 ③   05 ②
06 ①

01 ▶ ④

정답풀이 갑이 공유 경제 서비스가 도시에만 집중되어 있다고 형평성 문제에 대해 의문을 제기하자 병은 '그러면 정부나 지자체가 공공 서비스로 운영하면서 지역 격차도 줄이고 이용자 부담도 낮추는 건 어떨까?'라며 형평성 문제를 해결할 수 있는 방안을 제시한다. 이는 병이 갑이 제시한 형평성 문제에 일부 동의했기 때문에 해결방안을 제시한 것이므로 두 사람의 의견이 대립된다고 보기 어렵다.

오답풀이 ① 갑은 '형평성' 문제를 제기하고 을은 '제품이 쉽게 망가짐, 보증금과 배상 문제'에 대해 언급하고 있으므로 두 사람이 의문을 제기하고 있다는 점에서 의견을 같이 한다는 것은 적절하다.
② 병은 공유 경제가 자원낭비를 줄일 수 있다며 사회적 효용이라는 긍정적인 의의를 제기하나 을은 공유경제의 부정적인 측면을 제기하므로 이 선지는 적절하다.
③ 을은 공유 경제로 인해 자원낭비가 될 것이라고 하고 병은 오히려 자원 낭비가 줄 것이라고 언급하므로 두 사람의 의견이 대립됨을 알 수 있다.

02 ▶ ①

정답풀이 대화 참여자들은 지하철 공연 문화에 대해 다각도로 접근하고 있다. 시민의 문화생활 향상이라는 긍정적 측면과 통행 방해라는 부정적 측면을 모두 고려하면서, 규제와 자유의 균형을 찾아 합리적인 해결 방안을 모색하고 있다.

오답풀이 ② 대화 참여자들은 자신의 생각과 경험을 바탕으로 의견을 제시하고 있을 뿐, 전문가의 견해를 인용하는 부분은 없으므로 적절하지 않다.
③ 갑이 규정에 대해 언급하는 병에 대해 너무 규제만 하면 문화 예술 활동이 위축될 수 있다고 반박하고는 있지만 화제를 전환하고 있지는 않으므로 이 선지는 적절하지 않다.
④ 을도 적절한 관리와 규제가 필요하다고 보고 병도 공연 시간대와 장소를 합리적으로 조정해야 한다고 했으므로 이 둘은 의견을 같이 한다. 따라서 대립하고 있다는 것은 적절하지 않다.

03 ▶ ③

정답풀이 '맞아. 그리고 임대료도 많이 올라서 영세 상인들이 가게를 유지하기 힘들어졌다고 해.'라는 병의 발화를 통해 병이 길거리 음식점이 없어지는 이유로 경제적인 원인을 제시하고 있음을 알 수 있다.

오답풀이 ① 길거리 음식점이 사라지고 있다는 갑에게 을은 의문을 제기하지 않고 있다. 오히려 그 현상에 대한 원인을 부연하고 있을 뿐이다.
② 갑은 공유 주방이나 푸드트럭이 비용 절감을 할 수 있다고 하지만 을은 비용 절감은 되지만 동네 상권이 무너질 수 있다고 부정적인 관점을 논하므로 의견을 같이한다고 볼 수 없다.
④ 병은 을이 지역 공동체 문화가 사라질 수 있다고 의문을 제기하자 '그러면 지자체에서 상생 협력 구역을 지정해서 기존 상인들과 새로운 형태의 사업자들이 함께 어울릴 수 있게 하는 건 어떨까?'라는 대안을 제시하고 있으므로 을의 견해에 대립한다고 보기 어렵다. 을이 말하는 문제점에 동조하기 때문에 대안을 제시한 것이다.

04 ▶ ③

정답풀이 ㄴ. 을은 '모든 지식은 경험과 관찰을 통해서만 얻어질 수 있다'고 주장하여 경험을 지식의 근거로 본다. 반면 병은 '인간의 사고는 경험에 의존하지 않고도 진리를 파악할 수 있다'고 하여 이성적 사고를 지식의 근거로 삼는다. 을은 경험을 통해서만 진리를 얻을 수 있다고 보고, 병은 이성을 통해 진리를 파악할 수 있다고 주장하므로, 두 입장은 상반된 관점을 나타내며 대립한다고 볼 수 있다.
ㄷ. 병은 '지식은 이성적 사고와 논리를 통해 얻어질 수 있다'고 하여 이성을 통해 진리를 파악한다고 주장한다. 반면 갑은 '따라서 진리는 인간의 관념이나 이성으로 얻어지는 것이 아니라 실생활에서 겪는 것들로 얻을 수 있다.'라고 주장하고 있다. 즉 병은 이성적 기준의 진리를, 갑은 이성이 아니라 실생활에 겪는 것들을 진리라고 주장하므로, 두 입장은 진리에 대한 본질적 관점에서 대립한다고 볼 수 있다.

오답풀이 ㄱ. 갑은 '진리는 인간의 관념이나 이성으로 얻어지는 것이 아니라 실생활에서 겪는 것들로 얻을 수 있다.'고 하여 실생활에서 겪는 것에 따라 진리를 판단하는 입장이다. 을은 '모든 지식은 경험과 관찰을 통해서만 얻어질 수 있다'고 하여 경험을 통해 검증되는 것이 진리라고 본다. 이들 모두 경험을 통해 지식을 얻는다고 보고 있으므로 대립한다고 보기 어렵다.

05 ▶ ②

정답풀이 ㄱ. 갑은 '인간은 본성적으로 이기적이며 강력한 통치자가 필요하다'고 주장하여, 절대적인 권력을 가진 통치자의 필요성을 강조하고 있다. 반면 을은 '인간은 자유롭고 평등하며 이성적이다'라고 하며, 정부는 국민의 동의에 의해 성립되고 국민의 권리 보호를 위해 존재하는 것이라고 주장한다. 따라서 인간 본성과 정부의 역할에 대한 관점에서 갑과 을의 주장은 상호 대립하는 관점이라고 보는 것이 옳다.
ㄷ. 병은 '인간은 본래 선하며, 사회 계약을 통해 개인의 자유와 공동체의 이익을 조화시킬 수 있다'고 주장한다. 반면 갑은 '인간은 본성적으로 이기적이며, 강력한 통치자가 필요하다'고 주장한다. 따라서 인간 본성과 정부의 역할에 대한 관점에서 병과 갑의 주장은 상호 대립한다고 보는 것이 적절하다.

오답풀이 ㄴ. 을은 '정부는 국민의 동의에 의해 성립되며, 국민의 권리를 보호해야 한다'고 주장한다. 병은 '주권은 국민 전체에게 있으며, 법은 일반 의지를 반영해야 한다'고 주장하여, 국민 주권과 공동체의 이익을 강조하고 있다. 두 입장은 모두 정부의 정당성은 국민에게서 나오는 것이라고 보며, 개인의 자유와 공동체의 이익 조화를 추구한다는 점에서 대립하지 않는다고 볼 수 있다.

06 ▶ ①

정답풀이 ㄱ. 갑은 '청소년들은 소셜 미디어 사용을 제한해야 한다'고 주장하여, 소셜 미디어 사용의 제한과 관리를 강조하고 있다. 반면 을은 '소셜 미디어 사용을 제한하기보다는 올바른 사용법을 교육하는 것이 중요하다'고 주장하여, 소셜 미디어의 긍정적 측면과 교육의 중요성을 강조하고 있다. 따라서 소셜 미디어 사용 제한에 대해 갑과 을의 주장은 상호 대립하는 관점이라고 보는 것이 옳다.
ㄴ. 을은 '소셜 미디어 사용을 제한하기보다는 올바른 사용법을 교육하는 것이 중요하다'고 하여 교육을 통한 올바른 사용을 강조하고 있다. 병은 '청소년들이 스스로 책임감을 가지고 사용하도록 지도해야 한다'고 하며, 부정적 영향을 예방할 수 있는 역량을 키우도록 지원해야 한다고 주장한다. 두 입장 모두 소셜 미디어 사용의 교육과 자율적 책임 강화를 중시하므로, 을과 병의 주장은 대립하지 않는다고 볼 수 있다.

오답풀이 ㄷ. 병은 '사용 제한보다는 청소년들의 책임감 있는 사용과 역량 강화'를 강조하고 있다. 반면 갑은 '소셜 미디어 사용 시간을 엄격히 관리해야 한다'며 사용 제한과 관리의 필요성을 주장한다. 따라서 병과 갑의 주장은 소셜 미디어 사용 제한에 대한 명확한 입장 차이가 있으므로 대립한다고 볼 수 있다.

Chapter 02 [작문] 공문서 개요 작성

亦功 천기누설 혜선팍 독해 pin point

한눈에 보기
01 ④   02 ③

신유형 2025 버전 p.32

01 ▶ ④

정답풀이 〈지침〉의 결론 부분에 따라 보면 (라)에는 '기대 효과'가 나와야 했다. 하지만 '친환경 방송 제작을 위한 세부 지침과 인력 채용 방안 제시'는 기대효과가 아닌 향후 과제에 해당하므로 적절하지 않다.

오답풀이 ① 〈지침〉의 서론 부분에 따라 보면 (가)에는 '필요성'이 나와야 한다. '국내 방송 산업의 친환경 제작 전략의 필요성'은 지침을 잘 지킨 내용이므로 적절하다.
② 〈지침〉의 본론 부분에 따라 보면 2장과 3장이 서로 대응되어야 하는데 '3장 1. 국내 방송 산업의 특성을 반영한 친환경 제작 지침의 마련'이라는 지원방안이 나와 있으므로 '2장 1.'에는 지침이 부족하다는 내용이 나와야 함을 알 수 있다. 따라서 '국내 방송 산업 내 친환경 제작을 위한 지침 부재'는 지침을 잘 지킨 내용이므로 적절하다.
③ 〈지침〉의 본론 부분에 따라 보면 2장과 3장이 서로 대응되어야 하는데 '2장 2. 국내 친환경 방송 제작 관련 전문 인력 부재'이라는 현황이 나와 있으므로 '3장 2.'에는 이를 해결해야 하는 방안이 나와야 한다. 따라서 '국내 친환경 방송 제작 관련 전문 인력 채용의 제도화'는 전문 인력 부재를 해결할 수 있는 방안으로 적절함을 알 수 있다.

02 ▶ ③

정답풀이 〈지침〉에 따르면 'Ⅲ. 2 ⓒ'은 'Ⅱ. 2. 주거비 부담 증가로 인한 여가 소비 포기'에 대응하는 해결방안이 왔어야 했다. 하지만 '실업 급여·구직촉진수당 지급 대상 완화'는 주거비와 직접적인 관련이 없으므로 적절하지 않다. 차라리 ⓒ에는 '역세권 청년주택, 행복주택, 셰어형 공공임대 비중 확대'가 왔어야 했다.

오답풀이 ① 서론에서는 〈지침〉 첫 번째에 따라 현상의 파장을 강조해야 하므로, ㉠에 경제성장 둔화와 불확실성 증대를 언급하는 것은 적절하다.
② 본론에서는 〈지침〉에 따라 청년층의 소비 위축과 원인을 다뤄야 하므로 ⓒ에 청년층의 소득 감소가 언급되는 것은 적절하다.
④ 결론에서는 〈지침〉에 따라 위의 문제가 해결된 후의 기대효과가 와야 하므로 ㉢에 '청년층의 삶의 질 향상과 사회 안전성 제고'가 오는 것이 적절하다.

亦功 기출훈련 [작문] 공문서 개요 작성 p.34

한눈에 보기
01 ③   02 ③   03 ④

01 ▶ ③

정답풀이 (다)는 소음 공해가 신체에 미치는 영향인데, 그것의 하위 항목인 'Ⅲ. 3. 생활 및 학습 환경 조성 불가', 'Ⅲ. 4. 사회적 갈등 야기'는 신체에 미치는 영향에 해당하지 않는다. 즉 (다)는 하위 항목을 모두 포괄하지 못하는 내용이므로 적절하지 않다.

오답풀이 ① 제목이 소음공해의 문제점 및 개선 방안이므로 처음인 'Ⅰ. (가)'에는 '소음 공해의 개념과 심각성'을 제시하는 것이 옳다. 심각성을 제시해야 이 문제를 다뤄야 하는 당위성을 제시할 수 있기 때문이다.
② 하위 항목들이 '교통·산업·생활 소음'이므로 이는 소음 공해를 일으키는 원인에 해당하므로 'Ⅱ. (나)'에는 '원인에 따른 소음 공해의 유형'을 제시하는 것이 옳다.
④ Ⅳ.소음 공해의 개선 방안의 하위 항목을 제시해야 하므로 'Ⅳ. 3. (라)'에 정부 차원의 개선방안을 제시하는 것은 적절하다.

02 ▶ ③

정답풀이 Ⅲ-1과 2의 내용을 보면 고객 불만 발생과 원인에 대한 해결 방안으로 보인다. 따라서 '고객 지원 센터의 지원 인력 부족'이 아닌 '고객 불만 해결 방안'이 적절하다.

오답풀이 ① ㉠은 고객 불만 현황을 제시해야 하며 Ⅱ-1에서 모터 품질 불량이 그 원인이므로 '소음 과다 및 흡입력 미흡'은 ㉠으로 적절하다.
② Ⅱ-1과 2는 Ⅰ에서 제시한 고객 불만의 원인이므로 '고객 불만 발생의 원인'은 ⓒ으로 적절하다.
④ Ⅳ-1는 고객 불만을 해결했을 때의 효과, 2는 앞으로의 개선 방향이므로 '기대 효과와 향후 과제'는 ㉢로 적절하다.

03 ▶ ④

정답풀이 이 개요는 인터넷 범죄 증가의 원인을 3가지 측면으로 나누어서 설명하고 있다. 그런데 기술적 측면의 원인을 다루는 ④에서 컴퓨터 보안 프로그램 개발이 미흡한 이유를 '컴퓨터 판매량을 늘리기 위해 인프라가 제대로 구축되어 있지 않아서'라고 한다. 하지만 이 두 사실 사이에는 인과적 관계를 찾기 힘들기 때문에 ④는 옳지 않다.

오답풀이 ① 국가적 측면의 원인을 언급하는 ㉠에 '처벌 규정의 제정 과정이 지나치게 복잡하기 때문에'가 들어가는 것은 자연스럽다. 왜냐하면 처벌 규정의 제정 과정이 지나치게 복잡하면 인터넷 범죄를 처벌하는 관련 규정이 신속하게 제정되지 않을 수 있기 때문이다.
② 개인적 측면의 원인을 언급하는 ⓒ에 '백신 프로그램을 중요하게 생각하지 않는다'가 들어가는 것은 자연스럽다. 백신 프로그램을

설치하는 것은 개인적인 측면이며 백신 프로그램을 중요하게 생각하지 않으면 백신 프로그램 설치를 미흡하게 할 수 있기 때문이다.
③ 개인적 측면의 원인을 언급하는 ⓒ에 '자신의 개인 정보는 범죄에 이용되지 않을 것이라고 안이하게 생각한다'가 들어가는 것은 자연스럽다. 개인정보는 개인적인 측면이며, 자신의 개인 정보는 범죄에 이용되지 않을 것이라고 안이하게 생각하면 개인 신상 정보를 소홀하게 다룰 수 있기 때문이다.

亦功 문제훈련 [작문] 공문서 개요 작성 p.36

한눈에 보기
01 ③   02 ①   03 ④   04 ③   05 ①
06 ②

01 ▶ ③

정답풀이 본론은 제목에서 밝힌 내용을 2개의 장으로 구성하되 각 장의 하위 항목끼리 대응되도록 작성해야 한다. 'Ⅱ.2. 교육 기회의 불평등'이라는 원인을 극복하는 소득 불평등 해결 방안이 제시되었어야 하는데 '도심 지역 학교에 대한 지원 집중'은 이와 관련이 없으므로 적절하지 않다.

오답풀이 ① 서론은 중심 소재의 개념 정의와 문제 제기를 1개의 장으로 작성해야 하는데, 1에서 '소득 불평등의 정의'로 개념 정의를 하였으므로 2에서는 문제 제기를 해야 한다. 따라서 문제 제기로 '소득 불평등의 사회적 영향'은 적절하다.
② 본론은 제목에서 밝힌 내용을 2개의 장으로 구성하되 각 장의 하위 항목끼리 대응되도록 작성해야 한다. 'Ⅱ. 소득 불평등의 원인'의 하위 항목으로 '노동 시장의 불균형'을 제시하는 것은 적절하다.
④ 결론은 기대 효과와 향후 과제를 1개의 장으로 작성해야 하는데 Ⅳ.2에서 '포용적인 경제 성장 도모'로 향후 과제를 제시하였으므로 Ⅳ.1에서는 기대 효과가 제시되어야 한다. '소득 재분배로 인한 불평등 감소'는 기대 효과로 적절하다.

02 ▶ ①

정답풀이 서론은 중심 소재의 개념 정의와 문제 제기를 1개의 장으로 작성해야 하는데 I-1에서 '대기질 저하의 정의'로 중심 소재의 개념을 정의하였으므로 I-2에서는 중심 소재에 대한 문제 제기를 해야 한다. 그런데 '시민 출퇴근 교통 불편 증가'는 중심 소재인 '대기질 저하'로 인해 발생하는 문제라고 보기 힘들기 때문에 I-2에서 제시해야 할 내용으로 적절하지 않다.

오답풀이 ② 본론은 제목에서 밝힌 내용을 2개의 장으로 구성하되 각 장의 하위 항목끼리 대응되도록 작성해야 한다고 했으므로 'Ⅱ. 대기질 저하의 원인'의 하위항목으로 작성되는 Ⅱ-1에서 '석유화학, 철강 등의 산업활동'을 대기질 저하의 원인으로 제시하는 것은 적절하다.

③ 본론은 제목에서 밝힌 내용을 2개의 장으로 구성하되 각 장의 하위 항목끼리 대응되도록 작성해야 한다고 했으므로 'Ⅲ. 대기질 개선 방법'의 하위항목으로 작성되는 Ⅲ-2에서 '친환경 자동차 구매 장려'를 대기질 개선 방법으로 제시하는 것은 적절하다. 이는 'Ⅱ.2. 자동차 매연 배출 증가'에 대응하는 해결방안으로 적절하다.
④ 결론은 기대 효과와 향후 과제를 1개의 장으로 작성해야 하는데, Ⅳ-2에서 '지속 가능한 도시 환경 조성'으로 향후 과제를 제시하였으므로 Ⅳ-1에서는 기대 효과가 제시되어야 한다. 따라서 기대 효과로 '시민 건강 개선과 생활의 질 향상'을 제시하는 것은 적절하다.

03 ▶ ④

정답풀이 결론은 본론과의 호응을 고려하여 개인과 정부 차원의 향후 과제를 각각 제시해야 한다. 이미 'Ⅳ.2. 직장 내 괴롭힘 금지법 제정 및 강화'에 정부 차원의 향후 과제가 제시되었으므로 개인 차원의 향후 과제가 제시되었어야 했다. 하지만 ⓔ에는 '직장 내 익명 신고 시스템 도입'이라는 '기업'의 향후 과제가 제시되었다. 이는 결론의 지침을 어긴 것이므로 적절하지 않다. ⓔ에는 개인 차원의 향후 과제인 '직장 내 건강한 조직 문화를 위해 개인의 인식 변화 필요' 등이 왔어야 했다.

오답풀이 ① 서론에서는 '문제의 심각성'을 제기해야 하므로, '직장 내 괴롭힘의 심각성과 그로 인한 사회적 비용 증가'는 적절하다.
② 본론에서는 '직장 내 괴롭힘의 주요 원인'을 분석해야 하므로, '업무 성과 중심의 비인간적 조직 운영'은 적절하다. '업무 성과 중심의 비인간적 조직 운영'이란 경쟁을 부추겨 비인간적인 분위기를 만들어 직장 내 괴롭힘을 유발할 수 있으므로 원인으로 적절하다.
③ '직장 내 갈등 중재 프로그램 도입'은 '업무 성과 중심의 비인간적 조직 운영'을 해결하기 위한 적절한 문제 해결 방안에 해당하므로 적절하다. 업무 성과 중심으로 비인간적으로 조직을 운영한다는 것은 직장 내 갈등이 첨예해질 수 있음을 의미하므로 이는 문제해결 방안으로 적절하다.

04 ▶ ③

정답풀이 ⓒ에는 'Ⅱ.1. 기술적 관점: 기술 오용으로 인한 예기치 않은 부작용'에 대응하여 '기술 안전성을 담보로 한 공공 가이드라인 마련'이 들어가는 것이 적절하다. 그러나 '경제적 이익을 위시한 기술 상용화 노력'은 기술적 문제와는 관련이 없는 실행 방안이므로 적절하지 않다.

오답풀이 ① 서론의 ⓐ에서는 〈지침〉에 따라 주제의 현대적 맥락을 설명해야 한다. '인간 유전자 편집 기술의 윤리적 문제와 과학적 기회'는 주제의 현대적 맥락인 '현대에서 나타나게 된 윤리적 문제'와 '현대에 펼쳐지게 된 과학적 기회'를 동시에 제시하고 있으므로 ⓐ에 적절하다.
② ⓑ에는 〈지침〉에 따라 '사회적 관점'을 넣어야 한다. 따라서 사회적 계급을 초점으로 둔 '사회적 관점: 특정 계층의 기술 독점 가능성'은 유전자 편집 기술이 사회적 불평등을 심화시킬 수 있다는 논점을 구체화하므로 ⓑ에 적절하다.

④ ㉣에는 〈지침〉에 따라 '전세계적 규제 측면을 고려한 방향성'을 논의해야 하므로 국제적 협력을 포함한 구체적 규제 체계를 제시해야 한다. 따라서 '책임 있는 기술 사용을 위한 국제적 규제 체계 구축'은 ㉣로 적절하다.

05 ▶ ①

정답풀이 서론에서는 주제와 관련된 용어의 정의와 문제점을 함께 제시해야 한다. 그러나 '디지털 노마드 워커의 자율성과 생산성 향상 가능성'은 긍정적 측면만을 제시하고 있어 지침의 요구사항을 충족하지 못하므로 부적절하다.

오답풀이 ② 본론의 문제점으로 '사회보험과 복리후생 제도의 사각지대 발생'을 제시한 것은 Ⅲ-3의 해결 방안 '사회보험 및 복리후생 제도 개선'과 대응되므로 적절하다.
③ '실시간 협업 도구 도입과 효율적인 소통 체계 구축'은 Ⅱ-2의 문제점 '업무 협업과 의사소통의 비효율성'에 대한 직접적인 해결 방안이므로 적절하다.
④ 결론에서는 개인적 실천 방향을 제시해야 한다는 지침에 맞게, '명확한 시간 관리와 적극적인 의사소통 수행'을 제시하고 있으므로 적절하다.

06 ▶ ②

정답풀이 본론 첫 번째 장에서는 층간소음 문제의 현황을 제시해야 한다. ㉡에 '층간소음 이웃사이센터에 측정·상담 의뢰'가 들어가는 것은 문제의 현황으로 보기 어려우므로 적절하지 않다. 오히려 이는 해결방안에 들어갔어야 하므로 상위항목인 '층간소음 문제의 현황'과 관련이 없는 내용이다.

오답풀이 ① 〈지침〉의 서론에서는 '층간소음 문제의 중요성'을 설명해야 한다. 이때 문제의 심각성을 들면 문제의 중요성이 강조될 것이므로 ㉠에 '층간소음 문제로 인한 사회적 갈등 증가'를 넣는 것은 적절하다.
③ 〈지침〉의 본론에서는 '본론 두 번째 장(Ⅲ. 층간소음 문제의 원인과 부작용)과 세 번째 장(Ⅳ.층간소음 문제 해결 방안)의 하위 항목이 호응해야 한다'고 하였다. 따라서 'Ⅲ. 2. 층간소음으로 인한 심리적 스트레스 증가'의 하위 항목과 'Ⅳ. 2. ㉢ '이 호응되어야 하는데, ㉢에 '층간소음 방지법 제정 및 시행으로 피해 완화'를 넣으면 '층간소음으로 인한 심리적 스트레스 증가'를 해결할 수 있으므로 이는 적절하다.
④ 〈지침〉의 결론에서는 ㉣에 '층간소음 문제 해결 시의 기대 효과'를 넣어야 한다고 했다. 층간소음을 해결하면 '주거 환경 개선과 생활의 질적 향상'을 기대할 수 있으므로 ㉣에 '주거 환경 개선과 생활의 질적 향상'을 넣는 것은 적절하다.

Chapter 03 [작문] 내용 고쳐 쓰기

亦功 천기누설 혜선팍 독해 pin point

한눈에 보기
01 ②　　02 ②

신유형 2025 버전

01 ▶ ②

정답풀이 ㉡ 부분에서 "낙후된 지역의 자원을 독점적으로 활용하면서도 현지 주민의 자율성을 보장하는 방식"이라는 표현은 본문의 논리와 합치하지 않는다. 본문에서는 빈곤관광이 긍정적으로 평가될 수 있는 조건으로 현지 주민의 자율성을 보장하면서도 관광을 통해 창출한 수익이 지역 개발과 교육, 의료 지원에 사용되는 경우를 제시하고 있다. 따라서 "낙후된 지역의 자원을 효율적으로 활용하면서도"로 수정하는 것이 문맥상 적절하다.

오답풀이 ① ㉠ 뒤의 "일부 관광 수익이 지역 개발과 교육, 의료 지원에 사용될 경우"라는 표현을 고려할 때 기존 표현인 "빈곤관광은 해당 지역 주민의 생활 조건을 개선하기 위해 필요하다는 점"을 유지하는 것이 적절하다.
③ "장기적인 발전을 위한 대책이 부족할 수 있다."라는 표현과 연관 있는 표현이 나와야 한다. "빈곤관광이 지속적인 자본 투자를 필요로 하는 경향"이라는 선지 내용은 장기적 발전 대책, 본문의 전반적 흐름과 호응하지 않으므로 기존 표현을 유지하는 것이 옳다.
④ 본문에서는 빈곤관광이 해당 지역 주민의 생활 조건을 개선하기 위해 필요하다는 시각이 제시되어 있다. 따라서 "정서적 안정을 보장하기보다는"으로 수정하는 것은 본문의 논리와 맞지 않는다.

02 ▶ ②

정답풀이 본문에서 피아제의 구성주의는 '구체적 조작기에서 형식적 조작기로 발달'하는 과정을 예시로 들며 '개인의 성숙'을 강조하고 있다. 따라서 ㉡을 '발달 단계가 생물학적으로 정해진 순서에 따라 진행된다고'로 수정하는 것이 적절하다.

오답풀이 ① ㉠ 뒤에서 '아동이 가진 도식이 동화와 조절을 통해 변화'한다고 설명하고 있으므로, 발달이 수동적 과정이 아니라 능동적 과정이라고 보는 관점임을 추론할 수 있다.
③ ㉢ 앞의 '개인의 내적 성숙과 환경 탐색의 결과'라는 서술로 보아 개별적 탐구 활동의 중요성을 강조한 기존 서술이 더욱 적절함을 알 수 있다.
④ ㉣ 뒤에서 '교사의 비계설정이나 또래와의 협동학습'의 중요성을 설명하고 있으므로, 사회적 상호작용의 중요성을 드러낸 기존 서술이 적절함을 알 수 있다.

亦功 기출훈련 [작문] 내용 고쳐 쓰기 p.44

한눈에 보기
01 ④   02 ④   03 ③   04 ④

01 ▶ ④

정답풀이 '비록'은 '-ㄹ지라도', '-지만(-지마는)'과 호응해야 하므로 ㉣을 '일이라면'으로 고치는 것은 적절하지 않다. '일일지라도'로 고쳐야 한다.

오답풀이 ① '고난(苦難: 苦 쓸 고 難 어려울 난)'은 '괴로움과 어려움.'을 의미하므로 앞의 수식어 '괴로운'과 의미가 중복되므로 '괴로운'을 삭제하는 것이 적절하다.
② 앞은 선수의 노력과 집념에 감동을 받은 내용, 뒤는 선수의 노력과 집념보다 그 선수의 주변 사람들에게 더 큰 감명을 받았다는 것이므로 반대의 내용을 연결하는 '그러나'로 바꾸는 것은 적절하다.
③ 트레이너가 되는 과정이 궁금한 것은 이 글의 주제와는 어긋나므로 글 전체의 흐름에 따라 삭제하는 것은 적절하다.

02 ▶ ④

정답풀이 ㉣ 뒤의 '우리나라에서는 아무리 가까운 사이라도 상급자에게 반말을 허용하지 않는 것이다.'라는 내용을 통해 '권세의 영향력이 유대의 영향력보다 작다는 점이 서구어와 다르다.'라는 선지의 내용은 적절하지 않음을 알 수 있다. 유대하는 사이더라도 권세하는 영향력이 더 크기 때문에 ㉣은 '권세의 영향력이 유대의 영향력보다 크다는 점이 서구어와 다르다'로 고치는 것이 적절하다.

오답풀이 ① ㉠ 뒤의 '그런데 나이가 경어법 사용의 중요한 기준이라는 것이 단순히 나이 차이에 따라 경어법을 사용한다는 것만을 의미하는 것은 아니다.'라는 내용을 통해 "어떤 인물을 높일지 말지를 결정하는 가장 큰 기준은 '나이'이다."를 유지하는 것이 옳음을 알 수 있다. 따라서 ㉠을 '어떤 인물을 높일지 말지를 결정하는 가장 큰 기준은 나이 차이이다'로 고치는 것은 적절하지 않다. '그런데'는 앞의 화제와 같은 화제에 대한 내용을 서술하는 것이므로 '나이가 경어법 사용의 중요한 기준이라는 것이'라는 부분을 통해 ㉠의 '나이'를 그대로 유지하는 것이 옳고, '나이 차이'로 고치는 것은 적절하지 않음을 알 수 있다.
② ㉡ 앞의 '화자와 청자의 절대적인 나이도 경어법 사용에 영향을 미칠 수 있다.'라는 내용을 통해 '어려서는 반말을 쓰던 사람들이 ㉡ 어느 정도 나이를 먹은 이후에 서로 존댓말을 쓰기도 하는 것이다.'를 유지하는 것이 옳음을 알 수 있다. 따라서 ㉡을 '어느 정도 나이를 먹은 이후에도 서로 반말을 쓰기도 하는 것이다.'로 고치는 것은 적절하지 않다.
③ ㉢ 앞의 "직장에서는 '직위'가 경어법 결정의 중요한 요인이 된다."라는 내용을 통해 '직위와 나이가 갈등을 일으킬 때는 대개 직위가 더 큰 힘을 발휘한다.'를 유지하는 것이 옳음을 알 수 있다. 따라서 ㉢을 '직위와 나이가 갈등을 일으킬 때는 대개 나이가 더 큰 힘을 발휘한다.'로 고치는 것은 적절하지 않다.

03 ▶ ③

정답풀이 정교하면서도 빠르게 읽어야 하기에 '정(精)'자를 사용한 '정속독(精速讀)'이 적절하다.

오답풀이 ① 각기 '정교한 독서'와 '바른 독서'를 의미하므로 소리가 같지만 뜻이 다른 것이 맞다.
② 문맥상 정교한 독서를 의미하므로 '정독(精讀)'이 적절하다.
④ '빼먹고 읽는 습관'이라는 서술로 보아 정교하게 읽지 못함을 의미한다. 따라서 '정독이 빠진 속독'이 적절하다.

04 ▶ ④

정답풀이 ㉣ 앞을 보면 전개상 '수용하다'의 반댓말이 와야한다. '지향하다'는 작정하거나 지정한 방향으로 나아간다는 뜻이고, '지양하다'는 더 높은 단계로 오르기 위하여 어떠한 것을 하지 아니한다는 뜻이다. 따라서 '지양했다'로 고치는 것이 적절하다.

오답풀이 ① ㉠ 앞을 보면 '배울 학(學)'을 사용했기에 수정하지 않는 것이 적절하다.
② ㉡ 뒤를 보면 서학은 신봉이 아닌 분석의 대상이었기에 무조건 따르자고 하지 않았다는 것이 자연스러우므로 수정하지 않는 것이 적절하다. '주장하였는데'로 고치면 서학이 신봉의 대상인 셈이기에 뒷 문장과 의미가 충돌한다.
③ ㉢ 앞을 보면 양명학이나 고증학 등의 외부 유입 사유 체계가 있다고 하였기에 수정하지 않는 것이 적절하다.

亦功 문제훈련 [작문] 내용 고쳐 쓰기 p.46

한눈에 보기
01 ④   02 ②   03 ②   04 ④   05 ③
06 ③

01 ▶ ④

정답풀이 ㉣의 경우, '대중과의 적극적 소통을 추구하며 보편적 공감대를 형성했다'는 서술은 표현주의의 특징과 합치하지 않는다. 본문에서 표현주의는 '왜곡된 형태와 비현실적인 색채'를 사용하고 '내면의 진실을 탐구'했다고 설명하고 있다. 따라서 '지나치게 주관적이고 난해하다는 비판을'로 수정하는 것이 적절하다.

오답풀이 ① ㉠ 뒤에서 인상주의에 대해 '빠르고 짧은 붓질'로 '자연광이 사물에 미치는 미묘한 변화를 화폭에 담았다'고 설명하고 있으므로, 순간의 변화를 포착했다는 기존 서술이 적절하다.
② ㉡ 앞에서 인상주의가 '순간성과 감각적 경험을 극대화했다'고 설명하고 있으므로, 일상성과 시각적 쾌락에만 치우쳤다는 기존 서술이 적절하다.
③ ㉢ 뒤에서 '두려움과 불안이라는 인간의 보편적 감정을 왜곡된 형태와 비현실적인 색채로 극적으로 나타낸다'고 설명하고 있으므로, 기존 서술이 적절하다.

02 ▶ ②

정답풀이 ⓒ 뒤에서 보편론은 다양한 문화를 수용하는 기반이 된다고 했으므로 '독립성'을 강조한다는 것은 적절하지 않다. 다양한 문화를 수용하기 위해서는 '인류의 연대와 협력을 강조'하는 것으로 고치는 것이 적절하다.

오답풀이
① ⓐ 뒤에서 '모든 사회에는 가족 제도가 존재하며, 이를 통해 생존과 사회적 연속성이 유지된다'고 설명하므로, '강제적 수용'이라는 부정적 의미가 아닌 기존 서술이 적절하다.
③ ⓒ 앞에서 문화특수론은 '각각의 문화가 독립적이고 고유'하다고 하고, 뒤에서 '모든 문화를 동일한 기준으로 평가하는 것은 부적절하다'고 설명하므로, '생물학적 본능'이라는 보편론적 설명보다는 기존 서술이 적절하다.
④ ⓔ 앞에서 '동일한 제스처가 서로 다른 사회에서 전혀 다른 의미를 가질 수 있다'는 예시를 통해 문화의 다양한 맥락을 강조하므로, 단순히 '경제적 지표'만을 기준으로 삼는다는 설명보다는 기존 서술이 적절하다.

03 ▶ ②

정답풀이 ⓒ의 경우, '역사를 지나치게 복잡하게 해석하여 주요 사건의 본질을 흐린다'는 서술은 영웅사관에 대한 일반적 비판과 맞지 않는다. ⓒ 앞에서 영웅사관이 '위대한 인물들의 행위와 결정을 중심으로' 보며, '특별한 인물들이 역사의 흐름을 결정한다'고 설명하고 있으므로, 오히려 역사를 단순화한다는 비판이 더 적절하다. 따라서 '대중의 역할을 간과하고, 역사를 소수의 인물 중심으로 단순화한다는'으로 수정하는 것이 옳다.

오답풀이
① ⓐ 뒤에서 '지도자나 혁명가와 같은 특별한 인물들이 역사의 흐름을 결정'한다고 설명하고 있으므로, '제도적 요인'을 강조하는 것은 영웅사관의 핵심과 불일치하는 설명이다.
③ ⓒ 뒤에서 '평범한 사람들이 역사의 주체이며, 집단적인 노력과 저항이 사회 변화를 이끈다'고 설명하므로, '개인의 독립적 결정'을 강조하는 것은 민중사관의 집단성 강조와 모순된다.
④ ⓔ 앞에서 '프랑스 혁명에서의 민중 봉기는 사회적 불만과 경제적 갈등이 결합된 민중의 힘'이라고 설명하고 있어, 민중의 행동을 '비조직적이고 충동적'이라고 보는 것은 민중사관의 관점과 배치되므로 기존 서술을 유지하는 것이 적절하다.

04 ▶ ④

정답풀이 ⓔ의 경우, '노화에 따른 기억력 감퇴를 획기적으로 개선할 수 있는 방법을 발견했다'는 서술은 앞선 내용과 논리적으로 어긋난다. 간섭 이론은 '기억 손실의 구체적 메커니즘'을 설명하고 있을 뿐, 노화로 인한 기억력 감퇴와는 관련이 없다. 따라서 '이를 통해 기억력 향상을 위한 다양한 방안을 제시했다'로 수정하는 것이 적절하다.

오답풀이
① ⓐ '뇌의 신경 흔적이 점차 사라지기 때문'이라는 후속 설명이 제시되어 있으므로, 기존 서술이 적절하다.
② ⓑ 본문에서 '오래된 기억이 선명하게 남아 있는 현상을 설명하기 어렵다는 한계가 있다'고 직접적으로 언급하고 있으므로, 기존 서술이 적절하다.
③ ⓒ '새로운 정보가 이전 기억을 방해하거나 이전 기억이 새로운 학습을 방해하는 현상'이라고 명시되어 있으므로, 기존 서술이 적절하다.

05 ▶ ③

정답풀이 ⓒ 앞에서 갈등론은 '사회가 다양한 집단 간의 권력과 자원의 경쟁으로 구성된다'고 보므로 계급 간의 대립이 서로의 오해로 인해 발생되었다는 설명은 적절하지 않음을 알 수 있다. ⓒ 뒤에서 '지배 계층이 자신들의 이익을 유지하기 위해 권력 구조를 강화한다'고 설명한다. 따라서 '사회가 본질적으로 불평등하며'로 수정하는 것이 적절하다.

오답풀이
① ⓐ 뒤에서 '사회의 각 구성 요소는 전체의 안정성과 질서를 유지하기 위해 기능한다'고 설명하고, '가족, 교육, 종교, 경제와 같은 사회 제도가 상호 의존하며 조화를 이루는 데 기여한다'고 부연하므로, 기존 서술이 적절하다.
② ⓑ 앞에서 '교육 제도는 지식을 전달하는 동시에, 사회적 규범과 가치를 내재화시키는 기능을 수행한다'고 설명하고 있으므로, 기존 서술이 적절하다.
④ ⓔ 앞에서 '갈등론은 사회 변화를 긍정적으로 평가하며, 사회적 갈등이 기존 구조를 해체하고 새로운 질서를 형성하는 데 중요한 역할을 한다'고 설명하고 있다. 이는 사회적 불평등을 유지하기 위한 노력이 아니므로 기존 서술이 적절하다.

06 ▶ ③

정답풀이 ⓒ 앞의 '이를 둘러싼 도시 문제는 해결되지 않았다.'라는 표현을 참고할 때, 나홀로 아파트의 개발 방식이 도시 경관과 주거 밀도 문제를 악화시켜왔음을 추론해 볼 수 있다. 따라서 나홀로 아파트의 단점을 서술하는 '서울의 전반적인 주거 밀도를 높이고 도시 경관을 해치는 개발 방식'으로 수정하는 것이 적절하다.

오답풀이
① ⓐ은 역접의 접속사 뒤에 이어지는 표현이다. 앞부분에서 나홀로 아파트의 증가 현상을 언급하였으므로, 뒷부분에는 부정적 측면을 언급하는 것이 적절하다. 따라서 기존 표현을 유지함이 적절하다.
② 본문에서 나홀로 아파트의 긍정적 사례로 '특정 지역에서는 고급화된 설계와 효율적인 공간 활용'이 이루어졌음을 이야기하고 있다. 따라서 '주민 생활에 전혀 영향을 미치지 않는다'로 수정하는 것은 적절하지 않다.
④ ⓔ 뒤의 '지속 가능한 도시 구조를 지원할 수 있는 방향으로 개선'되어야 한다는 표현과, 구체적 실천 방안을 참고할 때 나홀로 아파트의 확산이 도시 공동체를 해체할 수 있다는 경고는 본문의 문맥과 부합하지 않음을 알 수 있다. 따라서 기존 표현을 유지하는 것이 적절하다.

Chapter 04 [작문] 공문서 문장 고쳐 쓰기

亦功 천기누설 혜선팍 독해 pin point

한눈에 보기
01 ①　　02 ③

신유형 2025 버전 1　　p.54

01 ▶ ①

[정답풀이] 환급(還 돌아올 환 給 줄 급)이란 '도로 돌려줌.'을 의미한다. 납세자의 결정세액(내기로 결정된 세금 액수)이 기납부세액(이미 납부한 세금 액수)보다 적은 경우 그 차이만큼 납세자에게 돌려준다는 문맥이므로 기존의 표현을 유지했어야 했다. 환수(還 돌아올 환 收 거둘 수)는 '도로 거두어들임.'을 의미하는 것으로 도로 가져 간다는 뜻이므로 이 문맥에는 오히려 맞지 않는다. 참고로 환수는 '친일파의 부동산을 나라에서 환수하였다' 등의 문맥에 쓰여야 한다.

[오답풀이] ② 'ⓒ 부적절한 피·사동 표현에 유의함.'에 따라 보면 해당 표현의 '배제시켜야 한다'는 옳지 않음을 알 수 있다. 경제 성장에 방해가 되는 요소를 누군가를 시켜서 배제하는 것이 아니라 직접 배제하는 것이므로 사동의 의미를 가지는 '배제시키다'는 옳지 않다. 따라서 이를 ⓒ에 따라 '배제해야 한다'로 고치는 것은 적절하다.
③ 'ⓒ 하나의 뜻으로 해석되는 문장을 사용함.'에 따라 보면 해당 표현은 '시의회가 관련 단체와 함께 시민들을 초청하기로 했다'는 의미와 '시의회가 독자적으로 관련 단체와 시민들을 초청하기로 했다'는 2가지의 의미를 가지고 있음을 알 수 있다. 이는 ⓒ에 위배되므로 "시의회는 관련 단체와 시민들을 초청하기로 결정하였다."를 ⓒ에 따라 "시의회는 관련 단체와 협의하여 시민들을 초청하기로 결정하였다."로 수정하는 것은 적절하다.
④ 'ⓔ -고', '-(으)며', '와/과' 등으로 접속되는 말에는 구조가 같은 표현을 사용함.'에 따라 보면 해당 표현은 이를 어겼음을 알 수 있다. 대등 접속의 경우에는 서술어 '제시한다'가 공유될 수 있어야 하는데 '사업 전체 목표 수립'은 수립하는 행위 자체를 의미하므로 그것을 제시한다는 것은 의미상 적절하지 않다. 따라서 구조를 같게 만들어 "사업 전체 목표를(목적어) 수립하고(서술어) 세부 사업별 추진 전략을(목적어) 제시한다.(서술어)"로 수정하는 것은 적절하다.

신유형 2025 버전 2　　p.55

02 ▶ ③

[정답풀이] 〈공문서 작성 지침〉 중 세 번째 지침인 '불필요한 표현을 사용하지 않도록 주의할 것'에 따라 보면, '지정 기부는'이라는 표현에서 이미 지정 기부를 선택한 기부자라는 정보를 알 수 있다. 따라서 굳이 불필요한 표현인 '지정 기부를 선택한'을 추가할 이유는 없다. 오히려 추가를 하게 되면 '지정 기부'와 중복이 되어 지침을 어기게 되므로 옳지 않은 표현이 된다.

[오답풀이] ① 〈공문서 작성 지침〉 중 첫 번째 지침인 '문장 성분 간의 호응을 고려할 것'에 따라 보면, '지역사회 문제'에 호응하는 적절한 서술어가 없으므로 '지역사회 문제를 해결하고' 형태로 고치는 것이 옳다.
② 〈공문서 작성 지침〉 중 두 번째 지침인 '문장이 이어질 때는 적절한 연결사를 사용할 것'에 따라 보면, 앞 문장과 뒷 문장의 차이를 강조하는 연결사가 들어가야 한다. 따라서 대등 나열의 의미를 지닌 '뿐만 아니라' 대신 '반면에'로 문장을 잇는 것이 바람직하다. 기존의 일반 기부는 원하는 지자체에 기부하지만 지정 기부는 원하는 지자체가 아닌 미리 준비된 지자체에 기부한다는 상반된 내용이 언급되어 있기 때문이다.
④ 〈공문서 작성 지침〉 중 네 번째 지침인 '필요한 문장 성분이 생략되지 않도록 할 것.'에 따라 보면, 기존 표현은 어떤 것이 지역사회에 실질적인 도움이 되기를 원하는 것인지 서술되어 있지 않다. 따라서 '이 제도가'라는 주어가 들어가는 것이 옳다.

亦功 기출훈련 [작문] 공문서 문장 고쳐 쓰기　p.56

한눈에 보기

01 ④	02 ②	03 ①	04 ①	05 ⑤
06 ④	07 ④	08 ①	09 ①	10 ①
11 ④	12 ③	13 ①	14 ③	15 ②
16 ②	17 ①	18 ③	19 ④	20 ③
21 ②	22 ③	23 ①	24 ④	25 ③
26 ⑤	27 ③	28 ③	29 ①	

01 ▶ ④

[정답풀이] ⓔ에는 '신청할 수 있는 방식을 다양하게 제시한다.'는 〈지침〉에 따른 내용이 나와야 하는데 '행사 10일 전까지 시청 누리집에 신청서 업로드'로 고치는 것은 방식이 다양한 것이 아니므로 적절하지 않다.

[오답풀이] ① △△시에서 개최하는 "△△시 취업 박람회"에서 '△△시'가 중복되므로 '제목을 중복된 표현 없이 간결하게 쓴다.'는 〈지침〉에 따라 '△△시 취업 박람회 개최'로 수정한 것은 적절하다.
② '목적과 행사 개요를 행사의 주요 대상인 지역민과 지역 기업을 중

심으로 작성한다.'는 〈지침〉에 따라 보면 '지역 브랜드 홍보'는 지역민이나 지역 기업이 중심이 아니므로 '지역민의 취업률 제고'로 수정하는 것은 적절하다. 지역민을 중심으로 하는 내용이기 때문이다.
③ '목적과 행사 개요를 행사의 주요 대상인 지역민과 지역 기업을 중심으로 작성한다.'는 〈지침〉에 따라 보면 '△△시 취업 지원 센터 활동 보고'는 지역민이나 지역 기업이 중심이 아니므로 '△△시 소재 기업의 일자리 홍보'로 수정하는 것은 적절하다. 지역 기업을 중심으로 하는 내용이기 때문이다.

02 ▶ ②

정답풀이 '바램'이 아니라 '바람(wish)'이 어법상 적절한 표현이다. '바람'은 어떤 일이 이루어지기를 기다리는 간절한 마음이다.

오답풀이 ① '다르다'는 비교가 되는 두 대상이 서로 같지 아니하다는 의미이므로 적절하게 수정되었다. '틀리다'는 셈이나 사실 따위가 그르게 되거나 어긋난다는 의미이다.
③ 원래 문장에서 주어와 서술어의 호응이 맞지 않으므로 '좋겠다는 거야'로 수정하는 것이 적절하다.
④ 필수적 부사어가 생략되었으므로 '인간에게'를 추가하는 것이 적절하다.

03 ▶ ①

정답풀이 '날씨가 선선해지다'는 어법상 옳다. 또한 책이 '읽음'을 당하는 의미를 갖기 때문에 피동 접미사 '히'가 붙어 '읽힌다'로 표현할 수 있다.

오답풀이 ② '이렇게 어려운 책을 속독으로 읽는 것'에서 '속독'이란 '책 따위를 빨리 읽음.'을 의미하므로 뒤의 '읽는'과 중복된다. 따라서 '이렇게 어려운 책을 빨리 읽는 것은'으로 고쳐야 한다.
③ 필수 성분이 누락되었다. 직접 찾는 대상이 있어야 하므로 '직접 찾기로' 앞에 목적어 '책임자를'을 추가해 주어야 한다.
④ 접속조사로 대등하게 연결되는 두 말이 어색하다. '그는 시화전을 홍보하는 일과 진행하는 일에 아주 열성적이다'로 간결하게 고쳐야 한다.

04 ▶ ①

정답풀이 주체인 '선생님'을 높이는 높임의 주격 조사 '께서'를 썼다. 오는 주체는 '너'이므로 높임이 없는 '오라고'로 쓰는 것은 옳다. '~고 하는' 주체는 선생님으로 높임의 대상이므로 주체 높임 선어말 어미 '-시-'를 사용한 것은 옳다.

오답풀이 ② 갔는(×) → 간(○) : 시제 표현에서 시간을 나타내는 형태소를 잘못 쓴 경우이다. '갔는'은 '가(어간)+았(과거 시제 선어말 어미)+는(현재 관형사형 어미)'로 분석할 수 있다. 이때 과거 시제 어미와 현재 관형사형 어미가 함께 오므로 'ㄴ(과거 관형사형 어미)'만 쓴 '간'으로 고쳐야 한다.

③ 소개시켜(×) → 소개해(○) : 불필요하게 사동 표현인 '시키다'를 쓴 경우이다. 청자에게 직접 소개를 원하는 것이므로 '소개시키다'로 쓰면 안 된다. '소개시키다'는 '소개하게 하다'를 의미하므로 나에게 소개를 해주는 다른 '제3자'가 나와야 하기 때문이다.
④ 생각되어지지(×) → 생각되지(○) : 이중 피동 형태를 사용한 경우이다. '생각되어지지'는 '생각+되(피동 접미사)+어지(피동 보조 용언)+지(연결 어미)'로 분석되는 이중 피동 표현이다. 따라서 '생각되지'로 고쳐야 한다.

05 ▶ ⑤

정답풀이 '입히다'의 '히'는 사동 접미사이다. 이를 '상처를'이라는 목적어와 '입게 하다'를 의미하는 것을 통해 알 수 있다. 선배가 한 말이 그에게 상처를 당하게 한 것이므로 옳다. '입다'는 '피해·손해를 보거나 부상을 당하거나 누명 등을 쓰다.'를 의미한다.

오답풀이 ① 언제 개통될지는(×) → 언제 지하철이 개통될지는(○) : 필수적인 문장 성분이 생략되었다. 무엇이 개통되었는지에 대한 주어가 없으므로 '지하철이'를 추가해야 한다. 그렇지 않으면 '개통될지는'의 주어는 자동으로 앞 문장의 주어 '지하철 공사가'가 되기 때문이다.
② 장점과 단점을 보완해야 한다(×) → 장점을 살리고 단점을 보완해야 한다.(○) : 접속조사 '과'로 이어졌으므로 뒤의 서술어 '보완해야 한다'를 공유한다. 하지만 '장점을 보완해야 한다'는 의미가 어색하므로 '장점을 살리고'로 고쳐 목적어와 서술어의 호응을 바르게 해야 한다.
③ 회의를 가질(×) → 회의할, 회의를 할(○) : '회의를 가지다.'는 영어 'have a meeting'을 번역한 말투이므로 옳지 않다. 우리말 표현으로 '회의하다, 회의를 하다'로 고쳐야 한다.
④ 열려져(×) → 열려(○) : '열려져'는 '열+리(피동 접미사)+어지(피동 보조 용언)+어(연결어미)'의 구성이므로 이중 피동 표현이다. 이중 피동은 옳지 않으므로 '열려' 혹은 '열어져'로 고쳐야 한다.

06 ▶ ④

정답풀이 고쳐쓰기 문제는 매년 나오는 단골 유형이므로 반드시 완벽하게 정복해야 하는 유형이다. 문제를 보는 순서는 "제시된 문장→선택지" 순으로 하나하나 참, 거짓을 판별해 내면 된다. '납부'란 '세금·공과금 따위를 냄.'을 의미하는 것이므로 이 문맥에 잘 어울리는 단어이다. 따라서 금융 기관이 돈이나 물품 따위를 받아 거두어들인다는 '수납'으로 고치면 오히려 어색한 문장이 된다.

오답풀이 ① '현재'라는 부사어를 통해, 시제가 현재임을 알 수 있다. 서술어 '있었다'는 과거형이므로 적절하지 않다. 따라서 '있었다'는 문맥상 시제 표현이 적절하지 않으므로 현재형 '있다'로 고쳐 쓰는 것은 옳다.
② '지양'은 어떤 행위를 하지 않는 것이고 "지향"은 어떤 행위를 추구하는 것이므로 두 단어의 의미가 상반된다.
'지양(止揚)'이란 '더 높은 단계로 오르기 위하여 어떤 것을 하지 않

음.'을 의미한다. 하지만 문맥으로 보면, '누구나 행복한 ○○시'는 우리 시청이 추구하는 가치이므로 어떤 목표로 뜻이 쏠리어 향한다는 의미인 '지향(志向)'으로 고쳐 쓰는 것이 옳다.
③ 수식어의 경우에는 반드시 그 수식어가 무엇을 수식하는지를 확인해야 한다!!! '지난달 수해로 인한'이 뒤에 있는 '준비 기간'을 수식하면 문장이 어색해진다. 따라서 '지난달 수해로 인하여'로 고쳐야 한다. 그렇게 되면 '지난달 수해로 인하여 준비 기간이 짧았다'라는 자연스러운 문장이 만들어 질 수 있다.

07 ▶ ④

정답풀이 '구속하다'는 '행동이나 의사의 자유를 제한하거나 속박하다.'라는 의미이다. 여기서 '속박하다'를 ②의 문장에 대입해보면, ②'지난밤 검찰은 그를 뇌물 수수 혐의로 속박했다'가 된다. 이 문장은 의미상 문제가 없으므로 '구속하였다'라고 그대로 문장을 두는 것이 옳다. 만약 '구속시키다'로 고치게 되면 '구속시키다'는 '구속하게 하다'로 해석이 되는 사동 표현이다. 이 경우 원래 문장의 의미와는 크게 달라진다. 그를 직접 속박하게 한 사람이 검찰이 아니라 제3의 사람이 되기 때문이다. 따라서 '구속했다'를 '구속시켰다'로 고쳐 써야 한다는 ④의 설명은 옳지 않다.

> **참고** **접사 '시키다'의 경우**
> '시키다'는 이미 사동의 의미를 가지고 있다.
> 따라서 '하다'를 쓸 수 있는 말에 무리하게 '시키다'를 결합하지 않는다. 제3자가 튀어 나올 수 있기 때문이다.
>
> • 내가 친구 한 명 <u>소개시켜</u> 줄게. ☞ 소개해(○)
> • 이 공간을 <u>분리시킬</u> 벽을 설치했다. ☞ 분리할(○)
> • 모든 기계를 하루 종일 <u>가동시켜서</u> 기일을 맞추도록 하자.
>   ☞ 가동해서(○)
> • 엄마는 아이를 열심히 <u>교육시켰다.</u> ☞ 교육했다.(○)
> • 환경오염은 많은 문제를 <u>야기시켰다.</u> ☞ 야기했다.(○)
> • 이곳에서는 흡연을 <u>금지시키고</u> 있습니다. ☞ 금지하고(○)
>
> 이외에도, 개선시키다 (×), 관철시키다 (×), 주차시키다 (×), 등이 있다.

오답풀이 ① '기간'은 '어느 때부터 다른 어느 때까지의 동안.'의 뜻으로 '동안'의 뜻을 포함하고 있다. 따라서 의미 중복을 피하기 위해 '공사하는 동안'과 같이 고쳐 쓰는 것이 적절하다.
② 'have a-'를 연상하게 하는 '-를 갖다', '-을 가지다'와 같은 표현은 번역 투이다. 따라서 '회의를 갖겠습니다'는 '회의하겠습니다'로 고쳐 써야 한다.
③ '열려져'는 이중 피동으로 옳지 않다. '열려져'를 형태소 분석하게 되면 [동사 어근 혹은 어간 '열-' + 피동 접미사 '-리-' + 피동 보조 용언 '-어지' + 연결 어미 -어]이다. 즉, 동사 어간(어근) '열-'에 피동 접미사 '-리-'와 피동 보조 용언 '-어지'가 불필요하게 중복 사용되었다. 따라서 둘 중 하나만 없애게 되면 '열려'도 가능하고 '열어져'도 가능하다. 우리나라 문법에서는 이중 사동은 상황에 따라 사용 가능하지만 이중 피동은 무조건 비문으로 보고 있다.

08 ▶ ①

정답풀이 '꼽혀지고'는 '꼽히고' 혹은 '꼽아지고'로 고쳐져야 하는데, 선택지에서는 '꼽고'로 고치라고 했기 때문에 이 선택지는 옳지 않다. '꼽혀지다'는 피동 접미사 '-히'-와 피동 보조 용언 '-아지다'가 결합한 것으로, 불필요한 이중 피동 표현에 해당한다. 이 문장의 주어 '리셋 증후군'이 인터넷 중독의 한 유형으로 꼽음을 당하는 것이기 때문에 서술어에는 피동사인 '꼽히다'를 써야 한다. 만약 '꼽다'가 오게 되면 '꼽다'는 '[…을] 꼽다'의 문장 구성이 되어야 하므로 목적어가 있어야 한다. ㉠이 있는 문장에는 목적어도 없기 때문에 '꼽고'가 와서는 안 된다.

오답풀이 ② ㉡은 '리셋 증후군'이라는 말이 언제, 어디에서 생겼는지 설명하고 있다. '리셋 증후군' 환자들의 행동을 설명하기 전인 첫 문장 뒤에 놓게 되면 더 자연스러워진다.
③ 관계를 쉽게 끊는 의미의 관용어가 와야 하므로 '칼로 무를 자르듯'이 오는 것이 옳다. '칼로 무를 자르듯'은 '동강을 내거나 끊어내다' 등을 의미하기 때문이다. '막다른 골목으로 몰듯'은 '더는 어떻게 할 수 없는 절박한 경우를 비유적으로 이르는 말'이므로 문맥상 적절하지 않다.
④ ㉣의 앞에는 리셋 증후군은 진단이 어렵다고 한다. ㉣ 뒤에는 그러한 리셋 증후군을 예방하기 위해 해야 하는 행동이 나온다. 따라서 ㉣에는 리셋증후군이 진단이 어려우므로 예방해야 한다는 것이므로 '그러므로'를 쓰는 것이 적절하다.

09 ▶ ①

정답풀이 '접수(接受)되다'는 '관청이나 공공 단체가 신청 사실을 처리하기 위해 받아들임.'을 의미한다. 즉 단어 자체에 사건이나 행위가 완료된 상황이라는 의미가 있으므로 '접수되었을 때에는', '접수될 때에는' 모두 가능하다. '접수되다'는 '…에/에게 접수되다'처럼 쓰이고, '우선하다'는 '…보다/…에 우선하다'의 형태로 쓰인다. 따라서 생략된 문장 성분인 '구청에'와 '그것보다'가 추가되어야 한다. '유사한 내용의 제안이 〈구청에〉 접수되었을 때에는 먼저 접수된 것이 〈그것보다〉 우선한다'로 고쳐야 한다.

오답풀이 ② '과업 지시서 교부'와 서술어의 '교부하다'가 중복되므로 앞의 것을 삭제하여야 한다. '안내서 및 과업 지시서는 참가 신청자에게만 교부한다'로 고쳐야 한다. '교부하다'는 '…을 …에/에게'의 형태로 쓰이므로 '참가 신청자에게'처럼 쓰는 것은 옳게 쓴 것이다.
③ '제외되다'에서 '-되-'는 피동 접미사이므로 앞에 목적어가 올 수 없다. 피동사는 자동사로서 목적어를 갖지 않기 때문이다. 따라서 '제외된'을 목적어와 호응할 수 있는 '제외한'으로 고쳐야 하는 것이 옳다.
  ☞ '제외되다'는 '…가 …에서 제외되다'의 형태로 쓰여야 한다. '제외하다'의 경우는 '…을 …에서 제외하다'처럼 쓰므로 앞에 목적어가 올 수 있다.
④ '열람하다'는 '…가 …을 열람하다'의 형태로 쓰이므로 부사어 '…에게'와 '열람하다'는 서로 호응하지 않는다. '관계자에게'와 호응하게 하려면 긴 사동 표현인 '열람하게 하다'가 적절하다. 의미상으로도 누군가에게 시키는 의미인 사동의 문장이 오는 것이 자연스럽기 때

문에 '관계자에게 (이를) 열람하게 한다' 정도로 고치는 것은 옳다.

10 ▶ ①

정답풀이 문장 성분의 호응, 적절한 조사의 사용, 병렬관계, 수식관계, 서술어의 성격에 따른 문장 성분을 잘 파악해야 한다. '금융 당국은~내다보면서~예측하였다.'로 주어와 서술어들이 잘 호응하고 있다. 각 서술어에 호응하는 문장 성분들도 잘 구비되어 있다. '~가 ~보다 오르다'와 '~으로 내다보다' '~으로 예측하다'도 서술어의 성격에 따라 문장 성분이 잘 호응되었다.

오답풀이 ② 문장 접속 부사 '또는'은 병렬의 기능이 있으므로 앞뒤의 문법 구조가 같아야 한다. 그런데 '또는' 앞은 '작성 내용의 정정'으로 명사로 끝나고 '또는' 뒤는 '신청인의 서명이 없는'은 문장으로 되어 있으므로 문법상 대등한 구조에 어긋난다. 따라서 '작성 내용의 정정이 없거나 신청인의 서명이 없는 서류는'으로 고쳐야 한다.
③ '보여집니다'는 '보+이(피동접사)+어지(피동 보조용언)+ㅂ니다'로 분석된다. 이 경우에는 이중 피동 표현이므로 어법에 맞지 않다. 따라서 '보입니다, 보아집니다'로 고쳐야 한다.
④ '-고'는 대등 연결 어미이다. 이 경우에는 전체 문장의 주어가 '그의 목표는'이 되므로 '연습을 쉬지 않았다'의 주어도 '그의 목표는'이 되므로 매우 어색하다. 따라서 '그는'이라는 주어를 추가해서 '그의 목표는 세계 최고의 축구 선수가 되는 것이어서 〈그는〉 단 하루도 연습을 쉬지 않았다.'로 고쳐야 한다.

11 ▶ ④

정답풀이 어미 '-며'로 고치면 안 된다. '-며'는 두 가지 이상의 동작이나 상태 따위를 나열할 때 쓰는 연결 어미이다. 두 동작이나 상태가 대등하게 연결될 때 쓰는 어미인데, 이 문장에서는 대등한 의미가 아니기 때문이다. 앞 문장은 '원칙'에 대한 내용이, 뒤의 문장은 '원칙이 있음에도 예외가 있는 경우'에 관한 것이므로 '며'가 와서는 안 된다. 이미 '-되'는 어떤 사실을 서술하면서 그와 관련된 조건이나 세부 사항을 뒤에 덧붙이는 뜻을 나타내는 연결 어미이므로 처음에 제시된 '-되'를 그대로 활용하는 것이 옳다.

오답풀이 ① 이 문장에는 필수적인 문장 성분이 빠져 있다. '열려고'를 형태소 분석하면 '열(동사 어간)+-려고(어미)'이므로 '열려고'의 기본형은 '열다'이다. 그런데 '열다'는 타동사이므로 필수적으로 목적어가 필요하다. 따라서 '강제로'와 '열려고' 사이에 목적어 '문'을 보충하여야 완벽한 문장이 된다.
② 'OO시에서 급증하는'은 관형절로, 문장으로 표현해보면 "OO시에서 (생활용수가) 급증한다"로 표현할 수 있다. 즉, 관형절의 의미상의 주어가 '생활용수'인 것이다. 하지만 생활용수가 급증한다는 것은 의미가 매우 어색하다. 따라서 '생활용수의 수요'로 고치는 것이 더 자연스럽다.
③ 목적어 '사고 원인 파악과 재발 방지 대책'과 서술어 '마련하여'의 호응이 맞는다. '사고 원인 파악'과 '재발 방지 대책'이 접속 조사 '과'로 연결되어 하나의 목적어구를 형성하고 있다. 따라서 '사고 원인 파악을 마련하고 재발 방지 대책을 마련하여'가 가능해야 하는데, '사고 원인 파악을 마련하여'는 비문법적인 표현이다. 따라서 명사 '파악'을 서술형 '파악하고'로 고쳐서 '조속히 사고 원인을 파악하고 재발 방지 대책을 마련하여'로 고치는 것이 자연스럽다.

12 ▶ ③

정답풀이 주어 '우리 팀에서는'과 목적어 '모든 홍보 방안을', 서술어 '고려해 왔다'가 모두 자연스럽게 호응하고 있다.
(기출에 나온 적 있음) '가능한'은 용언의 관형형이므로 그 뒤에 명사 '한'이 와서 '가능한 조건 하에서'라는 의미로 쓰였다. '가능한 조건하에서'의 의미로 쓰이는 경우에는 '가능한'만 와서는 안 되고 반드시 '가능한 한'이 와야 한다.

오답풀이 ① 세종이 한글을 만든 것은 ~ 의도였다.(×) → 세종이 한글을 만든 것은 한자를 가급적 사용하지 않길 바라는 의도에서 비롯된 것이었다.(○) : 주어 '세종이 한글을 만든 것'과 서술어 '의도였다'가 호응하지 않기 때문에 '세종이 한글을 만든 것은 ~ 의도에서 비롯된 것이었다.'로 고쳐야 한다. 또한 '모든'이 수식하는 것이 '한자'인지 '사용'인지에 따라 의미가 여러 개일 수 있으므로 중의성을 해소하기 위해 '세종이 한글을 만든 것은 한자를 가급적 사용하지 않길 바라는 의도에서 비롯된 것이었다.'로 바꿔야 한다.
② 우리는 균형 있는 식단 마련과 쾌적한 실내 분위기를 조성하는(×) → 우리는 균형 있는 식단을 마련하고 쾌적한 실내 분위기를 조성하는(○) : '과'는 접속 조사이므로 앞뒤의 구성이 동일해야 한다. 하지만 이 문장에서 '식단 마련'은 명사형의 구성인 데 반해 뒤는 명사형 구성이 아니라 호응이 적절하지 않다. 따라서 '식단을 마련하고 ~ 실내 분위기를 조성하는' 식의 구성으로 앞 절과 뒤 절이 호응이 되도록 해야 한다.
④ 아래에 제시된 두 가지 통계 자료를 살펴보면, ~ 일어나고 있다.(×) → 아래에 제시된 두 가지 통계 자료를 살펴보면, ~ 일어나고 있음을 알 수 있다.(○) : 앞 절의 서술어 '살펴보다'와 호응하는 '-ㅁ을 알 수 있다'로 고쳐야 한다. 그래야 앞 절의 내용과 호응이 된다.

13 ▶ ①

정답풀이 1) 대화명을 규정에 맞게 변경하지 않는 사람은(○) : 어법에 문제가 없다.
2) 관리자가 (대화명을 규정에 맞게 변경하지 않는 사람의) 카페 이용을(○) : 문맥적으로 생략된 성분을 알 수 있으므로 문장 성분의 호응이 자연스러운 문장임을 알 수 있다.
3) 제한해야 한다.(○) : 제한하다는 '일정한 한도를 정하거나 그 한도를 넘지 못하게 막다.'를 의미하므로 잘 쓰였다.

오답풀이 ② 아마(×) → 과연(○) : 부사어 '아마'와 서술어 '되었을까.'의 호응이 어색하다. '아마'는 뒤에 오는 추측의 표현과 호응하여 단정할 수는 없지만 미루어 짐작하거나 생각하여 볼 때 그럴 가능성이 크다는 뜻을 나타내는 부사이다. 따라서 '아마' 뒤에는 '~하였을 것이다'처럼 추측의 표현이 와야 한다. 그런데 뒤에 '되었을까'라는 의문형이 쓰인 것을 미루어 볼 때, 박수를 보내는 사람이 얼마 되지 않을 것이라는 의미를 담고 있음을 알 수 있다. 따라서 '아닌 게 아니라 정말로.'의 의미를 갖는 부사 '과연'을 쓰는 것이 더 적절하다.
③ 국민 대통합과 국가 경쟁력을 제고해야 한다.(×) → 국민의 대통합을 이루고 국가 경쟁력을 제고해야 한다.(○) : 접속조사 '과'로 인해 서술어 '제고해야 한다'를 공통으로 가져야 하므로 '국민 대통합을 제고하고 국가 경쟁력을 제고해야 한다.'가 되어야 한다. 하지만 목적어 '국민 대통합을'과 서술어 '제고하고'의 호응이 매우 어색하다. 따라서 목적어 '국민 대통합을'과 어울리는 '이루다'와 같은 서술어를 활용하는 것이 좋다. 혹은 '국민을 통합하고'로 고칠 수도 있다.
④ 필요하다는 것이다.(×) → 필요하다(○) : '자질의 연마, 인격, 원만한 인간관계 등이'가 주어이므로 주어 '~것은'을 요구하는 서술어 '~다는 것이다'와의 호응이 어색하다. 따라서 '필요하다'로 고쳐야 한다.

14 ▶ ③

정답풀이 '내가 그 분을 처음 뵌 것'에도 '주어–목적어–서술어'의 문장 성분의 호응이 잘 되어 있다. '~것은 ~때였다'로 주어와 서술어 호응이 잘 되고 있다.

오답풀이 ① 부사 '왜냐하면'은 서술어 '~때문이다'와 호응해야 하므로 '왜냐하면 한국이 빠른 속도로 경제적 발전을 이루었기 때문이다'로 고쳐야 한다.
② 문장의 주어가 '까닭은'이므로 서술어는 '때문이다'로 호응해야 한다. 또한 '합격했다'는 주어와 필수적 부사어(-에)를 필수적으로 요구하므로 부사어를 추가해야 한다. 따라서 '그 사람이 우리에게 중요한 까닭은 우리가 시험에 합격했다는 사실 때문이다.'로 고쳐야 한다.
④ 접속 조사 '과/와'는 대등한 병렬의 기능을 갖는다. 국어 문법에 관심을 가지는 것은 맞다. 하지만 '조명하다'는 목적어를 요구하므로 '학계에서는 국어 문법을 조명해 나가고 근대 국어에도 관심을 보이기 시작했다.'로 고치는 것이 옳다.

15 ▶ ②

정답풀이 '얽히고설키다'는 사전에 등재된 하나의 단어로서 옳은 표기이다. 따라서 어법에 맞는 문장은 '일이 얽히고설켜서 풀기가 어렵다.'이다.

오답풀이 ① 웬간해서는(×) → 웬만해서는(○) : '웬간하다'라는 말은 세상에 존재하지 않는 말로 표준어가 아니다. 문맥상 이 문장에서 의도한 것은 「2」 허용되는 범위에서 크게 벗어나지 아니한 상태에 있다.'를 의미하는 '웬만하다'일 것이다.
☞ '엔간하다'는 표준어로 존재하는데, '대중으로 보아 정도가 표준에 꽤 가깝다.'를 의미하므로 이 문장에는 어울리지 않는다.

③ 빠지고(×) → 빼고(○) : '불필요한 기능은 빠지다＋필요한 기능만 살렸다'가 연결 어미 '–고'를 통해 대등하게 이어져 있다. 대등하게 이어져 있는 문장은 두 문장의 구조 또한 동일해야 한다. '빠지다'는 '…이 빠지다'의 형식을 가진 '주어–서술어'의 관계이지만 '살리다'는 '…을 살리다'의 형식을 가지므로 '목적어–서술어'의 관계이다. 호응을 같게 해야 하므로 '불필요한 기능은 빼고 필요한 기능만 살렸다' 정도로 고쳐야 한다.
☞ '은'과 '만'은 보조사이기 때문에 문장 성분의 자격을 부여해주지는 못하므로 보조사 이전에 어떤 격조사가 붙었는지를 파악해야 이 문제를 풀 수 있다.
④ 개통될지(×) → 도로가 개통될지(○) : '개통되다'의 주어가 누락되어 있으므로 주어 '도로가'를 추가해야 한다.

16 ▶ ②

정답풀이 '이 약은 ~로 사용되어 왔다.'는 문장 성분의 호응이 잘 되어 있는 표현이다.

오답풀이 ① 대등(병렬)의 접속 조사 '과'에 의해 '사회 현실을 다해야 할'이 연결되지만 이는 옳지 않다. 따라서 '사회 현실을 직시하고 사회적 책임을 다해야 할'로 고쳐야 한다.
③ '지배하다'는 '~을 지배하다'의 타동사이므로 '환경을 지배하다'는 옳다. 하지만 '순응하다'는 '~에 순응하다'의 자동사이므로 이는 '환경에 순응하기도 한다.'로 고쳐야 한다.
④ 대개 '반드시'는 '긍정'과 '절대로'는 '부정'과 호응하므로 '절대로 하지 않는다'로 고쳐야 한다.

17 ▶ ①

정답풀이 '바야흐로'가 '이제 한창. 이제 막.'을 의미하므로 '소생하는 봄이다'와 잘 연결된다. '바야흐로'는 현재 시제와 자연스럽게 호응된다.

오답풀이 ② '지배하다'는 타동사로 목적어가 필요하므로 '지배하기도' 앞에 목적어 '자연을'을 추가해야 한다.
③ 대등(병렬)의 접속 조사 '과'에 의해 '신문을 시청해야 한다'가 되므로 옳지 않다. 따라서 '신문을 꼼꼼히 읽고 뉴스를 열심히 시청해야 한다'로 고쳐야 한다.
④ '선물하였다'의 주어가 잘못 생략돼 있으므로 '영선이가 책을 선물하였다."라고 써야 한다.'로 고쳐야 한다. 그렇지 않으면 앞의 주어 '철이는'이 '선물하였다'와 호응하여 의미가 이상한 문장이 된다.

18 ▶ ③

정답풀이 '–든지'는 선택을 의미하는 어미이므로 적절하게 쓰였다.

오답풀이 ① 대등 병렬의 접속조사 '와'에 의해 '상처를 겪었다'가 되는데 이는 목적어와 서술어의 호응이 잘못된 것이다. 따라서 '많은 사람들이 상처를 받고 아픔을 겪었다.'로 고쳐야 한다.
② 주어가 '생각은'이므로 서술어는 '한다는 것이다'로 호응되어야 한다.

④ 부사어 '아직도'와 호응되어야 하므로 '기다리고 있을 것이다.'로 고쳐야 한다.

19 ▶ ④

정답풀이 '예지력(豫知力: 豫 미리 예 知 알 지 力 힘 력)'은 '미리 아는 힘'을 의미한다. 그리고 '추진력(推進力: 推 밀 추 進 나아갈 진 力 힘 력)'은 '목표를 향해 밀고 나아가는 힘'을 의미한다. 이 문맥에서는 위급한 사태에 대처하는 것과 관련된 힘이 나와야 하므로 예지력, 추진력 모두 문맥에 맞지 않으므로 ④는 옳지 않다.

오답풀이 ① '노면(路面: 路 길 로(노) 面 낯 면)' 안에 이미 '도로'의 뜻이 있으므로 중복된 표현이므로 '도로'를 삭제하여 '노면'으로 고치는 것이 적절하다.
② '그리고'는 대등 나열의 접속 부사이므로 해당 문맥에는 맞지 않는다. 어린이 보호 또는 속도 제한 표지판을 설치하여 운전자가 주의하도록 함에도 교통사고가 줄지 않고 있으므로 역접의 부사 '그러나'로 고치는 것이 적절하다.
③ 이 글은 '스쿨존에서 어린이 교통사고를 예방'하는 것이 주된 내용이므로 맑은 날에 어린이 교통사고가 많이 일어난다는 것은 통일성에 위배되므로 삭제하는 것이 적절하다.

20 ▶ ③

정답풀이 '선생님께서는 ~ 당부하셨습니다'의 주어 서술어 호응이 적절하다.

오답풀이 ① 중의적인 문장이므로 옳지 않다. '어제'가 '온'을 꾸미면 현규가 어제 서울에 온 것으로 해석되고 '어제'가 '먹었다'를 꾸미면 현규와 어제 밥을 먹은 것으로 해석되므로 의미가 불명확하다.
② 주어 '것은'은 '~것이다, 점이다'로 호응해야 하므로 '아니라는 것입니다'로 고쳐야 한다.
④ 대등 병렬의 접속 조사 '과'가 있으므로 '바람이 오는'이 가능해진다. 하지만 이는 주어와 서술어의 호응이 적절하지 않으므로 '바람이 불고 눈이 오는 지역'으로 고쳐야 한다.

21 ▶ ②

정답풀이 주술 호응이 자연스럽다.

오답풀이 ① '가능한'은 형용사의 관형사형이므로 뒤에 반드시 명사 '한'이 와야 한다.
③ '고화질의 화면은'이 '손쉽게 얻을 수 있다'와 호응되지 않으므로 '고화질 화면을 볼 수 있는 것은 물론'으로 고쳐야 한다.
④ 서술어 '생각이다'에 호응되는 주어가 없다. 따라서 아예 '생각이다'를 삭제하여 '이제는 이와 같은 관례를 깨뜨릴 때도 되었다'로 고쳐야 한다. 여기에는 전체 주어 '우리가'가 생략되었다.

22 ▶ ③

정답풀이 '~ 중 하나는 ~이다'는 어법에 맞는 구조이다.

오답풀이 ① '복종하다'는 필수적 부사어 '-에'를 요구하므로 '복종하기도' 앞에 '자연에'를 추가해야 한다.
② '예측+되(피동 접미사)+어지(피동 보조 용언)+었+다'에 이중 피동 표현이 나오므로 적절하지 않다. '예측되었다'로 고쳐야 한다.
④ '두다'는 목적어를 필수적으로 요구하므로 '목표를' 앞에 추가해야 한다. '~에 있어'는 일본어 투의 표현이므로 지양하는 것이 좋다.

23 ▶ ①

정답풀이 '짜여져'는 '짜+이(피동 접미사)+어지(피동 보조 용언)+어'로 이중 피동 표현이다. 따라서 잘못 고친 것이므로 원래대로 '짜여'로 고쳐야 한다.

오답풀이 ② 주어 '게시판은'은 서술어 '개설하였습니다'와 호응되면 어색하다. '개설한 것입니다'로 고치면 주어와 서술어의 호응이 적절해진다.
③ '중점' 뒤에 동사 '추진하겠습니다'가 있으므로 부사어 '중점적으로' 고치는 것은 옳다.
④ '가능한'은 형용사의 관형사형이므로 뒤에 반드시 명사 '한'이 와야 하므로 '가능한 한'으로 고친 것은 옳다.

24 ▶ ④

정답풀이 '조심하다'는 동사이므로 명령형으로 쓰일 수 있다. 따라서 하오체의 명령형 '조심하십시오'도, 해요체의 명령형 '조심하세요'도 가능하다(참고로 형용사는 명령형으로 쓰일 수 없다).

오답풀이 ① 대등 병렬의 쉼표가 있으므로 '운동도 먹던'도 가능해진다. 하지만 이는 목적어와 서술어이 호응이 적절하지 않다. 따라서 '운동도'에 호응하는 '하고'를 넣는 것은 옳다.
② 희망을 잃지 않은 것은 높임의 주체인 선생님이므로 주체 높임 선어말 어미 '-시-'와 높임 어휘 '말씀'을 쓴 것은 옳다.
③ 있어야 할 주어가 생략되어 있으므로 '그것은'을 추가하고 서술어를 '연주하는 일입니다'로 고치면 호응이 잘 이루어진다.

25 ▶ ③

정답풀이 '모름지기 ~ 하여야 한다.'로 부사어와 서술어의 호응이 이루어져야 하므로 '모름지기 ~ 중요합니다.'는 문장 호응이 적절하지 않다. '모름지기 교통법규를 지켜야 합니다.'로 고쳐야 한다.

오답풀이 ① '어떤 일이 있어도 반드시'를 의미하는 부사 '절대로'는 보통 부정적인 맥락에 쓰이므로 이 문장은 호응이 적절하다. '아닙니다'라는 부정어가 있기 때문이다. (단, 사전 용례에는 '당신의 협조가 절대로 필요합니다.'와 같이 긍정적인 맥락에도 쓰이는 경우가 제한적으로 드러나므로 주의해야 한다.)

② '아직'은 '어떤 일이나 상태 또는 어떻게 되기까지 시간이 더 지나야 함을 나타내거나, 어떤 일이나 상태가 끝나지 아니하고 지속되고 있음을 나타내는 말'이므로 적절하게 잘 쓰인 말이다.
④ '그다지'는 '(뒤에 오는 '않다, 못하다' 따위의 부정어와 호응하여) 그러한 정도로는 또는 그렇게까지는'을 의미하므로 쓰임이 적절하다. '않았습니다.'라는 부정어가 있기 때문이다.
☞ 그다지 「2」((주로 의문문에 쓰여)) 그러한 정도로 또는 그렇게까지 ≒ 그리, 그리도
  예 그 사람은 무슨 걱정이 그다지도 많은가?
⑤ '오직 ~뿐이다'의 호응은 적절하다.

26 ▶ ⑤

정답풀이 '좋아하여서'에서 이유나 근거를 나타내는 연결 어미 '-아서/어서'가 쓰인 것은 적절하다.

오답풀이 ① 주어 '담당 의사의 조언은'과 서술어 '권유했다'와 호응할 수 없다. '~ 조언은 ~것이었다.(점이었다)'로 호응해야 하므로 '검사를 받아 보라는 것이었다'로 고쳐야 한다.
② 빵을 마실 수는 없으므로 '빵'과 호응하는 서술어를 추가해야 한다. 따라서 '빵을 먹고 우유를 사서 마셨다'로 고쳐야 한다.
③ 주어 '내 생각은'과 서술어 '생각한다.'와 호응할 수 없다. '~ 생각은 ~ 것이다.(점이다)'로 호응해야 하므로 '옳다는 것이다'로 고쳐야 한다.
④ 고객의 건강을 조성할 수는 없으므로 '고객의 건강'과 호응하는 서술어를 추가해야 한다. '이번 조치는 고객의 건강을 지키고 쾌적한 여행 환경을 조성하기 위한 것이다.'로 고쳐야 한다.

27 ▶ ③

정답풀이 역접의 어미 '-으나'가 대조의 의미를 나타내는 두 문장을 잘 이어주고 있다.

오답풀이 ① 주어 '모습은'은 서술어 '것이다'와 호응해야 하므로 '담당하는 것이다'로 고쳐야 한다.
② '지연되고 있다'와 호응되는 주어가 없으므로 주어 '협상이'를 추가해야 한다.
④ '해외여행'과 '관람하다'는 호응이 될 수 없으므로 '해외여행을 하거나'로 고쳐야 한다.

28 ▶ ④

정답풀이 '성과란 것은 ~으로 따진다는 것도'에서도, '~도 문제가 없지는 않다.'에서도 자연스러운 호응을 보인다.

오답풀이 ① '~점은 ~것이다(점이다)'의 호응을 보여야 하므로 '바람직하지 않다는 점이다'로 고쳐야 한다.
② '시키다'의 남용이다. 실력 있는 강사진이 직접 교육을 하는 것이지 누군가를 교육하게 하는 것이 아니므로 '교육시켜'를 '교육해'로 고쳐야 한다.
③ 궁금한 점이 잘 안 되는 것이 아니므로 '궁금한 점'에 호응하는 서술어를 추가해야 한다. '궁금한 점이 있거나'로 고쳐야 한다.

29 ▶ ①

정답풀이 '지배하다'는 타동사로 목적어가 필요하다. 따라서 '인간은 운명에 복종도 하고 지배도 한다.'가 아니라, '지배할 수도 있다' 앞에 목적어 '운명을'을 추가해야 한다.

오답풀이 ② 대등 병렬의 조사 '이나'가 있으므로 '사람을 싣거나'가 가능해진다. 하지만 이는 목적어와 서술어의 호응이 옳지 않으므로 '사람을'에 호응하는 '태우거나'를 추가한 것은 옳다.
③ 철수는 유정 명사이므로 '에게'를 써야 옳다.
④ '결코'는 '('아니다', '없다', '못하다' 따위의 부정어와 함께 쓰여) 어떤 경우에도 절대로'를 의미한다. 하지만 '해야 해'는 부정어가 아니므로 '결코'를 '반드시'로 교체한 것은 옳다.

亦功 문제훈련 [작문] 공문서 문장 고쳐 쓰기 p.64

한눈에 보기
01 ①　　02 ①　　03 ③　　04 ③　　05 ②
06 ③

01 ▶ ①

정답풀이 〈공문서 작성 지침〉의 첫 번째 지침인 '문맥에 적절한 어휘를 사용할 것.'에 따라 보면 '이전'을 '양도'로 고치는 것은 적절하지 않다. '양도(讓 사양할 양 渡 건널 도)'란 '재산이나 물건을 남에게 넘겨줌. 또는 그런 일.'을 의미하는데 장소를 옮긴다는 이 문맥에는 본래 표현인 '이전'이 옳다. '이전(移 옮길 이 轉 구를 전)'이란 '장소나 주소 따위를 다른 데로 옮김.'을 의미하기 때문이다.

오답풀이 ② 〈공문서 작성 지침〉의 두 번째 지침인 '주어와 서술어의 호응을 고려할 것'에 따라 보면 해당 문장의 주어는 '○○○○ 부는'이므로 '혁신 도시 건설 및 공공기관 지방 이전 사업이 최초 계획대로 추진된다'는 호응되지 못한다. 따라서 주어 '○○○○ 부는'이 추진하는 주체가 되어 '혁신 도시 건설 및 공공기관 지방 이전 사업을 최초 계획대로 추진한다'로 고치는 것이 더 적절하다.
③ 〈공문서 작성 지침〉의 세 번째 지침인 '한글 맞춤법에 맞는 표현을 사용할 것.'에 따라 보면 '목표 년도'는 두음법칙을 어긴 표현이므로 적절하지 않다. '년도'는 자립 명사로 쓰인 것이므로 두음법칙에 따라 '목표 연도'로 고치는 것이 적절하다.
④ 〈공문서 작성 지침〉의 네 번째 지침인 '문장과 문장을 연결하는 접속어를 적절하게 사용할 것.'에 따라 보면 연결 어미 '-되'를 '-며'로 고치는 것이 적절하다. 연결 어미 '-되'는 앞말의 사실을 인정하면서 뒷말로 조건을 붙이려 할 때나, 뒷말의 사실이 앞 말의 사실에 구속되지 아니함을 보일 때에 쓰는 말이다. 그런데 이 문맥에서는

해당 실국에 원하는 바를 나열하는 것이므로 나열의 '-며'로 고치는 것이 적절하다.

02 ▶ ①

정답풀이 기존 표현에서 '극복하고'와 '발전을 위한'이 호응하지 않으므로 ㉠에 따라 '발전시키기 위한'으로 바꿔야 했다. 그런데 고친 표현에서 '극복'과 '발전시키다'는 호응되지 않으므로 적절하지 않다. 제대로 고치려면 '한일 과거사를 극복하고 미래지향적인 양국 간 관계를 발전시키기 위한' 또한 '한일 과거사의 극복과 미래 지향적인 양국 간 관계 발전을 위한'으로 고치는 것이 더 적절하다.

오답풀이 ② '5킬로그램'이 '금'을 수식할 수도 '보관함'을 수식할 수도 있으므로 이는 2개의 뜻으로 해석되는 중의적인 문장이므로 적절하지 않다. 따라서 ㉡에 따라 '금 5킬로그램 상당을 담은 금 보관함'으로 고치면 금이 5킬로그램이라는 하나의 뜻이 되므로 적절하다.
③ '단 한 번의 미비가 있을 수 없다는 것을 명심하여 주시기 바랍니다.'는 쓸데없이 문장을 길게 표현한 것이므로 ㉢에 따라 '재난 및 재해 대비에는 절대 허술함이 없어야 함을 거듭 강조합니다.'로 간결하게 표현하는 것이 적절하다.
④ '결박'은 몸이나 손 따위를 움직이지 못하게 묶는 것이므로 쓰레기통에 쓰기에는 부적절하다. 따라서 ㉣에 따라 가로변 쓰레기통을 고정하고, 현수막 등은 제거함.'으로 수정하는 것은 적절하다.

03 ▶ ③

정답풀이 〈공문서 작성 지침〉의 세 번째 지침인 '문맥에 적절한 어휘'를 사용할 것에 따라 접수를 제출로 고쳐야 한다. '접수'는 극장에서 하는 것이므로 상대에게는 '제출'하라고 하는 것이 옳다.

오답풀이 ① 〈공문서 작성 지침〉의 첫 번째 지침인 '중복되는 어휘가 없게 할 것'에 따라 '안내'를 삭제하여 '알림'으로 고친 것은 적절하다.
② 〈공문서 작성 지침〉의 두 번째 지침을 통해 보면 ㉡에서 앞은 '다양한 지식', 뒤는 '정보 제공'인데, 전자는 대상 그 자체이고 후자는 정보를 제공하는 행위이므로 대등한 접속이라고 볼 수 없다. 따라서 '다양한 지식과 정보를 제공하기 위하여'라고 바꾸면 서술어 '제공하다'가 공유되므로 적절한 표현이 된다.
④ 명사가 지나치게 많이 나열되어 있어 이해하기 어려우므로 〈공문서 작성 지침〉의 네 번째 지침에 따라 적절하게 조사나 동사를 넣어 ④처럼 자연스럽게 고친 것은 적절하다.

04 ▶ ③

정답풀이 '접수'는 '관청이나 공공 단체가 서류나 구두로 제출되는 신청 사실을 처리하기 위해 받아들임.'을 의미하므로 이 경우에는 '신청'이 오히려 적절한 표현이므로 고쳐서는 안 되었다.

오답풀이 ① 스스로 움직이지 않는 사물이나 추상적 대상이 능동적 행위의 주어로 나오는 문장은 번역투이므로 지양해야 한다. ㉠에 따라 '청소년 언어 개선책을 시급히 마련해야 한다는 점을 이 설문조사 결과에서 알 수 있다.'로 고치는 것은 적절하다.
② '-하다'로 표현할 수 있는데도 불필요하게 '-시키다'를 써서 표현하는 것은 우리말답지 않으므로 ㉡에 따라 '구체화시켜'를 '구체화하여'로 고치는 것이 적절하다.
④ '신종 플루 전염병 위기 단계를 경계에서 최고 단계인 심각으로 격상(11. 3.)됨에 따라'는 '단계를'과 '격상됨'이 호응을 이루지 못해 문법적이지 못한 문장이다. 따라서 ㉣에 따라 '격상됨'을 '격상함'으로 바꾸는 것이 적절하다.

05 ▶ ②

정답풀이 '녹색 성장으로 변화되는 모습과 기대 효과를 분석하는 등의 일을 할 계획이다.'는 이미 대등 접속의 표현이 올바르게 된 문장이므로 고쳐서는 안 되었다. '와/과'를 중심으로 '분석하다'라는 서술어가 '녹색 성장으로 변화되는 모습'과 호응이 잘 되고 있기 때문이다. 따라서 이 옳은 표현을 '녹색 성장을 통한 변화되는 모습 및 기대 효과 분석 등을 실시할 계획이다.'로 고쳐서는 안 된다. '모습'을 실시할 수는 없기 때문이다.

오답풀이 ① 생략된 주어를 '철수가'라고 임의적으로 넣었을 때, 철수가 직접 인지하는 것이 아니라 대중에게 인지하도록 시킨 것이므로 ㉠에 따라 '일반 대중에게 인지시키기'로 고치는 것은 올바른 사동 표현이라고 볼 수 있다.
③ '법무부는 여러분의 외국인 등록, 귀화 신청 등을 담당하는 정부 기관으로 잘 알고 계실 것입니다.'는 '잘 알고 계실 것입니다.'가 군더더기 표현이며, 주체가 빠져 있어 비문인 문장이다. 따라서 ㉢에 따라 '법무부는 여러분의 외국인 등록, 귀화 신청 처리 등을 담당하는 정부 기관입니다.'로 수정하는 것은 적절하다.
④ '~에 있어'는 일본어 번역 투 표현이므로, ㉣에 따라 '-에'로 수정하는 것이 적절하다.

06 ▶ ③

정답풀이 〈공문서 작성 지침〉의 세 번째 지침인 '문맥에 맞는 올바른 조사를 사용할 것'에 따라 보면 '이번 분류는 국내 범죄명을 범죄행위에 따라 재분류한 형태로서는'는 이미 옳은 표현이므로 '로서'를 '로써'로 바꿔서는 안 되었다. '로서'는 자격을 의미하지만 '로써'는 수단, 방법을 의미한다. 그런데 이 문맥에서는 이번 분류가 재분류한 형태의 "자격"으로 의미가 크다는 문맥적 의미가 있으므로 '로써'로 고치는 것은 오히려 틀린 표현으로 고치는 것이므로 적절하지 않다.

오답풀이 ① 〈공문서 작성 지침〉의 첫 번째 지침인 '안긴문장의 필수 성분이 생략되었는지 고려할 것'에 따라 보면 '특수성을'에 호응되는 서술어가 없음을 알 수 있다. '특수성을'과 뒤의 서술어 '개발하다'를 호응하는 것은 어색하기 때문이다. 따라서 안긴문장인 '특수성을 개발한'에서 서술어 '고려하여'를 추가하여 '특수성을 고려하여 개발한'으로 고치는 것은 적절하다.
② 〈공문서 작성 지침〉의 두 번째 지침인 '대등한 것끼리 접속할 때는

구조가 같은 표현을 사용할 것.'에 따라 보면 '통계청은 국내에 국제 범죄 분류를(목적어) 도입하고(서술어) 국제 범죄 분류의 이행(명사구의 나열)을 위해'는 대등 병렬의 표지 '-고'를 기준으로 했을 때 각각 '목적어-서술어'와 '명사구의 나열'을 보여 주므로 구조가 다르기 때문에 적절하지 않다. 따라서 '통계청은 국제범죄분류의 국내 도입과 이행을 위해'로 고치면 '국내 도입과 이행'이라는 명사의 나열로 구조를 같게 할 수 있기 때문에 적절하다.

④ 〈공문서 작성 지침〉의 네 번째 지침인 '부사어와 서술어의 호응을 고려할 것.'에 따라 보면 어디에서 우수사례가 될 수 있는지가 나와 있지 않다. 따라서 부사어인 '국제사회에서도'가 추가되는 것이 적절하다.

일반 추론

Chapter 05 중심 내용 추론

亦功 천기누설 혜선팍 독해 pin point

한눈에 보기
01 ④   02 ③

신유형 2025 버전 p.70

01 ▶ ④

정답풀이 본문은 공연장 설계에서 음향의 중요성과 그 특성에 대해 설명하고 있다. 첫 문장에서 "공연장 설계에서 음향은 단순한 기술 요소가 아니라, 건축의 목적과 예술적 감동을 결정짓는 핵심적 설계 대상이다"라고 명시하고 있으며, 마지막 문장에서 "건축음향 설계는 과학적 분석과 예술적 감성을 결합해, 건물 그 자체를 하나의 악기로 완성해가는 과정이라 할 수 있다"라고 결론짓고 있다. 이 선지는 음향이 단순한 기술을 넘어서는 핵심적 설계 대상이라는 점과, 과학적 분석과 예술적 감성의 결합을 통해 건물을 악기로 완성한다는 본문의 핵심 메시지를 정확히 담고 있다.

오답풀이 ① 본문에서 "지속 가능한 건축음향 설계"에 대해 언급하고 있지만, 이는 "중요한 논의로 떠오르고 있다"고 소개되는 정도로, 글의 중심 내용이라기보다는 최근의 동향을 부가적으로 설명하는 부분에 해당한다. 또한 "전기음향 설비 없이 자연음만으로"라는 표현은 본문에서 "전기음향 설비에 의존하지 않고"라고 언급된 것보다 극단적인 표현이므로 미묘한 차이가 있다.
② 본문에서 "콘서트홀은 음악 장르에 따라 공간의 잔향시간을 조절하거나 측면 반사음을 강화해 연주의 생동감을 높이며, 오페라하우스는 무대 위 성악가의 목소리와 피트 속 오케스트라의 연주가 균형을 이루도록 설계되어야 한다"고 설명하고 있지만, 이는 건축음향 설계의 구체적인 사례를 설명하는 부분으로, 글 전체의 중심 내용이라기보다는 부분적인 내용에 해당한다.
③ 본문에서 "축소 모형 실험이나 컴퓨터 시뮬레이션 등을 통해 설계 전 과정에서 음향 성능을 예측하고 조정한다"는 내용이 언급되어 있지만, 이는 건축음향 설계 과정에서 사용되는 방법론 중 하나를 설명하는 것으로, 글의 중심 내용이라고 보기 어렵다. 본문은 이러한 기법들보다는 음향 설계 자체의 의미와 성격에 더 초점을 맞추고 있다.

02 ▶ ③

정답풀이 본문은 폐점 대형마트와 노인복지주택 수요 증가라는 두 가지 도시 문제를 제시하고, 대형마트의 노인복지주택 전환이라는 해결방안을 중심으로 서술하고 있다. 첫 문단에서 "대형마트를 노인복지주택으로 전환하는 방안은 두 문제를 동시에 해결할 수 있는 대안으로 주목받는다"고 직접적으로 언급하고 있으며, 마지막 문단에서는 "이러한 접근은 단순한 공간 재활용을 넘어 도시 내 지속가능하고 복지 친화적인 건축 전략으로 평가될 수 있다"고 결론짓고 있다. 이 선지는 본문에서 제시하는 문제(유휴공간과 고령화), 해결방안(용도 전환), 그리고 그 의미(지속가능한 건축 전략)를 모두 포괄하여 글의 중심 내용을 가장 정확하게 반영하고 있다.

오답풀이 ① 본문에서 "주광 설계법칙과 아트리움 배치 원칙을 활용하여, 일조와 채광 문제를 해결할 수 있는 건물 형태를 제안하고 있다"는 내용이 언급되어 있지만, 이는 자연채광 문제를 해결하기 위한 구체적인 방법론을 설명하는 것으로, 글의 중심 내용인 두 도시 문제의 동시 해결이라는 포괄적 의미를 담고 있지 않다.
② 본문에서 "대형마트는 대체로 병원, 대중교통, 편의시설과 가까운 도심에 위치해 있으며, 건물의 연면적 또한… 입지와 규모 면에서 전환이 유리하다"와 "자연채광이… 확보되기 어렵다는 기술적 문제가 있다"는 내용을 언급하고 있지만, 이는 대형마트 전환의 장점과 한계를 설명하는 부분으로, 글 전체의 중심 내용이라기보다는 전환 방안의 구체적인 조건을 다루는 부분적 내용이다.
④ 본문에서 "고령 인구의 증가로 인해 도심형 노인복지주택에 대한 수요는 꾸준히 증가하고 있다"는 내용이 언급되어 있지만, 이는 본문에서 다루는 현황 중 하나일 뿐이며, 폐점 대형마트라는 또 다른 문제와 그 전환 방안이라는 글의 핵심 논지를 포함하지 않아 중심 내용을 온전히 반영하지 못한다.

亦功 기출훈련 중심 내용 추론 p.72

한눈에 보기
01 ③   02 ①   03 ③   04 ②   05 ④
06 ③

01 ▶ ③

정답풀이 1문단에서는 시대에 따라 어떤 남성이름이 선호되었는지 예를 들고 있고 2문단에서도 연대별로 어떤 여성 이름의 선호도가 있었는지 예를 들고 있다. 따라서 중심 내용은 이름으로 선호하는 글자에는 그 시대마다 중시하는 가치가 반영되는 것이다.

[오답풀이] ① 1문단에서는 경제 상황뿐만 아니라 '장수'라는 가치에 따라 이름의 선호도가 부여되므로 이 선지는 모든 문단을 포괄하지 못하므로 중심 내용으로 적절하지 않다.
② 시대마다 선호되는 이름이 다르다고 해서 그 사람이 태어난 시기를 알 수 있는 것은 제시문을 통해 알 수 없는 정보이다. 물론 그럴 수 있겠지만 이는 확률적인 이야기일 뿐이지 진짜 그런지는 알 수 없으므로 중심 내용으로 보기 어렵다.
④ 성별에 따른 사회적 차별 현상에 대한 내용은 언급되지 않으므로 중심 내용으로 적절하지 않다.

02 ▶ ①

[정답풀이] '원시사회에서는 죽음이 자연스러운 결과로 받아들여졌다. 죽음은 사람들이 스스로 준비해야 하는 것이면서, 가족과 사회로부터의 관심과 도움이 필요한 것이었다. 그러나 부르주아 사회에서는 인간이 소외되고, 소외된 인간은 노동을 하고 돈을 버는 데 없어서는 안 될 도구인 육체에 얽매이게 된다.'라는 제시문의 내용을 통해 부르주아 사회, 즉 자본주의 출현 이후 죽음에 대한 인식이 달라지게 되어 범죄 소설이 탄생되었음을 의미하므로 '범죄소설은 자본주의의 출현 이후 죽음에 대한 달라진 태도에 기반을 두고 있다.'를 중심 내용으로 볼 수 있다.

[오답풀이] ② 그러나 부르주아 사회에서는 인간이 소외되고, 소외된 인간은 노동을 하고 돈을 버는 데 없어서는 안 될 도구인 육체에 얽매이게 된다.'는 내용이 언급이 되기는 하지만 범죄소설이 무엇을 다루는 문학 양식인지가 중심 내용이 되고 있지는 않다.
③ 범죄소설은 원시사회부터 이어져 온 죽음에 대한 보편적 공포로부터 생겨났다는 내용은 제시문의 내용과 일치하지 않는 내용이므로 중심 내용으로 적절하지 않다.
④ 죽음을 예기치 못한 사고가 아닌 자연스럽고 불가피한 것으로 받아들인 것은 범죄소설에 해당하는 내용이 아니라 원시 시대에 해당하는 내용이므로 제시문의 내용과 일치하지 않는다. 따라서 중심 내용으로 적절하지 않다.

03 ▶ ③

[정답풀이] 지문은 '무엇인가', '어떠한 것인가'라는 물음에 대응하는 내용이 '질'이고, '어느 정도'라는 물음에 대응하는 내용이 '양'이다.'라는 서술을 통해 양과 질의 차이를 구분할 것임을 설명하고 있다. 그리고 마지막 문장 '그러나 책상의 높이를 일정한 한도가 넘는 수준, 예컨대 ⋯ 더 이상 책상이라 할 수 없게 될 것이다.'를 통해 양의 변화가 일정한 한도 내에서 질의 변화를 이끌어 내지 못하지만, 어느 한도를 넘으면 질의 변화를 초래함을 알 수 있다.

[오답풀이] ① 마지막 문장을 통해 양의 변화가 질의 변화를 초래하기도 함을 알 수 있지만, 질의 변화가 양의 변화를 이끄는 예시는 나오지 않는다.
② 지문에서 예시로 제시하는 양의 변화 '예컨대 70cm를 1cm로 낮추어 버리면'은 누적된 값이 아니므로 본문에서 추론할 수 없는 선지

이다.
④ 지문에 본래의 상태로 환원되는 과정과 관련된 서술은 나오지 않으므로 적절하지 않다.

04 ▶ ②

[정답풀이] "그런데 신어 연구의 대상은 특정한 범주의 언어, 소수 집단의 언어에 한정되지 않습니다."와 "이는 신어 연구가 단지 새로운 어휘와 몇 가지 주제를 나열하는 연구를 넘어서 한국어 조어론 전반에 대한 연구로 확장되어야 하는 이유이기도 합니다."를 통해 신어는 연구 대상과 영역을 확장해야 함을 알 수 있다.

[오답풀이] ① 신어에서 비속어나 은어가 빠져야 한다는 내용은 언급되어 있지 않다. 제시문은 신어의 영역을 오히려 확장해야 한다는 입장이기 때문에 비속어나 은어가 빠져야 한다는 이 선택지에 어색함을 느껴야 한다.
③ 제시문에서는 어려운 전문 용어를 어떤 목적(의사소통의 효율성이나 교육적 목적)을 위해 '인위적인 신어'로 바꾸는 것에 대한 정책적 고려가 필요하다고는 했다. 하지만 '자연 발생적인 신어'에 대한 정책적 고려가 필요하다고는 하지 않았다.
④ 제시문의 중심 내용은 신어의 연구 대상과 영역을 확장해야 한다는 것이다. 그런데 신어는 의사소통의 효율성을 위해 그 범주를 특정해야 한다는 것은 범위를 한정하라는 의미이므로 제시문의 내용에 어긋난다.

05 ▶ ④

[정답풀이] 1문단에서는 '사회 관계망 서비스(SNS)'의 장점에 대해 언급하면서 동시에 개인의 신상 정보를 무차별적으로 공개하는 범법 행위가 확산되고 있는 문제를 제기하고 있다. 그리고 2문단에서 "따라서 사회 관계망 서비스를 이용하여 정보를 공유할 때에는, 개인의 사생활을 침해하거나 인격을 훼손하는 정보를 유출하는 것은 아닌지 각별한 주의를 기울일 필요가 있다."라고 언급되어 있다. 즉, SNS를 하는, 정보 공유 과정에서 개인의 인권이 침해당해서는 안 된다라는 의미이므로 답은 ④이다.

[오답풀이] ① 제시문에서 SNS는 사회적 정의 실현을 위해 생각과 정보를 공유할 수 있도록 돕는 기능이 있다고 언급을 하고는 있지만, 이것은 일부의 내용일 뿐이다. 뒤의 부분에서는 그 과정에서 개인의 인권이 침해될 수 있으므로 주의를 기울이라고 하는 주장을 더 강하게 하고 있으므로 ①은 제시문의 결론으로 볼 수 없다.
② '공공의 이익이 훼손되는 경우가 없다'는 내용은 아예 언급되지 않고 있으므로 결론으로 적절하지 않다.
③ 제시문에서는 사건의 사실 여부를 제대로 확인하지도 않은 채 개인 신상 정보부터 무분별하게 유출하는 것은 옳지 않다며 비판하고 있기는 하다. 하지만 이것은 일부의 내용이지 결론적으로 주장하는 내용은 아니므로 옳지 않다.

06 ▶ ③

정답풀이 2문단에서 앞의 내용을 반대로 드러내는 '그러나'라는 접속부사에 집중해야 한다. "그러나 이러한 명칭 때문에 내간이 부녀자만을 상대로 하거나 부녀자끼리만 주고받은 편지로 오해되어서는 안 된다. 16, 17세기의 것만 하더라도 수신자는 왕이나 사대부를 비롯하여 한글 해독 능력이 있는 하층민에 이르기까지 거의 전 계층의 남성이 될 수 있었기 때문이다."라는 부분을 통해 '언간은 특정 계층과 성별에 관계없이 이용된 의사소통 수단이었다.'이 중심 내용이 됨을 알 수 있다.

오답풀이 ① "'언문'은 실용 범위에 제약이 있었는데, 이런 현실은 '언간'에도 적용된다."는 내용이 언급되긴 하나 일부 내용일 뿐이므로 중심 내용으로 적절하지 않다.
② 2문단에서 "이러한 사용자의 성별 특징으로 인하여 종래 '언간'은 '내간'으로 일컬어지기도 하였다. 그러나 이러한 명칭 때문에 내간이 부녀자만을 상대로 하거나 부녀자끼리만 주고받은 편지로 오해되어서는 안 된다."라는 내용이 있으므로 이 선지는 중심 내용으로는 적절하지 않다.
④ 1문단에 "결국 조선시대에는 언간의 발신자나 수신자 어느 한쪽으로 반드시 여성이 관여하는 특징을 보인다고 할 수 있다."라고 언급이 되나 일부 내용일 뿐이므로 중심 내용으로 적절하지 않다.

亦功 문제훈련 중심 내용 추론   p.75

한눈에 보기
01 ② 02 ② 03 ④ 04 ② 05 ②
06 ④

01 ▶ ②

정답풀이 본문은 대기환경 정책의 패러다임 전환과 국내 정책의 개선 방향에 대해 설명하고 있다. 첫 문장에서 "최근 대기환경 정책은 단순한 농도나 배출량 관리에서 벗어나, 인체 건강 영향을 중심으로 하는 '환경 위해성 관리'로 패러다임을 전환하고 있다"고 명시하여 전환의 방향을 제시하고 있다. 이후 과거와 현재의 접근 방식을 대비하여 설명하고, 캘리포니아 사례를 통해 새로운 접근의 구체적 모습을 보여준다. 그리고 "우리나라 역시… 여전히… 한계가 존재한다"고 국내 상황의 문제점을 지적한 후, "이에 따라 국내 대기환경 정책도… 방향으로 나아가야 한다"고 개선 방향을 제시하고 있다. 이 선지는 전체적인 정책 전환의 흐름과 국내 정책의 개선 필요성을 균형 있게 담고 있어 글의 중심 내용을 가장 정확하게 반영하고 있다.

오답풀이 ① 본문에서 미국 캘리포니아주의 사례를 "이러한 전환의 대표적 예"로 언급하고 있지만, 이는 환경 위해성 관리 전환을 설명하기 위한 하나의 사례로 제시된 것이다. 글의 중심은 캘리포니아의 성공 모델에 있는 것이 아니라, 전체적인 정책 패러다임의 전환과 국내 정책 개선의 필요성에 있다.
③ 본문에서 국내 대기환경 정책의 한계로 "인체 건강 영향에 대한 정량적 평가지표가 부족하고, 환경성 질환과의 연계도 미흡하다"는 점을 지적하고 있지만, 이는 일부의 내용에 불과하므로 중심 내용이라고 볼 수 없다.
④ 제시문에서 국민의 건강기본권을 보장하는 것이 제일 중요하다고 한 적이 없으므로 이는 중심 내용으로 적절하지 않다.

02 ▶ ②

정답풀이 본문은 수리생물학의 발전과 수학적 도구들이 생명과학 분야에서 어떻게 활용되고 있는지를 설명하고 있다. 첫 문단에서 "행렬이나 미분방정식이 핵심이 된다"고 언급하고, 두 번째 문단에서는 종양 진단에서의 행렬과 딥러닝 활용, 약물 효과 예측에서의 미분방정식 모델링 등 구체적 사례를 제시하며 "생체 시계 조절, 자폐 스펙트럼 진단, 신약 개발 등 다양한 분야에 확장되고 있다"고 설명하고 있다. 이 선지는 수학적 모델링 기법의 구체적 적용과 생명과학 전반에서의 핵심적 역할을 모두 포괄하여 글의 중심 내용을 가장 정확하게 반영하고 있다.

오답풀이 ① 본문에서는 수학적 도구들이 어떻게 활용되는지에 초점이 있는데 '직관과 분석의 상호작용'에 대한 내용으로 언급되어 있지 않으므로 중심 내용으로 적절하지 않다.
③ 본문에서 "이처럼 복잡한 생명현상에 대한 이해와 의료 기술의 발전은 수학적 접근법 없이는 달성하기 어려운 수준에 이르렀다고 볼 수 있다."라고 언급이 되어 있으므로 복잡한 생명현상에 대한 이해와 의료 기술의 발전은 수학적 접근이 "있어야" 잘 발전할 수 있음을 알 수 있으므로 이 선지는 내용이 일치되지 않는 선지라 중심 내용으로 적절하지 않다.
④ 본문에서 "가상 실험을 통해 질병을 예측하거나 치료법을 설계하는" 내용이 언급되어 있지만, 수학이 "기존 실험 방법을 대체하는" 것으로 표현되지는 않았다. 오히려 본문은 수학적 도구가 생명과학에서 핵심적 분석 도구로 기능한다는 점을 강조하고 있다.

03 ▶ ④

정답풀이 본문에서 유럽연합의 초국가성이 '회원국 간의 협력과 신뢰를 전제로 한다'고 설명되어 있으며, 이는 '법적 통합과 국제적 협력을 도모하는 데' 중점을 둔다는 논지와 일치한다. 또한 본문 마지막 문장에서 '초국가성이 주권과 독립성을 제한하지만, 국제적 협력을 통해 보다 나은 결과를 도출하고자 한다.'라고 명확히 언급되어 있으므로 중심 내용으로 적절하다.

오답풀이 ① 본문에서 유럽연합법이 회원국의 법률보다 상위에 있다고 언급되었으나, 모든 국내법과 동등한 법적 효력을 가진다는 표현은 부정확하므로 적절하지 않다.
② 유럽사법재판소의 판결은 유럽연합의 자율성을 보호하는 데 중점을 두었을 뿐 회원국의 독립성을 보장하는 데 초점을 맞추지는 않았다. 본문에서는 '연합법이 회원국의 법률에 우선한다.'는 점을 강조하였다.

③ 본문에서 초국가성이 '회원국이 주권을 양도하고 독립적 법질서를 형성한다'는 점이 언급되었지만, 이는 초국가성의 일부 특징에 불과하며 중심 논지로 보기 어렵다.

04 ▶ ②

정답풀이 본문에서는 스페인이 "중앙집권적 통치 체제"와 "기독교 전파"에 중점을 두었으며, 영국은 "자치권을 허용하고 상업을 통해 식민지 경제를 발전시켰다"고 설명한다. 따라서 스페인의 통제 중심 정책과 영국의 자치 및 상업 중심 정책이라는 양국의 정책 차이를 모두 포괄한 ②번 선지가 중심 내용으로 적절하다.

오답풀이 ① 미언급의 오류이다. 스페인이 원주민 문화 보호와 자원 보존에 주력했다는 내용은 본문에 언급되지 않았다. 오히려 스페인은 자원을 수탈하는 정책을 펼쳤다.
③ 영국이 자치권을 허용한 것은 일부 북아메리카 식민지에 한정된 것이며, 모든 식민지에 동일하게 적용된 것은 아니다.
④ 스페인과 영국의 식민지 정책은 상반된 방식으로 진행되었으며, 동일한 통제 방식을 따랐다는 설명은 사실과 다르다.

05 ▶ ②

정답풀이 본문에서는 데이터 경제 활성화를 위해 "민간과 공공의 역할을 명확히 구분"하고, "각 주체가 데이터 활용에서 차지하는 비중을 조정하는 과정"이 필요하다고 언급되어 있다. 또한, 민간 부문이 데이터를 적극적으로 활용할 수 있도록 "법적, 제도적 장치가 뒷받침"되어야 한다는 내용도 제시되어 있다. 이를 종합적으로 고려할 때 ②가 본문의 핵심 논지를 가장 잘 반영한 것이라고 볼 수 있다.

오답풀이 ① 본문에서는 민간 부분과 공공 부문 모두 중요한 역할을 해야 한다고 하였다. 따라서 정부가 주도해야 한다는 표현은 적절하지 않다.
③ 공공 부문이 민간 부문이 데이터를 활용할 수 있도록 지원하는 역할을 하되, "안전망과 인프라 제공"역할도 중요하다고 서술되어 있다. 그러나 ③은 공공 부문이 민간 부문을 지원하는 역할만 담당한다고 제한적으로 표현하고 있으므로 적절하지 않다.
④ 본문에서 정부가 민간의 혁신을 지원하는 역할을 강조하고 있지만, "모든 데이터를 개방"해야 한다는 내용은 제시되지 않았으므로 적절하지 않다.

06 ▶ ④

정답풀이 본문에서 '그러나 이러한 접근은 문화적 차이와 인간의 편향된 윤리적 선호를 반영할 위험성을 내포하고 있어, 자율주행차량의 윤리적 판단 기준 설정은 여전히 해결해야 할 과제로 남아 있다.'라고 명시되어 있다. 따라서 문화적 차이와 인간의 편향을 고려해야 한다는 ④가 중심 내용으로 가장 적절하다.

오답풀이 ① 본문에서 공리주의적 접근이 제안되어 있기는 하나, 이는 도덕적 판단 기준 중 하나로 제시되었을 뿐 중심 논지는 아니다.
② 트롤리 딜레마가 본문에 언급되기는 하였으나, 교통 효율성에 초점을 맞추는 것은 윤리적 논의 중심의 본문의 접근과는 다르다. 또한 윤리적 문제는 아직 해결되지 않았다는 사실보다는 그것을 해결해야 한다는 내용이 주가 되어야 하므로 ②는 완벽한 답이라고 보기 힘들다.
③ 도덕 기계 실험은 윤리적 판단 기준 마련의 일부 과정으로 언급되기는 하였으나, 본문의 중심 논지로 보기에는 한계가 있다.

Chapter 06 내용 추론 긍정 발문

亦功 천기누설 혜선팍 독해 pin point

한눈에 보기
01 ④   02 ④

신유형 2025 버전 p.80

01 ▶ ④

정답풀이 제시문에서 "이후 김병연은 대역죄로 사형당한 인물의 후손이라는 오명을 쓰고 살아갈 수밖에 없었다. 그가 당대의 주류 세력과 관계를 맺지 못한 것도 이 때문이었다."라고 언급되어 있다. 따라서 김병연은 그의 할아버지의 대역죄로 당대의 주류 세력과 관계를 맺지 못하였음을 알 수 있다.

오답풀이 ① 반대의 오류이다. "김익순은 김시태의 후광을 입어 여러 관직에 나아갔다."를 통해 김시태의 후손인 김익순이 관직에 나아갔음을 알 수 있으므로 이 선지는 적절하지 않음을 알 수 있다.
② 인과의 오류이다. "김익순의 이러한 행적이 드러나 결국 그는 모든 재산이 몰수되고 사형을 당했다."를 통해 김익순은 김시태의 죄상이 드러나서가 아니라 본인의 잘못으로 재산이 몰수된 것임을 알 수 있으므로 이 선지는 적절하지 않음을 알 수 있다.
③ 인과의 오류이다. 신임사화에 연루된 것은 김시태였으며 김병연의 세상을 떠돌게 된 것은 김익순의 죄상 때문이므로 이는 적절하지 않다.

02 ▶ ④

정답풀이 맨 마지막 문단에서 "우리는 포도주는 오래될수록 좋아진다고 믿는 경향이 있지만, 대부분의 백포도주 혹은 중급 이하 적포도주는 시간이 지날수록 오히려 품질이 떨어진다."라고 언급하고 있다. 이는 고급 백포도주에 코르크를 끼우든 끼우지 않든 시간이 지나면 품질이 떨어지게 된다는 것을 의미한다. 따라서 병에 담겨 코르크 마개를 끼운 고급 백포도주는 보관 기간에 비례하여 품질이 개선되지는 않을 것이라는 ④의 추론이 가장 옳다.

오답풀이 ① 가장 매력적인 오답이었다. 많은 수험생들이 조급한 마음에 나머지 선택지는 보지 않은 채 ①을 찍고 다른 과목 시험을 치른 경우가 많았다. 하지만 ①은 옳지 않다. 고급 포도주는 "모두" 너무 덥지도 춥지도 않은 곳에서 재배된 포도로 만들어졌다는 것은 극단의 오류이다. 3문단을 보면 "다만 달콤한 백포도주의 경우는 샤토 디켐(Château d'Yquem)처럼 뜨거운 여름 날씨가 지속하는 곳에서 명품이 만들어진다."라고 나온다. 즉, 고급 백포도주의 경우에는 뜨거운 여름 날씨에 명품이 만들어진다고 하고 있다. 따라서 예외가 있기 때문에 모든 고급 포도주가 모두 너무 덥지도 춥지도 않은 곳에서 재배된 포도로 만들어졌다는 것은 옳지 않다.
② 2문단의 맨 끝 문장에서 "대체로 대서양의 루아르강 하구로부터 크림반도와 조지아를 잇는 선이 상업적으로 포도를 재배할 수 있는 북방한계선이다."라고 언급되어 있으므로 루아르강 하구로부터 크림반도와 조지아를 잇는 선은 이탈리아보다 남쪽이 아니라 북쪽에 있을 것이므로 반대의 오류이다.
③ 1문단에서 "이런 용도로 일상적으로 마시는 식사용 포도주로는 당연히 고급 포도주와는 다른 저렴한 포도주가 쓰이며, 술이 약한 사람들은 여기에 물을 섞어서 마시기도 한다."라고 언급되어 있다. 유럽에서 일상적으로 마시는 식사용 포도주는 고급 포도주와는 다른 저렴한 포도주가 쓰이므로 이 선택지는 옳지 않다. 객체 혼동의 오류이다.

亦功 기출훈련 내용 추론 긍정 발문 p.82

한눈에 보기
01 ②   02 ④   03 ②   04 ①   05 ④
06 ④   07 ②   08 ③   09 ③   10 ③
11 ①   12 ②   13 ④

01 ▶ ②

정답풀이 전기 및 가스 사고는 아직 일어나지 않은 것이기에 불안감이 유발된다.

오답풀이 ① 공포는 실재하는 객관적 위협에 의해, 불안은 아직 일어나지 않은 불명확한 위협에 의해 발생한다. 따라서 위험 상황을 정확히 인식한다면 공포감이 생겨날 것이다.
③ 시험 불합격은 아직 일어나지 않은 것이기에 불안감이 유발된다.
④ 교통사고는 미래에 또다시 일어날지 모르는 불명확한 위협이기에 불안감이 더 크다.

02 ▶ ④

정답풀이 '오디세이아'는 서사시의 시대로 총체성이 완전히 구현되어 있다. '에우리피데스의 비극'은 비극의 시대로 총체성이 흔들리는 시대이다. 따라서 '오디세이아'에서 신과 인간의 결합 정도가 더 높다.

오답풀이 ① '철학의 시대'가 계몽된 세계라는 서술은 있지만, 계몽사상인지는 불명확하며, 이것이 시대의 전환을 이끌어 낸 것 또한 아니다.
② '비극적 시대'는 소포클레스와 에우리피데스의 비극 등 신과 인간의 세계가 분리된 시대이다. 플라톤의 '철학의 시대'는 신탁이 사라진 시대는 맞지만, 그것이 비극적 세계인 것은 아니다.
③ 루카치는 신과 인간의 결합 정도인 '총체성'을 기준으로 시대를 구분하였다.

03 ▶ ②

정답풀이 '연개소문'의 사례를 통해 반신임에도 당나라에 당당히 대적한 민족적 영웅의 모습을 드러낸 것을 알 수 있다. 그리고 이를 통해 '삼국사기'가 기존 평가와 달리 다면적이고 중층적 역사 텍스트라 하였다.

오답풀이 ① 2문단에서 '삼국사기'는 신라 정통론에 기반해 있다고 언급하였다. 뒷부분에서 기존의 평가와 달리 다면적이고 중층적 역사 텍스트인 점은 맞지만 이점만 가지고 신라 정통론을 벗어났다고 판단할 수는 없다.
③ 1문단 마지막에서 관직에 있지는 않았으나 기릴 만한 사람을 실었다고 언급하였다.
④ '삼국사기'는 본기 28권, 지 9권, 표 3권, 열전 10권으로 본기가 가장 많은 권수를 차지한다.

04 ▶ ①

정답풀이 3문단에서 '그러나 문화 전파의 기제를 설명하는 이론으로는 밈 이론보다 의사소통 이론이 더 적절해 보인다.'는 내용이 나오므로 이 선지가 옳다.

오답풀이 ② 3문단에서 의사소통 이론을 설명할 때에 푸딩 요리법이 약간씩 차이를 보이는 이유는 수용 과정에서 수신자가 발신자가 전해 준 정보에다 자신의 생각을 덧붙였기 때문이라고 하고 있다. 따라서 의사소통 이론에 따르면 수용 주체의 주관이 개입되지 않는다는 설명은 옳지 않다.
③ '복제'를 통해 특정 공동체의 문화가 전파된다는 것은 의사소통 이론에 따른 것이 아니라 '밈(meme)'에 따른 것이므로 이 선지는 옳지 않다. 2문단 마지막 줄에 '밈 역시 유전자와 마찬가지로 공동체 내에서 복제를 통해 확산된다.'라는 부분을 통해 알 수 있다.
④ 요크셔 푸딩 요리법이 요크셔 지방의 가정이나 개인에 따라 세부적인 차이를 보이는 현상은 '밈(meme)'이 아니라 의사소통 이론에 의해 설명할 수 있는 것이므로 이 선지는 옳지 않다.

05 ▶ ④

정답풀이 ㄱ. 컴퓨터는 결정론적 법칙의 지배를 받는 시스템이므로 자유의지를 가질 수 없다고 언급되어 있다. 또한 자유 의지가 없다면 도덕적 의무도 귀속시킬 수 없음은 당연하다고 언급되어 있다.
ㄴ. 결정론적 법칙의 지배를 받는다는 것은 도덕적 의무를 귀속받을 수 없다고 하였다. 이의 대우 관계는 '도덕적 의무를 귀속시킬 수 있는 시스템은 결정론적 법칙의 지배를 받지 않는다.'이므로 옳다.
ㄷ. '어떤 선택을 할 때 그것과 다른 선택을 할 수 없는 시스템'은 결정론적 시스템을 의미한다. 결정론적 시스템은 자유의지를 가지지 않으므로 이 선택지도 옳다.

06 ▶ ④

정답풀이 1문단에서 "프리덤이 강제를 비롯한 모든 제약의 전적인 부재라면, 리버티는 특정한 종류의 구속인 강제의 부재로 이해될 수 있다."라고 언급되어 있다. "개인의 특정 행동에 대해 정부 허가가 필요한 것"에서 정부의 허가가 필요한 것은 '강제'이기 때문에 "개인의 특정 행동에 대해 정부 허가가 필요한 것"은 강제로부터의 자유가 제한된 것이라고 볼 수 있다.

오답풀이 ① 마지막 문장에서 "자유지상주의자들은 강제를 극소화하는 것, 특히 정부의 강제적인 간섭을 최소화하는 것을 통해 얻는 자유에 초점을 맞추고 있다."라고 언급되어 있다. 즉 자유지상주의자들은 '제약'으로부터의 자유가 아니라 '강제'로부터의 자유를 최대한 확보할 때 정의로운 사회가 된다고 주장하는 것이다.
② 2문단에서 "이와 달리 A국 시민은 거주지 이전의 허가가 필요 없어서 국가로부터의 어떠한 물리적 저지나 위협도 받지 않는다고 하자. 그렇다고 해서 모든 A국 시민이 원하는 곳에 실제로 이사 갈 수 있는 것은 아니다."에 언급되어 있다. 즉, A국 시민들은 국가로부터의 어떠한 물리적 위협도 받지 않고 있으므로 '리버티'를 보장받고 있다. 하지만 그렇다고 해서 아무 제약이 없는 것은 아니므로 '프리덤'을 보장받고 있는 것은 아니다.
③ '프리덤'에 대한 제한이 직접적인 물리적 힘보다 피해를 주겠다는 위협을 통해 이루어지는 경우가 더 많은 것이다. '리버티'에 대한 제한에 대한 설명이 아니다.

07 ▶ ②

정답풀이 제시문의 중심 화제는 '공정성이 성립하기 위한 두 가지 조건'으로 핵심어는 '공평성'과 '독립성'이다. 이를 설명하기 위해 '동전 던지기 게임'을 예시로 들고 있다.
ㄱ. 마지막 문단에서 "이와 같이 동전이 외부 장치에 의해 조작될 경우에는 항상 게임에서 패배하지 않을 수 있는 전략을 만들어 낼 수 있다."라고 언급되어 있다. 따라서 '패배하지 않을 수 있는 전략'이 없다면 외부 장치에 의해 조작되지 못하는 것이므로 독립적인 게임이 된다.
ㄷ. 공평성이란 "판단의 결과가 가능한 결과들 중 일부분으로 특별히 치우쳐서는 안 된다"는 것을 의미한다. 그런데 동전 자체의 무게중심이 한쪽으로 치우쳐져 있어 앞면이 나올 확률과 뒷면이 나올 확률의 차이가 크다면, 이는 공평성이 없는 것이므로 공정하지 않다.

오답풀이 ㄴ. 앞면이 나온 바로 다음에는 반드시 뒷면이 나오고, 뒷면이 나온 바로 다음에는 앞면이 나오도록 장치가 된 '동전 던지기 게임'은 독립적이지는 않지만 공평하다. 왜냐하면 게임을 충분히 여러 번 진행하면 앞면과 뒷면이 나오는 횟수는 거의 같게 될 것이기 때문이다. 앞면이 나온 바로 다음에는 반드시 뒷면이 나오고, 뒷면이 나온 바로 다음에는 반드시 앞면이 나오도록 장치가 된 동전 던지기 게임은 공평하지만, 공정하지 않은 것이므로 ㄴ은 옳지 않다.

08 ▶ ③

정답풀이 '링구아 프랑카(lingua franca)'란 영어와 같이 국제적으로 세력을 얻어 글로벌 시대에 의사소통의 가교 역할을 하는 언어이다. 따라서 국제사회에서 영향력이 강한 나라가 있다면 국제적으로 세력을 얻어 의사소통의 가교역할을 할 수 있다. 따라서 교류와 소통이 증가하면 그 나라의 언어가 링구아 프랑카가 될 수 있음을 추론할 수 있다.

오답풀이 ① 제시문에서는 언어의 분기와 사멸의 속도가 빨라지는 것의 원인 자체를 밝히고 있지 않다. 따라서 교류와 소통이 증가하면 언어의 분기와 사멸의 속도가 빨라질 것이라고 추론할 수 없다.
② 2문단에서 과거에는 그리스어나 라틴어가 링구아 프랑카였다고 언급하고는 있지만 다른 언어보다 쉽게 발음, 규칙, 의미가 변하지 않는다는 것은 언급하고 있지 않다.
④ '피진'은 급조된 언어이고, '크리올'은 피진을 사용하는 후대가 만든 새로운 언어이므로 이 사례와는 관련이 없다. '어리다'는 급조된 언어가 아니다. 또한 의미만 변한 것이므로 아예 새로운 언어라고 볼 수도 없다. 다만, 1문단에서 '언어는 살아 있는 생명체와 같아서 지금 이 시간에도 변화는 계속되고 있다'의 사례라고는 볼 수 있다.

09 ▶ ③

정답풀이 3문단에서 글쓴이는 "유교의 기본 입장은 설사 부모의 명령이라 하더라도 옳고 그름을 가리지 않는 맹목적인 복종은 그 자체가 불효라고 보았기 때문이다." 즉 글쓴이는, 맹목적으로 복종하는 것은 불효라는 것이 유교의 기본입장이라고 하는 것이다. 따라서 윗사람에 대한 복종을 절대시하지 않는 것이 유교적 윤리의 한 바탕이라는 ③이 글쓴이의 입장과 부합함을 알 수 있다.

오답풀이 ① '효가 가부장제 사회에서 비롯한'이라는 설명은 글쓴이의 입장과 부합하지 않는다. 글쓴이는 효가 봉건 가부장제 사회의 유습이라는 생각이 잘못된 생각이라고 하고 있기 때문이다. 다만, 효가 일차적인 인간관계에서 일어나는 행위라는 설명은 적절하다. 1문단 첫 문장에 언급되어 있기 때문이다.
② 효가 '조건 없는 신뢰에 기초한다'는 생각은, 옳고 그름을 가리지 않는 맹목적 복종이 불효라는 입장과 반대되는 내용이다.
④ 3문단에서는 충과 효는 동일하지 않으며 효는 충보다 우선시된다고 하였다. 따라서 충의 도리를 다함으로써 효의 도리에 도달할 수 있다는 것이 인의 이치라는 ④는 옳지 않다. 충과 효가 인과관계라는 내용은 아예 언급이 되어 있지도 않다.

10 ▶ ③

정답풀이 "지금 뭐하니"라는 발화는 '제안의 기능'을 수행할 수도 있고, '요청의 기능'을 수행할 수도 있고, '명령의 기능'을 수행할 수도 있다. 이를 통해 같은 발화라도 상황에 따라 기능이 다를 수 있음을 알 수 있다. 아래에서 두 번째 문장을 보면, "이처럼 같은 말도 상황에 따라 의미가 다르게 해석되기 때문에 우리가 주고받는 말은 일정한 상황을 전제하지 않고서는 제대로 이해되지 않는다."라고 대놓고 답이 나와 있다.

오답풀이 ① 어감이란, "말소리나 말투의 차이에 따라 말이 주는 느낌"이다. 여기에서 말투에 대한 내용은 나오지 않는다.
② 억양이란 "음의 높낮이"인데 음의 높낮이에 대한 내용은 나오지 않는다.
④ 문자 텍스트가 같더라도 상황이 다를 수 있으므로 문자 텍스트 그 자체만 우선시해서는 안 된다.

11 ▶ ①

정답풀이 "여기서 청각 체계로 들어온 소리가 머릿속 어휘 목록의 해당 항목에 접속할 뿐만 아니라 그것을 활성화한다는 점이 중요하다."를 보면 청각 체계를 통해 들어온 소리(음성 신호)가 머릿속 어휘 목록의 해당 항목에 접속하며, 그것을 활성화 시킨다는 것을 알 수 있다. 여기서 '그것'이란 '의미'를 일컫는다.

오답풀이 ② '그는 실험을 통해 앞부분이 같은 다른 단어들과 구별되는 지점까지 들어야 비로소 어떤 단어가 인식된다는 것을 알아냈다.'를 보면 단어의 발음을 끝까지 들을 필요가 없음을 알 수 있다. 'slander'와 'slant'는 다른 한 단어와 확실하게 구별되는 지점인 /d/ 또는 /t/를 들었을 때 비로소 다른 한 단어와 구분이 가능하다는 것을 알 수 있기 때문이다.
③ '발화의 과정'이 아니라, '소리(단어)를 들으며 다른 단어들과 구별해 내는 과정'을 숫자 조합 자물쇠의 원리로 설명할 수 있는 것이다.
④ 아래에서 두 번째 문장에서 "이와 유사하게, 특정 소리 연속체를 요구하는 신경 회로들은 진행 중인(하지만 아직 완전히 진행되지 않은) 소리의 연속체로 인해 활성화될 수 있다."라는 부분을 보면 특정 단어와 관련되는 신경 회로는 그 단어와 소리가 유사한 다른 단어들이 구별될 때에도 진행 중인 소리의 연속체로 인해 활성화됨을 알 수 있다.

12 ▶ ②

정답풀이 생각보다 매우 쉽게 풀리는 문제였다. 4문단에 밑줄 친 말의 물음 바로 뒤에 답이 나와 있다. 밑줄 친 말 바로 뒤의 문장에 '정상 과학의 시기에는 이미 이론의 핵심 부분들은 정립돼 있다.'라고 나와 있으므로 ②이 정답이다.

오답풀이 ① 정상 과학의 시기는 패러다임이 정착된 시기이다. 따라서 서로 상반된 시각의 학설이 등장하는 '혼란으로서의 다양성'이 아니라 이론과 자연현상을 일치시켜 가는 '지식의 확장으로서의 다양성'을 이룬다.
③ 정상 과학의 시기에 완전히 해석할 수 있는 과학으로 발전한다는 것은 적절하지 않다. 3문단에서 '정상 과학'은 완전한 과학이 아니라고 하였기 때문이다.
④ 과학자들의 열정과 헌신성은 낮아지지 않는다. 4문단에서 "이러한 시기에 과학자들의 열정과 헌신성은 무엇으로 유지될 수 있을까?"라는 물음에는 정상 과학 시기에도 과학자들의 열정과 헌신성은 유지된다는 전제가 있기 때문이다. 또 마지막 문단에서 결과는 예측이 되어도 그 예측이 달성되는 세세한 과정들은 의문 속에 있으므

로 과학자들의 열정과 헌신성은 유지된다고 대답하고 있다.

13 ▶ ④

정답풀이 맨 마지막 문장에서 "수증기도 지구 온난화에 영향을 미치기는 하지만 그 양은 자연 생태계가 조절하고 있어서 별 문제가 되지는 않는다."라고 언급되어 있다. 즉, 수증기도 이산화탄소처럼 온실효과를 나타내지만 지구 온난화에 미치는 영향은 작다는 것이므로 ④가 적절하다.

오답풀이 ① 2문단 2번째 문장에서 "이산화탄소 외에도 온실효과를 일으키는 기체로는 프레온, 아산화질소, 메탄, 수증기 등이 있다."라고 언급되어 있다. 이를 통해 프레온, 아산화질소, 메탄이 지구 온난화에 직접적인 영향을 주는 것임을 알 수 있으므로 ①은 옳지 않다.
② 1문단 2번째 문장에서 "만약 자연적인 온실효과가 없다면 지구 표면에서 복사된 열이 모두 외계로 방출되어 지구의 온도는 지금보다 평균 3, 4도 정도 낮아져서 생물들이 살아갈 수 없게 될 것이다."라고 언급되어 있다. 이를 통해 자연적인 온실효과 때문에 열이 외계로 방출되지 않는 것임을 알 수 있으므로 ②는 옳지 않다.
③ 1문단 마지막 문장에서 "그런데 화석연료의 사용이 늘어나면서 대기 중에 이산화탄소가 너무나 많아져서 지구 온난화 현상이 생기는 것이 문제이다."라고 언급되어 있다. 이를 통해 이산화탄소는 지구 온난화를 일으키는 원인임을 알 수 있으므로 이산화탄소가 지구 온난화를 방지한다는 ③은 옳지 않다.

亦功 문제훈련 내용 추론 긍정 발문 p.90

한눈에 보기

01 ④   02 ①   03 ②   04 ④   05 ④
06 ①

01 ▶ ④

정답풀이 본문에서 '최저임금제는 노동자 권익 보호와 경제적 효율성이라는 두 가치 사이에서 균형을 모색해야 하는 과제를 안고 있다'고 명시적으로 언급하며, '노동자의 기본적 삶의 질을 보장하면서도 기업과 시장의 역동성을 저해하지 않는 적정 수준의 최저임금을 설정'하는 것이 필요하다고 설명했다. 이는 선지의 내용과 일치한다.

오답풀이 ① 극단의 오류이다. 본문에서는 '최저임금 설정으로 노동자 소득이 증가하면 소비 확대와 내수 경제 활성화로 이어질 수 있다'고 하였지만, 이는 가능성을 언급한 것이지 최저임금이 설정되면 '모든 노동자의 임금이 상승'하며 '빈곤과 불평등 문제가 해결된다'고 단정하지 않았다. 따라서 '모든', '해결된다'와 같은 표현은 지나치게 단정적이다.
② 극단의 오류이다. 본문에서는 '지나치게 높은 최저임금은 기업의 인건비 부담을 가중시켜 고용 축소나 자동화를 초래할 수 있다'고 했지만, 이는 부작용의 가능성을 설명한 것이지 최저임금제가 '모든 국가의 경제 성장에 부정적인 영향을 미친다'는 기준으로 평가되지는 않았다. 따라서 특정 경제 정책의 영향을 단일 기준으로 판단한 것은 본문의 논지를 벗어난 것이다.
③ 반대의 오류이다. 본문에서는 '최저임금제에 반대하는 사람들은 인위적 임금 조정이 기업의 인건비 부담을 증가시켜 고용 감소로 이어질 수 있다고 지적한다'고 했으며, '특히 영세기업과 자영업자의 경영 악화, 저숙련 노동자 채용 기피, 자동화와 해외 아웃소싱 확대 등의 부작용이 나타날 수 있다'고 설명했다. 하지만 선지는 최저임금제 반대론자들이 '노동자의 권익 보호 필요성을 전혀 고려하지 않는다'고 하여 본문의 내용과 정반대된다.

02 ▶ ①

정답풀이 본문에서 '제임스-랑게 이론에 따르면, 감정은 신체적 변화를 경험한 후에 비로소 의식적으로 인식된다'고 설명하고 있으며, '우리는 슬프기 때문에 우는 것이 아니라, 울기 때문에 슬픔을 느낀다'는 주장으로 요약된다고 하였다. 이는 선지의 내용과 일치한다.

오답풀이 ② 본문에서 '캐논-바드 이론은 감정과 신체적 반응이 뇌의 시상에 의해 동시에 촉발된다고 본다'고 설명하고 있다. 그러나 선지는 캐논-바드 이론이 '감정이 신체적 반응을 유발한 후에 발생한다'고 주장한다고 하여, 감정과 신체 반응이 '동시에 일어난다'는 캐논-바드 이론의 핵심 개념과 일치하지 않는다.
③ 극단의 오류이다. 본문에서는 '제임스-랑게 이론은 감정이 신체 상태와 밀접히 연관되어 있음을 시사하지만, 특정 생리 반응이 항상 특정 감정으로 이어진다고 단정 짓기는 어렵다'고 명확히 한계를 제시하고 있다. 하지만 선지는 특정 생리적 반응이 '항상' 동일한 감정을 유발한다고 주장하여 지나치게 단정적인 표현을 사용하고 있다.
④ 반대의 오류이다. 본문에서 '캐논-바드 이론은 감정이 단순히 신체 반응의 결과물이 아니라, 시상에서의 동시다발적인 처리 과정을 통해 생성된다고 주장했다'고 하였다. 즉, 캐논-바드 이론도 신체적 반응을 고려하고 있으며, 감정이 신체 반응과 '무관하게' 형성된다고 보지 않는다. 따라서 선지의 내용은 본문과 반대된다.

03 ▶ ②

정답풀이 본문에서 "이 관점에서 세금 부과나 행정 규칙 같은 실정법은 도덕적 가치와 무관하게 효력을 갖는다."라고 하고 있다. 자연법론을 도덕적 가치를 법의 필수 조건으로 보나 법실증주의는 도덕적 가치와 무관하게 법이 효력을 가진다. 따라서 법실증주의는 자연법론과는 달리 도덕적 가치를 법의 필요조건으로 보지 않음을 알 수 있다.

오답풀이 ① 자연법론에서 "이들은 인권과 같은 보편적 가치가 법의 기반이 되어야 하며, 도덕성이 결여된 법은 진정한 의미의 법이 아니라고 주장한다."고 했다. 이는 보편적 도덕 법칙이 법을 만드는 데 필수적 조건이라고 보는 것이다. 따라서 보편적 도덕 원칙은 법의 충분조건이 아니라 필요조건이라고 봐야 하므로 적절하지 않다.
③ 반대의 오류이다. 본문에서 '법실증주의는 법의 객관성과 안정성을 중시한다'고 하였으며, '도덕적 가치와 무관하게 효력을 갖는다'고 설명했다. 그러나 선지는 법실증주의가 '도덕적 정당성이 결여된 법은 법으로 인정될 수 없다'고 주장한다고 하여 본문의 내용과 정반대된다.
④ 주체 혼동의 오류이다. 본문에서는 '법실증주의는 법의 객관성과 안정성을 중시한다'고 하였고, 자연법론은 '법의 궁극적 목적이 정의 실현에 있다고 본다'고 설명하였다. 그러나 선지는 자연법론이 법의 객관성과 안정성을 중시한다고 하여, 두 이론의 입장을 혼동하고 있다.

04 ▶ ④

정답풀이 본문에서 '고도로 복잡해지는 AI 시스템 앞에서 이 두 관점 사이의 균형점을 찾기란 쉽지 않다'고 하였으며, '기술의 발전 속도만큼 빠르게 변화하는 법적, 윤리적 기준은 계속해서 새로운 해석을 요구하고 있다'고 설명하고 있다. 또한, '결국 인공지능 시대의 책임 소재는 기술, 법, 윤리가 끊임없이 대화하며 함께 만들어야 할 과제인 것이다'라고 명시하여 선지의 내용과 일치한다.

오답풀이 ① 객체 혼동의 오류이다. 본부에서 개발사 책임론은 '인공지능의 오류가 근본적으로 개발 과정에서 비롯되므로, 시스템을 만든 개발자가 책임을 져야 한다'고 주장한다고 설명하고 있다. 그러나 선지는 개발자 책임론이 'AI 시스템이 단순한 도구이며, 궁극적인 책임은 이용자에게 있다고 본다'고 하여, 본문의 내용과 반대되는 주장을 하고 있다.
② 주체 혼동의 오류이다. 본문에서 이용자 책임론은 'AI는 여전히 인간이 통제하고 관리해야 할 대상이며, 최종적인 판단과 결정은 이용자의 몫이라고 본다'고 설명하고 있다. 따라서 'AI가 인간의 통제를 벗어난 독립적인 판단 주체라 주장한다'고 하는 것은 적절하지 않다.
③ 극단의 오류이다. 본문에서는 AI의 책임 소재가 법적, 윤리적 논의와 함께 다루어져야 한다고 설명하고 있으며, '기술의 발전 속도만큼 빠르게 변화하는 법적, 윤리적 기준은 계속해서 새로운 해석을 요구하고 있다'고 명시하고 있다. 그러나 선지는 '기존 법적 틀로 충분히 해결될 수 있으며, 추가적인 윤리적 고려는 불필요하다'고 하여 본문의 균형 잡힌 시각을 무시하고 지나치게 단정적인 결론을 내리고 있다.

05 ▶ ④

정답풀이 본문에서 정신 질환의 원인으로 생물학적 요인과 환경적 요인이라는 상반된 관점이 제시되고 있다. 생물학적 관점의 문제점은 "그러나 이 접근법은 환경적 영향을 간과하고 정신질환을 지나치게 의학적으로 해석한다는 비판을 받기도 한다."이며 환경적 관점에서도 "하지만 이러한 환경적 관점도 실상으로는 생물학적 요인과 관련이 있을 수 있으므로 통합적인 접근이 필요하다."라고 하고 있다. 따라서 정신질환의 원인은 생물학적 요인과 환경적 요인의 복합적인 상호작용으로 이해해야 한다를 도출하는 것은 적절하다.

오답풀이 ① 극단의 오류이다. 본문에서는 '정신질환 치료는 약물이나 뇌 자극 등 신경생리학적 개입이 중심이 된다'고 하였지만, 동시에 환경 접근법도 강조되고 있으므로 주로 생물학적 개입을 통해서 가능하다는 설명은 극단의 오류에 해당된다.
② 비교 미언급의 오류이다. 본문에서는 '정신질환의 원인은 생물학적 요인과 환경적 요인의 복합적인 상호작용으로 이해해야 한다'고 하였으며, 어느 한 요인이 더 우선된다고 단정하지 않았다.
③ 객체 혼동의 오류이다. 본문에서 '생물학적 관점에서는 정신질환이 주로 뇌의 신경학적 이상에서 비롯된다고 본다'고 설명하고 있다. 그러나 선지는 생물학적 관점이 '정신질환이 심리적 요인에 의해 발생한다고 본다'고 주장하여 본문의 내용을 잘못 해석하고 있다.

06 ▶ ①

정답풀이 1문단에서 '로크는 이렇듯 개인이 공정하게 사유 재산을 확보할 경우 자유로운 자본시장이 만들어질 것이라고 주장하였다.'를 통해 로크는 시장에서 공정함이 지켜진다고 함을 알 수 있다. 2문단에서 '그래서 현실에서는 노동력을 투입한 만큼 공정하게 분배받는 상황은 보장될 수 없다는 것이 노직의 주장이다.'을 통해 노직은 공정함이 없을 수도 있음을 전제함을 알 수 있다.

오답풀이 ② '로크는 분배 불평등을 교정할 제도적 장치를 인정하지 않았다.'라는 서술로 보아 로크가 제도적 장치가 필요하다고 주장하지는 않았을 것임을 알 수 있다.
③ '그(로크)는 인간이 노동력을 제공하면 특정 사물을 자신의 소유로 만들 수 있다고 보았으며'라는 서술로 보아 '노직'이 아니라 '로크'가 노동이 사유 재산을 획득하는 수단이 될 수 있음을 주장했다고 볼 수 있다.
④ '하지만 노직은 로크의 주장은 후대 사람들을 충분히 고려하지 않은 것이라고 비판하였다.'라는 서술로 보아 선지의 '로크'와 '노직'을 바꿔야 함을 알 수 있다.

Chapter 07 내용 추론 부정 발문

亦功 천기누설 혜선팍 독해 pin point

한눈에 보기
01 ②　　02 ②

신유형 2025 버전 p.96

01 ▶ ②

정답풀이 일기예보에서 흐린 날씨를 표시하는 구름 모양의 아이콘은 사람들에게 날씨 정보를 제공하는 기호이므로 자연적 기호라고 볼 수 없다.

오답풀이 ① 전쟁 중에 군대에서 사용하는 암호는 의사소통의 기호에 해당하므로 관습적 기호이다.
③ 특정 질병에 걸렸을 때 나타나는 얼굴색은 질병에 걸렸다는 정보를 전달하는 기호이지, 의사소통을 목적으로 하는 기호는 아니므로 정보성만을 가진 기호이다.
④ 이웃 마을과 구별하기 위해 마을의 명칭을 본떠 만든 상징탑은 이웃 마을과 다름을 알리기 위해 만든 것이므로 의사소통적 기호이다.

02 ▶ ②

정답풀이 2문단에서 차람은 알고 지내던 개인들 사이에서 이루어졌다고만 하였고 대가를 지불했는지의 여부는 나타나지 않았다.

오답풀이 ① 1문단에서 전기수는 '글을 모르는 사람들과 글을 읽을 수 있지만 남이 읽어주는 것을 선호하는 이들'에게 소설을 구연하였다는 것을 알 수 있다.
③ 1문단 마지막에서 구연에 의한 유통은 문헌에 의한 유통에 비해 시간과 공간의 제약이 많다고 서술하였다.
④ 2문단 마지막에서 세책가에서는 소설을 구매하는 것보다 훨씬 적은 비용으로 빌려볼 수 있었고 이로 인해 세책가가 성행하였다고 서술하였다.

亦功 기출훈련 내용 추론 부정 발문 p.98

한눈에 보기
01 ③　02 ②　03 ③　04 ②　05 ③
06 ①　07 ①　08 ④　09 ④　10 ③
11 ④　12 ④　13 ③

01 ▶ ③

정답풀이 2문단에서 '재미있는 사실은 통각 신경이 다른 감각 신경에 비해서 매우 가늘어 신호를 느리게 전달한다는 것이다.'를 통해 통각 신경이 신호 전달이 느림을 알 수 있으므로 신호의 전달이 빠르다고 하는 것은 적절하지 않다.

오답풀이 ① 1문단의 '이 통로를 통해 세포의 안과 밖으로 여러 물질들이 오가면서 세포 사이에 다양한 신호를 전달한다'를 통해 통로는 여러 물질들이 세포의 안팎으로 오가며 신호를 전달하는 구조임이 적절함을 알 수 있다.
② 2문단의 '반면 내장 기관에는 통점이 1cm2당 4개에 불과해 아픈 부위를 정확하게 알기 어렵다. 폐암과 간암이 늦게 발견되는 것도 폐와 간에 통점이 거의 없기 때문이다'를 통해 통증을 느끼지 못하게 되면, 치명적인 질병에 걸려도 질병의 발견이 늦을 수 있음이 적절함을 알 수 있다.
④ 2문단의 '이렇게 통점이 빽빽이 배치되어야 아픈 부위를 정확히 알 수 있다'를 통해 아픈 부위가 어디인지를 정확하게 알기 위해서는, 통점이 빽빽하게 배치되어야 함이 적절함을 알 수 있다.

02 ▶ ②

정답풀이 '저작물에는 1차적 저작물뿐만 아니라 2차적 저작물과 편집 저작물도 포함되어 있으므로 2차적 저작물 또는 편집 저작물의 작성자 또한 저작자가 된다'의 내용이 언급되기는 하나, 1차적 저작물과 2차적 저작물의 차이는 나오지 않으므로 적절하지 않다.

오답풀이 ① 1문단의 "'저작권'이란 인간의 사상이나 감정을 창의적으로 표현한 저작물을 보호하기 위해 저작자에게 부여한 권리를 말한다. 저작물은 '인간의 사상 또는 감정을 표현한 창작물'이며 저작자란 '저작 행위를 통해 저작물을 창작해 낸 사람'을 가리킨다."를 통해 알 수 있는 정보이다.
③ 2문단의 "다만, 난쟁이가 거인의 어깨 위에 올라서는 특권을 누리기 위해서는 거인으로부터 허락을 받아야 하거나 거인에게 그에 따르는 대가를 지불해야 한다는 뜻도 내포하고 있다는 사실을 잊지 말아야 할 것이다."를 통해 알 수 있는 정보이다.
④ 3문단의 "창작물을 저작한 사람에게 저작권이라는 권리를 부여해서 보호하는 이유는 '저작물은 문화 발전의 원동력이 되므로 좋은 저작물이 많이 나와야 그 사회가 문화적으로 풍요로워질 수 있기 때문'이라고 할 수 있다."를 통해 알 수 있는 정보이다.

03 ▶ ③

정답풀이 인간의 지각과 사고 활동에서 프레임의 영향을 받지만, 이를 극복해야 한다는 내용은 나타나지 않는다.

오답풀이 ① '우리의 모든 정신 활동은 진공 상태에서 일어나는 것이 아니라, 어떤 맥락이나 가정하에서 일어난다'는 진술에서 맥락이나 가정이 프레임을 의미하기에 적절한 진술이다.
② '프레임의 지배도 받지 않고 세상을 있는 그대로, 객관적으로 본다고 주장한다면, 그 주장은 진실이 아닐 것이다'라는 진술에서 프레임이 편향성을 가지게 함을 알 수 있다.
④ 사람의 지각과 생각은 항상 어떤 맥락, 기준, 관점, 가정 등에서 일어나는데, 이러한 것을 프레임이라 칭한다.

04 ▶ ②

정답풀이 본문 후반부에서 17세기 이후의 방관자형 몽유록은 현실을 비판하는 것이 아닌 구경꾼이라고 서술되어 있다.

오답풀이 ① 몽유록은 몽유자가 꿈속 모임에 직접 참여하는 '참여자형'과 몽유자가 꿈속 모임을 엿볼 뿐 참여하지 않는 '방관자형'으로 나뉜다.
③ 본문 후반부에서 17세기 이후 몽유록이 통속적이고 허구적인 것은 몽유자의 역할 변화(참여자 → 방관자)와 무관하지 않다고 하였다.
④ 참여자형 몽유록은 몽유자가 꿈속 인물들과 동질적인 이념을 공유하고 현실에 대해 이야기하며 비판적 목소리를 낸다.

05 ▶ ③

정답풀이 본문은 인간이 보편적 복수성과 특수한 단수성을 겸비한 존재이며 그렇기에 획일화가 아닌 포용의 태도가 필요하다고 하였다. 자신의 유일무이성을 지키면서 타인의 유일무이성도 지켜야 한다고 말하는 것이다. 따라서 단수성의 주구가 복수성을 침해한다는 것은 타당하지 않다.

오답풀이 ① 첫부분에서 우리는 고립된 채 살아가는 존재일 수 없으며, 복수의 상태로 살아갈 수밖에 없다고 하였다. 뒤에 우리가 '단수'이기도 하다는 것은 인간 개개인이 가진 고유한 인격을 일컫는 말로 관계에 있어서 단수를 의미하는 것은 아니다.
② 인간은 복수성과 단수성을 겸비한 다원적 존재이기에 타인을 포용하는 공존의 태도가 필요하다고 하였다.
④ 마지막 문장에서 개별적 유일무이성(단수성)을 제거하는 것은 사회의 다원성을 파괴하는 일이라고 하였다.

06 ▶ ①

정답풀이 IQ 검사의 도입 목적은 지적장애아 및 학습부진아를 가려내기 위한 것임을 1문단에서 서술하였다.

오답풀이 ② 1문단 마지막에서 이 검사(IQ 검사)를 통해 비로소 인간의 지능을 수치화하고 객관적 비교가 가능하게 되었다고 하였다.
③ 2문단 마지막에서 IQ 검사는 인간의 지능 중 일부만을 측정한다고 지적하였다. 따라서 IQ가 높아도 전체 지능은 높지 않을 수 있다.
④ IQ 검사는 언어 이해력, 어휘력 등을 측정하기에 IQ가 높다면 읽기 능력이 좋을 확률이 높다.

07 ▶ ①

정답풀이 한자는 문맥에 따라 같은 글자가 다른 문장 성분으로 사용될 수 있다고 나와 있지만 이것이 한국어 문장보다 문장 성분이 복잡함을 의미하는 것은 아니다.

오답풀이 ② '깨끗할 정(淨), 물 수(水)'로 '깨끗하게 한 물'에서는 '깨끗하다'가 '물'을 수식한다.
③ '애인(愛人)'의 경우 '愛'의 문장 성분에 따라 '남을 사랑하다', '사랑하는 사람(연인)'이라는 뜻을 지닌다. 모두 '사랑하다'의 의미를 가지고 있기에 동음이의어가 아닌 같은 의미를 지닌 말로 보아야 한다.
④ 한글은 동음이의어로 인해 글자만으로 의미를 파악하지 못하는 경우가 많다. '의사(醫師)[병을 고치는 사람] - 의사(義士)[의로운 지사]'가 그러한 경우이다.

08 ▶ ④

정답풀이 2문단에서 '이 지도를 활용하면 복지 혜택이 필요한 지역과 수급자를 빨리 찾아낼 수 있으며, 생필품 지원이나 방문 상담 등 복지 기관의 맞춤형 대응이 가능하고, 최적의 복지 기관 설립 위치를 선정할 수 있다.'는 복지 공감 지도의 장점을 언급하고 있다. 하지만 어디에도 개별 만족도를 파악할 수 있다는 정보는 찾을 수 없다.

오답풀이 ① 사각지대란 관심이나 영향이 미치지 못하는 구역을 이르는 말이다. 복지의 사각지대가 있다는 것은 복지의 영향이 미치지 못하는 곳이 있다는 것이다. 그런데 마지막 문단에서 '교통이나 건강 등의 문제로 복지 기관 방문이 어려운 수급자를 위해 맞춤형 복지 서비스가 절실하게 필요한 상황임을 발견하고,'를 보면 앞에서 설명한 빅데이터로 복지 사각지대를 줄이는 방안을 마련할 수 있음을 알 수 있다.
② 마지막 문단에서 '복지 기관으로부터 도보로 약 15분 내 위치한 수급자에게 복지 혜택이 집중되고 있는 것도 확인했다.'를 통해 복지 기관과 수급자 거주지 사이의 거리는 복지 혜택의 정도에 영향을 줌을 추론할 수 있다.
③ 마지막 문단에서 '이에 교통이나 건강 등의 문제로 복지 기관 방문이 어려운 수급자를 위해 맞춤형 복지 서비스가 절실하게 필요한 상황임을 발견하고, 복지 셔틀버스 노선을 4개 증설할 계획을 수립했다.'를 통해 확인할 수 있다.

09 ▶ ④

정답풀이 3문단을 보면 「아동권리에 관한 제네바 선언」에서 아동은 보호의 객체로만 인식되고 적극적인 권리의 주체로 인식되지는 않았다는 것을 알 수 있으므로 이 선택지는 옳지 않다. 아동을 적극적인 권리의 주체로 인식함으로써 아동의 권리에 대한 진전된 성과를 이룬 것은 그 이후에 나온 「아동권리협약」이다. 이는 출제자들이 좋아하는 '주체 혼동의 오류'이다.

오답풀이 ① 1문단에서는 전근대사회에서는 아동의 권리에 대한 인식이 존재하지 않았다고 한다. 하지만 근대사회에 이르러 아동보호가 시작되었다고 하므로 아동의 권리에 대한 인식이 근대 이후에 형성되었음을 추론할 수 있다.
② 4문단에서 「아동권리협약」을 토대로 2016년 「아동권리헌장」 9개 항을 만들었다고 나온다. 처음 나오는 지시어 '이'는 「아동권리협약」을 가리킨다.
③ 2문단에서 『아동권리에 관한 제네바 선언』에는 "아동은 물질적으로나 정신적으로 정상적인 발달을 위해 필요한 조건이 충족되어야 한다."는 내용이 들어가 있다. 또한 4문단에서 『아동권리협약』과 『아동권리헌장』은 '생존과 발달의 권리'의 기본 원칙이 들어가 있으므로 옳다.

10 ▶ ③

정답풀이 "중세의 지적 전통에 대한 의구심은 고대의 학문과 예술, 언어에 대한 재평가로 이어졌으며,"라고 본문에 나와 있다. 따라서 고대의 학문과 언어에 대한 재평가가 이뤄진 것은 예술가들이 인체의 아름다움을 재발견해서가 아니므로 적절하지 않다. 중세의 지적 전통에 의한 의구심이 원인이기 때문이다.

오답풀이 ① 1문단에서 "르네상스가 일어나게 된 요인으로 많은 것들이 거론되어 왔지만, 의학사의 관점에서 볼 때 흥미롭고 논쟁적인 원인은 페스트이다."라며 페스트가 르네상스가 일어나게 된 요인 중 하나라고 언급하고 있으므로 이 선지는 적절하다.
② 1문단에서 "페스트로 인해 '사악한 자'들만이 아니라 '선량한 자'들까지 무차별적으로 죽는 것을 보고 이전까지 의심하지 않았던 신과 교회의 막강한 권위에 대해서도 회의하게 되었다."라는 언급이 있다. 이를 통해 페스트로 인한 선인과 악인의 무차별적인 죽음은 교회가 유지하던 막강한 권위를 약화시켰음을 알 수 있다.
④ 3문단에서 "존의 의학적 전통을 여전히 신봉하던 의사들에게 해부학적 지식은 불필요한 것으로 인식되었던 반면, 당시의 미술가들은 예술가이면서 동시에 해부학자이기도 할 만큼 인체의 내부 구조를 탐색하는 데 골몰했다."를 통해 알 수 있는 정보이다.

11 ▶ ④

정답풀이 '시사점'이란 '미리 일러 주는 암시로서, 이 문제는 추론적 독해를 묻는 유형이다. 그런데 ④에서 "모든 공공 기관의 사무실 온도"를 높여야 한다는 것은 잘못된 추론이다. 제시문의 핵심은 '표준화된 신체'를 가진 남성에 의학적 연구의 초점이 맞춰져 있으므로 여성이나 그 이외의 신체를 가진 남성에게는 적용이 되지 않을 수 있다는 것이다. 만약 공공기관의 사무실 온도에 표준화된 신체를 가진 남성이 있다면, 설정 온도를 일률적으로 높이는 것은 바람직하지 않으므로 이 선택지는 옳지 않다.

오답풀이 ① 표준으로 삼은 대상은 일부의 남성일 뿐이므로 전체를 대표하지 못한다. 따라서 다양한 대상을 선정해야 한다는 추론은 적절하다.
② 우리가 아는 대상이 대표성을 띠지 않은 대상일 수 있으므로 연구 대상을 보고 의학지식을 활용할지 따져야 한다는 추론은 적절하다.
③ 표준으로 삼은 대상은 일부의 남성으로 신체조건의 범위가 제한적이다. 따라서 실제로 근무하는 사람들의 성별과 연령대를 고려하는 것이 바람직하다고 볼 수 있다.

12 ▶ ④

정답풀이 심리적 불안을 느끼는 특성이 있다는 것은 아예 언급되지 않는다. 새로운 정보를 접했을 때 사람은 자기가 믿는 정보만 받아들이고 아닌 정보는 무시할 뿐이지, 심리적 불안을 느낀다는 언급은 아예 없다.

오답풀이 ① 자신의 신념과 일치하는 정보는 받아들이고 그렇지 않은 정보는 무시하기 때문에 사람은 한번 신념이나 행동이 고정되면 바꾸려 하지 않음을 추론할 수 있다.
② 자기가 믿고 싶은 대로 판단하는 것은 주관적인 판단이므로 정보를 객관적으로 판단하지 못하는 심리적 특성이 있음을 알 수 있다.
③ 자기가 믿고 싶은 것만 받아들이므로 지지자들의 말만 듣고 자신의 신념을 더 강화할 것이라고 추측할 수 있다.

13 ▶ ③

정답풀이 김홍도의 「씨름」은 명암법을 사용하지 않았고 김두량의 「견도」는 명암법을 사용하였다. 따라서 다른 명암법이 사용되었다는 것은 옳지 않다.

오답풀이 ① 2문단 마지막 부분에서 "빛과 그림자를 통해 그림의 사실성을 높이고 사물의 물리적인 실재감을 높이는 것은 선의 맛을 중시하여 정신성을 극대화해 온 동양 회화의 전통과 배치되기 때문이다."라고 언급되어 있다.
② 2문단에서 빛과 그림자를 통해('빛과 그림자'를 명암이라고도 함) 그림의 사실성을 높이고 사물의 물리적인 실재감을 높인다고 나와 있다.
④ '선묘에 의지해 대상을 나타내는 우리의 전통 회화에서는 그림자 표현을 찾아보기 어렵다.'를 통해 알 수 있다.

亦功 문제훈련 내용 추론 긍정 발문 p.105

한눈에 보기
01 ③   02 ④   03 ①   04 ②   05 ①
06 ②

01 ▶ ③

정답풀이 나트륨 이온 통로를 폐쇄하는 것은 테트로도톡신의 기능으로 테트로도톡신은 신경의 마비를 유발한다. 심정지를 유발하는 것은 아코니틴으로, 나트륨 이온 통로를 상시 개방하는 역할을 한다.

오답풀이 ① 아코니틴은 나트륨 이온 통로의 개방, 테트로도톡신은 나트륨 이온 통로를 폐쇄한다.
② 아코니틴과 테트로도톡신이 길항 작용을 일으키기 때문에 서로의 작용은 상쇄된다.
④ 길항 작용을 통해 약물의 작용 시점을 늦출 수도 있으며, 이것이 오노 요키치 교수의 조사 끝에 밝혀졌다.

02 ▶ ④

정답풀이 예술의 질적 혁신을 중요시한 것은 모더니즘 예술가들이다. 다다이즘 예술가들은 '다다이즘 예술가들은 무의미한 행위, 비관적 느낌, 말장난 등을 통해 예술적 비관과 철학적 혼란을 표현'하고자 하였다.

오답풀이 ① '다다이즘은 기존의 예술 형식과 전통적인 가치에 반대한다는 점에서 모더니즘과 유사하다'고 하였다.
② 다다이즘과 달리, 모더니즘 예술가들은 '기계 문명과 도회적 감각을 추구'했다.
③ 후기 인상주의, 산업 디자인, 미국 추상화, 팝 아트는 대표적인 모더니즘 예술 분야이며, 인상주의와 레디메이드는 대표적인 다다이즘 예술 분야이다.

03 ▶ ①

정답풀이 한복은 조선 시대 유교의 영향으로 저고리가 전대에 비해 길어진 모습을 보인다 하였고, 옷 안에 넓은 천을 따로 맨 것은 시간이 흘러 저고리가 짧아져 노출을 막기 위함이라 서술되어 있다. 때문에 유교의 영향으로 옷 안에 천을 덧댄다는 것은 잘못된 표현이다.

오답풀이 ② 3문단 첫 번째 줄에 서술되어 있다.
③ 1문단 4번째 줄에서 활동성을 중시하여 넉넉한 품을 특징으로 함을 알 수 있다.
④ 2문단 1번째 줄에서 남녀 간 복식의 차이점이 거의 없었음을 알 수 있다.

04 ▶ ②

정답풀이 이 글은 자유의지와 결정론의 공존 가능성에 대해 다루고 있다. 약한 결정론자들은 이 둘의 공존이 가능하다고 판단하는데, 이는 자유의지 존재 자체와 결정론이 상호배타적인 것이 아니며, 원인이 있더라도 자유의지에 의해 결과가 바뀔 수 있다는 주장이다. 제시문에서 사건의 원인에 따른 결과를 필연적으로 만드는 것이 외부의 강제라고 했기 때문에 약한 결정론을 따르는 상황에서 외부의 강제가 존재한다면 자유 의지가 있었든 없었든 결과는 필연적으로 일어날 것이다.

오답풀이 ① 자유의지와 결정론이 상호배타적일 때 "결정론이 참이라면"이라는 조건은 결정론을 따른다는 의미이며, 이에 따라 자유의지는 개입할 여지가 없게 된다. 따라서 인간에게 자유의지는 존재하지 않을 것이다.
③ 약한 결정론을 따를 때 인간의 자유의지는 부정되지 않는다. 이때 자유의지를 부정하는 것은 외부의 강제인데, 해당 선지의 조건문에서 외부의 강제를 배제했으므로, 여기에는 자유의지가 개입할 여지가 남아 있을 것이다. 따라서 원인이 존재하더라도 결과는 자유의지에 의해 얼마든지 달라질 수 있다.
④ 자유의지와 결정론이 상호배타적이라고 보는 관점에서 결정론을 따른다면 인간의 자유의지는 부정되어야 한다. 해당 선지는 인간의 자유의지를 인간의 행위 역시 어떤 원인에 의해 결정된 사건일 뿐이라는 것을 드러내고 있다. 해당 내용은 2문단의 사례를 통해 추론이 가능하다.

05 ▶ ①

정답풀이 본문에서 '아무리 좋은 살충제를 개발한다고 하더라도 부정적인 영향을 최소화하기 어렵고, 정부의 승인을 받기 위해 필요한 모든 절차를 따르는 데에도 매우 큰 비용이 들어간다.'라는 서술이 나온다. 이는 살충제 개발이 농업의 지속 가능성을 위한 경제적 부담을 가중시키고, 환경에 대한 부정적 영향을 최소화하기 어렵다는 점을 드러내므로 적절하지 않음을 알 수 있다.

오답풀이 ② 살충제 개발이 초반에는 주목받았으나 환경과 인간 건강에 미치는 부작용이 있다는 연구가 등장하면서 살충제 개발이 유의미한 대안이 아니게 되었다. 따라서 살충제가 환경과 인간 건강에 미치는 부작용이 살충제 개발을 재평가하게 만들었다는 선지는 적절하다. 긍정적인 평가에서 부정적인 평가로 바뀌었기 때문이다.
③ 3문단의 '그래서 최근에는 해충을 관리하기 위한 다양한 접근법이 연구되고 있다.'와 '이러한 접근법은 환경에 미치는 부정적인 영향을 줄이고, 장기적으로 지속 가능한 농업을 실현하는 데 중요한 역할을 할 것이다.'라는 정보를 통해 해충 관리 기법의 다양성은 지속 가능한 농업을 실현하는 핵심 역할을 하고 있음을 알 수 있다.
④ 본문에서 '생물학적 통제 기법의 개선이나 해충 저항성이 강화된 품종 개발과 같은 대안적인 방법들이 주목받는 추세'라고 하였으므로 이 선지는 적절하다.

06 ▶ ②

정답풀이 '이러한 관점에 따르면 누군가 어떤 행동을 하는 것은 결과물을 소유하기 위함이고, 또 그것을 소유한다는 것은 그것을 통해 존재하기 위함이다.'을 통해 행동을 하는 이유는 결과를 소유하기 위함임을 알 수 있다. 하지만 이 선지는 소유하게 되면 어떠한 행동을 할 수 있게 된다는 인과의 오류를 보여주므로 적절하지 않다.

오답풀이 ① '이러한 관점에서 본다면 작가의 작품 창작은 '행동'의 범주에 속하므로 작가는 작품을 창작함으로써 그것을 소유하고, 자신의 존재를 실현하고 강화할 수 있다.'라는 구절을 통해 적절함을 알 수 있는 선지이다. '자신의 존재 실현'은 '자아 인식에 긍정적 영향'과 유사한 의미를 지니고 있음을 추론할 수 있다.

③ '인간의 실존은 이 세 범주 내에서 이해되고 설명될 수 있다. 여기에서 주목해야 할 것은 이 범주들 사이에는 이른바 '이중의 환원'이 존재한다는 사실이다.'를 통해 적절한 선지임을 추론할 수 있다.

④ '사르트르에게 '독자'의 존재는 작가의 소망을 실현하고 작품 창작을 통해 그가 추구하던 '대자-즉자' 간의 결합을 실현하는 필수불가결한 요소였다.'라는 표현을 통해 작품 외부의 개입, 즉 독자의 감상 행위가 창작의 목적을 달성하는 데에 반드시 필요함을 짐작할 수 있다.

빈칸 추론

Part 03

Chapter 08 단수 빈칸 추론

亦功 천기누설 혜선팍 독해 pin point

한눈에 보기
01 ②   02 ①

신유형 2025 버전 1 p.111

01 ▶ ②

[정답풀이] 본문은 1990년대 세계 유일의 패권 국가로 자리 잡은 미국을 소개하고, 1960년대까지의 미국은 모든 계층이 엄청난 소득 증가를 경험할 수 있었으나 1990년대 이후에는 그 양상이 달라졌음을 소개하고 있다. ㉠ 앞에는 '1990년대 이후 세계화로 시작된 미국의 경제 회복세는 1960년대의 호황과 크게 달랐다.'라는 구절이 나오므로, 1960년대와 반대되는 상황이 나와야 한다. 따라서 ②가 가장 적절하다.

[오답풀이] ① 최상위 부유층과 서민들 모두에게 이익을 가져다 준 것은 1960년대까지만 지속되었던 상황이므로 적절하지 않다.
③ 세계화로 중국의 경제가 성장하기는 했으나, 이는 ㉠ 앞의 '미국의 경제 회복세는 1960년대의 호황과 크게 달랐다.'는 문장과 호응하지 않으므로 적절하지 않다.
④ 부유층이 자산을 분배했다는 이야기는 나오지 않으므로 석설하시 않다.

신유형 2025 버전 2 p.112

02 ▶ ①

[정답풀이] 1문단에서 인쇄술의 발전이 가져온 가장 중요한 변화를 언급하고 있다. 그것은 학교 제도의 영향력이 낮아진 것, 기억에 대한 의존도가 낮아진 것을 들고 있다. 2문단에서 인쇄술의 발달로 다양한 책들이 서점과 서가에 등장하게 되면서 지식 사회에 대한 비판과 검증이 가능해졌음을 말하고 있다. 따라서 뒤에서는 지식 사회에 대한 비판과 검증이 가능해진 결과에 대한 내용이 나올 수 있다. 따라서 ① '독점적인 학설이나 학파의 전횡이 줄어든 것과 특정 학설의 권위주의적인 행보가 사라지게 된 것'이 이어질 내용으로 가장 적절하다. 비판과 검증이 가능해지게 되면 책에 있는 독점적인 학설이나 학파의 전횡이 줄어들 것이기 때문이다.

[오답풀이] ② 1문단에서 이미 교사의 권위가 줄어들고 있다고 하고 있기 때문에 이 선택지는 이어질 내용으로 적절하지 않다.
③ 2문단에서 지식 사회에 대한 비판과 검증이 가능해졌다고 하기 때문에 지식의 독점과 권력화에 매진하기 더 힘들어졌을 것이므로 이 선택지는 이어질 내용으로 적절하지 않다.
④ '비판과 검증'이라는 사고는 책의 내용을 있는 그대로 받아들이는 수동적인 독서 대중과는 거리가 멀기 때문에 이 선택지는 이어질 내용으로 적절하지 않다.

亦功 기출훈련 단수 빈칸 추론 p.113

한눈에 보기
01 ①   02 ①   03 ④   04 ③   05 ①
06 ④   07 ⑤   08 ③   09 ③

01 ▶ ①

[정답풀이] 1문단에서 가문이나 국가의 질서를 수호하는 이야기가 우선시되었으나 그 흐름을 바꾼 것이 춘향전이라고 하였다. 또한 2문단에서 춘향전은 전통 속에서 탄생한 작품이라는 언급도 있으므로 이것들을 정리하면 '서사 문학사의 전통을 물려받으면서도 기존의 흐름을 바꾼 작품이다.'가 빈칸으로 들어갈 결론으로 적절하다.

[오답풀이] ② 1문단에서 춘향전은 성리학적 윤리 이념을 고수한 흐름을 바꾸었다는 언급이 있으므로 '성리학적 윤리관을 드러낸 전형적인 서사 문학'이라는 것은 적절하지 않다.
③ 춘향전은 남녀 간의 애정을 드러낸 것은 맞지만 한문 소설의 폭발적 성장을 이끌어낸다는 내용은 언급되지 않았으므로 적절하지 않다.
④ "또한 춘향전에는 구운몽과 사씨남정기와 같은 17세기 소설의 요소도 들어 있다."라는 내용은 언급이 되지만 이것으로 17세기 소설에 큰 영향을 미쳤는지는 언급되지 않았으므로 적절하지 않다.

02 ▶ ①

[정답풀이] 2문단의 '그 결과, 눈동자의 평균 고정 빈도에서 A집단은 B집단에 비해 약 2배 많은 수치를 보였다.'를 통해 읽기 능력이 부족한 독자는 읽기 능력이 평균인 독자에 비해 난해하다고 느끼는 단어들이 많음을 알 수 있다. 또한 '그런데 총 고정 시간을 총 고정 빈도로 나눈 평균 고정 시간은 B집단이 A집단에 비해 더 높게 나타났다.'를 통해 각각의 단어를 이해하는 과정에 들이는 평균 시간은 더 적을 것임을 알 수 있다.

03 ▶ ④

지문의 '자유는 정의를 실현하는 올바른 사회질서에 의해서만 보장될 수 있다.'라는 표현과 '법이 없다면 자유도 없다.'라는 표현을 통해 빈칸에 들어갈 말을 추론할 수 있다. '정의를 실현하는 올바른 사회질서'와 법의 관계가 추가로 제시되어야 하므로 '정의를 실현하는 올바른 사회질서는 법에 의해서만 확립될 수 있기'가 오는 것이 적절하다.

04 ▶ ③

정답풀이 이글은 '독자 분석'이 중요함을 설명하는 글이고 뒷부분에 그 이유에 대한 설명이 제시된다. 글이 너무 어려우면 독자가 글을 이해하기 어렵다고 하면서 글쓰기가 자신의 메시지를 독자에게 전달하는 행위라 언급하고 있다.
따라서 '필자의 메시지를 독자에게 효과적으로 전달하는 데 도움이 되기' 때문에 독자 분석이 중요하다고 하는 것이 가장 적절하다.

오답풀이 ① 계획하기 중 독자 분석의 중요성을 설명하는 글이다.
② 독자의 수준에 비해 어려운 개념과 전문용어를 사용하면 독자가 글을 이해하기 어렵다고 하였지만, 어느 정도 포함해야 한다는 내용은 확인되지 않는다.
④ 글의 목적과 주제, 독자 분석은 모두 '계획하기' 단계에서 이루어진다. 독자 분석 후 글의 목적과 주제를 결정한다는 내용은 확인되지 않는다.

05 ▶ ①

정답풀이 본문의 내용을 보면, 자기지향적 동기를 가진 사람이 그렇지 않은 사람보다 순찰 횟수가 더 많았고, 자기지향적 동기를 가진 사람 중 타인지향적 동기도 가진 사람이 순찰 횟수가 더 많았음을 알 수 있다. 정리하면 '자기지향적, 타인지향적 동기를 모두 가진 사람 > 자기지향적 동기만 가진 사람 > 타인지향적 동기만 가진 사람' 순으로 순찰 횟수가 많음을 알 수 있다. 따라서 '자기지향적 동기만 가진 사람은 타인지향적 동기만 가진 사람보다 행위의 적극성이 높다'는 진술은 적절하다.

오답풀이 ② 타인지향적 동기만 가진 사람보다 자기지향적 동기만 가진 사람이 순찰 횟수가 더 많았기에 적절하지 않은 진술이다.
③ 자기지향적 동기가 적극성에 긍정적 영향을 주는 것은 맞지만, 부정적 영향을 준다는 것은 본문을 통해 알 수 없다.
④ 자기지향적 동기의 영향에 따라 타인지향적 동기가 부정적 영향을 끼친다는 것은 본문을 통해 알 수 없다.

06 ▶ ④

정답풀이 통일성이란 글의 각 부분들이 서로 긴밀하게 연결되는 것을 의미한다.
이 문제는 온돌을 통한 우리의 전통적인 난방 방식과 벽난로를 통한 서양식의 난방 방식을 대조한 글이다. 이 글을 정리해 보면 다음과 같다.

온돌을 통한 난방 방식	벽난로를 통한 서양식의 난방 방식
① 방바닥 돌의 열기로 인해 돌이 뜨거워짐.	
② 뜨거워진 돌의 열기로 방바닥이 뜨거워져 복사열이 전달됨.	① 복사열을 이용하여 상체와 위쪽 공기를 데움.
③ 방바닥의 차가운 공기가 온돌로 데워져, 데워진 공기가 위로 올라감.	② 대류현상으로 인해 바닥 위 공기는 따뜻해지지 않음. 그 이유는 (가) .
④ 위로 올라간 공기가 다시 식으면 아래로 내려오고 다시 데워져 올라감.	
③,④가 대류현상을 의미한다.	

(가)의 앞 문장은 서양의 난방 방식을 언급하며, 상체와 위쪽 공기를 데우면 대류 현상으로 인해 바닥 위 공기까지는 따뜻해지지 않는다고 한다. 따라서 (가)는 대류 현상으로 인해 바닥 위 공기까지는 따뜻해지지 않는 이유를 묻고 있는 것이다. 그렇다면 대류 현상이 무엇인지를 파악하면 된다. 네 번째 문장에서 온돌을 통한 난방 방식에 대해 설명하면서 대류 현상을 언급하고 있다. 네 번째 문장을 보면, 대류 현상이란 데워진 공기는 위로 올라가고 식은 공기(=차가운 공기)는 아래로 내려가는 것으로 공기가 순환되는 현상이다. 이를 통해 상체와 위쪽 공기를 데우면 바닥 위 공기까지는 따뜻해지지 않는 이유는 데워진 공기가 위에 올라가 있기 때문임을 알 수 있다. 이것과 통하는 문장은 상체와 위쪽의 따뜻한 공기는 차가운 바닥으로 내려오지 않기 때문이라는 ④이다. 따뜻한 공기는 위에 있다는 의미와 같기 때문이다.

오답풀이 ① (가)의 앞 문장에서 벽난로를 통한 서양식의 난방 방식은 복사열을 이용하여 상체의 공기를 데우는 방식인데, ①에서는 방바닥의 따뜻한 공기를 전제하고 있다. 서양식의 난방 방식은 복사열을 통해 위쪽의 공기만 데우는 것이므로 방바닥의 따뜻한 공기가 위로 올라갈 수 없다.
② 벽난로에 의한 난방이 복사열에 의한 난방은 이루어지만 바닥의 공기를 따뜻하게 할 수는 없으므로 대류 현상이 일어나지 않으므로 이 선택지는 옳지 않다.
③ 대류 현상을 통한 난방 방식이 상체와 위쪽의 공기만 따뜻하게 하는 것은 아니므로 옳지 않다. 온돌을 통한 난방 방식의 경우 대류 현상을 통한 난방 방식으로 인해 상체와 위쪽의 공기가 아래로 내려올 때도 있기 때문이다. 그러한 경우에는 대류 현상을 통해 상체와 위쪽이 아니라 바닥의 공기가 따뜻해지게 된다.

07 ▶ ⑤

정답풀이 먼저 빈칸의 위치를 확인하니, 맨 뒤에 있으며 결론을 의미하는 '따라서'라는 접속 부사가 있음을 알 수 있다. 이를 통해 앞의 내용의 결론이 ㉠에 나올 것임을 알 수 있다. 앞의 내용을 요약하면 답이 나올 수 있다.
1문단에서는 아날로그가 디지털화된 정보에 영향을 주었음을, 2문단에서는 아날로그와 디지털이 결합하여 더 활성화됨을 전달한다. 따라서 이들은 상호보완적인 영향을 주고받음을 알 수 있으므로 '디지털 문화와 아날로그 문화를 대립적인 것으로 파악하는 것은 본질과 거리가 멀다'가 정답이다.

08 ▶ ③

정답풀이 "그러나 법률상 인품을 논의하여 세 등급으로 구별한 것은 후천적인 학식의 환경과 지각의 계층에 따른 것이기 때문에, 교화가 넓게 베풀어지는 정도에 따라 범죄 건수가 줄어들고 있다."라고 언급되어 있기 때문에 중요한 것은 "교화"임을 알 수 있다.

오답풀이 ① 법률은 계층에 따라 달리 보고 있다. 특히 하등인의 경우에는 "기회만 만나면 하고 싶은 대로 저질러 거리끼는 것이 없다."고 나와 있다. 따라서 법률을 엄격하게 정해도 한계가 있다는 뜻이므로 이 선택지는 정답이 될 수 없다. 또 이 글에서는 법률을 구체적으로 정한다는 내용이 언급되어 있지 않다.
② 하등인의 경우에는 "기회만 만나면 하고 싶은 대로 저질러 거리끼는 것이 없다."고 나와 있다. 따라서 법률을 엄격하게 정해도 한계가 있다는 뜻이므로 이 선택지는 정답이 될 수 없다. 또 이 글에서는 법률을 상황에 맞게 적용한다는 내용이 언급되어 있지 않다.
④ 계층에 대한 이야기가 나오고 있기는 하지만 통합(統合)(=모두 합쳐 하나로 만듦.)과 관련된 내용은 나오지 않는다.

09 ▶ ③

정답풀이 1문단의 중심 내용은 사고와 표현 활동은 지속적으로 상호작용을 하게 된다는 것이다. 2문단의 중심 내용은 사고와 표현 활동은 상호 작용을 하면서 각각의 능력이 는다는 것이다. 따라서 이 두 문단을 이어주는 ㉠에 들어갈 내용은 사고와 표현 활동은 상호 작용을 하면서 각각의 능력을 상승시킨다는 것이다.

亦功 문제훈련 단수 빈칸 추론 p.118

한눈에 보기
01 ② 02 ② 03 ① 04 ①

01 ▶ ②

정답풀이 지문에서는 나무가 "지하·지상·천상을 연결하는 수직축이자 세계의 중심"이라고 설명하며, 울즈투예프 시인의 시에서 "인간과 자연, 고향과 조상의 혼이 하나로 연결된 세계"를 그려낸다고 언급하고 있다. 이는 나무가 서로 다른 세계와 존재들을 연결하는 상징적 매개체로 기능함을 보여준다. 또한 나무가 "모성", "중심성", "영원성", "초월성"과 같은 원형적 의미를 지닌다고 설명하며, 이를 통해 인간의 존재론적 의미를 탐색하게 한다는 점에서 ②가 가장 적절하다.

오답풀이 ① 지문에서 나무가 생태적 공생이나 자연 보존의 필요성을 일깨우는 도구로 설명되지 않으며, 교훈적 기능보다는 상징적 의미에 초점을 맞추고 있다.
③ 지문에서 나무가 부랴트 민족의 문화적 정체성을 보여주는 측면도 있지만, 오히려 "미국의 단풍나무, 일본의 백단향, 부랴트의 잣나무가 한 가족이기를 바란다"는 구절을 통해 지역적 특수성을 넘어서는 보편적 연대를 강조하고 있다.
④ 지문에서 나무의 경제적 자원으로서의 가치나 실용적 측면은 언급되지 않으며, 주로 상징적, 문화적, 신화적 의미에 초점을 맞추고 있다.

02 ▶ ②

정답풀이 지문에서는 가짜뉴스가 사회적 신뢰와 민주주의를 위협하는 요소로 작용한다고 설명하며, 이에 대한 효과적인 대응 방안의 필요성을 강조하고 있다. 또한 가짜뉴스가 온라인 환경에서 빠르게 확산되는 이유 중 하나로 확증편향을 언급하고 있다. 특히 추가된 문장들에서는 뉴스 리터러시의 개념과 그 교육적 효과에 대해 설명하고 있으며, 이런 맥락에서 법적 규제와 함께 개인의 뉴스 리터러시를 향상시키는 노력이 필요하다는 ②가 글의 흐름과 가장 일치한다.

오답풀이 ① 지문에서는 가짜뉴스 대응 방안으로 법적 규제가 우선해야 한다는 언급이 없다.
③ 지문에서는 소셜미디어와 온라인 플랫폼에서의 정보 소비가 증가했다는 현상을 설명하고 있을 뿐, 전통적 뉴스 매체로 회귀해야 한다는 주장은 제시되지 않았다.
④ 지문에서는 확증편향이 가짜뉴스 확산의 원인 중 하나라고 설명하지만, 정보 검증보다 개인의 편향성 극복이 더 중요하다는 주장은 제시하지 않았다. 오히려 뉴스 리터러시를 통해 정보를 비판적으로 분석하고 신뢰할 수 있는 출처를 구별하는 능력의 중요성을 강조하고 있다.

03 ▶ ①

정답풀이 지문에서 '동물을 독립된 권리 주체로 인정할 수 있을지에 대한 철학적, 법학적 고민으로 확장되고 있다'고 명시하며, 단순히 학문적 논의를 넘어 '윤리적, 경제적 영향을 함께 고려'하여 구체적 정책으로 발진시켜야 함을 강조하고 있으므로 적절하다.

오답풀이 ② 지문에서는 '형법을 통해 동물 학대 행위를 명확히 규정하고 처벌을 강화하는 사례도 늘고 있다'고 서술하여 형법 규정 강화가 동물 학대 예방 및 복지 향상에 중요함을 언급하기는 하였으나, 이는 빈칸에서 요구하는 동물과 인간 사회의 조화를 다루는 핵심 맥락과 직접적으로 연관되지는 않는다.
③ '동물을 더 이상 단순히 인간의 소유물로 간주하지 않으며'라는 표현은 기존의 인간 중심적 법 체계를 변화시키고자 하는 방향성을 명확히 보여준다. 따라서 소유권 강화를 통한 인간 중심 체계의 재확립은 지문의 취지와 어긋난다.
④ 지문에서는 '동물을 단순한 소유물로 간주하는 현재의 법적 위치는 인간과 동물의 조화로운 공존이라는 목표와 상충된다'고 하며, 소유물 지위를 유지하는 접근이 복지 증진과 공존을 저해한다고 명시하고 있다. 따라서 적절하지 않다.

04 ▶ ①

정답풀이 지문에서는 "개인이나 조직이 정보를 수집할 때, 그 과정이 명확하고 공개적으로 이루어져야 하나, 특정 기업이 데이터를 독점할 경우 소비자의 선택권이 제한되는 결과를 낳을 수도 있다."에서 정보 수집의 투명성을 파악해야 함을 이끌어 낼 수 있다. 정보 수집 시에 과정이 공개적이어야 한다는 것이 '정보 수집의 투명성'과 연관되기 때문이다. 또한 "개인의 동의 없이 수집된 데이터가 예측하지 못한 목적으로 활용될 수도 있다."라는 부분에서 '개인의 자기결정권을 보장'해야 함을 알 수 있다. 빈칸에는 개인 정보 보호를 위한 방안이 나와야 하므로 정보 수집의 투명성을 확보하고 개인의 자기결정권을 보장하는 제도적 장치를 마련해야 한다는 ①이 가장 적절하다.

오답풀이 ② 지문에서는 "특정 기업이 데이터를 독점할 경우 소비자의 선택권이 제한되는 결과를 낳을 수도 있다"고 경계하고 있으므로, 기업의 자율성만을 강조하는 것은 적절하지 않다.
③ 지문에서는 개인정보가 "소비자와 기업 간 상호작용을 강화하는 긍정적인 역할을 한다"고 설명하고 있어, 단순히 정보 수집을 최소화하는 것은 적절한 해결책이 될 수 없다.
④ 지문에서는 인공지능 기술 발전에 초점을 두는 것이 아니라 "개인의 동의"와 "자기결정권" 보장의 중요성을 강조하고 있으므로 적절하지 않다.

Chapter 09 복수 빈칸 추론

亦功 천기누설 혜선팍 독해 pin point

한눈에 보기
01 ④   02 ②

신유형 2025 버전 p.121

01 ▶ ④

정답풀이 (가)의 객관적 단서는 "그 사람이 나에게 중요하다면 그 평가는 자아 개념 형성에 큰 영향을 미칠 수 있다."이다. 이를 통해 (가)에는 중요한 타인이 옴을 알 수 있다.
(나)의 객관적 단서는 "단순히 타인을 모범으로 삼아 따라 하거나 타인의 훈육을 통해 자아를 형성한다기보다는 타인에게 비치는 나의 모습을 상상하고 그 모습에 대한 타인의 판단을 추정한다."이다. 이는 모범적인 타인을 따르는 자아가 아님을 알 수 있으므로 '거울에 비친 자아'가 적절함을 알 수 있다.

02 ▶ ②

정답풀이 (가)의 경우, 본문에서 '이러한 관점에서는 논리적 사고를 요구하는 수학이나 철학을 학습하면, 학생들의 사고력이 전반적으로 향상되어 다양한 상황에서 동일한 사고력이 발휘될 가능성이 높다고 본다.'라고 직접적으로 서술하고 있다. 따라서 (가)에는 '한 분야에서 학습한 내용이 일반적인 사고 능력으로'가 들어가는 것이 적절하다. '체계적인 반복 학습'은 아예 본문에서 언급되지 않은 내용이므로 적절하지 않다.
(나)의 경우, 과학 개념 학습의 예시를 통해 개념을 실질적으로 적용하는 내용이 나오고 있다. 따라서 (나)에는 '단순한 지적 훈련이 아니라 구체적인 맥락에서의 학습이'가 들어가는 것이 적절하다. '체계적인 반복 학습과 지식의 단계적 심화'는 본문에서 강조하는 '구체적 맥락에서의 학습'과는 거리가 먼 내용이다.

亦功 기출훈련 복수 빈칸 추론 p.123

한눈에 보기
01 ①　　02 ④　　03 ①　　04 ③　　05 ③

01 ▶ ①

정답풀이 ㉠ 1문단을 보면 문제의 현실성이란 '인간이 자신을 둘러싼 세계와 고투하면서 당대의 공론장에서 기꺼이 논의해볼 만한 의제를 산출해낼 때' 확보된다고 한다. 따라서 "'남(南)이냐 북(北)이냐'라는 민감한 주제를 격화된 이념 대립의 공론장에 던짐"이라는 단서를 보면 '문제의 현실성'이 ㉠에 올 수 있음을 알 수 있다.
㉡ 1문단을 보면 세계의 현실성은 '입체적인 시공간에서 특히 의미 있는 한 부분을 도려내어 서사의 무대로 삼을 경우' 확보된다고 한다. 따라서 "남한과 북한을 소설적 세계로 선택함으로써 동서 냉전 시대의 보편성과 한반도 분단 체제의 특수성을 동시에 포괄할 수 있는"이라는 단서를 보면 '세계의 현실성'이 ㉡에 올 수 있음을 알 수 있다.
㉢ 1문단을 보면 해결의 현실성은 "'가능한 것'과 '불가능한 것'의 좌표를 흔들면서 특정한 선택지를 제출할 때' 확보된다고 한다. 따라서 "「광장」에서 주인공이 남과 북 모두를 거부하고 자살을 선택하는"이라는 단서를 보면 '해결의 현실성'이 ㉢에 올 수 있음을 알 수 있다.

02 ▶ ④

정답풀이 다음 제시문을 통해 나열되는 대상들의 정보를 표로 나타내면 다음과 같다.

	고기	생선	유제품	달걀
완전	×	×	×	×
페스코	×	○	○/×	○/×
락토오보	×	×	○	○
락토	×	×	○	×
오보	×	×	×	○

따라서 (가)에는 '유제품은 먹지만 고기와 생선과 달걀은'이, (나)에는 '달걀은 먹지만 고기와 생선과 유제품은'이 적절함을 알 수 있다.

03 ▶ ①

정답풀이 2문단에서는 발음 능력을 습득하면 음성 기관의 움직임이 자동화되어 화자가 의식하지 않는다고 하였다. 따라서 모어에 없는 외국어 음성을 발음하기 어려운 것은 음성 기관이 모어에 맞게 자동화되어 있기 때문이다.
3문단에서는 필기 능력을 이야기하는데, 필기 능력이 발음 능력에 비해 의식적이긴 하지만 의지와 관계없이 필체가 일정하다는 사실로 논지가 이어지려면 의식적이 아닌 무의식적인 특성이 있다는 견해가 나와야 한다.

04 ▶ ③

정답풀이 (가) 뒤의 '공간이 최적화됨으로써 필요한 밀랍의 양이 줄어'라는 말과 호응하는 표현이 와야 한다. 따라서 '벌집을 짓기 위해 필요한 밀랍의 양이 적게 든다.'가 (가)에 오는 것이 적절하다.
(나) 앞의 '이 구조를 닮은 건축 양식이나 각종 생활용품을 흔히 발견할 수 있다.'라는 표현과 호응하는 말이 빈칸에 들어가야 한다. 따라서 (나)에는 '자연의 구조인 벌집이 인간의 창조 활동에 영감을 주었다.'가 오는 것이 적절하다.

05 ▶ ③

정답풀이 ㉠ 'A는 자기가 제안하는 액수를 받아들일지 말지 결정할 권리가 B에게 있다는 사실을 알고 있다.'라고 했으며, B가 선택할 수 있는 것은 액수를 받아들이는 것과 받아들이지 않는 것 두 가지뿐이다. 따라서 '제안한 1,000원을 받든가, 한 푼도 받지 못하든가'가 적절하다.
㉡ '하지만 현실에서는 이런 상황은 절대 일어나지 않는다.'라고 했으며, '비록 자기의 이익이 최대화되지 않더라도 제안이 불공평하다고 생각하면 거절하는 것으로 보인다.'라고 하였다. 따라서 빈칸에 들어갈 말로 가장 적절한 것은 '인간의 행동이 경제적 이득에 의해서만 움직이지 않는다.'임을 알 수 있다.

亦功 문제훈련 복수 빈칸 추론 p.126

한눈에 보기
01 ④　　02 ①　　03 ③　　04 ②　　05 ②
06 ②

01 ▶ ④

정답풀이 (가)의 경우, 빈칸 앞 문장에서 '기존의 역사학은 이를 단순한 배경 요소로 취급하며 인간 중심적인 서술을 유지해왔다'라고 언급하고 있다. 그리고 '그러나 포스트코로나 시대에는'이라는 표현을 통해 기존과 다른 관점이 필요함을 암시하고 있다. 또한 빈칸 이후의 문단에서 '바이러스라는 미시적 요소가 역사적 변화를 유발할 수 있음'과 '기후 변화, 생태계 교란, 전염병과 같은 요인들이 문명에 미치는 영향'을 분석해야 한다고 설명하고 있다. 이러한 문맥을 고려할 때, 기존의 인간 중심적 관점에서 벗어나 '질병과 같은 비인간적 요소도 역사적 행위자로 인정하는' 관점이 필요하다는 것이 가장 적절하다.
(나)의 경우, 빈칸 앞 문장에서 코로나19가 '새로운 형태의 사회 질서'와 '새로운 표준'을 형성했다고 언급하고 있다. 이어서 '따라서 역사학은' 다음에 빈칸이 위치하며, 이후 '인간과 환경, 기술과 문명의 상호작용을 보다 폭넓게 다루어야 한다'라고 설명하고 있다. 글의 흐름상 코로나19로 인한 변화에 역사학이 어떻게 대응해야 하는지를 설명하고 있으므로, '이러한 변화의 맥락에서 새로운 시대를 조망할' 필요가 있다는 내용이 가장 적절하다. '인류 중심의 역사 서술 방식을 강화할'은 첫 번째 문단에서 언급한 '인간 중심적인 서술'을 계속 유지하자는 의미가 되므로, 글의 전체적인 주장과 맞지 않는다.

02 ▶ ①

정답풀이 (가)의 경우, 빈칸 다음 문장들에서 '연구소 소장은 세계적으로 인정받는 과학자들로 임명되며, 이들에게 연구의 완전한 자율성이 보장된다'와 '최고의 과학자들이 엄격한 기준을 통해 채용'된다는 내용이 나온다. 이는 '우수한 인력 확보'와 '연구 자율성 보장'을 가리킨다. 따라서 (가)에는 '우수한 인력 확보와 연구 자율성 보장'이 적절하다. '정부와 기업의 협력 관계 구축'은 본문에서 언급되지 않았다.

(나)의 경우, 빈칸 앞에서 '재정적 독립성'이 언급되고 있다. 본문의 세 번째 단락에서는 이러한 재정적 독립성이 '연구자들이 장기적인 연구에 몰두할 수 있도록 하며, 연구소가 시장의 단기적인 요구에 흔들리지 않고 과학적 발견에 집중할 수 있도록 한다'고 설명하고 있다. 간결하게 표현하면 '장기적 연구에 집중하고 시장 압력에서 자유롭게 연구'가 된다. '연구 성과의 신속한 상업화로 경제적 가치를 창출'은 오히려 '시장의 단기적인 요구'에 맞추는 것이므로 본문의 맥락과 맞지 않는다.

03 ▶ ③

정답풀이 (가)의 경우, 빈칸 앞에서 '소득 수준이 높은 사람들은 양질의 의료 서비스를 이용할 기회가 많고, 건강을 유지하기 위한 생활습관을 실천할 가능성이 크다. 반면, 경제적으로 취약한 계층은'으로 시작하여 소득 수준이 낮은 사람들의 상황을 대조적으로 설명하고 있다. 본문 내용에 따르면, 경제적으로 취약한 계층은 '의료비 부담으로 인해 적절한 치료를 받지 못하거나 예방적 건강관리를 소홀히 하게 된다'라고 직접적으로 언급하고 있다. 따라서 (가)에는 '적절한 치료와 건강관리를 받지 못한다'가 가장 적절하다.

(나)의 경우, 빈칸 앞에서 '의료 시설이 잘 갖춰진 도심과 달리, 농어촌이나 저소득층 밀집 지역에서는 의료 접근성이 낮고, 공공 보건 서비스도 부족한 경우가 많다. 이러한 차이는'으로 설명한 후, 지역 간 의료 격차의 원인을 설명하고 있다. 본문에서는 이러한 차이가 '단순한 지리적 불균형이 아니라, 의료 정책과 공공 인프라 배분의 문제와 직결된다'라고 명시하고 있다. 따라서 (나)에는 '정책적 결정과 공공 인프라 배분의 문제이다'가 가장 적절하다.

04 ▶ ②

정답풀이 (가)에 들어갈 내용은 기후변화로 인한 질병이 경제에 미치는 부정적인 영향을 설명해야 한다. 본문에서는 '노동생산성 저하, 의료비 증가, 무역 감소 등 사회 전반에 걸쳐 부정적인 영향을 초래한다.'라고 직접 언급하고 있다. 또한, '기후변화로 인해 노동생산성이 저하될 경우, 국가 경제의 성장률이 둔화될 수 있다.'라고 설명하며, 감염병 확산이 경제적 생산성 저하와 의료비 부담 증가를 초래함을 강조하고 있다. 따라서 '노동생산성 저하와 의료비 증가'가 가장 적절하다. 반면, '경제 성장률 하락과 금융시장 불안정'은 본문에서 직접적으로 언급되지 않았으며, 기후변화와 관련된 경제적 문제를 설명할 때 주요 논점으로 다뤄지지 않았으므로 적절하지 않다.

(나)의 경우, 기후변화로 인해 국제 무역이 영향을 받는 과정이 설명되고 있다. 빈칸 이후 문장에서 '국가 간 교역량이 감소할 가능성이 높다.'라고 설명하고 있으므로, 빈칸에는 교역량 감소의 직접적인 원인이 들어가야 한다. 본문 세 번째 단락에서 '감염병 확산을 막기 위한 무역 제한 조치가 시행되면'이라는 문장이 실제로 언급되고 있으며, 이는 국가 간 무역이 줄어드는 직접적인 원인으로 작용한다. 따라서 '감염병 확산을 막기 위한 무역 제한 조치가 시행되면'이 가장 적절하다. '국가 간 여행 제한과 인적 교류 감소' 역시 무역에 간접적으로 영향을 줄 수 있지만, 본문에서는 물자 교역에 초점을 맞추고 있으며, 무역 제한 조치가 무역 감소의 주요 원인임을 강조하고 있기 때문에 적절하지 않다.

05 ▶ ②

정답풀이 본문에서 로마인들을 그리스 예술에 영향을 받았지만 이를 실용적 사실적으로 바꾸어 나갔다고 했다. 단순히 그리스 예술을 받아들인 것이 아니라 로마인 자신들이 원하는 바를 실현하기 위해 아치를 고안하게 된 것이다. 그러므로 ㉠에는 로마인들의 주체성이 드러나는 지문인 '로마인들은 자신들이 원하는 공간을 얻기 위해 그리스인들과 다른 선택을 했던 것이다.'가 들어가야 한다. 로마는 아치를 적극적으로 다방면으로 이용하면서 아치형 기술을 원동력 삼아 통치력을 강화해 나갔다. 도시로 물을 끌어들이기 위해서 아치형 기술을 이용했고 공통된 기술을 사용함으로써 같은 기술권을 도시라는 형태로 갖추어 나가며 로마 문명의 꽃을 피웠다. 그러므로 ㉡에는 '아치형 기술을 원동력으로 삼아 통치력을 강화해 나갔다'가 들어가는 것이 옳다.

06 ▶ ②

정답풀이 이 글은 우주 탐사 및 상업화와 관련하여, 우주 환경의 도전 과제 및 우주 자원의 법적 소유권에 대한 문제를 다루고 있다.

우주 환경에서 인간이 직면하게 되는 도전 과제를 설명하는 부분에서, '우주 환경은 인간에게 매우 가혹하며, 장기간의 우주 체류는 건강에 치명적인 영향을 미칠 수 있다.'는 설명이 제시되어 있다. 이러한 문제를 해결하기 위해서는 적절한 관련 기술 확보가 필요하므로 (가)에는 '우주 환경에 맞는 의료기술 확보'가 들어가야 함을 알 수 있다.

이어지는 문장에서 우주 탐사의 상업화와 관련된 문제로 '우주 자원의 소유권과 이용권에 대한 국제적 규제책은 미흡한 상황'이라는 설명이 나온다. 이는 우주 자원의 법적 소유권에 대한 논의가 필요함을 시사하므로 (나)에는 '우주 자원의 법적 소유권'이 들어가는 것이 적절하다.

Part 04 순서 배열

Chapter 10 순서 배열

亦功 천기누설 혜선팍 독해 pin point

한눈에 보기
01 ③   02 ④

신유형 2025 버전 1   p.134

01 ▶ ③

[정답풀이] 선지에서 (나) 혹은 (다)가 처음 문단으로 올 수 있음을 보여 주고 있다. (나)는 처음부터 높은 해상도의 구현에 대한 문제점을 이야 기하고 있으므로 첫 문단으로 오기에는 앞에 어떤 내용이 더 있어야 하므로 첫 문단으로 적절하지 않다. (다)는 이미지를 디지털로 저장하는 가장 기본적인 방법인 '픽셀 단위로 수치화하여 저장'하는 방법을 소개하고 있다. 따라서 (다)가 첫 문단으로 오는 것이 좋다. 선지 ③④를 보면 (다) 다음에 올 수 있는 문단이 (가) 혹은 (라)인데, (다)에 나온 '픽셀 단위로 수치화'라는 단어가 (가)에서 그대로 반복되므로 (다) 다음에는 (가)가 오는 것이 적절하다. (가)에는 초기 컴퓨터는 정말 단순하게 픽셀 단위가 저장되었음을 보여주고 (라)는 '하지만'을 통해 현재의 복잡해진 기술력에 대해 드러내고 있다. 높은 해상도를 구현하는 내용이 나오는 것이다. 그리고 높은 해상도를 구현하는 것의 문제점을 부연하는 내용이 (나)에서 그대로 잘 이어지고 있다. (라)에 나온 '높은 해상도를 구현'한다는 단어가 (나)의 '높은 해상도의 구현'으로 반복되므로 (라) 뒤에는 (나)가 그대로 이어진다.

신유형 2025 버전 2   p.135

02 ▶ ④

[정답풀이] 주어진 문단은 공감을 표현하는 방법 및 고려할 점을 설명하였다. (라) 앞에는 공감의 어려움이 서술되어 있고, 뒤에는 공감을 표현할 때 유의할 사항이 이어지고 있으므로 (라)가 가장 적절하다.

[오답풀이] ① (가) 뒤에 공감의 정의가 처음으로 소개되므로 적절하지 않다.
② (나) 뒤에 공감의 장점이 소개되어 있으므로 주어진 문단이 들어가기에 부자연스럽다.
③ (다) 앞과 뒤에는 공감의 어려움이 제시되었으므로 주어진 문단이 들어가기에 부자연스럽다.

亦功 기출훈련 순서 배열   p.136

한눈에 보기
01 ②   02 ③   03 ②   04 ④   05 ⑤
06 ②   07 ②   08 ④   09 ④   10 ④
11 ①   12 ①

01 ▶ ②

[정답풀이] 첫 부분을 보면 약물이 오남용되는 경우를 소개하고 있다. 선택지를 봤을 때, (나)와 (라)가 뒤에 올 수 있다. 이 경우에는 정의를 내리는 (나)가 와야 한다. 그 이후에 (다) 혹은 (라)가 올 수 있는데, (다)의 경우에는 오남용을 방지하는 해결 방안, (라)는 오남용으로 인한 피해를 언급하고 있으므로 (나) 다음에는 피해를 언급하는 (라)가 와야 한다. (가)에 '더구나'는 '또한'이라는 접속 부사와 유사하므로 앞뒤에 같은 힘을 가진 정보가 와야 한다. (라)에 오남용으로 인한 피해가 언급되어 있으므로 같은 힘을 가진 오남용 피해를 다루는 (가)가 와야 한다. 그 이후에 해결 방안인 (다)가 와야 한다.

02 ▶ ③

[정답풀이] 청소년 노동자를 바라보는 시각의 양극단에 대한 설명인데, 선지를 보았을 때 첫 문단은 (나)임을 알 수 있다. (나)는 '전자('경제적으로 어려운 아이들'이라는 시각)'의 문제점을 설명하고 있다. (다)의 '그러다 보니'라는 접속어가 있으므로 (나)의 뒤를 잘 연결해준다. (다)는 청소년들을 '경제적으로 어려운 아이들'이라고 보는 시각의 문제점을 부연하는 내용이 나온다. 그 이후, 후자('지나치게 돈을 좋아하는 아이들'이라는 시각)에 대한 설명을 (라)에서 하고 있으므로 (다) 뒤에 (라)가 와야 한다. (가)의 지시어 '이런 시각'은 '후자('지나치게 돈을 좋아하는 아이들'이라는 시각)'를 잘 받고 있는 지시어로, 후자의 시각을 부연하고 있으므로 (라) 뒤에 (가)가 와야 한다.

03 ▶ ②

[정답풀이] 기업이 빅데이터의 가치를 받아들이기 시작했다고 글을 연다. 이후에 이어질 내용으로 (나)는 '그러한 궁금증'에 선행하는 말이 없기에 적절하지 않으며 (다)는 '그런 노력'에 선행하는 말이 없기에

적절하지 않다. 따라서 (가)가 가장 처음에 오되, (가)에서 기업이 마케팅 조사를 해 왔으며 (다)에서 이러한 마케팅 조사에 대한 노력이 효과가 없었는데, (나)에서 그 해결 방안을 알게 되었다는 내용 전개가 적절하다.

04 ▶ ④

정답풀이 (가)에 아동 정신의학자 존 볼비가 등장하며 (나), (라)에는 볼비의 연구가 소개되어 있다. 따라서 (가) 뒤에 (나), (라)가 와야 한다. (가)의 '아동 정신의학자 존 볼비는 엄마와 아이 사이의 애착을 연구하면서 처음으로 이 현상에 관심을 갖게 되었다.'라는 서술을 볼 때, 애착의 정의를 소개한 (다)가 가장 앞에 오는 것이 적절함을 알 수 있다. (가)에는 '그가 처음 연구를 시작할 때만 해도 … 먹을 것을 얻기 위해서라는 생각이 지배적이었다.'라는 보편적 인식이 나온다. (라)의 '하지만 볼비는', '엄마와 아이의 유대에 뭔가 특별한 것이 있다는 의미'는 (가)의 보편적 인식과 반대되는 내용이므로 (가) 뒤에 (라)가 오는 것이 옳다. (나)는 볼비가 연구한 끝에 '엄마와의 애착관계가 불안정한 아이는 정서 발달과 행동발달에 큰 문제가 생길 수 있음을 알게 됐다.'는 결론이 나오므로, (다) - (가) - (라) - (나)의 순서가 가장 자연스럽다.

05 ▶ ⑤

정답풀이 글의 첫부분에 '구성원 간의 의사소통'이 중요함을 드러냈으므로 이와 이어지는 (라)가 처음에 와야 한다. (가)의 '언어는 … 사회적 특성이 드러난다.'라는 서술은 (라)의 '인간은 언어를 사용하여 사회적인 관계를 형성'한다는 서술과 이어지므로 (라) 뒤에 (가)가 와야 한다. (가)의 '한국어라고 해서 모두 똑같은 것이 아니다.'라는 서술의 예시로 (나)에 지역별로 같은 팽이라도 그 형태가 다름이 구체적으로 제시되어 있다. 또한 (마)는 '지역이 같더라도 … 같은 뜻을 지닌 언어가 형태를 달리하는 예도 있다.'라는 추가적 내용을 설명하고 있으므로 (나) 뒤에 (마)가 와야 한다. (다)는 (마)의 공동체 의식을 재진술함으로써 '같은 사회에 속한 사람들은 같은 말을 사용함으로써 공동체 의식을 강화하는 효과를 얻는다.'라고 서술하였으므로 (라) - (가) - (나) - (마) - (다)의 순서가 가장 자연스럽다.

06 ▶ ②

정답풀이 마지막 문장은 '재물을 씀으로써 얻는 아름다운 이름'을 칭송하고 있으므로 재물을 베푸는 일의 중요성을 강조한 글임을 알 수 있다. (가)는 혼자 재물을 쓰는 것과 남에게 재물을 베푸는 것의 차이를 언급하고 있으므로 처음에 오는 것이 적절하다. (다)에는 (가)에서 언급한 두 가지 행동의 구체적 결과를 설명하고 있으므로 (가) 뒤에 (다)가 이어져야 한다. (나)는 '남에게 베푸는 것만 한 것이 없을 테니, 이는 어째서인가?'라는 물음을 던지고 있으며, (라)는 이에 대한 답이므로 (가) - (다) - (나) - (라)의 순서가 가장 자연스럽다.

07 ▶ ②

정답풀이 〈보기 1〉의 '왜냐하면'이라는 접속사로 미루어 보아 〈보기 1〉은 앞의 서술에 대한 근거를 제시하는 표현임을 짐작할 수 있다. ⓒ 앞의 '역사학을 포함한 학문의 세계에서 통합이란 말은 성립되기 어렵다.'는 표현은 〈보기 1〉의 '모든 다른 견해를 하나로 귀결시키는 일은 일어나지 않기 때문이다.'와 유사하므로 ⓒ에 삽입하는 것이 가장 자연스럽다.

08 ▶ ④

정답풀이 먼저 선택지를 보면 (가), (나)가 앞에 옴을 알 수 있다. (가)는 미래에 앞으로 나아가야 할 길을, (나)는 과거에 대해 서술하고 있으므로 (나)가 먼저 올 확률이 더 크다. (나) 끝에 나오는 '아픔'이 (라)로 이어질 수 있다. (라)에서 '그 아픔'에 대한 이야기가 연결되고 있기 때문이다. 여기까지만 봐도 (나)-(라)이므로 답은 ④이다. 다음은 확인만 간단하게 하면 된다. (라)에서는 새로운 희망의 시대가 열린다고 하며 (가)에서는 구체적으로 어떠한 희망의 시대가 열리는지, 희망의 조건인 지정학적 조건에 대해 자세히 설명하고 있다. 따라서 순서는 (나) - (라) - (다) - (가)의 순서가 가장 자연스럽다.

09 ▶ ④

정답풀이 선택지를 보면 (마)가 맨 처음임을 알 수 있다. (마)에서는 사회는 여러 사람이 '그 뜻을 통하고 그 힘을 서로 이어서' 서로 의지하는 인연의 한 단체라고 한다. 그 뒤에는 (가)와 (다)가 올 수 있지만, (가)에서 '이 기관'이 나오므로 (가)는 뒤에 올 수 없다. 왜냐하면 지시어 '이 기관'이 올 수 있으려면 앞에 '기관'이 언급되어야 하기 때문이다. 따라서 (마) 뒤에 (다)가 온다. (다)에는 (가)에서 언급되었던 '뜻이 통하는 것'에 대한 내용이 나온다. (다)에서는 말과 글이 없으면 뜻이 통하지 않으므로 번듯한 사회가 될 수 없다고 한다. 그러면 ①, ②는 답이 될 수 없다. (다) 뒤에 올 수 있는 것은 (가)와 (나)이다. (가)에는 '이 기관'이라는 지시어가 있으나 (다)에는 아직 '기관'에 대한 언급이 없으므로 (가)가 뒤로 올 수 없고, (나)가 와야 한다. (다)는 말과 글이 없으면 뜻이 통하지 않으므로 번듯한 사회가 될 수 없다고 하고 (나)에는 이러므로 말과 글은 중요하므로 사회는 '기관' 같다고 한다. '기관'이 언급되었으므로 (나) 뒤에는 '이 기관'이 있는 (가)가 올 수 있다. 이후 (라)는 '그 기관'이 쓸 수 없는 지경에 이르러 패망하게 되는 상황을 제시하고 있으므로 (가) 뒤에 와야 한다. 따라서 답은 (마) - (다) - (나) - (가) - (라)이다.

10 ▶ ④

정답풀이 이런 문장 배열 문제는 〈보기〉를 먼저 보고 앞을 추측하면 된다고 하였다. 〈보기〉의 문장 끝이 '~한 것이다'로 끝났다는 것은 앞의 문장을 한 번 더 설명한 것이 되므로 이 문장 앞에는 '신분'에 따라 '문체를 고착화하는 것을 인정하지 않는' 내용이 나와야 한다. ㉠~㉢까지 '신분'에 대한 내용조차도 보이지 않으므로 ㉠~㉢에는 〈보기〉가 들어갈 수 없다. 그런데 ㉣ 앞에서는 낭만주의 시기에 '하층민'은 무시하고 '귀족'에게만 좋은 내용을 배정하는 전통 시학을 거부하는 내용이 나오므로 이 다음에 〈보기〉 문장이 들어감을 알 수 있다.

11 ▶ ①

정답풀이 글의 전개 순서 문제는 선택지를 먼저 확인해야 한다. 확인한 결과를 보면 일단 첫 번째에는 (나) 아님 (라)가 옴을 알 수 있다. 그런데 (나)에서 면 대 면 소통의 일반적인 내용을 다루고 있으므로 (나)가 제일 앞에 올 확률이 크다. (라)의 경우는 (나)보다 더 구체적인 내용을 담고 있기 때문에 (라)는 (나)의 부연, 상술을 위한 내용이므로 (나) 뒤에 와야 함을 알 수 있다. 그럼 ③, ④는 정답에서 제외된다!! (다)에는 역접의 의미를 가지는 접속 부사 '그러나'가 있다. '그러나' 뒤에는 매체가 발달됨에 따라 다양한 소통 방식이 나타난다는 내용이 나온다. '그러나'는 역접의 접속 부사이므로 앞 내용은 이와 반대되는 내용이 나와야 한다. 그런데 (라)는 그러한 내용이 아니다. (라)는 '면 대 면 소통'에 대한 부연 설명이 나올 뿐이므로 (라) 뒤에 (다)가 올 수 없다. 이미 답이 나오긴 했지만 확인을 위해 (가)를 보면 (가)에는 시간과 공간의 제약이 온다는 내용이 나온다. 이 내용 뒤에 '그러나, 그럼에도 불구하고'의 내용이 나오면 적절하므로 (다)가 오면 된다. 따라서 (나) – (라) – (가) – (다) 순이 되겠다.

12 ▶ ①

정답풀이 글의 전개 순서를 물어보는 제시문이다. 이러한 유형의 꿀팁은 첫째, 선택지를 먼저 봐서 처음에 올 기호를 솎아 내는 것이다. 둘째, 이러한 문제는 단서를 가지고 문제를 풀자고 했는데, 그러니 정말 눈에 보이는 단서만 찾아서 풀더라. 그래서 단서를 보되, 전체적인 흐름을 파악하는 식으로 가려 한다. 이 두 원칙을 적용해 보자.
먼저, 선택지를 보면 'ㄱ' 혹은 'ㄹ'이 맨 처음에 옴을 알 수 있다. 일단 ㄱ부터 보자. ㄱ에서는 1700년대 중반 미국 이주민들의 평균 소득이 영국 이주민들의 평균 소득을 넘었다는 내용이 나온다. 눈으로 보았을 때, 평균 소득에 대해 이야기하는 것은 ㄷ이다. ㄷ에서는 미국 이주민들의 평균 소득이 높아지게 된 배경에 대해 이야기하고 있다. ㄱ과 ㄷ은 인접해 있을 것이라고 예상할 수 있다. (ㄱ이 먼저인지 ㄷ이 먼저인지는 알기 힘들다.) ㄱ과 ㄷ이 인접해 있지 않은 ②는 답에서 제외할 수 있다. 이제 ㄴ을 보니 "그러나" 미국은 사실 "그러한 분야"에서는 다른 산업 국가들에 비해 특별한 우위를 갖고 있지 않았다고 한다. 여기에서 살펴 볼 수 있는 단서는 '그러나'와 '그러한 분야'이다. 따라서 ㄴ 앞에는 그러한 분야가 나와야 한다. 살펴보니 ㄹ에 농업과 과학, 기술에 대한 분야가 나오므로 ㄹ-ㄴ이 된다. 따라서 ㄹ-ㄴ이 아닌 ④도 답에서 제외된다. ㅁ은 "이처럼"이라는 접속부사를 활용하여 초창기에 미국인들의 풍요로움에 대해 이야기하므로 앞에는 미국인들의 풍요로움에 대한 내용이 나와야 하는데, 바로 ㄱ, ㄷ이 미국인의 높은 평균 소득에 대해 이야기하고 있다. 따라서 ㅁ은 ㄱ, ㄷ 뒤에 나와야 한다. 답으로 남은 ③은 ㅁ이 ㄱ, ㄷ 앞에 있으므로 답이 될 수 없으므로 답은 'ㄱ – ㄷ – ㅁ – ㄹ – ㄴ'이 된다.

亦功 문제훈련 순서 배열   p.142

한눈에 보기
01 ②   02 ②   03 ③   04 ④

01 ▶ ②

정답풀이 (가)는 크리스퍼 기술의 등장 배경과 기본 개념을 소개하고 있어 글의 도입부로 적합하다. 미국 국립과학아카데미의 발의와 중국 과학자들의 논문 발표라는 시의성 있는 사건을 언급하며 독자의 관심을 끌고, 논란의 주인공인 크리스퍼 기술에 대한 기본 정의를 제시하고 있다. (다)는 '크리스퍼는 생물학이 사회에 던져온 몇 가지 윤리적 논란들의 연장선상에 서 있다'고 시작하며, (가)에서 소개된 크리스퍼 기술이 가진 첫 번째 윤리적 문제인 '인간을 대상으로 하는 실험의 문제'를 설명하고 있다. (나)는 (다)에서 언급한 인간 배아 실험에 대해 부연하고 있으므로 (다) 뒤에 (나)가 나와야 한다. (나)에서는 인간 우생학의 문제를 소개하고 이것에 대한 부연이 (라)에 나오므로 (나) 다음에 (라)가 와야 한다. 따라서 정답은 (가) – (다) – (나) – (라)이다.

02 ▶ ②

정답풀이 (다)는 정보 전달에서 목소리가 갖는 강력한 힘을 소개하며 전화 통화 중 상대의 미소를 감지할 수 있다는 구체적인 예시와 그 과학적 원리를 설명하고 있어 독자의 흥미를 끌 수 있는 도입부로 적합하다. (가)는 '우리의 목소리가 상대의 마음을 진정시킬 수도 있고'라고 시작하여 (다)에서 제시한 목소리의 힘에 대한 내용을 확장시키고 있다. 특히 '이처럼'이라는 접속 표현을 통해 앞선 내용을 받아들이며 목소리가 정체성을 규정하는 중요한 요소임을 설명하고 있으므로 (다) 다음에 오는 것이 자연스럽다. (나)는 '그런데'라는 전환 표현으로 시작하여 목소리에 포함된 반언어적 요소에 대해 처음으로 언급하며 '준언어'라는 개념을 도입하고 있다. 이는 (가)에서 설명한 목소리의 영향력이 어떻게 발생하는지 그 메커니즘을 설명하는 내용이므로 (가) 다음에 위치하는 것이 적절하다. (라)는 앞서 논의된 내용을 종합하고, '따라서'라는 접속어를 통해 목소리와 관련된 단서들의 의미를 정리하며 글을 마무리하고 있다. 특히 (나)에서 소개된 '준언어' 개념을 다시 언급하며 글의 일관성을 유지하고 있으므로 마지막에 오는 것이 적합하다. 따라서 정답은 (다) – (가) – (나) – (라)이다.

03 ▶ ③

정답풀이 (다)는 인물이 이야기의 중심적 존재라는 전제를 바탕으로 인물의 특질 제시 범위가 넓다는 개념을 소개하고 있어 논의의 시작점으로 적합하다. (가)는 '인물 그려내기'라는 개념을 명시적으로 언급하며, 이것이 단순히 겉모습만을 의미하는 것이 아니라는 점을 설명하고 있다. 이는 (다)에서 제시한 '인물의 특질 제시 범위가 넓어진다'는 주장을 구체화하므로 (다) 다음에 위치하는 것이 자연스럽다. (나)는 '여기서'라는 지시어로 시작하여 (가)에서 논의된 인물 그려내기와 관련해 '공간'이라는 새로운 요소를 도입하고 있다. (라)는 '그것은'이라는 지시어로 시작하여 (나)에서 소개된 '공간' 개념을 상세히 설명하고 '공간소'라는 구체적 용어를 도입하고 있어 글을 마무리하는 문단으로 적합하다. 따라서 정답은 (다) - (가) - (나) - (라)이다.

04 ▶ ④

정답풀이 (나)는 신고전파 경제학의 "태초에 시장이 있었다"는 주장을 소개하고 이에 대한 비판적 시각을 제시하여 글의 핵심 쟁점을 설정하는 도입부로 적합하다. (다)는 "태초에 시장은 없었다"라는 문장으로 시작하여 (나)의 주장을 직접 반박하고 있다. 폴라니의 연구를 통해 영국의 사례를 들어 시장 발생에 정부의 역할이 중요했음을 강조하므로 (나) 다음에 오는 것이 자연스럽다. (가)는 "미국에서도"라는 표현으로 시작하여 (다)에서 언급된 영국의 사례에 이어 미국의 사례를 통해 정부 개입의 중요성을 뒷받침하므로 (다) 다음에 위치하는 것이 적절하다. (라)는 공산주의에서 자본주의로 전환한 국가들의 예를 들어 시장과 정부 역할의 관계에 대한 논의를 현대적 맥락으로 확장하며 글의 결론을 제시하고 있다. 따라서 정답은 (나) - (다) - (가) - (라)이다.

Part 05 강화 약화

Chapter 11 밑줄 강화 약화

亦功 천기누설 혜선팍 독해 pin point

한눈에 보기
01 ③   02 ③

신유형 2025 버전 1   p.147

01 ▶ ③

정답풀이 제시된 사례는 난민들이 적절한 교육 환경과 지원이 주어졌을 때 노령화된 인구 구조를 젊게 바꿈으로써 수용국 사회에 긍정적으로 기여할 수 있음을 보여주는 구체적 사례. 본문에서 언급된 "난민이 장기적으로는 노동력과 인구 구조 개선에도 기여할 수 있다"는 주장을 실증적으로 뒷받침하는 근거이므로, ㉠의 입장을 강화하는 근거로 가장 적절하다.

오답풀이 ① 난민 지원 예산 증가로 기존 복지 수급자의 지원금이 삭감되어 국민 반발이 커졌다는 내용은 난민 수용의 부정적 결과인 복지 형평성 문제와 사회적 갈등을 보여준다. 이는 오히려 "난민 수용에 우려를 표하는 입장"의 주장을 강화하는 근거이다.
② 난민 수용 정책 이후 반이민 정서가 확산되고 선거 결과에 영향을 미쳤다는 내용은 난민 수용이 사회적 분열과 정치적 갈등을 초래할 수 있다는 점을 보여주므로, 난민 수용에 반대하는 입장을 강화하는 근거다.
④ 통합 교육 프로그램이 오히려 주민의 불신과 반발을 키웠다는 연구 결과는 난민과 현지인 간의 문화적 갈등 해소가 쉽지 않다는 점을 시사한다. 이는 "문화적·종교적 차이로 인해 사회 통합이 어려울 수 있다"는 반대 입장의 주장을 강화하는 근거다.

신유형 2025 버전 2   p.148

02 ▶ ③

정답풀이 이 글에서는 인공일반지능에 대해 설명하여 인공일반지능이 개발되면 많은 사람들이 직업을 잃고 소외감을 느낌으로써 인간의 본질적 가치가 훼손된다고 보고 있다. 이를 약화하는 사례는 오히려 인공일반지능이 개발되면 인간의 본질적 가치가 훼손되지 않는다는 것이 오면 된다. 이를 통해 볼 때 적절한 선지는 일반인공지능으로 사람들이 본질적 가치를 회복하게 되었음을 나타내는 ③이다.

오답풀이 ①은 인공일반지능으로 인해 일자리를 잃는다는 사례이므로 이는 이 글의 논지를 강화하는 사례이므로 적절하지 않다.
②은 인공일반지능으로 인해 인간의 존재론적 지위, 즉 인간의 본질적 가치가 훼손된다는 사례이다. 따라서 이는 이 글의 논지를 강화하는 사례이므로 적절하지 않다.
④은 인공일반지능으로 인해 인간의 본질적 가치를 훼손한다고 보는 사람들이 많다는 사례이다. 따라서 이는 이 글의 논지를 강화하는 사례이므로 적절하지 않다.

亦功 문제훈련 밑줄 강화 약화   p.149

한눈에 보기
01 ①   02 ②   03 ②   04 ③   05 ②
06 ④

01 ▶ ①

정답풀이 고도제한이 유지된 덕분에 주변 문화재 경관이 보존되어 관광객이 증가했다는 연구 결과는 고도제한을 찬성하는 입장을 강화하는 적절한 근거이다. 이는 제시문에 언급된 것처럼 고도제한이 문화재의 역사적 가치와 경관을 보호하며, 이를 통해 경제적 이익을 창출할 수 있음을 보여준다.

오답풀이 ② 고도제한이 엄격한 지역에서 개발이 어려워지면서 주변 지역의 상권이 소멸하고 있다는 비판은 고도제한의 부정적인 영향을 강조하는 것으로, 고도제한 규제를 반대하는 측을 강화한다.
③ 고도제한 규제가 완화된 지역에서 도심 재개발이 이루어지면서 지역 경제가 활성화되었다는 보고는 고도제한을 반대하는 입장을 강화하는 내용으로, 고도제한 규제를 반대하는 측을 강화한다.
④ 고도제한 지역이 장기 슬럼화되면서 우범지대가 되었다는 비판은 고도제한의 부정적인 결과를 지적하는 내용으로, 고도제한 규제를 반대하는 측을 강화한다.

02 ▶ ②

정답풀이 제시문에서 '㉠ 다른 학자'는 '수학은 고정된 객관적 진리가 아니라 인간의 사고와 의사소통을 돕기 위해 구성된 도구이며, 그 구성 방식이나 해석은 시대와 문화에 따라 달라질 수 있다'고 주장한다. 이 선지에서 중세 시대에는 천동설이 주된 이론이었으나 시대가 변하자 지동설로 주된 이론이 바뀌었으므로 이 사례는 ㉠을 강화하는 사례로 적절하다.

오답풀이 ① 인공지능이 인간 개입 없이도 수학적 추론을 수행한다는 사례는, 수학적 추론이 인간의 언어나 문화에 의존하지 않고 '외부 세계에 독자적으로 존재하는 객관적 실체'라는 주장을 뒷받침한다. 따라서 이는 1문단의 '어떤 학자들'을 강화하는 사례이다.
③ 실험 이전에 이론적으로 예측한 양자역학 수학 공식이 실제 실험 결과와 정확히 일치한다는 사례는, 수학이 '우리가 우주의 질서를 이해하는 데 있어서 보편적 진리로 작용한다'는 것을 뒷받침한다. 따라서 이는 1문단의 '어떤 학자들'을 강화하는 사례이다.
④ 서로 교류가 없던 고대 바빌로니아와 고대 중국에서 유사한 수 체계와 기하 지식이 독립적으로 존재했다는 사실은, 수학이 인간 문화와 무관하게 존재하는 보편적 실재일 수 있음을 시사한다. 이는 본문 첫 문단에서 언급된 "서로 다른 시대와 문화권에서 동일한 수학적 구조가 독립적으로 등장한 역사적 사실"과 일치하며, 따라서 1문단의 '어떤 학자들'을 강화하는 사례이다.

03 ▶ ②

정답풀이 AI가 동일 문장을 입력하더라도 사소한 변형이나 문맥 차이에 따라 완전히 상반된 해석을 내놓는다는 비판은, AI가 일관된 의미 파악 능력이 부족하다는 점을 지적한다. 이는 AI가 진정으로 '의미 있는 정보의 구조를 파악'하거나 '맥락에 따라 유연하게 반응'하는 것이 아니라, 표면적인 패턴에만 반응할 뿐이라는 증거가 된다. 따라서 AI가 '언어적 이해'를 수행한다는 ㉠의 주장을 약화하는 근거로 가장 적절하다.

오답풀이 ① AI가 개념을 통계적으로 익히고 사용하는 것이 아니라 명확히 '이해'하면서 사용한다는 점을 이해해야 한다는 주장은, 'AI가 단순한 패턴 인식이나 통계 처리를 넘어서, 의미 있는 정보의 구조를 파악하고 추론'할 수 있다고 보는 ㉠의 주장을 직접적으로 뒷받침한다. 따라서 이는 ㉠을 약화하는 것이 아니라 강화하는 근거이다. 이는 인간의 언어 이해 기준으로 AI를 평가하는 것이 적절하지 않을 수 있다는 관점을 제시함으로써, 오히려 ㉠의 입장을 간접적으로 지지할 수 있다.
③ 대규모 언어 모델이 문맥에서 생략된 의미를 추론하거나 비유·은유 표현을 적절히 해석한다는 사례는, AI가 '문맥 흐름, 화용적 함의, 논리적 일관성을 처리한다'는 ㉠의 주장을 직접적으로 뒷받침한다. 따라서 이는 ㉠을 약화하는 것이 아니라 강화하는 근거이다.
④ AI가 맥락에 따라 자기 방식으로 규칙을 유연하게 재구성한다는 사례는, AI가 '맥락에 따라 유연하게 반응하는 능력'과 '기계적 반복 이상'의 능력을 가진다는 점을 시사한다. 이는 ㉠의 주장을 지지하는 근거가 되므로, ㉠을 약화하는 것이 아니라 강화하는 근거이다.

04 ▶ ③

정답풀이 제시된 사례는 댐 건설이 수몰 지역 주민들에게 부정적 영향을 줌을 입증하는 것이므로, 기후대응댐 건설에 반대하는 입장을 강화하는 근거로 볼 수 있다.

오답풀이 ① 반도체 클러스터와 같은 대규모 산업단지에서 안정적인 용수 공급이 필수적이라는 분석은 기후대응댐 건설이 산업 발전에 긍정적인 영향을 미친다는 점을 강조하는 것이므로, 반대 입장을 약화하는 근거로 적절하다.
② 댐 건설로 형성된 인공 호수가 지역 생태계에 긍정적인 영향을 미친다는 사례는 기후대응댐 건설의 환경적 긍정적 효과를 보여주는 것으로, 반대 입장을 약화하는 근거로 적절하다.
④ 최근 몇 년간의 극단적인 홍수와 가뭄으로 인한 피해액 증가를 언급한 것은 댐 건설의 필요성을 강조하는 내용으로, 반대 입장을 약화하는 근거로 적절하다.

05 ▶ ②

정답풀이 동일한 시간 동안 두 가지 다른 활동을 했을 때, 더 흥미롭고 도전적인 활동에서 시간이 더 빨리 지나간 것으로 느꼈다는 실험 결과는 '인간의 감정 상태, 주의집중 정도, 활동의 흥미로움, 사회적 맥락 등이 시간 경험을 크게 좌우한다'는 (가)의 주장을 직접적으로 뒷받침한다. 따라서 (가)를 강화하는 근거로 적절하다.

오답풀이 ① 무관의 오류이다. 새로운 뇌 영상 기술 개발과 시간 지각 측정에 관한 내용은 연구 방법론에 관한 것으로, '시간의 주관적 경험이 생물학적 요인보다 심리적·사회적 요인에 더 크게 영향받는다'는 (가)의 주장 자체를 강화하거나 약화하지 않는다. 단지 시간 인식 연구를 위한 도구가 발전했다는 사실만 전달할 뿐, 생물학적 요인과 심리적·사회적 요인 중 어느 것이 더 중요한지에 대한 증거를 제공하지 않는다.
③ 반대의 오류이다. 다양한 문화권에서 기본적인 시간 지각 능력에 유의미한 차이가 없다는 연구 결과는 '문화적 배경에 따라 시간에 대한 인식과 가치가 달라질 수 있으며, 이는 시간 경험의 방식에도 영향을 준다'는 (가)의 주장과 상반된다. 따라서 (가)를 약화하는 근거이다.
④ 반대의 오류이다. 신경전달물질의 농도 조절이 시간 추정 능력의 일관된 변화를 가져왔다는 연구 결과는 '도파민과 세로토닌 같은 신경전달물질의 농도 변화가 시간 경험에 직접적인 영향을 미친다'는 생물학적 요인의 중요성을 강조하는 주장을 뒷받침한다. 이는 (가)의 주장과 상반되므로, (가)를 약화하는 근거이다.

06 ▶ ④

정답풀이 니체의 초인이 기존의 도덕적 규범을 넘어서 새로운 가치를 창조함으로써 사회의 발전을 도모할 수 있다는 해석은 초인 개념에 대한 비판을 약화시키는 근거로 적절하다. 이는 초인이 단순히 개인주의를 추구하는 것이 아니라, 더 나은 사회적 가치를 창출하고 발전을 이끌 수 있는 존재라는 긍정적인 해석을 제공한다.

[오답풀이] ① 니체의 초인 개념이 사회적 불안을 야기할 수 있다는 비판은, 초인 개념을 부정적으로 보는 시각, 즉 'ⓐ 니체의 '초인' 개념에 대한 비판'을 강화하는 근거가 된다.
② 초인이 기존 도덕적 규범을 무시함으로써 사회적 혼란을 초래할 가능성이 있다는 비판은 초인 개념에 대한 부정적인 해석을 강화하므로 'ⓐ 니체의 '초인' 개념에 대한 비판'을 강화하는 근거가 된다.
③ 니체의 초인 개념이 현실적으로 실현 가능하지 않다는 지적은 초인 개념의 이상주의적 성격을 부정적으로 평가하는 것으로, 'ⓐ 니체의 '초인' 개념에 대한 비판'을 강화하는 근거가 된다.

Chapter 12 일반 강화 약화

亦功 천기누설 혜선팍 독해 pin point

한눈에 보기
01 ④   02 ③

신유형 2025 버전   p.153

01 ▶ ④

[정답풀이] 본문에 따르면 소피스트들은 상대적 진리를 주장하며 진리는 상황과 목적에 따라 변할 수 있다고 믿었다. 그러므로 과학적 연구를 통해 절대적이고 보편적인 자연 법칙이 존재함이 입증된다면, 진리가 고정되지 않는다는 소피스트의 주장은 약화될 수 있다.

[오답풀이] ① 소크라테스는 절대적 진리와 보편적인 도덕적 가치를 강조하였다. 다양한 문화권에서 동일한 사건에 대해 서로 다른 해석이 존재한다는 것은 상대적 진리가 존재함을 의미하므로 이는 소피스트의 주장을 강화하고 소크라테스의 주장을 약화한다.
② 소피스트들은 진리가 고정되지 않으며 상황과 목적에 따라 변할 수 있다고 주장하였다. 하지만 절대적인 수학적 진리가 모든 문화권에서 동일하게 적용된다는 것은 진리가 고정되어 있다는 것을 의미하므로 이는 소크라테스의 주장을 강화하고 소피스트의 주장을 약화한다.
③ 웅변술과 다른 사람들을 설득하는 능력을 함양하는 것이 중요하다는 것은 소피스트의 주장을 강화하는 것이다. 소크라테스는 이것에 대해 언급하지 않았으므로 이 사례는 소크라테스의 주장을 강화하지도 약화하지도 않는 무관의 오류이다.

02 ▶ ③

[정답풀이] 중앙은행이 발행하는 디지털 화폐가 통화량 증가에 미치는 영향이 현금에 비해 미미하다는 연구 결과는 중앙은행이 발행하는 디지털 화폐(CBDC)는 통화 정책의 효과성을 강화하고, 현금 사용을 줄이며, 통화 범용성을 확대하는 데 기여할 수 있을 것으로 기대된다고 주장하는 금융 전문가들의 주장을 약화할 수는 있으나 이는 개인정보 보호 문제나 사이버 보안에 대한 우려를 제기하는 보안 전문가들의 주장과는 무관하므로 이들의 주장을 강화 또는 약화할 수 없다.

[오답풀이] ① 디지털 화폐가 거래의 편리성을 크게 높인 다수의 사례는 디지털 화폐가 거래의 편리성과 보안성을 높여 금융 시스템의 효율성을 증대시킬 수 있다고 주장하는 금융 전문가들의 주장에 부합하므로 이들의 주장을 강화할 수 있다.
② 블록체인 기술도 거래의 투명성과 안전성을 완전히 보장할 수는 없다는 연구 결과는 블록체인 기술을 기반으로 하는 디지털 화폐는

거래의 투명성과 안전성도 보장할 수 있다고 주장하는 금융 전문가들의 주장에 반하므로 이들의 주장을 약화할 수 있다.
④ 디지털 화폐의 거래 내역을 추적하여 범죄에 악용한 다수의 사례는 디지털 화폐가 거래를 쉽게 추적가능하게 하여 개인정보 침해의 위험을 증가시킬 수 있으며, 해킹과 같은 사이버 공격에 취약할 수 있다고 주장하는 보안 전문가들의 주장에 부합하므로 이들의 주장을 강화할 수 있다.

亦功 문제훈련 일반 강화 약화 p.155

한눈에 보기
01 ③　　02 ②　　03 ③　　04 ③　　05 ③
06 ②

01 ▶ ③

정답풀이 보어는 양자 시스템은 관측되기 전까지 여러 상태에 동시에 존재할 수 있다고 주장하였다. 따라서 양자 시스템이 관측되지 않아도 하나의 특정 상태에 존재한다는 증거는 보어의 주장을 약화한다. 반대의 오류이다.

오답풀이 ① 아인슈타인은 질량과 에너지가 상호 변환 가능하다고 주장하였다. 따라서 이러한 증거가 발견되면 아인슈타인의 주장을 강화한다.
② 아인슈타인은 시간과 공간이 절대적인 것이 아니라, 관측자의 속도와 중력에 따라 달라질 수 있다고 주장하였다. 따라서 시공간이 절대적이라는 증거는 그의 주장을 약화한다.
④ 보어는 양자의 행위가 관측에 의해 결정된다고 주장하였기 때문에, 관측자가 양자 세계에 영향을 미치지 않는다는 실험 결과는 그의 주장을 약화한다.

02 ▶ ②

정답풀이 사회학자들은 인터넷이 사회 경제적 격차를 실제로 더욱 확대할 수 있다는 의견을 제시하였다. 인터넷으로 인해 특정 계층만이 부를 축적했다면 이는 경제적 격차를 확대했다는 것을 의미하므로 사회학자들의 주장을 강화하는 것이다.

오답풀이 ① 인터넷 접근성의 개선으로 인해 많은 지역에서 교육 기회가 확대된 사례는 교육 격차를 줄인 사례로, 사회적 격차를 줄인 사례에 해당한다. 따라서 이 사례는 IT 전문가들의 주장을 강화한다.
③ 글로벌 네트워크가 확산되었지만 데이터 접근성이 특정 계층에만 집중되는 것은 사회적 격차가 해소되지 않는 사례이므로 경제학자들의 주장을 강화할 것이다.
④ 마지막 문단에서 글쓴이는 인터넷 기술이 사회적 불평등을 해결할 수 있을지 미지의 영역이라고, 즉 알 수 없다고 하며 근본적인 질문이 열려있다고 하였으므로 이를 확신하는 데이터가 나온다면 이는 글쓴이의 주장을 약화하는 것이라고 볼 수 있다.

03 ▶ ③

정답풀이 제시문에서 일부 경제학자들은 '재생에너지로의 전환 비용이 경제에 부담을 줄 수 있으며, 특히 개발도상국에 불이익을 줄 수 있다'고 경고했다. 그런데 이 사례에서는 경제적인 관점이 아니라 이산화탄소의 배출량에 대해 초점을 맞추고 있으므로 일부 경제학자들을 강화한다고도, 약화한다고도 보기 어렵다. 무관의 오류이다.

오답풀이 ① 태양 에너지 사용이 특정 국가에서 에너지 비용을 크게 감소시킨 사례는 제시문에서 언급된 것처럼 재생에너지로 인해 장기적으로 경제적 이익이 발생한 사례이므로 환경과학자들의 주장을 강화할 수 있다.
② 2문단에서 환경과학자들은 재생 에너지가 장기적으로 개발도상국에게도 경제적 이익을 줄 것이라고 하였다. 따라서 재생에너지로 인해 특정 국가의 경제적 어려움이 가중되었다면 환경 과학자들의 주장은 약화될 것이다.
④ 제시문에서 필자는 재생 에너지가 날씨 조건에 따라 생산량이 달라진다고 하였으나 해당 사례는 환경 조건에 영향을 받지 않는다고 했으므로 필자의 주장이 약화된다는 것은 적절하다.

04 ▶ ③

정답풀이 다른 음악사학자들은 초기 오페라 작곡가들도 현대의 작곡가들과 동일한 창의능력을 가졌으며 그들의 음악적 사고가 열등하다고 볼 근거가 없다고 반박했다. 그런데 이 선지의 사례에서는 현대의 작곡가들이 초기 오페라 작곡가들보다 뛰어나다고 보고 있다. 이는 초기 오페라 작곡가들이 더 열등하다고 보는 것이므로 다른 음악학자들의 주장을 약화하는 것이지 강화하는 것이 아니다.

오답풀이 ① 1문단에서 엘리자베스는 초기 오페라가 단순한 연극이 아니라 복잡한 음악 구성을 보여주며, 감정을 극대화한다고 했으므로 해당 사례는 엘리자베스의 연구 결과를 강화한다.
② 초기 오페라 작곡가들이 단순한 멜로디만을 작곡했다는 증거는 초기 오페라를 제작한 작곡가들을 '단순한 음악가'로 치부하면서, 이들에게 복잡한 음악적 사고를 할 능력이 없다고 주장한 존슨의 주장을 강화할 것이다.
④ 글쓴이는 '17세기 음악의 사고와 행동이 21세기와 같은 방식으로 이루어졌다고 가정하는 것은 잘못된 해석일 수 있다.'라고 한다. 즉 초기 오페라와 현대 음악을 같은 선상에 놓고 비교할 수 없음을 보여주므로 해당 사례는 글쓴이의 주장을 약화하는 사례이다.

05 ▶ ③

정답풀이 엘리아데는 '성스러움은 종교적 인간의 경험에서 중요한 역할을 한다고 주장'하였다. 따라서 종교의 중요성을 강조하는 사례는 엘리아데의 주장을 강화할 수 있다.

오답풀이 ① 엘리아데는 '성스러운 것은 초월적이고 절대적인 실재로, 이는 인간이 신화와 의식을 통해 경험'한다고 주장하였다. 따라서 이는 엘리아데의 주장을 약화하는 선지가 되어야 한다.
② 엘리아데는 '인간이 극단적 상황에서 실존적 위기를 경험할 때 종교적 본질을 회복'할 수 있다고 보았다. 따라서 엘리아데의 주장을 강화하는 선지가 되어야 한다.
④ 엘리아데는 '성스러운 경험은 인간에게 삶의 의미와 목적을 부여'한다고 하였으므로 엘리아데의 주장을 강화하는 선지가 되어야 한다.

06 ▶ ②

정답풀이 베버는 '합리화 과정이 사회 발전의 핵심이라고 보았고 근대 자본주의의 발전을 분석할 때 합리적 행동과 효율성을 강조'하였다. 따라서 합리화 과정이 근대 자본주의의 발전에 결정적인 역할을 했다는 연구는 베버의 주장을 강화하는 근거가 된다.

오답풀이 ① 사회적 통합과 규제는 뒤르켐의 연구 주제이며, 이는 베버의 주장과 직접적인 관련이 없다. 따라서 이 사례는 뒤르켐의 주장을 약화할 수는 있지만, 베버의 주장을 약화하지는 않는다. 무관의 오류이다.
③ 뒤르켐은 '사회적 사실이 개인의 행동을 규정한다고 보았으며 사회 통합과 규범의 중요성을 강조'하였다. 따라서 사회적 구조와 집합의식이 개인의 행동을 규정하는 것과 관련이 없다는 연구는 뒤르켐의 주장을 약화하는 근거가 된다.
④ 뒤르켐은 사회 구조와 집합의식에 중점을 두고 사회적 통합과 규범의 중요성을 강조하였다. 이 사례는 뒤르켐의 주장과 큰 연관이 없으므로 뒤르켐의 주장을 약하한다고 보기 어렵다.

Chapter 13 〈보기〉 강화 약화

亦功 천기누설 혜선팍 독해 pin point

한눈에 보기
01 ①   02 ②

신유형 2025 버전 1   p.160

01 ▶ ①

정답풀이 갑은 문법 규범에 맞지 않거나 비표준어라도 사용할 수 있다는 주장을 제시한다. 을은 이와 반대로 문법 규범에 어긋난 표현은 문법규범으로 인정되어서는 안 된다고 주장하고 있다.
ㄷ에서 비표준어 '맨날'이 표준어로 인정이 되었다는 것은 을의 입장을 약화하는 것이라고 볼 수 있다. 왜냐하면 을은 문법 규범이 어긋난 비표준어는 문법규범으로 인정되어서는 안 된다고 주장하기 때문에 해당 사례와 반하는 입장을 보이고 있기 때문이다.

오답풀이 ㄱ에서 '쓰여지다, 잊혀지다'는 잘못된 이중 피동 표현인데 이를 사용하지 말아야 한다는 주장은 비표준어라도 사용할 수 있다고 주장하는 갑의 주장을 약화한다. 반면 이 주장은 문법 규범이 어긋난 표현은 사용하면 안된다는 을의 주장을 강화한다. 따라서 갑과 을의 입장을 모두 강화한다는 것은 적절하지 않다.
ㄴ에서 "행복해라"는 규범에 맞지 않지만 써도 된다는 주장은 비표준어라도 사용할 수 있다고 주장하는 갑의 입장을 강화한다. 따라서 갑의 입장을 약화한다고 보는 것은 적절하지 않다.

신유형 2025 버전 2   p.161

02 ▶ ②

정답풀이 ㄱ. VR 환경에서 제공된 문제 해결 과정을 통해 학생들의 논리적 사고 능력과 문제 해결 능력이 향상된 사례는 VR이 학습 효과와 몰입감을 높여 교육 분야에 긍정적 기여를 할 수 있음을 보여주는 것이다. 따라서 VR의 교육적 활용 가능성을 뒷받침할 수 있다.
ㄷ. 제시된 사례는 VR 기술에 대한 과도한 의존이 학생들의 창의성을 저하시킬 수 있다는 우려와 일치하므로, VR 교육 활용을 반대하는 입장을 강화할 수 있다.

오답풀이 ㄴ. 주어진 사례는 VR 기술의 장시간 사용이 건강에 부정적 영향을 줄 수 있다는 반대 측의 주장과 일치하므로 반대 입장을 약화하는 것이 아니라 강화하는 근거가 되어야 한다.

亦功 문제훈련 <보기> 강화 약화   p.162

한눈에 보기
01 ①	02 ①	03 ②	04 ②	05 ①
06 ③	07 ②	08 ②	09 ①	10 ③
11 ③				

01 ▶ ①

정답풀이 ㄱ. 아파트 내에 설치된 자동환기 시스템으로 아토피 피부염 재발률이 절반 이하로 줄어들었다는 연구 결과는 '자연환기 시스템 개선, 공기 정화식물, 환기 등의 건축적 노력이 중요하다'는 본문의 주장과 정확히 일치한다. 이는 주거환경 개선이 실제로 알레르기 질환에 직접적이고 긍정적인 영향을 미친다는 것을 입증하므로, 본문의 핵심 주장을 강화하는 근거로 적절하다.

오답풀이 ㄴ. 건축 자재에서 방출되는 휘발성 유기화합물이 알레르기 유발률과 통계적으로 밀접한 상관관계를 가진다는 연구는 '주거환경이 알레르기 질환의 주요한 발병 요인'이라는 본문의 핵심 주장을 직접적으로 뒷받침한다. 이는 건축 자재와 주거환경이 알레르기에 미치는 영향을 과학적으로 입증하는 것이므로, 본문의 주장을 약화하는 것이 아니라 강화하는 근거가 되어야 한다.

ㄷ. 실내 공기 질을 지속적으로 관리했음에도 병원 치료 없이는 증상이 개선되지 않았다는 보고는 '주거환경을 알레르기 질환 예방을 위한 적극적 개입 대상으로 다뤄야 한다'는 본문의 주장과 상반된다. 이는 주거환경 개선만으로는 한계가 있음을 보여주므로, 본문의 핵심 주장을 강화하는 것이 아니라 약화하는 근거가 되어야 한다.

02 ▶ ①

정답풀이 ㄱ. 스마트시티 사업에 참여한 주민들이 서비스 설계 단계부터 직접 의견을 개진하고, 그 결과 설치된 공공 디바이스에 대한 만족도가 높아졌다는 사례는 '이용자의 명시적 요구뿐 아니라 무의식적 니즈까지 반영하는 사용자 중심 설계론에 따라 기획되어야 한다'는 사용자 중심 설계론의 주장과 일치한다. 따라서 이를 강화하는 근거로 적절하다.

오답풀이 ㄴ. 기술 적용 중심으로 설계된 도시계획이 시민들의 예측 가능한 일상에만 잘 부합하여도 만족도가 높았다는 사례는 '스마트시티는 이용자의 명시적 요구뿐 아니라 무의식적 니즈까지 반영하는 사용자 중심 설계론에 따라 기획되어야 한다.'는 사용자 중심 설계론의 주장과 상반된다. 예측 가능한 것뿐만 아니라 예측 불가능한 무의식적인 것도 중요하기 때문이다. 또한 사용자 중심이 아니라 '기술 적용 중심'인 것 또한 약화하는 사례임을 보여준다.

ㄷ. 시민의 행동 패턴과 감성 반응을 분석하여 무의식적 불편 요소를 개선한 서비스가 호응을 얻었다는 사례는 '이용자의 명시적 요구뿐 아니라 무의식적 니즈까지 반영하는 사용자 중심 설계론'의 주장을 직접적으로 뒷받침한다. 이는 본문에서 강조한 '무의식적 니즈 반영'의 효과를 입증하는 사례이므로, 사용자 중심 설계론을 약화하는 것이 아니라 강화하는 근거가 되어야 한다.

03 ▶ ②

정답풀이 ㄴ. 글쓴이가 '정책 취지에 공감한다 하여 정부 보조금 제도를 만든다고 해도, 여러 조건을 만족해야 적용받을 수 있으므로 자영업자가 지원을 받기는 힘들다.'라고 했으므로 해당 사례는 글쓴이의 주장을 강화하는 것으로 적절하다. 이는 정부가 지원책은 제대로 마련하지 않으면서 의무만 강요하는 현실을 보여주므로, 글쓴이의 주장을 강화하는 근거로 적절하다.

ㄷ. 키오스크 공급업체 간 경쟁이 부족해 가격이 쉽게 떨어지지 않고 있다는 산업 분석은 본문의 핵심 주장을 뒷받침하는 사례이다. 본문에서 지적한 '배리어프리 키오스크는 일반 제품보다 가격이 2~3배 이상 높고, 공급 가능한 업체도 충분치 않다'는 문제점과 '디지털 기기 가격은 시간이 지나면서 자연스럽게 하락하는 경향이 있는데, 의무 도입 시점을 지금으로 설정하면 자영업자는 비효율적인 시기에 불필요한 고비용을 떠안게 된다'는 우려를 현실적으로 입증한다. 따라서 강화하는 근거로 적절하다.

오답풀이 ㄱ. 의무화된 배리어프리 키오스크를 설치한 매장에서 장애인 고객의 이용률과 재방문율이 크게 증가했다는 소비자 만족도 조사는 본문의 핵심 전제와 상반된다. 본문은 현 정책이 '무리한 측면이 크다'며 '과도한 부담'과 '비효율성'을 강조했는데, 이 사례는 의무화 정책이 실질적으로 사회적 가치를 창출하고 있음을 보여준다. 따라서 정책의 효과성을 입증하여 본문의 비판적 입장을 약화하는 근거로 적절하다.

04 ▶ ②

정답풀이 ㄴ. '학령인구가 감소한다고 해서 학급 수나 교원 수가 줄어드는 것도 아니기에 교육비 감소 논리 역시 성립하기 어렵다.'고 언급되었으므로 학령인구가 감소하면 학급수와 교원 수가 줄어들어 예산 지원을 축소해도 된다는 것은 ㉠에 대한 정당성과 상충된다. 따라서 이는 ㉠에 대한 정당성을 약화함을 알 수 있다.

ㄷ. 시도교육청의 예산 중 80% 이상이 고정성 경비로 편성되어 있어, 새로운 정책 수요를 위한 재정 여력이 부족하다는 분석은 '교육청 예산의 80%가 이미 인건비, 시설비 등 고정지출로 묶여 있는 상황에서, 늘봄학교 운영이나 AI 디지털교과서 도입 등 교육 수요는 지속적으로 증가하고 있다'는 본문의 주장과 정확히 일치한다. 이는 교육청의 재정 경직성을 구체적으로 입증하므로, 국비 지원 필요성을 강조하는 본문의 핵심 주장을 강화하는 근거로 적절하다.

오답풀이 ㄱ. 고교 무상교육을 위한 국비 지원이 중단된 이후 일부 지역에서 방과후 교육과 실습 활동 예산이 대폭 축소되었다는 보도는 '교육청 단독 부담은 재정적으로 지속 가능하지 않다'는 본문의 우려를 현실로 입증한다. 이는 국비 지원 중단이 실제로 교육 서비스의 질 저하를 초래한다는 것을 보여주므로, '정부의 지속적인 예산 지원은 중단되어서는 안 된다'는 본문의 핵심 주장을 약화하는 것이 아니라 강화하는 근거가 되어야 한다.

05 ▶ ①

정답풀이 ㄱ. 동일한 모델을 사용하더라도, 교육용 데이터에서 성별 불균형을 바로잡은 후 여성 지원자에 대한 채용 예측 정확도가 향상되었다는 실험 결과는 'AI의 신뢰성을 확보하기 위해서는 학습 데이터의 구성과 알고리즘 설계 전반에서 편향 감지 및 완화 노력이 핵심 과제로 다루어져야 한다'는 본문의 주장을 직접적으로 뒷받침한다. 이는 데이터 편향 개선의 실질적 효과를 입증하므로, 본문의 핵심 주장을 강화하는 근거로 적절하다.

ㄴ. 알고리즘 설계자의 주관이 개입될 경우, 오히려 편향 완화 시도가 새로운 형태의 불균형을 유발할 수 있다는 반론은 '편향 감지 및 완화 노력이 핵심 과제로 다루어져야 한다'는 본문의 주장과 상반된다. 이는 편향 완화 노력 자체의 한계와 부작용을 지적함으로써, 본문이 제시한 해결 방안의 실효성에 의문을 제기하므로 본문의 핵심 주장을 약화하는 근거로 적절하다.

오답풀이 ㄷ. 국제기구가 AI 윤리 가이드라인에서 알고리즘 공정성과 데이터 검증을 '설계 초기 단계의 핵심 절차'로 명시하며 각국에 정책 반영을 요구한다는 사례는 본문의 핵심 주장과 정확히 일치한다. 본문에서 강조한 '공정성과 포용성을 중시하는 AI 설계는 단지 윤리적 선택이 아니라 기술적 책임의 문제로 간주되어야 한다'는 주장과 '학습 데이터의 구성과 알고리즘 설계 전반에서 편향 감지 및 완화 노력이 핵심 과제로 다루어져야 한다'는 주장을 국제적 차원에서 뒷받침하는 사례이다. 이는 본문의 주장을 약화하는 것이 아니라 강화하는 근거가 되어야 한다.

06 ▶ ③

정답풀이 ㄷ. 칸트는 도덕적 절대성을 주장하며, 이는 사회적 혼란을 방지하는 데 도움이 될 수 있다. 윤리적 상대주의가 아닌 도덕적 절대성을 지키는 것이 사회적 혼란을 줄인다는 사례가 많아지면, 이는 칸트의 주장을 강화한다.

오답풀이 ㄱ. 칸트는 정언 명령은 무조건적으로 따라야 하는 도덕 법칙으로, 상황이나 결과에 따라 변하지 않는다고 하였다. 이를 통해 볼 때, 상황이나 결과에 따라 도덕 법칙이 판단되어야 한다는 것은 이와 상충되므로 칸트의 주장을 약화하는 사례에 해당된다.

ㄴ. 칸트는 도덕적 절대성을 주장하며, 윤리적 상대주의를 반대한다. 윤리적 상대주의가 도덕적 판단에 유연성을 제공하는 것이 바람직하다는 연구 결과가 축적되면, 이는 칸트의 주장을 약화한다.

07 ▶ ②

정답풀이 ㄱ. 대기 오염이 심각한 지역의 천식 발병률이 깨끗한 지역보다 높다는 연구 결과는 대기 오염이 인간의 건강에 부정적인 영향을 미친다는 ㉠을 강화한다.

ㄹ. 미세먼지가 심한 날씨에 외출을 자제하는 사람들이 천식 발병률이 낮다는 연구 결과는 대기 오염에 적게 노출될수록 천식 발병률이 낮아짐을 의미하므로 대기 오염이 천식 발병률을 높인다고 주장하는 ㉠을 강화한다.

오답풀이 ㄴ. 대기 오염이 심각한 지역에 거주하는 사람들의 전반적인 심혈관계 건강이 좋다는 연구 결과는 대기 오염에 장기간 노출된 주민들의 심혈관 질환 위험이 높아진다고 주장하는 ㉠을 약화한다.

ㄷ. 전기차 보급 확대와 산업 배출 규제 강화 등의 조치를 통해 대기 질이 개선되었다는 사실이 이 지역의 주민들의 호흡기 질환 및 심혈관 질환 유병률이 높다는 것을 의미하지는 않으므로 ㉠을 강화하지도, 약화하지도 못한다.

08 ▶ ②

정답풀이 ㄱ. 유교적 질서를 지키는 것이 국가의 주체성을 유지하는 데 중요하다면, 이는 위정척사파의 입장을 강화한다. 위정척사파는 유교적 질서와 가치를 지키는 것을 중요하게 여기며, 이를 통해 국가의 주체성을 유지하려 한다고 보았다.

ㄷ. 기존의 유교적 질서를 개혁하고 서양의 정신과 기술을 모두 받아들이는 것이 국가의 발전을 촉진한다면, 이는 급진적 개화파의 입장을 강화한다. 급진적 개화론자는 유교적 질서를 개혁하고 서양의 정신과 기술을 모두 받아들이자는 입장을 가지고 있기 때문이다.

오답풀이 ㄴ. 유교적 질서를 지키는 것이 국가의 주체성을 유지하는 데 중요하다면, 이는 동도서기론자의 입장을 약화하는 것이 아니라 강화한다. 동도서기론자는 유교적 질서를 유지하면서 서양의 기술을 수용하자는 입장을 취한다.

09 ▶ ①

정답풀이 ㄱ. 본문의 ㉠은 '공생주의 원리'이다. 모든 시민에게 의료서비스를 제공하는 국가 의료보험 체계가 의료 접근성 격차 해소와 함께 전체 의료비 지출 효율성도 향상시켰다는 연구는 보편적 접근이 효율성까지 높일 수 있음을 보여 준다. 이는 본문에서 '국민의 생존권과 존엄성을 보장하는 것을 국가의 기본 책무로 보며, 이를 위해 보편복지를 확대'해야 한다는 공생주의 관점과 일치한다. 따라서 ㉠을 강화하는 근거로 적절하다.

ㄴ. 본문의 ㉠은 '공생주의 원리'이다. 재난 상황에서 상호부조 네트워크가 형성되지 못한 지역사회가 위기 극복 속도가 느리고 심리적 회복력이 낮게 나타났다는 조사 결과는 상호부조의 실질적 효과를 입증하는 사례이다. 이는 본문에서 '공동소유와 상호부조를 중시하는 공생주의 원리'와 직접적으로 연결된다. 따라서 ㉠을 강화하는 근거로 적절하다.

오답풀이 ㄷ. 반대의 오류이다. 본문의 ㉠은 '공생주의 원리'이다. 높은 세율의 보편복지 체계를 운영하는 국가들에서 근로 의욕 저하와 경제 성장률 둔화 현상이 관찰되고 있다는 분석은 보편복지의 부정적 경제 효과를 보여주는 사례이다. 이는 본문에서 언급된 '재정 부담과 포퓰리즘 논란'과 연결되며, 공생주의가 지향하는 보편복지 확대의 지속 가능성에 의문을 제기한다. 따라서 ㉠을 강화하는 것이 아니라 약화하는 근거로 보는 것이 적절하다.

10 ▶ ③

정답풀이 ㄱ. 구조적 문제를 강조하는 입장을 본문에서 살펴 보면 '부패가 개인의 윤리적 결함이 아니라'는 주장을 하고 있다. 그런데 이 사례에서는 개인의 윤리적 결함에 해당하는 경우를 다루고 있다. 이 사례에서는 동일한 법적 규제를 받음에도 어떤 개인은 부패에 가담하고, 어떤 개인은 청렴성을 유지하고 있다. 이는 사회적, 제도적인 것보다도 개인의 윤리가 더 중요하게 작용하고 있음을 알 수 있기 때문에 이는 구조적 문제를 강조하는 입장을 약화하는 사례로 적절함을 알 수 있다.

ㄷ. 부패가 만연한 환경에서도 윤리 교육을 받은 개인들이 청렴성을 유지했다는 것은 '부패가 도덕적으로 타락한 개인의 선택에서 비롯된다'는 개인의 도덕적 책임을 강조하는 입장의 주장을 뒷받침한다. 따라서 개인의 도덕적 책임을 강조하는 입장을 강화하는 근거로 적절하다.

오답풀이 ㄴ. 반대의 오류이다. 강력한 반부패법 시행에도 불구하고 부패가 지속되는 것은 '강력한 법적 처벌과 윤리 교육이 부패를 줄이는 핵심적인 해결책이 될 수 있다'는 개인의 도덕적 책임을 강조하는 입장의 주장과 상반된다. 따라서 이는 개인의 도덕적 책임을 강조하는 입장을 강화하는 것이 아니라 약화하는 근거가 되어야 한다.

11 ▶ ③

정답풀이 ㄴ. 제시문에서 그는 프로테스탄트 윤리가 세속적 직업 활동도 신이 부여한 '소명(부르심)'으로 보고, 성공을 신의 은총의 표시로 간주하면서"라고 언급된 것을 보면 프로테스탄트는 종교적 가치와 밀접하게 관련되어 있음을 알 수 있다. 따라서 자본주의가 종교적 가치와 무관하게 사람들의 자발성에서 발전했다는 연구 결과가 나온다면 이는 베버의 주장을 반대로 뒷받침하는 것이므로 베버의 입장을 약화하는 것으로 적절하다.

ㄷ. 베버는 자본주의 발전 초기 단계에서 칼뱅주의자들의 금욕적 생활 태도와 근면함이 자본 축적에 중요한 역할을 한다고 주장하였다. 따라서 칼뱅주의자들이 자본 축적에 앞섰다는 것이 입증된다면 이는 베버의 입장을 강화할 수 있다.

오답풀이 ㄱ. 마르크스주의자들은 자본주의가 계급 간의 경제적 갈등의 산물이라고 주장하였다. 따라서 계급 간의 경제적 갈등이 자본주의 발전의 주요 원동력이라는 연구가 '반박'된다면 이는 마르크스의 입장을 반대로 뒷받침하는 것이므로 마르크스의 입장을 약화하는 것이지, 강화하는 것이 아니다.

Part 06 세트형 독해

Chapter 14 문맥적 의미 추론

亦功 천기누설 혜선팍 독해 pin point

한눈에 보기
01 ④ 02 ④ 03 ① 04 ③

신유형 2025 버전 1

01 ▶ ④

[정답풀이] 주체 혼동의 오류이다. 제시문에서는 판소리계 소설이 아니라 영웅 소설이 초월적 세계가 현실의 문제를 해결하는 양상이 두드러진다고 했으므로 이 선지는 적절하지 않다.

[오답풀이] ① 영웅소설을 설명하는 1문단에서 "이런 모습의 세계 구조를 '이원적 세계상'이라고 부른다"라고 나와 있으므로 이 선지는 적절함을 알 수 있다.
② 판소리계 소설을 설명하는 2문단에서 "판소리계 소설에는 초월적 세계가 지배적 장치로 나타나는 경우가 극히 드물며, 현실의 경험적 인과 관계에 의해 서사가 전개된다."라고 나와 있으므로 이 선지는 적절함을 알 수 있다.
③ '천상계의 대리자가 지싱게의 시사를 결정히는 작품'은 영웅 소설인데 영웅 소설에는 이원적 세계상이 발견되므로 이 선지는 적절함을 알 수 있다.

02 ▶ ④

[정답풀이] ㉠의 '일어나다'는 「2」 어떤 일이 생기다.'를 의미한다. 이와 가장 유사한 의미의 '일어나다'는 ④이다.

[오답풀이] ① 2 「6」 위로 솟거나 부풀어 오르다.
② 2 「4」 약하거나 희미하던 것이 성하여지다.
③ 2 「1」 잠에서 깨어나다.

신유형 2025 버전 2

03 ▶ ①

[정답풀이] 본문에서 '예술의 목적은 정치적 목적에서 독립되어 미적인 아름다움을 추구하는 것이다.'라는 표현을 보면 '예술의 목적에 대한 전통적 견해'는 정치적 메시지에서 벗어난 미적 아름다움을 추구하고 있음을 확인할 수 있다. 따라서 예술이 정치적 메시지를 담을수록 미적 가치가 저하된다는 연구 결과는 정치적 목적에서 독립이 되지 못한다면 미적인 아름다움이 떨어진다는 것을 뜻하므로 '예술의 목적에 대한 전통적 견해'를 강화할 수 있으므로 적절하다.

[오답풀이] ② 예술이 사회적 메시지를 담으면서도 미적 가치를 유지할 수 있다면, 이는 '예술의 사회적 역할을 강조하는 견해'를 강화하는 것이지 약화하는 것이 아니므로 적절하지 않다.
③ '예술의 사회적 역할을 강조하는 견해'는 예술의 목적을 정치적·사회적 메시지를 전달하는 데 있다고 보고 있다. 따라서 예술이 미적 목적에만 집중할 때 사회적 변화를 이끌어 낼 수 있다는 내용이 나오면 이는 '예술의 사회적 역할을 강조하는 견해'를 약화하는 것이지 강화하는 것이 아니므로 적절하지 않다.
④ '예술의 창의성을 강조하는 견해'는 예술은 창의적 표현과 미적 체험을 지향하는 것이라고 본다. 피카소가 전통적인 재현 방식을 거부하고 새로운 시각적 언어를 창조한 것을 당대 사람들이 알아보지 못했다는 것을 비판한다는 것은 창의성을 중시한다는 것이므로 '예술은 창의성을 강조하는 견해'를 강화하는 것이지, 약화하는 것이 아니다.

04 ▶ ③

[정답풀이] ㉠의 '따르다'는 "「2」 ((흔히 '따라(서), 따른, 따르면' 꼴로 쓰여)) 어떤 경우, 사실이나 기준 따위에 의거하다.'를 의미한다. 이와 가장 유사한 의미의 '따르다'는 ③이다.

[오답풀이] ① 1 「6」 ((주로 '따라(서)' 꼴로 쓰여)) 남이 하는 대로 같이 하다.
② 2 「1」 어떤 일이 다른 일과 더불어 일어나다.
④ 1 「4」 관례, 유행이나 명령, 의견 따위를 그대로 실행하다.

亦功 기출훈련 문맥적 의미 추론   p.173

한눈에 보기

01 ④	02 ②	03 ④	04 ②	05 ③
06 ④	07 ①	08 ④	09 ④	10 ③
11 ④	12 ②	13 ③	14 ②	15 ③
16 ②				

01 ▶ ④

정답풀이 '나는 그 팀이 이번 경기에서 질 줄 알았다'에서 '알다'는 '어떠한 사실에 대하여 그러하다고 믿거나 생각하다.'를 의미하므로 ㉣의 예로 적절하지 않다.

오답풀이 나머지 선택지들은 각각의 의미를 보여 주는 예시로 적절하다.

02 ▶ ②

정답풀이 ㉠의 '듣다'는 '1「4」 (('말', '말씀' 따위를 목적어로 하여)) 다른 사람의 말을 받아들여 그렇게 하다.'를 의미한다. 이와 가장 유사한 의미의 '듣다'는 ②이다.

오답풀이 ① 4 주로 약 따위가 효험을 나타내다.
③ 1「3」 수업이나 강의 따위에 참여하여 어떤 내용을 배우다.
④ 1「5」 (('말' 따위를 목적어로 하여)) 기계, 장치 따위가 정상적으로 움직이다.

03 ▶ ④

정답풀이 ㉠의 '기르다'는 「4」 육체나 정신을 단련하여 더 강하게 만들다.'를 의미한다. 이와 가장 유사한 의미의 '기르다'는 ④이다.

오답풀이 ① 「2」 아이를 보살펴 키우다.
② 「1」 동식물을 보살펴 자라게 하다.
③ 「7」 병을 제때에 치료하지 않고 증세가 나빠지도록 내버려두다.

04 ▶ ②

정답풀이 '손해를 보면서 물건을 팔 사람은 없다'의 '보다'는 '「17」 어떤 일을 당하거나 겪거나 얻어 가지다.'를 의미한다.

오답풀이 나머지 선택지들의 '보다'는 '3 대상을 어떠하다고 평가하다.'를 의미한다.

05 ▶ ③

정답풀이 ㉠의 '싸다'는 '물건을 안에 넣고 보이지 않게 씌워 가리거나 둘러 말다.'를 의미한다. 이와 가장 유사한 의미의 '싸다'는 ③이다.

오답풀이 ① 2「1」 어떤 물체의 주위를 가리거나 막다.
② 2「2」 어떤 물건을 다른 곳으로 옮기기 좋게 상자나 가방 따위에 넣거나 종이나 천, 끈 따위를 이용해서 꾸리다.
④ 2「2」 어떤 물건을 다른 곳으로 옮기기 좋게 상자나 가방 따위에 넣거나 종이나 천, 끈 따위를 이용해서 꾸리다.

06 ▶ ④

정답풀이 '경찰을 풀어서 행방불명자를 백방으로 찾으려 하였다'의 '풀다'는 '1「9」 사람을 동원하다.'를 의미하므로 ㉣의 예시로 적절하지 않다.

오답풀이 나머지 선택지들은 각각의 의미를 보여 주는 예시로 적절하다.

07 ▶ ①

정답풀이 발문의 '이렇게 된 터에 더 이상 참을 수만은 없다'의 '터'는 '「2」 ((어미 '-은', '-는', '-던' 뒤에 쓰여)) '처지'나 '형편'의 뜻을 나타내는 말.'을 의미한다. 이와 같은 문맥적 의미로 쓰이지 않은 것은 '「1」 ((어미 '-을' 뒤에 쓰여)) '예정'이나 '추측', '의지'의 뜻을 나타내는 말.'을 의미하는 ①이다.

오답풀이 나머지 선택지들의 '터'는 '「2」 ((어미 '-은', '-는', '-던' 뒤에 쓰여)) '처지'나 '형편'의 뜻을 나타내는 말.'을 의미한다.

08 ▶ ④

정답풀이 ㄱ과 ㄹ의 '길'은 '「3」 어떤 일에 익숙하게 된 솜씨.'를 의미한다.
- ㄱ: 농촌 생활에 익숙해진 솜씨가 있게 되었다.
- ㄹ: 서랍의 움직임이 익숙해지지 않아 열리지 않는다.
ㄴ과 ㄷ의 '길'은 '사람이나 동물 또는 자동차 따위가 지나갈 수 있게 땅 위에 낸 일정한 너비의 공간.'을 의미한다.
- ㄴ: 땅 위에 낸 길을 뚫고 고향에 돌아간다.
- ㄷ: 땅 위에 낸 길이 많이 막히다.
ㅁ의 '길'은 '길이의 단위. 한 길은 사람의 키 정도의 길이이다.'를 의미한다.
- ㅁ: '길이의 단위'인 단위 의존 명사(참고로 사람의 키 정도의 길이)

09 ▶ ④

정답풀이 ㉠의 '품'은 '행동이나 말씨에서 드러나는 태도나 됨됨이.'를 의미한다. 이와 가장 유사한 의미의 '품'은 ④이다.

오답풀이 ①과 ②는 한 단어로서 다의 관계이다.
① 「3」 두 팔을 벌려서 안을 때의 가슴.
② 「1」 윗옷의 겨드랑이 밑의 가슴과 등을 두르는 부분의 넓이.
③과 ⑤는 한 단어로서 다의 관계이다.
③ [관용구] 품(을) 갚다 : 남에게 받은 품을 돌려주기 위하여 상대에게 품을 제공하다.
⑤ 「2」 삯을 받고 하는 일.

10 ▶ ③

정답풀이 '옷에 풀기가 아직 살아 있다'의 '살다'는 '1 「3」 본래 가지고 있던 색깔이나 특징 따위가 그대로 있거나 뚜렷이 나타나다.'를 의미하므로 ㉢의 예시로 적절하지 않다.

오답풀이 나머지 선택지들은 각각의 의미를 보여 주는 예시로 적절하다.

11 ▶ ④

정답풀이 ㉠의 '짚다'는 「3」 여럿 중에 하나를 꼭 집어 가리키다.'를 의미한다. 이와 가장 유사한 의미의 '짚다'는 ④이다.

오답풀이 ① 「2」 손으로 이마나 머리 따위를 가볍게 눌러 대다.
② 「1」 바닥이나 벽, 지팡이 따위에 몸을 의지하다.
③ 「4」 상황을 헤아려 어떠할 것으로 짐작하다.

12 ▶ ②

정답풀이 ㉠의 '걸다'는 '2 「4」 앞으로의 일에 대한 희망 따위를 품거나 기대하다.'를 의미한다. 이와 가장 유사한 의미의 '걸다'는 ②이다.

오답풀이 ① 2 「5」 목숨, 명예 따위를 담보로 삼거나 희생할 각오를 하다.
③ 2 「5」 목숨, 명예 따위를 담보로 삼거나 희생할 각오를 하다.
④ 2 「5」 목숨, 명예 따위를 담보로 삼거나 희생할 각오를 하다.

13 ▶ ③

정답풀이 ㉠의 '고치다'는 '1 「1」 고장이 나거나 못 쓰게 된 물건을 손질하여 제대로 되게 하다.'를 의미한다. 이와 가장 유사한 의미의 '고치다'는 ③이다.

오답풀이 ① 2 「1」 본디의 것을 손질하여 다른 것이 되게 하다.
② 2 「2」 이름, 제도 따위를 바꾸다.
④ 2 「2」 이름, 제도 따위를 바꾸다.

14 ▶ ②

정답풀이 ㉠의 '맞추다'는 '1 서로 떨어져 있는 부분을 제자리에 맞게 대어 붙이다.'를 의미한다. 이와 가장 유사한 의미의 '맞추다'는 ②이다.

오답풀이 ① 2 「1」 ((주로 '보다'와 함께 쓰여)) 둘 이상의 일정한 대상들을 나란히 놓고 비교하여 살피다.
③ 3 「1」 어떤 기준이나 정도에 어긋나지 아니하게 하다.
④ 3 「1」 어떤 기준이나 정도에 어긋나지 아니하게 하다.

15 ▶ ③

정답풀이 '어림하다'는 '대강 짐작으로 헤아리다.'를 의미한다. 따라서 '담보로 맡다.'를 의미하는 '잡다'의 '술집 주인은 손님의 시계를 술값으로 잡았다'는 ㉢의 예문으로 적절하지 않다.

오답풀이 ① '죽이다'는 '생명을 없애거나 끊어지게 하다.'를 의미한다. 따라서 '짐승을 죽이다.'를 의미하는 '잡다'의 '할아버지는 돼지를 잡아 잔치를 베푸셨다'는 ㉠의 예문으로 적절하다.
② '쥐다'는 '어떤 물건을 손바닥에 들게 하거나 손가락 사이에 낀 채로 손가락을 오므려 힘 있게 잡다.'를 의미한다. 따라서 '손으로 움키고 놓지 않다.'를 의미하는 '잡다'의 '그들은 멱살을 잡고 싸우고 있다'는 ㉡의 예문으로 적절하다.
④ '진압하다'는 '강압적인 힘으로 억눌러 진정시키다.'를 의미한다. 따라서 '기세를 누그러뜨리다.'를 의미하는 '잡다'의 '산불이 난 지 열 시간 만에 불길을 잡았다'는 ㉣의 예문으로 적절하다.

16 ▶ ②

정답풀이 '만년설이 쌓인 산이 호수에 비쳤다'의 '비치다'는 '물체의 그림자나 영상이 나타나 보이다.'를 의미한다.

오답풀이 ① '창문을 종이로 가렸지만 그래도 안이 비치다'의 '비치다'는 '1 「5」 투명하거나 얇은 것을 통하여 드러나 보이다.'를 의미한다.
③ '동생에게 결혼 문제를 비쳤더니 그 자리에서 펄쩍 뛰었다'의 '비치다'는 '3 「2」 의향을 떠보려고 슬쩍 말을 꺼내거나 의사를 넌지시 깨우쳐 주다.'를 의미한다.
④ '글씨를 흘려서 쓰면 성의 없는 사람으로 비치기 쉽다'의 '비치다'는 '2 무엇으로 보이거나 인식되다.'를 의미한다.

亦功 문제훈련 문맥적 의미 추론   p.177

한눈에 보기

01 ③	02 ①	03 ④	04 ③	05 ③
06 ②	07 ①	08 ④	09 ②	10 ④
11 ①	12 ②	13 ②	14 ②	

01 ▶ ③

정답풀이 본문은 사가현이 한일 문화 교류의 역사적 흔적을 간직하고 있으며, 이것이 과거에 머물지 않고 현재 삶 속에서 지속되고 있다는 점을 강조하고 있다. 첫 문단에서 다양한 시대의 교류 사례들을 제시한 후, 두 번째 문단에서 "이러한 역사적 흔적들은 박물관이나 기념관에 갇힌 유물이 아니라 현재진행형의 생활 문화 속에서 지속되고 있다"고 핵심 논지를 명시하고 있다. 이어서 아리타 도자기의 전통 기법이 400여 년간 이어지며 "현대적으로 재해석되고 있고", 왕인박사 관련 유적지에서 "매년 학문과 문화교류를 기념하는 행사가 열린다"는 구체적 사례를 제시하며, 규슈올레를 통해 "한일 문화 교류를 재해석하는 장으로 진화하고 있다"고 설명하고 있다. 따라서 이 선지가 글의 중심 내용을 가장 정확하게 반영하고 있다.

오답풀이 ① 본문의 첫 문장에서 "지리적 규모는 작지만 역사와 문화 관광의 밀도는 매우 높다"고 언급하고 있지만, 이는 사가현의 기본적 특성을 소개하는 도입부 내용으로, 글 전체에서 강조하는 문화 교류 유산의 현재적 지속성과 재해석이라는 핵심 메시지를 담고 있지 않다.
② 본문에서 야요이 시대부터 현대에 이르는 다양한 교류 사례들과 "신사와 비석, 전통 축제", "아리타 도자기 마을" 등이 언급되어 있지만, 이는 한일 교류사의 구체적 확인 사례들로, 글의 중심 내용인 이러한 유산들이 현재 삶 속에서 지속되고 재해석되고 있다는 점을 포괄하지 못한다.
④ 본문에서 "제주올레길에서 영감을 받은 규슈올레가… 트레킹 코스로 개발되면서"라는 내용이 언급되어 있지만, 이는 현대적 문화 교류와 재해석의 한 사례로 제시된 것으로, 사가현 전체의 문화적 특성과 의미를 대표하지는 못한다. 글의 중심은 규슈올레라는 특정 콘텐츠가 아닌 사가현 문화 유산의 전반적인 현재적 지속성에 있다.

02 ▶ ①

정답풀이 ⊙의 '열리다'는 '1「2」 모임이나 회의 따위가 시작되다.'를 의미한다. 이와 가장 유사한 의미의 '열리다'는 ①이다.

오답풀이 ② 2 새로운 기틀이 마련되다.
③ 3 자기의 마음이 다른 사람에게 터놓아지거나 다른 사람의 마음이 받아들여지다.
④ 1「1」 닫히거나 잠긴 것이 트이거나 벗겨지다.

03 ▶ ④

정답풀이 본문은 조선통신사가 본래 지닌 평화 외교적 의미와 일본 근대 초등교육에서의 활용 방식 사이의 대조를 중심으로 서술하고 있다. 첫 문장에서 "조선통신사는 … 평화 외교를 상징하는 역사적 사건으로 평가되지만, 일본의 근대 초등교육에서는 이와는 전혀 다른 방식으로 활용되었다"고 대비를 제시하고, 이후 "국가주의와 대외우월주의를 주입하는 수단으로 기능했다"고 구체적인 활용 방식을 설명하고 있다. 또한 "조선을 열등한 타자로 형상화하고, 나아가 한일병합과 식민 지배의 정당성을 자연스럽게 학습시키는 방향으로 이어졌다"고 언급하며, 마지막에는 "조선통신사는 일본 초등교육에서 역사를 통한 이데올로기 재생산의 매개물이 되었던 것이다"라고 결론짓고 있다. 이 선지는 본래 의미와 교육적 활용의 대조, 그리고 이념(= 이데올로기) 재생산이라는 핵심 논지를 모두 포괄하고 있다.

오답풀이 ① 본문에서 조선통신사가 평화 외교를 상징한다는 내용과 일본 교육에서 왜곡되었다는 점은 언급되어 있지만, "왜곡된 형태로 기술되었다"는 표현은 본문의 핵심을 충분히 담지 못한다. 본문은 단순한 왜곡을 넘어 국가주의 주입과 식민 지배 정당화라는 구체적인 목적과 효과를 강조하고 있다.
② 본문에서 아라이 하쿠세키가 "조선이 일본에 굴복하도록 만든 개혁가"로 묘사되고 "학생들에게 자부심을 갖고 외국에 대응하는 자세를 기르도록 지도했다"는 내용이 언급되어 있지만, 이는 조선통신사가 교육에서 활용된 방식 중 일부 사례에 해당한다. 글의 중심은 하쿠세키 개인이 아니라 조선통신사 전체가 이념(= 이데올로기) 재생산 도구로 활용되었다는 점에 있다.
③ 본문에서 "조선통신사가 지닌 문화적 상호성이나 평화 외교의 의미는 삭제된 채"라고 언급하고 있지만, 이는 일본 교육에서 조선통신사가 어떻게 활용되었는지를 설명하는 과정의 일부이다. 글의 중심은 본래 의미의 삭제 자체가 아니라, 그것이 국가주의와 식민 지배 정당화를 위한 도구로 재구성되었다는 점에 있다.

04 ▶ ③

정답풀이 ⊙의 '가지다'는 '2 생각, 태도, 사상 따위를 마음에 품다.'를 의미한다. 이와 가장 유사한 의미의 '가지다'는 ③이다.

오답풀이 ① 1「1」 손이나 몸 따위에 있게 하다.
② 1「6」 거느리거나 모시거나 두다.
④ 3 관계를 맺다.

05 ▶ ③

정답풀이 제시문에 따르면 "오늘날 우리는 하루를 24시간으로 나누는 방식에 익숙하지만, 전통적인 시간 단위 체계는 지금과는 다른 기준으로 하루를 나눴다."를 통해 보면 이 선지가 적절하지 않음을 알 수 있다.

오답풀이 ① 제시문에서 "이러한 방식은 인간의 생태적 활동과 자연의 주기성을 반영한 것이기도 하다"라고 명시하고 있다. 이를 통해 12지 시법이 인간의 생활 패턴과 자연의 순환 주기를 고려한 체계였음을 추론할 수 있다.
② 제시문에서 "자정은 지금도 '자정 무렵 사건 발생' 등의 표현으로 남아 있다"와 "정오(正午)라 불리며, '정오 무렵' 같은 현대 표현에 흔적을 남기고 있다"라고 언급하고 있다. 이를 통해 현대 한국어의 '자정'과 '정오' 표현이 전통적 시간 구분 방식에서 유래했음을 추론할 수 있다.
④ 제시문 마지막 문단에서 "과거의 시법 체계는 단순히 시간 구분을 넘어 자연과 인간 활동을 연결하는 문화적 장치였으며"라고 직접적으로 언급하고 있다. 따라서 전통적 시간 표현이 단순한 구분을 넘어 문화적 의미를 담고 있었다는 것은 적절한 추론이다.

06 ▶ ②

정답풀이 ㉠의 '부르다'는 '3 무엇이라고 가리켜 말하거나 이름을 붙이다.'를 의미한다. 이와 가장 유사한 의미의 '부르다'는 ②이다.

오답풀이 ① 1「8」 어떤 행동이나 말이 관련된 다른 일이나 상황을 초래하다.
③ 1「5」 값이나 액수 따위를 얼마라고 말하다.
④ 1「3」 남이 자신의 말을 받아 적을 수 있게 또박또박 읽다.

07 ▶ ①

정답풀이 제시문에서는 "버스의 위치, 정류장 상황, 도로 속도, 날씨 정보를 실시간으로 수집한 뒤 이를 분석해 지연 가능성을 미리 예측하는 방식"이라고 설명하며, 다양한 데이터를 종합적으로 활용한다고 언급하고 있다. 그러나 날씨 요인과 교통량 변화에 대한 대응 효과를 비교하는 내용은 제시문 어디에도 언급되어 있지 않다. 두 요인 간의 상대적 중요성이나 예측 모델의 차별적 효과를 비교하는 것은 제시문에서 다루지 않은 내용을 임의로 비교한 비교 미언급의 오류에 해당한다.

오답풀이 ② 제시문에서 "기존에도 이러한 문제를 완화하기 위한 다양한 연구와 제도가 도입되었지만, 대부분 과거의 기록에 기반해 대처하는 방식이었기 때문에 실시간 상황에는 충분히 대응하지 못하는 한계를 지닌다"라고 직접적으로 언급하고 있다. 이를 통해 기존 시스템이 과거 통계에 의존하여 현재 상황에 즉각 대처하기 어렵다는 한계가 있음을 추론할 수 있다.
③ 제시문 두 번째 문단에서 "버스의 위치, 정류장 상황, 도로 속도, 날씨 정보를 실시간으로 수집한 뒤 이를 분석해 지연 가능성을 미리 예측하는 방식"이라고 설명하고 있다. 이러한 도시 교통 데이터의 종합적 분석을 통해 지연 가능성을 사전에 파악하고 운행 안정성을 높일 수 있다는 것은 적절한 추론이다.
④ 제시문 마지막 문장에서 "시민들은 더욱 안정적이고 예측 가능한 대중교통 서비스를 이용할 수 있게 되며, 도시 전체의 효율성도 높아질 것으로 기대된다"라고 언급하고 있다. 이를 통해 예측 가능성이 향상되면 개인 만족도와 도시 효율성에 긍정적 영향을 미칠 수 있다고 적절하게 추론할 수 있다.

08 ▶ ④

정답풀이 ㉠의 '떨어뜨리다'는 '2「4」 가치, 명성, 지위, 품질 따위를 낮게 하거나 잃게 하다.'를 의미한다. 이와 가장 유사한 의미의 '떨어뜨리다'는 ④이다.

오답풀이 ① 4「2」 어떤 사람들을 사이가 멀어지게 하다.
② 1「3」 뒤에 처지게 하거나 남게 하다.
③ 2「1」 값이나 금액을 낮추다.

09 ▶ ②

정답풀이 제시된 사례는 해러웨이의 사이보그 개념이 현실적인 문제를 간과했다는 비판의 근거를 제공하기 때문에, 비판을 강화하는 적절한 사례로 볼 수 있다.

오답풀이 ① 제시된 사례는 해러웨이의 사이보그 개념이 긍정적으로 작용했음을 보여주므로, 비판하는 입장을 약화하는 것으로 보는 것이 옳다.
③ 제시된 사례는 해러웨이의 사이보그 개념이 긍정적으로 작용했음을 보여주므로 비판을 약화할 수 있다.
④ 사이보그 개념이 불평등 해결에 기여했다는 것은 해러웨이의 이론이 긍정적으로 작용했음을 시사하므로 비판을 약화한다고 보는 것이 옳다.

10 ▶ ④

정답풀이 ⓐ의 '무너지다'는 '「3」 질서, 제도, 체제 따위가 파괴되다.'를 의미한다. 이와 가장 유사한 의미의 '무너지다'는 ④이다.

오답풀이 ① 「10」 운동 경기 따위에서 지다.
② 「1」 쌓여 있거나 서 있는 것이 허물어져 내려앉다.
③ 「5」 계획이나 구상, 생각 따위가 뜻대로 되어 가지 못하고 깨지다.

11 ▶ ①

정답풀이 도킨스는 유전자 중심의 진화 이론을 주장하며, 생물의 행동과 진화는 개체가 아닌 유전자의 관점에서 이해해야 한다고 설명하였다. 따라서 유전자 수준의 변이가 개체 행동에 큰 영향을 미친다는 연구 결과는 도킨스의 주장을 강화한다.

오답풀이 ② 도킨스는 이기적인 유전자가 개체의 이타적 행동을 설명할 수 있다고 보았다. 따라서 이타적 행동이 유전자 복제의 성공을 높이는 사례는 도킨스의 주장과 무관하므로 도킨스의 주장을 약화하는 근거가 될 수 없다.
③ 월슨은 개체 수준의 선택뿐만 아니라 집단 수준의 선택도 중요한 역할을 한다고 주장하였다. 따라서 개체의 행동이 유전자 수준의 선택에 의해 더 많이 영향 받는다는 연구 결과는 월슨의 주장을 약화한다.
④ 월슨은 집단 수준의 선택이 중요한 역할을 한다고 주장하였지만 사회적 행동이 단순히 유전자나 본능에 의해 결정되지 않는다고 한 적이 없다. 오히려 '월슨은 개체 수준의 선택뿐만 아니라, 집단 수준의 선택이 중요한 역할을 한다고 주장하였다.'고 하며 개체와 집단 모두 중요하다고 주장하고 있다.(물론 집단이 중요하다고 하였다) 또한 개미를 예시로 들긴 했으나 이것이 제도와 규범과는 관련이 없으므로 이는 무관한 사례이므로 월슨의 주장을 강화하지도 약화하지도 않는다.

12 ▶ ②

정답풀이 '㉠ 보다'는 '3 대상을 평가하다'를 의미한다. 이와 가장 유사한 의미의 '보다'는 ②이다.

오답풀이 ① 1 「27」 ((주로 '보고' 꼴로 쓰여)) 무엇을 바라거나 의지하다.
③ 1 「22」 남의 결점이나 약점 따위를 발견하다.
④ 1 「13」 음식상이나 잠자리 따위를 채비하다.

13 ▶ ②

정답풀이 제시된 사례는 유전자 특허가 연구자들의 접근을 제한하고, 중요한 연구 활동에 방해가 된다는 반대 측의 주장과 부합하므로 ㉠의 주장을 강화한다고 볼 수 있다.

오답풀이 ① 유전자 특허 제도가 혁신적 발견을 독려하고, 이를 상업화하여 의약품 개발을 촉진하는 데 기여한다는 내용은 유전자 특허를 반대하는 사람들의 주장과는 상반되므로 적절하지 않다.
③ 이 선지는 유전자 특허 제도가 예상한 만큼의 경제적 보상을 제공하지 못할 수 있음을 보여주는 사례이다. 하지만 이것이 유전자 특허 제도가 공공의 연구를 제한하거나 윤리적 문제를 일으킨다는 반대 측의 주장을 강화하는 근거가 되기는 어렵다.
④ 유전자 특허가 공공 연구기관의 연구를 제한하지 않고 오히려 촉진했다는 것은 유전자 특허에 대한 반대 입장을 약화하는 것이다.

14 ▶ ②

정답풀이 '㉠ 주다'는 '「3」 남에게 어떤 자격이나 권리, 점수 따위를 가지게 하다.'를 의미한다. 이와 가장 유사한 의미의 '주다'는 ②이다.

오답풀이 ① 「4」 남에게 어떤 역할 따위를 가지게 하다.
③ 「2」 시간이나 공간 따위를 남에게 허용하다.
④ 「11」 다른 사람에게 정이나 마음을 베풀거나 터놓다.

Chapter 15 바꿔 쓸 수 있는 유사한 표현

亦功 천기누설 혜선팍 독해 pin point

한눈에 보기
01 ②　　02 ①　　03 ③　　04 ④

신유형 2025 버전 1　　p.185

01 ▶ ②

정답풀이) 3문단의 끝 문장과 4문단의 첫 문장인 "그가 「무정」에서 표준어를 사용한 것은 근대적 가치를 실현하기 위한 의도적인 선택이었다. 이처럼 표준어의 사용은 작가의 의도를 드러내는 기능을 한다."를 통해 「무정」에는 근대적 가치의 실현과 관련된 작가의 의도가 담겨 있음을 추론할 수 있다.

오답풀이) ① 1문단에서는 「배따라기」에서 인물들의 대화는 출신지와 작중 배경에 맞는 사투리로 이루어져 「무정」보다 「배따라기」가 리얼리티가 더 뛰어나다고 볼 수 있다고 언급되어 있으므로 이 선지는 적절하지 않음을 알 수 있다. 표준어가 아니라 사투리를 사용하였기 때문이다. 객체 혼동의 오류이다.
③ 3문단에서 "하지만 주인공 '서희'는 사투리를 구사하지 않는다."라고 언급되어 있으므로 서희가 사투리를 사용한다는 것은 적절하지 않다. 반대의 오류이다.
④ 1문단에서 "작품의 리얼리티를 얼마나 잘 구현했는가를 기준으로 본다면, 「무정」보다 「배따라기」가 더 뛰어나다고 볼 수 있다."라고 언급되어 있으므로 「배따라기」가 「무정」보다 더 뛰어나므로 이 선지는 적절하지 않다. 비교 혼동의 오류이다.

02 ▶ ①

정답풀이) '맞다'는 '어떤 행위나 내용이 일정한 기준이나 정도에 어긋나거나 벗어나지 아니하다.'를 의미한다. 따라서 '사사로운 이익을 위하여 아첨하며 좇다.'를 의미하는 '영합(迎 맞을 영 合 합할 합)하다'는 ㉠과 바꿔 쓸 수 있는 유사한 표현으로 적절하지 않다. '부신(符信)이 꼭 들어맞듯 사물이나 현상이 서로 꼭 들어맞다.'를 의미하는 '부합(符 부호 부 合 합할 합)하다'로 바꿔 쓸 수 있다.

오답풀이) ② ㉡ '나타내다'는 '생각이나 느낌 따위를 글, 그림, 음악 따위로 드러내다.'를 의미한다. 따라서 '추상적이거나 드러나지 아니한 것을 구체적인 형상으로 드러내어 나타내다.'를 의미하는 '표상(表 겉 표 象 코끼리 상)하다'로 바꿔 쓸 수 있다.
③ ㉢ '떠올리다'는 '기억을 되살려 내거나 잘 구상되지 않던 생각을 나게 하다.'를 의미한다. 따라서 '지난 일을 돌이켜 생각하여 내다.'를 의미하는 '상기(想 생각 상 起 일어날 기)하다'로 바꿔 쓸 수 있다.

④ ㉣ '뚜렷하다'는 '엉클어지거나 흐리지 아니하고 아주 분명하다.'를 의미한다. 따라서 '모습이나 소리 따위가 흐릿함이 없이 똑똑하고 뚜렷하다.'를 의미하는 '분명(分 나눌 분 明 밝을 명)하다'로 바꿔 쓸 수 있다.

신유형 2025 버전 2　　p.186

03 ▶ ③

정답풀이) 사형제 찬성론자들은 '죽음에 대한 공포는 가석방 없는 종신형보다 더 강력한 억제력을 가진다고 주장'하였다. 만약 사형이 아닌 처벌 방법이 범죄를 억제할 수 있다면 이는 반대론자의 주장을 강화하는 근거가 될 수 있다.

오답풀이) ① 찬성론자의 주장에 대한 설명에서 '사형으로 규정된 범죄는 흉악범죄에 한정되어 있고, 사형선고는 엄격한 요건하에서 이루어지므로 사형제는 존속되어야 한다고 본다.'라는 구절이 나온다. 이는 사형제 찬성론의 주된 논거가 흉악범죄에 한정되어 있다는 특성에서 나오는 것임을 알 수 있으므로 찬성론자의 주장을 강화하는 근거가 되어야 한다.
② 사형제 반대론자는 반대 근거로 '사형이 오판될 경우 시정할 방법이 없다는 점에서 오판 가능성을 우려'하였다. 이는 오판 가능성이 사형제 반대 근거가 됨을 시사하므로 찬성론자의 주장을 약화하는 근거가 되어야 한다.
④ '오판 가능성은 사법제도의 한계이므로 관련 제도 개선을 통해 극복할 문제라고 주장'한 것은 사형제 찬성론자의 입장이므로 반대론자의 주장을 강화하지 않는다.

04 ▶ ④

정답풀이) '㉣ 역설(力說: 力 힘 력(역) 說 말씀 설)한다.'는 '자신의 뜻을 힘써 말하다'를 의미하므로 '㉣ 본다'로 바꾸는 것은 적절하지 않다.

오답풀이) ① '㉠ 우려(憂慮: 憂 근심 우 慮 생각할 려(여))하다'는 '근심하거나 걱정하다'를 의미하므로 적절하다.
② '㉡ 격리(隔離: 隔 사이 뜰 격 離 떠날 리(이))하다'는 '다른 것과 통하지 못하도록 사이를 막거나 떼어 놓다'를 의미하므로 적절하다.
③ '㉢ 박탈(剝奪: 剝 벗길 박 奪 빼앗을 탈)되다'는 '재물이나 권리, 자격 따위를 강제로 빼앗음.'을 의미하므로 적절하다.

亦功 기출훈련 바꿔 쓸 수 있는 유사한 표현 p.187

한눈에 보기
01 ②   02 ④   03 ④   04 ①

01 ▶ ②

정답풀이 '무진장(無 없을 무 盡 다할 진 藏 감출 장)하다'는 '다함이 없이 굉장히 많다.'를 의미한다. 따라서 '무진장하다'를 '여러 가지가 있다'로 바꾸어 쓰기에 적절하지 않다.

오답풀이 나머지는 밑줄 친 부분과 바꾸어 쓰기에 적절하다.
① '배회(徘 어정거릴 배 徊 머뭇거릴 회)하다'는 '아무 목적도 없이 어떤 곳을 중심으로 어슬렁거리며 이리저리 돌아다니다.'를 의미한다.
③ '경청(傾 기울 경 聽 들을 청)하다'는 '귀를 기울여 듣다.'를 의미한다.
④ '명기(明 밝을 명 記 기록할 기)하다'는 '분명히 밝히어 적다.'를 의미한다.

02 ▶ ④

정답풀이 '발현(發 필 발 現 나타날 현)하다'는 '속에 있거나 숨은 것이 밖으로 나타나다. 또는 나타나게 하다.'를 의미한다. 따라서 '발현하다'를 풀어 쓴 것으로 '헤아려 보다'는 적절하지 않다.

오답풀이 ① '수시(隨 따를 수 時 때 시)'는 '일정하게 정하여 놓은 때 없이 그때그때 상황에 따름.'을 의미한다.
② '과언(過 지날 과 言 말씀 언)'은 '지나치게 말을 함. 또는 그 말.'을 의미한다.
③ '편재(偏 치우칠 편 在 있을 재)하다'는 '한곳에 치우쳐 있다.'를 의미한다.

03 ▶ ④

정답풀이 '부유(浮 뜰 부 遊 놀 유)하다'는 '물 위나 물속, 또는 공기 중에 떠다니다.'를 의미한다. 따라서 '사람이나 물고기 따위가 물속에서 나아가기 위하여 팔다리를 젓거나 지느러미를 움직이다.'를 의미하는 '헤엄치는'는 ㉣과 바꿔 쓸 수 있는 유사한 표현으로 적절하지 않다. '공중이나 물 위를 떠서 다니다.'를 의미하는 '떠다니다'로 바꿔 쓸 수 있다.

오답풀이 ① ㉠ '맹종(盲 맹인 맹 從 좇을 종)하다'는 '옳고 그름을 가리지 않고 남이 시키는 대로 덮어놓고 따르다.'를 의미한다. 따라서 '관례, 유행이나 명령, 의견 따위를 그대로 실행하다.'를 의미하는 '무분별하게 따르다'로 바꿔 쓸 수 있다.
② ㉡ '탈피(脫 벗을 탈 皮 가죽 피)하다'는 '일정한 상태나 처지에서 완전히 벗어나다.'를 의미한다. 따라서 '어떤 힘이나 영향 밖으로 빠져나오다.'를 의미하는 '벗어나다'로 바꿔 쓸 수 있다.
③ ㉢ '제고(提 끌 제 高 높을 고)하다'는 '수준이나 정도 따위를 끌어올리다.'를 의미한다. 따라서 '높은 지위로 올려 주다.'를 의미하는 '끌어올리다'로 바꿔 쓸 수 있다.

04 ▶ ①

정답풀이 '소기(所 바 소 期 기약할 기)'는 '(주로 '소기의' 꼴로 쓰여) 기대한 바.'를 의미한다. 따라서 '생각이나 바람대로 어떤 일이나 상태가 이루어지거나 그렇게 되었으면 하고 생각하다.'를 의미하는 '바라다'로 바꿔 쓰기에 적절하다.

오답풀이 ② '이자(利 날카로울 리(이) 子 아들 자)'는 '남에게 돈을 빌려 쓴 대가로 치르는 일정한 비율의 돈.'을 의미한다. 따라서 '물건 값을 받을 값보다 더 많이 부르는 일. 또는 그 물건값.'을 의미하는 '에누리'로 바꿔 쓰기에 적절하지 않다.
③ '상신(上 윗 상 申 거듭 신)하다'는 '윗사람이나 관청 등에 일에 대한 의견이나 사정 따위를 말이나 글로 보고하다.'를 의미한다. 따라서 '짐작하여 가늠하거나 미루어 생각하다.'를 의미하는 '헤아리다'로 바꿔 쓰기에 적절하지 않다.
④ '양지(諒 참될 량(양) 知 알 지)하다'는 '살피어 알다.'를 의미한다. 따라서 '사물이나 상황에 대한 정보나 지식을 알게 하다.'를 의미하는 '알리다'로 바꿔 쓰기에 적절하지 않다.

亦功 문제훈련 바꿔 쓸 수 있는 유사한 표현 p.188

한눈에 보기
01 ④   02 ②   03 ②   04 ③   05 ①
06 ③

01 ▶ ④

정답풀이 화자는 계절마다 임과의 관계 회복을 갈망하며 매화, 옷, 달빛, 햇빛을 선물로 보내고자 하지만, '이러한 선물들은 모두 화자의 불안과 절망을 암시'한다고 하였다. 따라서 계절마다 보내는 선물에 절망보다 희망이 담겨 있다는 표현은 본문 내용과 상반되며, 적절하지 않은 선지임을 알 수 있다.

오답풀이 ① 본문에 따르면 사미인곡은 '전통적인 연군문학의 틀을 따르면서도 복합적인 심리를 드러낸다.'라고 하였다. 따라서 이 선지는 적절하다.
② 화자가 자연물과 인공물을 임에게 보내는 행위는 '단순한 충정의 표현이 아니라, 자신의 소외된 현실에서 벗어나 권력의 중심으로 복귀하고자 하는 무의식적 욕망을 반영'한 것이라고 하였다. 따라서 이 선지는 적절하다.
③ '결과적으로 화자는 자신의 한계를 깨닫고 희망을 놓게 된다.'의 표현으로 보아 '조선 유교 사회에서 이상적 관계를 지향했던 화자의 갈등은, 현실에서의 권력적 분리와 그로 인한 심리적 체념을 문학적으로 보여 준다.'가 적절한 선지임을 알 수 있다.

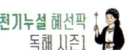

02 ▶ ②

정답풀이 '돌아가다'는 '원래의 있던 곳으로 다시 가거나 다시 그 상태가 되다.'를 의미한다. 따라서 '손실 이전의 상태로 회복하다.'를 의미하는 '복구(復 회복할 복 舊 예 구)하다'는 ⓒ과 바꿔 쓸 수 있는 유사한 표현으로 적절하지 않다. '본디의 자리나 상태로 되돌아가다.'를 의미하는 '복귀(復 회복할 복 歸 돌아갈 귀)하다'로 바꿔 쓸 수 있다.

오답풀이 ① ㉠ '바라다'는 '생각이나 바람대로 어떤 일이나 상태가 이루어지거나 그렇게 되었으면 하고 생각하다.'를 의미한다. 따라서 '간절히 바라다'를 의미하는 '갈망(渴 목마를 갈 望 바랄 망)하다'로 바꿔 쓸 수 있다.
③ ㉢ '나타내다'는 '생각이나 느낌 따위를 글, 그림, 음악 따위로 드러내다.'를 의미한다. 따라서 '어떤 방법이나 매체로 구체적 형상으로 명확하게 나타내다'를 의미하는 '형상화(形 모양 형 象 코끼리 상 化 될 화)하다'로 바꿔 쓸 수 있다.
④ ㉣ '자세히 살피다'는 '자세히 따지거나 헤아려 보다.'를 의미한다. 따라서 '자기의 마음을 반성하고 살피다.'를 의미하는 '성찰(省 살필 성 察 살필 찰)하다'로 바꿔 쓸 수 있다.

03 ▶ ②

정답풀이 '흥미로운 것은 토끼의 저항과 자라의 순종이 역설적으로 지배 이데올로기를 옹립하고 있다는 점이다.'라고 언급은 되어 있으나 '토끼의 저항'과 '자라의 순종' 중 어떤 것이 더 지배 이데올로기를 잘 드러내는지에 대한 언급은 없다. 비교 미언급의 오류에 해당한다.

오답풀이 ① 본문에서 '〈별주부전〉의 역설은 현대 매체에 따른 〈별주부전〉의 변용에서도 지속적으로 나타난다 … 여전히 지배 이데올로기와 개인의 욕망 사이의 간극을 보여준다'고 하였으므로 적절한 선지이다.
③ 본문에서 '상반된 두 인물의 행동이 궁극적으로 지배 체제를 유지하는 데 역할을 하는 것이 〈별주부전〉의 핵심적인 역설이다'라고 하였다. 따라서 토끼와 자라의 행동이 지배 제제를 유시하는 데 기여한다는 점에서 역설적인 교훈을 제공한 것으로 볼 수 있으므로 적절한 선지이다.
④ 본문에서 '토끼의 지략과 거짓말이 용왕을 살리는 데 기여하고, 자라의 순종이 오히려 이데올로기의 모순을 드러내는 방식으로 전개된다'고 하였으므로 적절한 선지이다.

04 ▶ ③

정답풀이 '편들다'는 '어떤 편을 돕거나 두둔하다.'를 의미한다. 따라서 '더 높은 단계로 오르기 위하여 어떠한 것을 하지 아니하다.'를 의미하는 '지양(止 그칠 지 揚 날릴 양)하다'는 ㉢과 바꿔 쓸 수 있는 유사한 표현으로 적절하지 않다. '한쪽으로 치우치다.'를 의미하는 '편향(偏 치우칠 편 向 향할 향)하다'로 바꿔 쓸 수 있다.

오답풀이 ① ㉠ '이바지하다'는 '도움이 되게 하다.'를 의미한다. 따라서 '도움이 되도록 이바지하다.'를 의미하는 '기여(寄 부칠 기 與 더불 여)하다'로 바꿔 쓸 수 있다.
② ㉡ '더하다'는 '어떤 요소가 더 있게 하다.'를 의미한다. 따라서 '본래의 것에 다른 요소가 보태어지다.'를 의미하는 '가미(加 더할 가 味 맛 미)되다'로 바꿔 쓸 수 있다.
④ ㉣ '누리다'는 '생활 속에서 마음껏 즐기거나 맛보다.'를 의미한다. 따라서 '누리어져 가져지다.'를 의미하는 '향유(享 누릴 향 有 있을 유)되다'로 바꿔 쓸 수 있다.

05 ▶ ①

정답풀이 본문에서 기술 중립성 이론은 "이 관점은 기술 혁신의 자유로운 발전을 편들며, 기술 그 자체를 제한하기보다는 인간의 윤리적 판단을 중요시한다."고 설명하고 있다. 따라서 기술 중립성 이론을 가진 사람은 인공지능에 대한 발전을 규제하는 것은 옳지 않다고 가치 판단을 내릴 것임을 추측할 수 있다.

오답풀이 ② 반대의 오류이다. 본문에서 기술 가치 내재성 이론은 '기술은 처음부터 특정한 사회적, 정치적 관점을 내포하고 있으며, 그 개발 과정 자체에 이미 가치 판단이 깊숙이 개입되어 있다고 주장한다'고 설명하고 있다. 그러나 선지는 기술 가치 내재성 이론이 기술을 '중립적 도구'로 간주한다고 서술하여, 본문과 정반대의 내용을 제시하고 있다.
③ 미언급의 오류이다. 기술 가치 내재성 이론을 설명하는 본문에서 "감시 기술이나 도시 교통 시스템은 단순한 기술적 해결책이 아니라 특정 이해관계와 권력 구조를 드러내는 산물로 이해된다."라고 언급은 되어 있다. 하지만 특정 이해관계와 권력 구조에 따라 인간의 존엄성과 자유가 드러난다고 본다는 언급은 되어 있지 않으므로 적절하지 않다. 특정 이해관계와 권력 구조에 따라 기술을 바라보는 관점일 뿐이다.
④ 극단의 오류이다. 본문에서 기술 가치 내재성 이론은 '기술이 특정 이해관계와 권력 구조를 반영하는 산물'이라고 설명하고 있지만, 모든 기술이 반드시 특정 정치적 목적을 가지고 개발된다고 단정하지는 않았다. 따라서 '가치중립적인 기술이 존재할 수 없다'는 극단적인 표현은 본문의 내용을 벗어난 주장이다.

06 ▶ ③

정답풀이 '끼어들다'는 '자기 순서나 자리가 아닌 틈 사이를 비집고 들어서다.'를 의미한다. 따라서 '여러 사람에게 알리기 위하여 나붙거나 내걸려 두루 보이다.'를 의미하는 '게시(揭 높이 들 게 示 보일 시)되다'는 ⓒ과 바꿔 쓸 수 있는 유사한 표현으로 적절하지 않다. '자신과 직접적인 관계가 없는 일에 끼어들다.'를 의미하는 '개입(介 낄 개 入 들 입)하다'로 바꿔 쓸 수 있다.

오답풀이 ① ㉠ '편들다'는 '어떤 편을 돕거나 두둔하다.'를 의미한다. 따라서 '두둔하고 편들어 지키다.'를 의미하는 '옹호(擁 낄 옹 護 도울 호)하다'로 바꿔 쓸 수 있다.

② ㉡ '품다'는 '생각이나 느낌 따위를 마음속에 가지다.'를 의미한다. 따라서 '어떤 성질이나 뜻 따위를 속에 품다.'를 의미하는 '내포(內 안 내 包 쌀 포)하다'로 바꿔 쓸 수 있다.

④ ㉣ '드러내다'는 '알려지지 않은 사실을 보이거나 밝히다.'를 의미한다. 따라서 '다른 것에 영향을 받아 어떤 현상을 나타내다.'를 의미하는 '반영(反 돌이킬 반 映 비칠 영)하다'로 바꿔 쓸 수 있다.

Chapter 16 지시 대상 추론

亦功 천기누설 혜선팍 독해 pin point

한눈에 보기
01 ④   02 ③   03 ②   04 ③

신유형 2025 버전 1   p.192

01 ▶ ④

정답풀이 기능주의론자들은 '언어가 정보 전달뿐 아니라 감정 표현, 사회적 지위 표시, 집단 간 경계 설정 등 다양한 기능을 수행한다'고 하였는데 각 집단의 문화적 정체성을 변별하는 것은 집단 간 경계 설정의 범위에 해당하므로 기능주의론자들을 강화한다고 볼 수 있다.

오답풀이 ① 대뇌피질 두께는 생물학적 진화와 관련된 내용이나, 이것이 다른 영장류와 차이가 없다는 것은 생물학적 진화론자의 강화/약화와 직접적 관련이 없다.

② 문화적 진화론자들은 언어의 기원을 사회적 필요, 특히 '협력과 소통의 필요성'에서 찾는다. 초기 인류의 도구 제작 과정에서 집단 협력이 필수적이었다는 것은 언어 발달의 사회적 동인을 보여주므로, 문화적 진화론자들을 약화하는 것이 아니라 강화하는 근거로 적절하다.

③ 예술적 표현력은 인지 능력의 도약과 직접적 관련이 없으므로 인지적 도약론자들의 강화/약화를 판단할 수 없다.

02 ▶ ③

정답풀이 (가)는 언어가 인간 진화 과정에서 점진적으로 발달한 능력이라고 보는데 ㉠, ㉡은 생물학적 진화론자들을 의미하므로 (가)에 찬성하는 입장이다. 또한 ㉣은 기능주의론자들인데 맨 뒤 문장을 보면 언어의 여러 기능들이 상호작용하면서 점진적으로 발달했다고 하므로 (가)에 찬성하는 입장임을 알 수 있다. 하지만 ㉢은 문화적 진화론자들을 가리키는데 이는 언어가 점진적으로 발달하였는지 아닌지 알 수 없으므로 (가)에 해당하는 의미로 쓰였다고 볼 수 없다.

신유형 2025 버전 2   p.193

03 ▶ ②

정답풀이 1문단의 "상품은 시장에서의 판매를 목적으로 한다는 점에서 구분되기 때문이다."를 통해 상품이 존재한다는 것은 시장이 형성되어 있다는 것임을 추론할 수 있으므로 적절하다.

오답풀이 ① 2문단에서 사회주의에 대한 언급이 잠깐 되고는 있지만 사회주의에서는 유통이 생산보다 중요하다는 내용은 어디에도 언급되어 있지 않다. 미언급의 오류이다.
③ 마지막 문단에서 자본주의가 성숙할수록 제조업과 유통업의 이윤 차이는 오히려 늘어난다고 했으므로 줄어든다는 서술은 적절하지 않다. 반대의 오류이다.
④ 3문단에서 "중세의 상인들이 물건을 시장에 팔아 이윤을 얻기 위해 수공업자들을 조직하여 그들에게 자본과 도구를 빌려주고 물건을 대신 생산하게 한 데에서 자본주의가 출발하였다."라고 언급되어 있다. 중세의 상인들은 대신 수공업자들에게 물건을 생산하게 했으므로 이 선지는 적절하지 않다. 반대의 오류이다.

04 ▶ ③

정답풀이 나머지는 모두 자본주의의 상품에 해당하는 의미를 나타내나, 'ⓒ 집에서 쓰기 위해 만든 의자'는 소비를 목적으로 하는 '재화'에 해당하므로 문맥적 의미가 다르다.

亦功 문제훈련 지시 대상 추론   p.194

한눈에 보기

01 ③	02 ④	03 ④	04 ①	05 ③
06 ②	07 ④	08 ③	09 ④	10 ④
11 ②	12 ③			

01 ▶ ③

정답풀이 분산책임론에서는 최종 책임은 개발자 혹은 사용자 둘 중 하나에게 있다고 보는 이분법적 접근을 반대하는데 해당 사례는 그것이 맞다고 보고 있으므로 이는 분산책임론을 약화하는 사례로 적절하다.

오답풀이 ① 'AI가 복잡한 윤리적 상황에서 독자적 판단을 내리고 그 결과에 책임을 질 수 있다'고 주장하는 부분이 나오기는 하나 인간의 예측을 벗어난다는 언급과는 무관하므로 도덕적 행위자론의 강화나 약화의 근거가 될 수 없다.
② 책임귀속론은 AI의 책임이 전적으로 인간에게 있다고 보는 입장이다. 수학적 능력의 우수성은 책임 귀속 문제와 직접적 관련이 없으므로, 책임귀속론의 강화나 약화의 근거가 될 수 없다.
④ 맥락의존론은 AI의 의사결정 권한과 책임 범위는 상황에 따라 달라진다고 보므로 자율주행차의 권한과 책임이 도로 상황에 영향을 받는다는 사례는 맥락의존론을 강화하는 사례이므로 적절하지 않다.

02 ▶ ④

정답풀이 '(가) 책임 소재의 분산'이 있을 수 있다는 입장은 ㉣이다. '㉣ 이러한 관점은 책임 소재의 분산이 불가피하다고 본다.'라는 근거를 통해 확인할 수 있다. 하지만 나머지 ㉠, ㉡, ㉢은 책임 소재의 분산이 아니라 집중의 입장을 보이므로 ㉣과 다르다.

오답풀이 ① ㉠은 '도덕적 행위자론'을 주장하는 이들이다. 이들은 인공지능에게 책임을 물을 수 있다고 보므로 책임 분산이 아닌 집중의 입장이었다.
②③ ㉡, ㉢은 '책임귀속론'을 주장하는 이들이다. 이들은 모든 윤리적 결정의 최종 책임은 개발자 혹은 사용자 둘 중 하나에게 있다고 보므로 책임 분산이 아닌 집중의 입장이었다.

03 ▶ ④

정답풀이 이중과정 이론가들은 '빠르고 직관적인 시스템 1과 느리고 분석적인 시스템 2의 상호작용을 통해 실제 의사결정이 이루어진다'고 주장하는 이중과정 이론이다. 복잡한 의사결정에서 직관과 분석이 모두 활용된다는 것은 두 시스템의 상호작용을 강조하는 이중과정 이론가들의 주장을 뒷받침하므로, 이를 강화하는 근거로 적절하다.

오답풀이 ① 기대효용 이론가들은 기대효용의 합리적 계산을 강조하는 입장이다. 기억력의 역할은 합리적 계산 과정과 직접적 관련이 없으므로, 강화나 약화의 근거가 될 수 없다.
② 제한된 합리성 이론가들은 인간의 인지적 한계와 환경의 복잡성으로 인해 최적의 선택이 아닌 만족할 만한 수준의 의사결정을 내린다고 주장했으므로, 복잡한 환경에서도 최적의(= 최고의) 선택을 한다는 것은 제한된 합리성 이론가들을 강화하는 것이 아니라 약화하는 것이다.
③ 휴리스틱 이론가들은 인간이 복잡한 상황에서 경험에 기반한 직관적 지름길을 사용하여 빠르게 판단한다고 하였다. 해당 사례 또한 휴리스틱 이론가들을 약화하는 것이 아니라 강화하는 것이다.

04 ▶ ①

정답풀이 '(가)기대효용 이론가들'은 인간이 이성적 계산을 통해 최적의 선택을 한다고 주장한다. '이성적 계산'과 '최적의 선택'이라는 표현을 보면 '㉠ 완벽한 합리성 과정'이 (가)의 특성을 잘 보여줌을 알 수 있다.

05 ▶ ③

정답풀이 (나)는 AI가 객관적 데이터를 통해 일관적 판단을 할 수 있다고 주장하는 입장이다. 제시된 선지는 남성 중심의 데이터로 인해 여성에게 불리한 결과를 초래한 것으로 이는 제시문에 언급된 '공정성'에 문제가 생기는 것이므로 (나)를 약화하는 근거로 적절하다.

오답풀이 ① (가)는 AI가 인간의 감정을 무시하고 도덕적 판단을 잘못할 가능성이 있음을 경고한다. 따라서 AI 챗봇 'Tay'가 비윤리적이고 공격적인 언어를 도덕적으로 분별하지 못했다는 비판은 (가)의 입장을 약화하는 것이 아니라 강화하는 근거가 되어야 한다.
② (가)는 AI가 감정적 요소를 반영하지 못함을 우려한다. 그러나 Moral Machine이 사람들의 감정적·문화적 데이터를 반영하여 도덕적 결정을 내리려고 한다면 (가)가 제시한 단점을 불식하는 근거이므로, (가)를 강화하는 것이 아니라 약화하는 선지가 되어야 한다.
④ AI 개발 격차로 인한 국가간의 불평등이 있는 것은 인공지능이 인간의 윤리적 결정을 보완할 수 있다는 내용과 무관한 사례이므로 (가)를 강화하지도 약화하지도 않는 사례이다.

06 ▶ ②

정답풀이 ㉠은 인공지능이 인간의 윤리적 결정을 보완할 수 있다는 입장이다.
㉡, ㉢은 인공지능이 인간의 도덕적 판단을 대체하는 것이 위험하다고 경고하는 입장이다.
㉣은 전문직들을 지시한다.

07 ▶ ④

정답풀이 (나)의 입장은 자연에게 법적 인격을 부여하는 것이 부적절하며, 대신 기존의 환경 법령과 정책을 강화함으로써 환경 보호를 달성할 수 있다고 본다. 따라서 자연물에게 법적 권리를 부여했을 때 경제 발전과 인프라 확장을 저해하는 부작용이 발생했다면, 이는 (나)를 강화하는 근거가 되어야 한다.

오답풀이 ① (가)의 입장은 자연에게 법적 인격을 부여해야 한다고 주장하며, 이러한 조치가 자연 보호를 강화할 수 있다고 본다. 법적 권리를 부여한 후 환경 파괴가 크게 감소했다는 연구 결과는 (가)를 강화하는 것으로 타당하다.
② (가)의 입장은 자연에게 법적 권리를 부여하면 환경 보호에 효과적이라고 주장하는 것이다. 그런데 이것이 법적 복잡성이나 혼란을 초래한다는 사례가 나온다면 이는 (가) 주장의 실효성을 약화하는 근거로 작용할 수 있다.
③ (나)는 기존의 환경 법령과 정책을 강화하는 것만으로도 충분히 환경 보호가 가능하다는 입장이다. 따라서 법령 강화로 충분한 보호 효과가 있었다면 이는 (나)를 강화하는 근거가 되는 것이 옳다.

08 ▶ ③

정답풀이 ㉠은 법적 권리를 부여받아야 하는 대상으로서의 자연을 의미하는 것이다. ㉡의 생태 중심적 사고는 자연과 인간의 상호 의존성을 강조하는 입장으로, 자연을 존중하고 보호해야 한다는 관점에 해당한다. ㉣의 '강'은 뉴질랜드에서 법적 인격을 부여한 구체적 자연물이므로, 자연에게 법적 인격을 부여해야 한다는 (가)의 관점과 유사한 것으로 볼 수 있다. ㉢의 '자연'은 자연에게 법적 인격을 부여하는 것이 부적절하다고 주장하는 입장에서 의사 결정 능력이 없고 법적 권리를 행사할 수 없다는 의미로 사용한 것이다.

09 ▶ ④

정답풀이 현대적 문화관을 지지하는 입장에서는 외부 문화와의 상호작용을 통해 새로운 예술과 문화적 흐름이 생성되는 과정을 긍정적으로 평가한다. 그러므로 외부 문화와의 교류가 새로운 문화 창출로 이어진다는 점은 (나)의 주장을 강화하는 근거가 되어야 한다. 하지만 선지에서는 '약화한다'고 되어 있어 적절하지 않다.

오답풀이 ① (가)의 전통적 인류학자들은 외부 요인에 의한 문화 변화가 전통문화를 훼손할 수 있다고 주장하였다. 외부 문화의 유입으로 인해 고유한 전통이 변형되고 원래의 의미가 상실되었다는 연구 결과는 전통적인 문화관을 지지하는 (가)의 입장을 강화하는 근거가 될 수 있다. 따라서 적절한 선택지이다.
② (가)의 전통적 문화관은 외부의 영향을 배제하고 고유의 전통을 지키려는 입장을 취한다. 그러나 이러한 정책이 오히려 갈등을 유발하고 문화적 다원성을 억압하는 결과를 초래했다면, 이는 전통적 문화관의 문제점을 드러내며 (가)의 입장을 약화시키는 근거가 된다.
③ (나)의 현대적 인류학자들은 문화의 유동성과 외부 영향을 긍정적으로 받아들이며 문화가 끊임없이 변화하고 외부 요소와 융합해야 한다고 본다. 그러므로 자국 내에서 외부 문화를 받아들여 사회적 통합과 다문화주의가 정착되었다는 사례는 (나)의 주장을 강화하는 근거로 적절하다.

10 ▶ ④

정답풀이 ㉠은 전통적인 인류학자들이 주장하는 외부 요인에 의한 변화가 배제된 문화를 의미한다.
ⓒ는 '특정 시기와 공간에 제한된 문화만 진정한 문화'라는 문맥에 따라 전통적인 인류학자들이 주장하는 외부 요인에 의한 변화가 배제된 문화를 가리킴을 알 수 있다.
ⓓ는 '전통적 문화관을 지지하는 사람들은 외부로부터의 변화가 전통문화를 훼손할 위험이 있음을 우려'한다는 문맥에 따라 전통적인 인류학자들이 주장하는 외부 요인에 의한 변화가 배제된 문화를 가리킴을 알 수 있다.

오답풀이 ⓐ는 '시대와 상황에 따라 끊임없이 변화하는 현상'이라는 문맥에 따라 (나) 현대 인류학자들이 주장하는 변화가 포함된 문화를 의미하므로 ㉠과는 다르다.

ⓑ는 '외부의 영향과 사회적 변화 역시 ⓑ 문화의 일부로 포함해야 한다'라는 문맥에 따라 (나) 현대 인류학자들이 주장하는 변화가 포함된 문화를 의미하므로 ㉠과는 다르다.

11 ▶ ②

정답풀이 (나)는 동물이 주체적 가치를 지니고 있으므로 인간을 위해 동물을 실험해서는 안 된다고 주장한다. 해당 사례는 동물 실험이 큰 효과가 있어 꼭 동물 실험을 해야 함을 드러내므로 이는 (나)를 약화하는 주장으로 적절하다.

오답풀이 ① 무관의 오류이다. (가)는 종차별주의를 거부하고 동물의 이익을 동등하게 존중해야 한다고 주장한다. 도구 사용 능력의 유무는 도덕적 고려의 대상이 되는지 여부와 무관하므로, 강화나 약화의 근거가 될 수 없다.
③ 반대의 오류이다. (다)는 동물의 고통과 스트레스를 최소화하고 복지 기준을 지켜야 한다고 주장한다. 복지형 축산이 동물의 스트레스를 줄였다는 것은 이러한 주장을 강화하는 근거이므로, '약화한다'는 설명은 적절하지 않다.
④ 무관의 오류이다. (라)는 인류의 생존과 번영을 위한 동물 이용의 정당성을 주장한다. 반려동물과의 교감이 정서 발달에 도움이 된다는 것은 이러한 관점과 직접적 관련이 없으므로, 강화나 약화의 근거가 될 수 없다.

12 ▶ ③

정답풀이 ㉠의 '이들'은 '종차별주의를 거부하며 동물이 인간과 비슷한 고통·쾌락 능력을 지녔다면 그 이익을 동등하게 존중해야 한다'고 주장하는 동물해방론자들을 지칭하며, ㉢의 '급진적 입장'은 이러한 동물해방론의 관점을 재지칭하는 표현이므로 함께 묶인다.
㉡의 '권리 중심적 접근'은 동물권론의 독자적 입장을 나타낸다.
㉣의 '이들'과 ㉤의 '이러한 실용수익석 관점'은 모두 '인간의 이익이나 안전이 우선되어야 한다'고 보는 인간중심론자들의 입장을 지칭하므로 함께 묶인다.

Part 07 문학 + 독해 결합형

Chapter 17 현대 문학, 고전 문학

亦功 천기누설 혜선팍 독해 pin point

한눈에 보기
01 ④   02 ④

신유형 2025 버전 1 p.203

01 ▶ ④

[정답풀이] '〈임경업전〉의 작가는 이러한 17세기 말의 시대 이데올로기를 공유하며, 실패하고 변변한 공적이 없던 임경업을 시대의 영웅으로 재구성하였다.'라는 서술을 참고할 때 임경업전이 공적을 사실적으로 기록하고 허구를 약간 추가한 것이 아니라, 임경업의 일생 자체를 재구성한 것임을 추론할 수 있다.

[오답풀이] ① '이러한 몇 가지 사건을 중심으로 임경업의 일생을 새롭게 재구성한 결과가 〈임경업전〉 또는 〈임장군전〉이다.'라는 서술로 보아 적절한 선지임을 알 수 있다.
② '소설 〈임경업전〉의 작가는 이러한 17세기 말의 시대 이데올로기를 공유하며, 실패하고 변변한 공적이 없던 임경업을 시대의 영웅으로 재구성하였다.'라고 하였으므로 실존 인물의 이미지를 극적으로 변화시켰다는 서술은 적절하다.
③ '조선에서는 1680년대 이래 국가 차원에서 대대적인 정표 사업을 전개하거나, 임경업과 김응하 같은 인물들의 전기를 편찬하는 등 존주대의 관련 기념사업을 펼쳤다.'라고 하였다. 따라서 조선 후 국가 차원의 존명의리 이데올로기가 임경업전 창작에 영향을 주었음을 알 수 있다.

신유형 2025 버전 2 p.204

02 ▶ ④

[정답풀이] '황지우의 시에서는 마르크시즘에서 논의하던 역사 변혁에 대한 필연적인 인식 대신, 미시적인 자기변혁, 자기개혁, 자기상상에 대한 인식이 드러나 있다.'라는 정보와 '당대의 군부독재를 저항이나 극복의 대상이 아니라 후진국 경제 발전의 필연적 현상으로 설명하고, 현실 속에서 맹목적으로 근면성과 성실을 추구하며 살아가야 함을 이야기했다.'라는 정보를 통해 역사의 변혁보다 개인의 생활과 안위에 초점을 두고 있음을 알 수 있다.

[오답풀이] ① '당대의 군부독재를 저항이나 극복의 대상이 아니라 후진국 경제 발전의 필연적 현상으로 설명하고,'라는 서술을 통해 군부독재를 저항이나 극복의 대상이라고 보기보다는 필연적 현상으로 보는 시각이 드러남을 알 수 있으므로 적절하지 않다. 비교 혼동의 오류이다.
② '시적 화자는 팔레스타인 지역에서 일어나는 전쟁이 자국에서 일어나지 않았음에 안도하며'라는 서술로 보아 '부끄러워하는 모습'을 보인다는 것이 적절하지 않음을 알 수 있다.
③ '시적 화자는 팔레스타인 지역에서 일어나는 전쟁이 자국에서 일어나지 않았음에 안도하며, 정치적, 경제적, 문화적인 급변을 싫어하는 면모를 보여 준다.'라는 서술을 참고할 때 급변하는 사회 상황을 긍정적으로 수용하는 민중의 모습이 묘사되어 있다는 것은 적절하지 않음을 알 수 있다.

亦功 문제훈련 현대 문학, 고전 문학 p.205

한눈에 보기
01 ③   02 ③   03 ④   04 ②   05 ③
06 ④   07 ③

01 ▶ ③

[정답풀이] 본문에서 '오리정은 춘향과 이도령이 이별하는 장소로서 서사의 공간성을 확장한다'고 하였다. 또한, '오리정 앞에 붙는 "오리", "십리"와 같은 수치는 거리와 영역을 나타내며, 정자를 단순한 장소가 아닌 이별의 공간으로 탈바꿈시킨다'고 하였으므로, 적절한 선지이다.

[오답풀이] ① 본문에서 '옥은 춘향의 자유를 구속하는 장소적 정체성을 가지며, 춘향이 이도령에 대한 사랑을 지키기 위해 고난을 견디는 공간으로 묘사된다'고 하였다. 즉, 감옥은 단순히 고난을 보여주는 장치에 그치지 않고, 춘향의 신념과 사랑을 드러내는 공간적 기능을 지니므로, 적절하지 않은 선지이다. 반대의 오류이다.
② 본문에서 '남원은 작품 초입에서 "지리산 서쪽으로 적성강의 산수 정기가 서려 있어서"라고 묘사되어 있는데, 이는 지리적 위치를 드러내는 동시에 작품 내 장소성을 강화하는 표현'이라고 하였다. '또한 이는 이도령과 춘향의 만남과 사랑의 서사가 실재하는 공간 속에서 시작된다는 점을 부각함으로써 남원의 장소적 정체성을 작품 속에 뚜렷이 새긴다.'라는 부분이 있기는 하나 춘향전의 배경이 실재한다는 뜻이지 춘향전이 실제 일어났던 사건임을 강조하고 있지는 않으므로 적절하지 않다. 미언급의 오류이다.

④ '정자의 공간성은 이본에 따라 다양하게 해석된다.'라고 언급되어 있으므로 정자는 '춘향전이 향유되는 공간'이 아니라 '이본'에 따라 다양하게 해석되는 것이므로 이 선지는 적절하지 않다. 기준의 오류이다.

02 ▶ ③

정답풀이 본문에서 『삼국유사』의 아이는 단순히 순수함을 상징하는 인물이 아니라, '고대와 중세의 문화적 가치와 상징을 드러내는 중요한 서사적 도구'로 묘사된다고 하였다. 또한, '세속과 신성의 경계를 넘나드는 매개자'로서 서사의 중심적 역할을 수행한다고 하였으므로, 아이를 단순히 순수함의 상징으로 묘사하는 것은 본문의 논지와 합치하지 않는다.

오답풀이 ① 본문에서 '〈신라시조혁거세왕〉에서 혁거세는 보랏빛 알에서 태어난 '동남'으로 묘사되며, 신성한 탄생 서사를 통해 신라 왕조의 권위를 상징한다'고 하였다. 이로써 혁거세의 출생이 신라 왕조의 정당성을 정당화하는 서사임을 확인할 수 있으므로 적절하다.
② 본문에서 '불교 설화에서는 보살의 화신이나 메신저로 등장하여 신성성을 체현한다'라는 표현이 나온다. 이는 아이가 인간과 신성을 연결하는 다리 역할을 한다는 해석과 부합하므로 적절한 선지이다.
④ 본문에서 '아이를 세속과 신성의 경계를 넘나드는 매개자로 형상화하며, 왕조사와 불교사 모두에서 중요한 서사적 의미를 부여한다'고 하였다. 따라서 아이가 서사적 긴장감을 강화하는 도구로 활용된다는 서술은 본문과 부합한다.

03 ▶ ④

정답풀이 "그는 〈소〉가 문제가 되어 경찰서에 끌려갔던 이후로 리얼리즘 현대극에서 역사극으로 창작의 범주를 바꾸기 시작하였다."라는 언급이 있기는 하나 이를 통해 비참한 조선 농촌의 모습을 더 생생하게 보여 주었다는 사실은 본문에 언급되지 않았다. 그는 〈소〉가 문제가 되어 리얼리즘 현대극에서 역사극으로 창작의 범주를 바꾼 것일 뿐이다. 미언급의 오류이다.

오답풀이 ① "〈토막〉은 소작농으로 빚을 갚지 못한 경선네가 토막마저 차압당하고 마침내 고향을 떠나가는 이야기 … 또한 7년 전에 일본으로 건너가 활동하다가 유골이 되어 돌아온 큰아들"이라는 서술로 보아 〈토막〉은 소작농과 일본에서 돌아온 아들의 이야기를 통해 일제 강점기의 비극을 강조함을 알 수 있다.
② "1930년대, 1940년대의 대표적 극작가인 유치진은 일제 치하에서 비참하게 생활하던 조선 농촌의 모습을 리얼리즘 경향으로 그려내는 데 힘쓴 작가였다."와 "유치진이 창작했던 모든 희곡은 민족과 조국, 역사에 직접 다가서는 모습을 보여 준다."라는 서술로 보아 유치진은 일제 강점기 조선 농민의 삶을 사실적으로 묘사하며, 조선의 역사와 민족 문제에 직면하는 모습을 보여 주었음을 알 수 있다.
③ '로맹 롤랑의 민중연극론에서 영향을 받은 것으로 보인다.'라는 서술로 보아 유치진은 로맹 롤랑의 민중연극론에 영향을 받아 농촌의 비참한 현실을 극화하는 리얼리즘 작가로 평가받았음을 알 수 있다.

04 ▶ ②

정답풀이 비교 미언급의 오류이다. "김영랑이 대표적인 순수시인이기는 했으나 이 작품은 시대적 배경과 결합할 때 국권을 잃은 식민지의 암울한 현실에서 경험하는 상실감을 그려낸 것으로도 해석될 수 있다."를 통해 '모란이 피고 지는 감정'과 '식민지의 암울한 상실감'의 두 의미로 해석될 수 있다는 의미일 뿐이지 이 두 의미 중 어떤 것을 더 드러낸다는 비교를 한 적 없음을 알 수 있다.

오답풀이 ① 뒷부분에서 '김영랑이 대표적인 순수 시인이기는 했으나 ~암울한 현실에서 경험하는 상실감을 그려낸 것으로도 해석될 수도 있다'를 통해 이 선지가 적절함을 알 수 있다.
③ '세련된 시어와 부드러운 어조로 문학적 아름다움과 섬세함을 표현했다는 점에서 김영랑 시인의 대표작으로 평가받는다.'라는 서술로 보아 적절한 선지임을 알 수 있다.
④ '화자가 기다리는 모란이 피는 시간을 '찬란한 슬픔의 봄'으로 표현함으로써 피어날 모란의 아름다움에서 느끼는 환희의 감정과 곧 사라지고 말 꽃으로 인해 느낄 슬픔까지도 하나의 구절에 담아냈다.'라는 서술로 보아 적절한 선지임을 알 수 있다.

05 ▶ ③

정답풀이 시에서 도시의 간극을 대립적 요소의 하나로 다루고 있으며, '이러한 합일은 어떤 거대한 도시도 개미처럼 보이게 만드는 형태'가 된다고 하였으므로 작품에서 도시의 간극 또한 중요한 요소임을 알 수 있다.

오답풀이 ① '김수영 시에 나타난 탈분단적 상상력은 '사랑'을 통해, 모순적인 상황을 시적으로 해체하고 전복함으로써 종국에 합일하려는 경지로 나아가고 있다.'라는 서술로 보아 '김수영의 시에서 사랑은 모순적인 상황을 시적으로 해체하고 합일하려는 경지로 나아가게 한다'는 것이 적절함을 알 수 있다.
② '시에서 청춘과 노년, 죽음과 삶의 대립으로 형상화되는 방과 방 사이의 간극 외에도'라는 서술을 참고할 때 '방과 방 사이의 간극을 통해 청춘과 노년, 죽음과 삶의 대립을 표현하였다'는 것이 적절함을 알 수 있다.
④ '씨와 씨 사이의 간극, 도시와 도시 사이의 간극도 막대하지만 시인은 이 대립을 해체하고 역전시키는 힘으로 사랑의 권능을 제시하고 있다.'라는 서술을 참고할 때 「사랑의 변주곡」은 대립적 요소들 사이의 간극을 '사랑의 권능'이라는 시적 상상력을 통해 해소하려 함을 알 수 있다.

06 ▶ ④

정답풀이 시인은 자신의 지식이 독한 회의를 해결하지 못하고, 삶의 애증을 감당하지 못하는 상태에서 아라비아 사막으로 향한다. 이 과정에서 그는 생명의 본질을 탐구하고자 한다.

오답풀이 ① 시인이 아라비아 사막에서 극한의 고독과 대면하고자 하는 것은 맞으나 이를 통해 자신의 본질, 그리고 진정한 자아를 찾고

자 하는 것이지 과거의 회한을 없애고자 하는 것은 아니다.
② 시인이 사막에서 '알라의 신만이 밤마다 고민하고 방황하는 열사의 끝'을 경험하며 자신의 내면을 성찰하고자 하는 것은 맞으나 초월적 존재인 알라의 신과 교감을 원하고 이를 통해 깨달음을 얻고자 하는 것은 아니다.
③ 시인이 자신의 존재와 생명에 대해 회의를 느끼고 지식과 경험으로 해결하지 못하는 회의를 해결하기 위해 극한 환경인 아라비아 사막으로 향하고자 하는 것은 맞으나 이를 시인이 병든 나무처럼 생명을 잃어버린 상태라고 할 수는 없다. 생명을 가진 상태에서 회의를 느끼는 것으로 진정한 자신의 생명과 대면하려고 한다.

07 ▶ ③

정답풀이 본문에서는 1문단의 '유배지에서 그는 세상의 다양한 반응에 아랑곳하지 않고, 자신의 도덕적 신념에 따라 행동했던 삶의 태도를 작품을 통해 드러냈다.'고 서술되어 있다. 이는 윤선도가 세상의 평가에 흔들리지 않고 자신의 원칙을 지키는 모습을 드러낸 것으로, 선지의 내용과 일치한다.

오답풀이 ① 1문단에서 '작품은 윤선도가 상소를 통해 권력자의 부패와 무능을 비판한 결과로 유배를 떠나게 된 상황을 배경으로 한다.'라는 내용이 언급되기는 하나, 이는 〈견회요〉의 배경일 뿐 〈견회요〉라는 작품에서 권력자의 부패와 무능을 직접적으로 비판했다는 내용은 나오지 않으므로 적절하지 않다. 미언급의 오류이다.
② 2문단에서 '자연과의 조화를 통해 자신의 심정을 풀어내는 동시에, 현실의 부조리에 맞서고자 했던 그의 결의를 엿볼 수 있다'는 표현이 나오긴 하나 '자연과의 조화'와 '현실의 부조리에 맞서고자 했던 그의 결의'를 비교한 적이 없으므로 비교 미언급의 오류이다.
④ 1문단에서 '이 작품은 한자어 사용을 최소화하며, 쉬운 우리말로 표현하여 독자들에게 작가의 심정을 보다 자연스럽게 전달한다.'에 나와 있듯 쉬운 '우리말'을 주로 썼으므로 이 선지는 객체 혼동의 오류이다.

Part 08 문법 + 독해 결합형

Chapter 18 형태론, 통사론, 음운론

亦功 천기누설 혜선팍 독해 pin point

한눈에 보기
01 ①   02 ③   03 ③

신유형 2025 버전 1   p.211

01 ▶ ①

[정답풀이] 어근 '슬기' 뒤에 접미사 '-롭다'가 결합한 것이므로 접미사에 의한 파생법에 해당한다고 볼 수 있다.

[오답풀이] ② 어근 '학생' 뒤에 접미사 '-답다'가 결합하여 '동사'가 아니라 '형용사'가 된 것이므로 적절하지 않다.
③ 어근 앞에 접두사 '새-'가 결합한 것으로 그대로 '형용사'를 유지하므로 품사를 바꾼다는 것은 적절하지 않다. 또한 '새-'는 접두사이므로 접미사에 의한 파생법이 아니기 때문에 적절하지 않다.
④ '사랑하다'는 '-하다'가 명사 어근 뒤에 붙어 형성된 동사이지 형용사가 아니므로 적절하지 않다. 또한 '-하-'는 접미사이므로 접두사에 의한 파생법이 아니기 때문에 적절하지 않다.

신유형 2025 버전 2   p.212

02 ▶ ③

[정답풀이] [상대+], [주체+], [객체+]를 만족시켜야 한다. '아버지께서 아주머니께 안부를 여쭈어보라고 하셨습니다.'는 이 모두를 만족시킨다. 대화의 상대를 높이고 있다(-습니다). 서술어의 주체인 '아버지'도 높임의 주격 조사 '께서'와 높임 선어말 어미 '-시-'로 높이고 있다. 또 서술어의 객체인 '아주머니'를 높이기 위해 높임의 부사격 조사 '께'와 객체 높임 특수 어휘 '여쭈다'가 쓰였다.

[오답풀이] ① [상대-], [주체+], [객체+]로 대화의 상대를 높이고 있지 않다. 서술어의 주체인 '고모'를 높임의 주격 조사 '께서'와 높임 선어말 어미 '-시-'로 높이고 있다. 또 서술어의 객체인 '할아버지'를 높이기 위해 객체 높임 특수 어휘 '모시다, 댁'이 쓰였다. 대화의 상대를 높이고 있지 않아서 답이 아니다.
② [상대+], [주체-], [객체+]로 대화의 상대를 높이고 있다. 서술어의 주체인 '나'를 높이지 않고 있다. 또 서술어의 객체인 '아버지'를 높이기 위해 높임의 부사격 조사 '께', 객체 높임 특수 어휘 '드리다'가 쓰였다.
④ [상대+], [주체+], [객체-]로 대화의 상대를 높이고 있다. '바랍니다'를 통해 [상대+]임을 알 수 있다. '께서'-'시-'를 통해 [주체+]임을 알 수 있다. 객체 높임은 쓰이지 않았다.

신유형 2025 버전 3   p.213

03 ▶ ③

[정답풀이] 본문에서 "㉠ 음절의 끝소리 규칙은 음절 끝에 오는 자음이 7개의 대표음 중 하나로 교체되는 현상이다"라고 설명하고 있다. '몫'을 [목]으로 발음하는 것은 겹받침 'ㄳ'에서 'ㅅ'이 탈락하는 자음군 단순화 현상으로, 한 자음의 교체가 아닌 두 자음 중 하나의 탈락이다. 따라서 ③번은 음절의 끝소리 규칙이 아닌 자음군 단순화에 해당한다.

[오답풀이] ① 본문에서 "음절의 끝소리 규칙은 음절 끝에 오는 자음이 7개의 대표음 중 하나로 교체되는 현상"이라고 설명하고 있다. '깊다'를 [깁따]로 발음하는 것은 자음 'ㅍ'이 대표음 'ㅂ'으로 교체되는 음절의 끝소리 규칙에 해당한다.
② 본문에서 "음절의 끝소리 규칙은 음절 끝에 오는 자음이 7개의 대표음 중 하나로 교체되는 현상"이라고 설명하고 있다. '빛'을 [빋]으로 발음하는 것은 자음 'ㅈ'이 대표음 'ㄷ'으로 교체되는 음절의 끝소리 규칙에 해당한다.
④ 본문에서 "음절의 끝소리 규칙은 음절 끝에 오는 자음이 7개의 대표음 중 하나로 교체되는 현상"이라고 설명하고 있다. '숲'을 [숩]으로 발음하는 것은 자음 'ㅍ'이 대표음 'ㅂ'으로 교체되는 음절의 끝소리 규칙에 해당한다.

亦功 문제훈련 형태론, 통사론, 음운론   p.214

한눈에 보기
01 ②   02 ②   03 ③   04 ②   05 ④
06 ①   07 ④   08 ①

01 ▶ ②

[정답풀이] '놀이터'는 먼저 '놀이'와 '터'로 나눌 수 있다. '놀이'는 어근 '놀-'에 명사 파생 접미사 '-이'가 결합된 파생어이다. 따라서 직접 구

성 요소 중 하나가 파생어라는 것은 적절하다. 또한 마지막에 어근 '터'가 결합되므로 '놀이터'는 합성어라고 보는 것은 적절하다.

오답풀이 ① '지우개'는 '지우-'와 '-개'로 나눌 수 있다. 이때 '지우-'는 어근으로 파생어가 아니며 '-개'도 명사 파생 접미사이므로 파생어가 아니다. 따라서 '지우개는 그 직접 구성 요소 중 하나가 파생어가 아니므로 적절하지 않다. (참고로 '지우개'는 단일 어근 '지우-'에 명사 파생 접미사 '-개'가 결합하여 만들어진 파생어이다.)
③ '눈웃음'은 '눈'과 '웃음'으로 나눌 수 있다. 이때 '웃음'은 어근 '웃-'과 명사 파생 접미사 '-음'으로 나눌 수 있으므로 '웃음'은 파생어이므로 직접 구성 요소 중 하나가 합성어라는 것은 적절하지 않다. (참고로 '눈웃음'은 어근 '눈'과 파생어 '웃음'이 합성되어 만들어진 합성어이다.)
④ '제육덮밥'은 '제육'과 '덮밥'으로 나눌 수 있고 '덮밥'은 '덮-'과 '밥'으로 나눌 수 있다. '덮밥'은 어근 '덮-'과 어근 '밥'이 결합하여 만들어진 합성어이므로 직접 구성 요소 중 하나가 파생어라는 것은 적절하지 않다. (참고로 '제육덮밥'은 어근 '제육'과 합성어 '덮밥'이 합성되어 만들어진 합성어이다.)

02 ▶ ②

정답풀이 본문의 "자음으로 시작하는 어미가 결합되는 경우에는 규칙 활용이든 불규칙 활용이든 어간과 어미의 원형이 변하지 않고 결합되는 경우가 많으므로"를 보면 자음 어미가 결합되는 것으로는 규칙 활용이나 불규칙 활용을 판단할 수 없음을 알 수 있다. 그런데 선지의 '춥다'에는 자음 어미 '-니'가 결합된 채로 규칙 활용으로 단정짓고 있으므로 적절하지 않음을 알 수 있다. 본문에서 "모음으로 시작하는 어미를 결합하여 활용 양상을 판단하는 것이 좋다."라고 했기 때문에 '춥-'에 '-어'를 결합하면 '추워'가 되기 때문에 이는 본문에서 언급된 불규칙 활용의 사례인 '돕다'의 활용 양상과 유사하므로 '춥다'는 불규칙 활용으로 봐야 했다.

오답풀이 ① '고맙다'의 경우, 어간 '고맙-'에 어미 '-어'를 결합하면 어간의 끝소리 'ㅂ'이 'ㅗ'로 변화하며 '고마워'가 된다. 이는 본문에서 나타난 예시인 '돕다'와 동일하게 어간의 형태가 변한 것이다. 본문의 "예를 들어, 어간의 끝소리가 'ㅂ'이고 그 뒤에 '-아/-어'로 시작하는 어미가 연결될 경우, 끝소리 'ㅂ'이 'ㅗ'소리로 변하는 경우가 생긴다."를 통해 알 수 있다.
③ 본문의 "이는 어간의 끝소리가 'ㄹ'인 다른 용언에도 모두 해당되는 규칙이기 때문에 규칙 활용이라 할 수 있다."라는 부분을 통해 보면, 만약 어간의 끝소리가 'ㅡ'인 다른 용언에 모음 어미가 결합이 될 때 'ㅡ'가 모두 탈락된다면 이는 규칙 활용임을 알 수 있다.
④ '불다'의 경우, 어간 뒤에 'ㄴ'으로 시작하는 어미가 결합하면 'ㄹ'이 탈락하여 어간의 형태가 바뀐다. 이는 본문에서 나타난 예시인 '살다'와 동일한 경우이므로 어간이 변하는 것이라 볼 수 있다. 본문의 "예를 들어, 어간의 끝소리가 'ㄹ'이고 뒤에 'ㄴ'으로 시작하는 어미가 연결되는 경우에 'ㄹ'이 탈락한다. '살다'의 경우, 어간 '살-'에 어미 '-는'을 결합하면 '살는'이 아니라 '사는'이 된다."를 통해 알 수 있다.

03 ▶ ③

정답풀이 '그녀는 가고 싶던 집에 바로 갔다'의 '바로'는 뒤의 '갔다'라는 서술어만 꾸미므로 성분 부사이다.

오답풀이 ① '및'은 문장 접속 부사이므로 문장 부사이다.
②, ④ '과연, 제발'은 화자의 판단, 태도를 나타내는 문장 전체를 수식하는 문장 부사이다.

04 ▶ ②

정답풀이 본문에서 서술절은 "하나는 '주어+(주어+서술어)'의 관계를 지니는 겹문장"인데, '그 산의 풍경은 아름답다'는 '주어+(주어+서술어)'의 관계가 아니기 때문에 서술절을 안은 문장이 아니다. '그 산의'가 주어가 아니기 때문이다. '그 산의 풍경은 아름답다'에 주어는 '풍경은'과 서술어는 '아름답다'뿐이므로 이는 서술절을 안은 문장이 아니라 홑문장이므로 이 선지는 적절하지 않다.

오답풀이 ① '나는 너의 친구가 아니야'의 경우, 본문에 따르면 "보어는 서술어가 '되다', 혹은 '아니다'일 경우에 그 앞에 오는 문장 성분"이라 언급하고 있기 때문에 '친구가'는 보어에 해당한다. 본문에서 보어가 포함된 문장을 "'주어+보어+서술어'로 이루어진 홑문장"이라 설명하고 있기 때문에 해당 문장은 홑문장이라 볼 수 있다.
③ '할머니께서는 다리가 아프시다'의 서술어 '아프시다'의 주어는 '다리가'이고, 전체 주어는 '할머니께서는'이기 때문에 이는 본문에 따르면 '주어+(주어+서술어)'로 이루어진 경우라 볼 수 있다. 본문에서 "서술절을 안은 문장은 문장의 서술어가 주어 서술어로 이루어진 절인 경우이다"라고 언급하고 있기 때문에 이는 서술절을 안은 문장이다.
④ '그 학생이 회장이 되었다'의 경우, "보어는 서술어가 '되다', 혹은 '아니다'일 경우에 그 앞에 오는 문장 성분"이라 언급하고 있기 때문에 '회장이'는 보어이다.

05 ▶ ④

정답풀이 '보다'는 주어와 목적어만을 필수적으로 요구하는 서술어로 두 자리 서술어이다. '산에서'라는 부사어는 장소에 대한 정보를 제공하여 서술어 '보다'를 수식하고 있지만 이 부사어가 없다고 해서 문장의 의미가 통하지 않거나 문장이 미완성되는 것이 아니다. 따라서 이는 필수적 부사어가 아니며 서술어 '보다'가 필수적으로 요구하는 성분이 아니기 때문에 '보다'는 두 자리 서술어이다.

오답풀이 ① '닮았다'는 주어가 어떤 대상과 닮았는지에 대한 정보를 제공하는 부사어를 필수적으로 요구한다. 따라서 '닮다'라는 서술어는 주어, 부사어를 필수적으로 요구하므로 두 자리 서술어이다.
② '되었다'는 주어가 무엇이 되었는지에 대한 정보를 제공하는 보어를 필수적으로 요구한다. 따라서 '되다'라는 서술어는 주어, 보어를 필수적으로 요구하므로 두 자리 서술어이다.
③ '주었다'는 주어가 누구에게 무엇을 주었는지에 대한 정보를 제공하는 부사어와 목적어를 필수적으로 요구한다. 따라서 '주다'라는

서술어는 주어, 목적어, 부사어를 필수적으로 요구하므로 세 자리 서술어이다.

06 ▶ ①

정답풀이 ①에서 선생님이 우리를 화해하게 만든 것이므로 '-시키다'의 사동 접미사를 연결하여 만든 '화해시켰다'는 옳은 표현이다.

오답풀이 ② 철수가 나에게 직접 소개를 해 주는 것이므로 '소개시켜'는 적절하지 않다. '소개해'로 고쳐야 한다.
③ 주어가 그녀를 직접 설득을 하는 것이므로 '설득시킬'은 적절하지 않다. '설득할'로 고쳐야 한다.
④ 주어가 범인을 드디어 직접 구속하는 것이므로 '구속시켰다'는 적절하지 않다. '구속했다'로 고쳐야 한다.

07 ▶ ④

정답풀이 본문에서 "㉠ 어간 말 자음 뒤의 된소리되기는 받침 'ㄱ, ㄷ, ㅂ' 뒤에 오는 어미의 초성이 된소리로 바뀌는 현상이다"라고 설명하고 있다. '잡고'를 [잡꼬]로 발음하는 것은 어간 '잡-'의 받침 'ㅂ' 뒤에 오는 어미 '-고'의 초성 'ㄱ'이 된소리 'ㄲ'으로 바뀌는 어간 말 자음 뒤의 된소리되기에 해당한다.

오답풀이 ① ㉠에서는 '어간 말' 즉 동사, 형용사 어간 말에서 일어나는 현상을 설명하고 있으나 '국수'는 품사가 명사이므로 ㉠의 예시라고 보기 어렵다.
② 본문에서 "관형사형 어미 뒤의 된소리되기는 '-(으)ㄹ' 뒤에서 일어나는 현상"이라고 설명하고 있다. '만날 사람'을 [만날싸람]으로 발음하는 것은 관형사형 어미 '-(으)ㄹ' 뒤에서 'ㅅ'이 'ㅆ'으로 바뀌는 관형사형 어미 뒤의 된소리되기로, ㉠이 아닌 둘째 유형에 해당한다.
③ 본문에서 "한자어에서의 된소리되기는 'ㄹ' 받침 뒤에서 일어나는 현상"이라고 설명하고 있다. '불세출'을 [불쎄출]로 발음하는 것은 한자어에서 'ㄹ' 받침 뒤에서 'ㅅ'이 'ㅆ'으로 바뀌는 한자어에서의 된소리되기로, ㉠이 아닌 셋째 유형에 해당한다.

08 ▶ ①

정답풀이 본문에서 "㉠ 순행동화는 앞 음운이 뒤 음운에 영향을 주어 뒤 음운이 앞 음운과 비슷하게 바뀌는 현상이다"라고 설명하고 있다. '칼날'을 [칼랄]로 발음하는 것은 앞의 'ㄹ'이 뒤의 'ㄴ'에 영향을 주어 'ㄴ'이 'ㄹ'로 바뀌는 순행동화 현상이다. 앞에서 뒤로의 일방향적 영향으로 뒤 음운이 변화하므로 ①번이 정답이다. 제시문의 '실내[실래]'라는 예시를 통해 유추할 수 있다.

오답풀이 ② 본문에서 "역행동화는 뒤 음운이 앞 음운에 영향을 주어 앞 음운이 뒤 음운과 비슷하게 바뀌는 현상"이라고 설명하고 있다. '밥물'을 [밤물]로 발음하는 것은 뒤의 'ㅁ'이 앞의 'ㅂ'에 영향을 주어 'ㅁ'으로 바뀌는 역행동화에 해당한다.
③ 본문에서 "역행동화는 뒤 음운이 앞 음운에 영향을 주어 앞 음운이 뒤 음운과 비슷하게 바뀌는 현상"이라고 설명하고 있다. '닫는'을 [단는]으로 발음하는 것은 뒤의 'ㄴ'이 앞의 'ㄷ'에 영향을 주어 'ㄴ'으로 바뀌는 역행동화에 해당한다.
④ 본문에서 "상호동화는 두 음운이 서로 영향을 주고받아 모두 변화하는 현상"이라고 설명하고 있다. '협력'을 [혐녁]으로 발음하는 것은 'ㅂ'과 'ㄹ'이 서로 영향을 주고받아 모두 비음으로 바뀌는 상호동화에 해당한다.

Chapter 19 이외의 문법 영역

亦功 천기누설 혜선팍 독해 pin point

한눈에 보기
01 ④

신유형 2025 버전 1 p.219

01 ▶ ④

정답풀이 '㉠ 동음이의 현상'은 "먹는 '배'와 타는 '배'가 구별되는 것과 같이 서로 무관한 두 의미가 우연히 같은 형태로 나타난 것이다."라고 하였으므로 이에 해당하는 사례를 찾으면 된다. ④의 '모자를 쓰다'의 '쓰다'는 '모자 따위를 머리에 얹어 덮다.'를 의미한다. 하지만 '시를 쓰다'의 '쓰다'는 '붓, 펜, 연필과 같이 선을 그을 수 있는 도구로 종이 따위에 획을 그어서 일정한 글자의 모양이 이루어지게 하다.'를 의미한다. 즉 이 둘의 의미가 무관하므로 동음이의 현상으로 적절하다.

오답풀이 ① 첫 번째 문장에서 '비교적'이 명사 '관점'을 수식하니 '비교적'은 관형사이다. 두 번째 문장에서 '비교적'이 형용사 '편리하다'를 수식하므로 '비교적'은 부사이다. 하지만 이는 품사 통용에 해당할 뿐, '㉠ 동음이의 현상'과는 무관하다.
② 첫 번째 문장에서 '크다'는 크기가 크다는 성질 상태를 의미하므로 여기에서 '크다'는 형용사이다. 두 번째 문장에서 '크다'는 현재 시제 선어말 어미 '-ㄴ다'가 결합이 되어 있으므로 '동사'임을 알 수 있다. 하지만 이는 품사 통용에 해당할 뿐, '㉠ 동음이의 현상'과는 무관하다.
③ 첫 번째 문장에서 '오늘' 뒤에 격조사 '이'가 결합되어 있으므로 '오늘'은 명사이다. 두 번째 문장에서 '오늘'은 동사 '가다'를 수식하므로 부사이다. 하지만 이는 품사 통용에 해당할 뿐, '㉠ 동음이의 현상'과는 무관하다.

亦功 문제훈련 이외의 문법 영역 p.220

한눈에 보기
01 ① 02 ① 03 ④ 04 ① 05 ④
06 ② 07 ①

01 ▶ ①

정답풀이 닉이 '과갈라.'라고 말했을 때, 선생님과 다른 친구들이 알아듣지 못한 것은 언어의 사회성과 관련된 것이다.

오답풀이 나머지는 적절한 반응이다.

02 ▶ ①

정답풀이 이 글의 중심 내용은 "언어와 사고가 서로 깊은 관계를 맺고 있다"는 것이다. 즉, 언어가 사고에 영향을 미치든, 사고가 언어에 영향을 미치든, 두 요인이 서로 영향을 미친다는 것이다. 하지만 ①에서 개념이 머릿속에서 맴돎에도 언어로 떠올리지 못하는 것은 언어와 사고가 관련이 '적다'는 것을 뒷받침해주는 사례이다.

오답풀이 ② '파랗다'라는 언어 안에 '산의 푸름, 물의 푸름, 보행 신호의 푸름'이 모두 포함되어 있다. 이렇게 언어를 사용하다 보니 우리는 이들 모두 한 가지 색깔로 파랗다고 생각하게 된다. 따라서 이 사례는 언어가 사고에 영향을 미치는 예이다.
③ 영어는 쌀과 관련된 개념이 없으므로 언어로도 'rice'만 있다. 우리나라는 쌀 문화가 발달되어 '모', '벼', '쌀', '밥' 등이 있다. 이 사례는 사고가 언어에 영향을 미친 것을 보여주는 사례이다.
④ 우리나라는 수박이라고 하기에 개념도 '박'으로 인식하므로 언어가 사고에 영향을 미치는 예이다. 따라서 이 사례는 언어가 사고에 영향을 미치는 예이다.

03 ▶ ④

정답풀이 특정한 의미를 가진 단어가 그 의미를 확장하여 더 넓은 범위의 대상을 가리키게 된 경우에 해당하므로 의미 확대의 예이다.

오답풀이 ① 의미가 완전히 다른 의미로 바뀐 것이므로 의미 이동의 예이다.
② 의미 범위가 좁아졌으므로 의미 축소의 예이다.
③ 의미 범위가 좁아졌으므로 의미 축소의 예이다.

04 ▶ ①

정답풀이 '무겁다'와 '가볍다' 사이에는 중간 단계가 존재하므로 정도 반의어이다. '혜선 쌤은 무겁지도 가볍지도 않다.'와 같이 중간 단계에 해당하는 문장을 만들 수 있으므로 상보 반의어로 볼 수 없다.

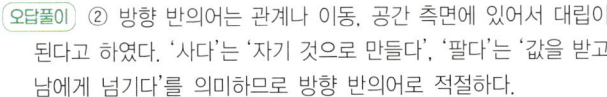

오답풀이 ② 방향 반의어는 관계나 이동, 공간 측면에 있어서 대립이 된다고 하였다. '사다'는 '자기 것으로 만들다', '팔다'는 '값을 받고 남에게 넘기다'를 의미하므로 방향 반의어로 적절하다.
③ 상보 반의어는 서로 겹치지 않는 두 영역으로 철저히 대립되는 쌍이라고 하였다. 합격과 불합격 사이에는 중간 상태가 존재하지 않으므로 상보 반의어로 적절하다.
④ '부모'와 '자식' 사이에는 중간 단계가 존재하지 않으므로 방향 반의어로 적절하다.

05 ▶ ④

정답풀이 '반면 하의어는 그 범주 안에서 더 자세하고 특화된 의미를 전달한다.'라는 정보를 통해 하의어는 구체적인 의미를 가짐을 알 수 있다. 하지만 '상의어는 하의어보다 의미 성분의 수가 적은데'라는 정보를 통해 하의어가 상의어보다 의미성분의 개수가 더 많으므로 이 선지는 적절하지 않다.

오답풀이 ① '상의어는 보다 넓고 포괄적인 의미를 가지는 단어로, 여러 하의어를 포함하는 개념이다.'라고 하였다. '학문'은 '인문학, 사회과학, 자연과학, 공학'을 포함하는 개념이므로 적절하다.
② '하의어는 그 범주 안에서 더 자세하고 특화된 의미를 전달한다.'라고 하였으므로 '전통음악'의 범주 안에 속하는 '판소리, 민요, 국악'은 하의어가 될 수 있음을 알 수 있다.
③ '분류'란 사물을 공통되는 성질에 따라 묶는 것을 의미한다. 따라서 '상의어는 하나의 큰 범주를 나타내며, 여러 하위 개념들을 한데 묶는 역할을 한다.'를 통해 상의어는 여러 하의어들을 분류하는 역할을 함을 알 수 있다.

06 ▶ ②

정답풀이 제시문에서 "'례'를 제외한 '계, 몌, 폐, 혜'의 이중모음 [ㅖ]가 단모음 [ㅔ]으로 발음되는 것은 표준 발음으로 인정된다"라고 하였다. 이에 따라 '핑계'를 [핑게]로 발음하는 것은 표준 발음으로 인정되지만, '사례'를 [사레]로 발음하는 것이 표준 발음으로 인정된다는 것은 적절한 추론이 아니다.

오답풀이 ① 제시문에서 '단어의 첫음절 이외의 '의'는 [이]로 발음할 수 있다는 것을 알 수 있다. 따라서 '협의'는 둘째 음절에 오는 '의'를 [이]로 바꾸어 [혀비]로 발음될 수 있지만, 이는 표기에 반영되지 않으므로 '협의'로 적어야 한다는 것은 적절한 추론이다.
③ 제시문에서 "'례'를 제외한 '계, 몌, 폐, 혜'의 이중 모음 [ㅖ]가 단모음 [ㅔ]으로 발음되는 것은 표준 발음으로 인정된다"라고 하였으며, "자음을 첫소리로 가지고 있는 음절의 'ㅢ'는 [ㅣ]로 발음"한다고 하였다. 따라서 '폐품'은 [페품]으로 발음해도 되고, '닁큼'은 [닝큼]으로 발음해야 하므로 이들에 쓰인 모음을 모두 단모음으로 발음해도 표준 발음으로 인정된다는 것은 적절한 추론이다.
④ 제시문에서 "자음을 첫소리로 가지고 있는 음절의 'ㅢ'는 [ㅣ]로 발음"한다고 하였으므로, '띄어쓰기'는 [띠어쓰기]로 모든 모음이 단모음으로만 발음될 수 있지만, '의의'는 단어의 첫음절을 [의]로만 발음해야 한다.

07 ▶ ①

정답풀이 '무심치'는 '무심하지'의 준말이고, '흔타'는 '흔하다'의 준말이다. 이들은 모두 '하' 앞의 받침의 소리가 [ㄱ, ㄷ, ㅂ]이 아니므로 'ㅎ'이 남아 뒤에 오는 말의 첫소리와 어울려 거센소리가 된다. 따라서 ㉠의 예로 적절하다. '넉넉지'는 '넉넉하지'의 준말이고, '깨끗잖다'는 '깨끗하지 않다'의 준말이다. 이들은 모두 '하' 앞의 받침의 소리가 [ㄱ, ㄷ, ㅂ]이므로, '하'가 통째로 줄어든다. 따라서 ㉡의 예로 적절하다.

오답풀이 ② '다정타'는 '다정하지'의 준말이고, '회상컨대'는 '회상하건대'의 준말이다. 이들은 모두 '하' 앞의 받침의 소리가 [ㄱ, ㄷ, ㅂ]이 아니므로 'ㅎ'이 남아 뒤에 오는 말의 첫소리와 어울려 거센소리가 된다. 따라서 ㉠의 예로 적절하다. '섭섭지'는 '섭섭하지'의 준말로, '하' 앞의 받침의 소리가 [ㄱ, ㄷ, ㅂ]이므로, '하'가 통째로 줄어든다. 따라서 ㉡의 예로 적절하다. 그러나 '같잖다'는 어간의 끝음절 '하'가 줄어든 말이 아니므로 ㉡의 예로 적절하지 않다.
③ '달성코자'는 '달성하고자'의 준말이고, '하' 앞의 받침의 소리가 [ㄱ, ㄷ, ㅂ]이 아니므로 'ㅎ'이 남아 뒤에 오는 말의 첫소리와 어울려 거센소리가 된다. 따라서 ㉠의 예로 적절하다. 그러나 '답답타'는 '답답하다'의 준말로 보이나, '하' 앞의 받침이 'ㅂ'이므로 '하'가 아주 줄어 '답답다'가 옳다. 따라서 ㉠의 예로 적절하지 않다. '갑갑잖다'는 '갑갑하지 않다'의 준말이고, '깨끗잖다'는 '깨끗하지 않다'의 준말이다. 이들은 모두 '하' 앞의 받침의 소리가 [ㄱ, ㄷ, ㅂ]이므로, '하'가 통째로 줄어든다. 따라서 ㉡의 예로 적절하다.
④ '삼가치'는 '삼가하지'의 준말로 보이나 '삼가하다'라는 단어는 존재하지 않으므로 '삼가지'가 적절하다. 따라서 ㉠의 예로 적절하지 않다. '감탄케'는 '감탄하게'의 준말이고, '하' 앞의 받침의 소리가 [ㄱ, ㄷ, ㅂ]이 아니므로 'ㅎ'이 남아 뒤에 오는 말의 첫소리와 어울려 거센소리가 된다. 따라서 ㉠의 예로 적절하다. '익숙지'는 '익숙하지'의 준말이고, '섭섭지'는 '섭섭하지'의 준말이다. 이들은 모두 '하' 앞의 받침의 소리가 [ㄱ, ㄷ, ㅂ]이므로, '하'가 통째로 줄어든다. 따라서 ㉡의 예로 적절하다.

박혜선

주요 약력
고려대학교 국어국문학과 최우수 수석 졸업
고려대학교 국어국문학과 심화 전공
고려대학교 국어국문학과 중등학교 정교사 2급 자격증
前) 대치, 반포 산에듀 온라인 오프라인 최연소 대표 강사
現) 박문각 공무원 국어 1타 강사

주요 저서
2026 박문각 공무원 박혜선 국어 기본서 출좋포 문법·어휘
2026 박문각 공무원 박혜선 국어 기본서 출좋포 독해·논리
2026 박문각 공무원 박혜선 국어 족집게 문법 40 포인트
2026 박문각 공무원 박혜선 국어 천기누설 혜선팍 논리
2026 박문각 공무원 박혜선 국어 천기누설 혜선팍 독해 시즌1
2025 박문각 공무원 박혜선 국어 독해 신유형 공부(독해신공)
2025 박문각 공무원 박혜선 국어 출좋포 독해·문학
2025 박문각 공무원 박혜선 국어 천기누설 혜선팍 세트형 독해+어휘
2025 박문각 공무원 박혜선 국어 적중용 콤단문 문법(콤팩트한 단원별 문제풀이)
2025 박문각 공무원 박혜선 국어 적중동형 국가직·지방직 봉투모의고사 Vol.1
2025 박문각 공무원 박혜선 국어 적중동형 봉투모의고사 Vol.2
2025 박문각 공무원 박혜선 국어 족집게 적중노트
2024 박문각 공무원 박혜선 국어 기본서 출좋포 어휘·한자
2024 박문각 공무원 박혜선 국어 개념도 새기는 기출 문법
2024 박문각 공무원 박혜선 국어 개념도 새기는 기출 문학&독해
박문각 공무원 박혜선 국어 최단기간 어문 규정
박문각 공무원 박혜선 국어 최단기간 고전 운문
박문각 공무원 박혜선 국어 문법 출·좋·포 80

박혜선 국어 천기누설 혜선팍 독해 시즌1

초판 인쇄 2025. 9. 25. | **초판 발행** 2025. 9. 30. | **편저자** 박혜선
발행인 박 용 | **발행처** (주)박문각출판 | **등록** 2015년 4월 29일 제2019-000137호
주소 06654 서울시 서초구 효령로 283 서경 B/D 4층 | **팩스** (02)584-2927
전화 교재 문의 (02)6466-7202

저자와의
협의하에
인지생략

이 책의 무단 전재 또는 복제 행위를 금합니다.

정가 22,000원
ISBN 979-11-7519-224-9